»Das Glück kam immer zu mir«

In Memoriam Rudolf Brazda

Vorbemerkung zur 2. Auflage
Vier Monate nach Erscheinen dieses Buches ist Rudolf Brazda am 3. August 2011 im Alter von 98 Jahren verstorben. Dass er das Buch noch in seinen Händen halten konnte, war für ihn ein großes Glück – die öffentliche Aufmerksamkeit, die ihm plötzlich zuteilwurde, empfand er als eine Form der so lange ersehnten und verweigerten Anerkennung. Bereitwillig hatte Brazda die Strapazen auf sich genommen, die mit einem solchen Projekt verbunden sind: stundenlange Interviews und Filmaufnahmen, Reisen an die Orte seiner Jugend und Verfolgung, Termine bei Bürgermeistern, Archiven, Gedenkstätten und zahlreichen Schwulengruppen. Und er hat all das nicht nur auf sich genommen, er hat es auch genossen. Wie so oft in seinem Leben hat er das Beste daraus gemacht. »C'est la vie«, sagte Rudolf dann oft, mit seinem augenzwinkernden Charme. Ohne Frage war es ein erfülltes und trotz allem Leid auch ein glückliches Leben, aus dem er schied.

Alexander Zinn ist Soziologe, Journalist und PR-Berater. Als Pressesprecher des Berliner Lesben- und Schwulenverbandes lernte er Brazda im Mai 2008 kennen, anlässlich der Einweihung des Denkmals für die im Nationalsozialismus verfolgten Homosexuellen. Er führte zahlreiche Gespräche mit ihm und ergänzte die persönlichen Erinnerungen durch Archivmaterial wie zum Beispiel Akten aus Strafprozessen. Aus diesen Recherchen entwickelte sich schließlich ein weiteres Projekt: Derzeit promoviert Zinn am Max Weber Kolleg der Universität Erfurt über Alltag und Verfolgung Homosexueller im Nationalsozialismus.

Alexander Zinn

»Das Glück kam immer zu mir«

Rudolf Brazda – das Überleben eines
Homosexuellen im Dritten Reich

Campus Verlag
Frankfurt/New York

2. Auflage, 2015 Campus Verlag GmbH, Frankfurt am Main

Bibliografische Information der Deutschen Nationalbibliothek:
Die Deutsche Nationalbibliothek verzeichnet diese Publikation in der Deutschen Nationalbibliografie.
Detaillierte bibliografische Daten sind im Internet unter http://dnb.d-nb.de abrufbar.

ISBN 978-3-593-50511-4 (Print)
ISBN 978-3-593-41632-8 (PDF-E-Book)

Umschlaggestaltung: Guido Klütsch, Köln
Umschlagmotiv: Rudolf Brazda 1939. Foto: Privatbesitz
Satz: Campus Verlag GmbH, Frankfurt am Main
Druck und Bindung: CPI buchbücher.de, Birkach
Gedruckt auf Papier aus zertifizierten Rohstoffen (FSC/PEFC).
Printed in Germany

www.campus.de
    Kontakt: Werderstr. 10, 69469 Weinheim, info@campus.de

Für Lukas

Inhalt

Rudolf Brazda: Ein deutsches Schicksal

Geleitwort von Klaus Wowereit

Rudolf Brazda: ein deutsches Schicksal, der Lebens- und Leidensweg eines Homosexuellen im 20. Jahrhundert. »Das Glück kam immer zu mir«, lautet seine Lebensbilanz, die diesem Buch den Titel gibt. Ja, Rudolf Brazda war ein Glückskind. Das Glück war auf seiner Seite, als er die Nazi-Verfolgungen überlebte. Mehr als einmal hing sein Schicksal am seidenen Faden.

Nach der Machtübertragung an die Nationalsozialisten war ein unbeschwertes und selbstbestimmtes Leben angesichts der schon bald einsetzenden Homosexuellenverfolgung kaum mehr möglich. Doch Rudolf Brazda und sein Freundeskreis ließen sich nicht einschüchtern. Noch bis 1937 führten sie ein relativ offenes Leben. Dann jedoch gerieten auch sie in die Verfolgungsmaschinerie der Nationalsozialisten. Rudolf Brazda wurde schließlich ins Konzentrationslager Buchenwald verschleppt, wo er das unfassbare Grauen des NS-Terrors fast drei Jahre lang überlebte.

Rudolf Brazda ist der vermutlich letzte Überlebende, der berichten kann, was es bedeutete, aufgrund seiner homosexuellen Lebensweise von den Nationalsozialisten verfolgt zu werden. Viele Homosexuelle haben nach 1945 über ihr Schicksal schamvoll geschwiegen. Die Befreiung vom Nationalsozialismus erlebten sie nur bedingt als neue Freiheit. Gewiss, um Leib und Leben mussten sie nicht mehr fürchten. Aber die junge Bundesrepublik bot kein Klima der Toleranz gegenüber Homosexuellen. Im Gegenteil: Die von den Nationalsozialisten geschaffene, äußerst repressive Fassung und Auslegung des Paragraphen 175 blieb bis 1969 unverändert bestehen – die homosexuelle Lebensweise wurde weiterhin geächtet und strafrechtlich verfolgt. Jahr für Jahr wurden mehrere Tausend Männer wegen ihrer Homosexualität verurteilt. Ihre Rehabilitation steht noch aus. Während der Deutsche Bundestag im Jahr 2002 die nach Paragraph 175 gefällten Urteile aus der Zeit zwischen 1935 und 1945 aufgehoben hat und inzwischen am Rande des Regierungsviertels ein offizielles, von der Bundesrepublik Deutschland errichtetes Denkmal an die im Nationalsozialismus verfolgen Homosexuellen erinnert, sind die nach 1945 gefällten Urteile noch immer gültig. Sie aufzuheben und den von ihnen betroffenen Homosexuellen ein Zeichen der Anerkennung des an ihnen begangenen Unrechts zukommen zu lassen, wäre kein Gesichtsverlust für den demokratischen Rechtsstaat. Im Gegenteil: Es würde auch der Bundesrepublik Deutschland zur Ehre gereichen.

Mit Rudolf Brazda habe ich im Juni 2008 gemeinsam das Denkmal besucht und dabei eine eindrucksvolle Persönlichkeit voller Charme und Lebensmut kennengelernt. Sein fast schon romanhaftes Leben, das dieses Buch dokumentiert, steht beispielhaft für die Verfolgungen, denen Homosexuelle in der Nazi-Zeit ausgesetzt waren, aber auch für den erfolgreichen Kampf um ein freies, selbstbestimmtes und glückliches Leben.

Möge Alexander Zinns Biographie von Rudolf Brazda viele Leser und Leserinnen finden.

Klaus Wowereit
Regierender Bürgermeister von Berlin

Vorhang auf – für Rudolf Brazda!

»Ich hatte immer wieder Glück, der Lebenslauf,
das Schicksal, das hat so sein sollen.
Wahrscheinlich, weil ich verständnisvoll bin und sehe,
was andere an Bösartigkeit in sich tragen.
Da schaue ich drüber weg.«

Rudolf Brazda, 4. Dezember 2008

Schüchtern und verlegen schaut er in die Kameras. Ein kleiner, zerbrechlicher Mann mit dünnem, schlohweißem Haar, das zerzaust im Wind steht. Er hat sich in Schale geworfen: schwarze Hose, violettes Hemd, an der rechten Hand einen Bernsteinring, in der linken hält er eine Rose. Doch er wirkt unsicher. Neben ihm steht, zwei Köpfe größer, Klaus Wowereit, Regierender Bürgermeister von Berlin. Der Bürgermeister streicht ihm über das zerzauste Haar und ein erstes Lächeln huscht über sein Gesicht. Die Kameras klicken, die Fotografen rufen ihre Anweisungen und Rudolf Brazda beginnt, mit ihnen zu spielen. Kokett winkt er mit der Rose, tänzelt herum, scherzt mit Wowereit, lächelt verschmitzt in die Objektive. Es ist sein Tag. Heute ist die ganze Welt sein Publikum.

Es ist der 27. Juni 2008. Rudolf Brazda, der wohl letzte noch lebende Zeitzeuge, der wegen Homosexualität in einem Konzentrationslager inhaftiert war, besichtigt das vier Wochen zuvor eingeweihte Denkmal für die im Nationalsozialismus verfolgten Homosexuellen. Im Fernsehen hatte er einen Bericht über die bevorstehende Einweihung gesehen. Sofort stand sein Entschluss fest: Da muss ich hin, da muss ich dabei sein.

Auf sein Drängen hin hatte sich Brazdas Nichte Elvira durch halb Berlin telefoniert, um irgendwann beim Lesben- und Schwulenverband zu landen. Als ich mit ihr sprach, glaubte ich, nicht richtig zu hören: Drei Jahre sei ihr Onkel wegen seiner Homosexualität in Buchenwald gewesen. Jetzt wolle er unbedingt zur Einweihung des neuen Denkmals kommen. Das war tatsächlich eine kleine Sensation. Denn seit Jahren war man allgemein davon ausgegangen, dass kein Homosexueller mehr am Leben ist, der den NS-Terror am eigenen Leib erfahren hat.

Zur Einweihung des Denkmals, die einen Tag nach Elviras Anruf stattfand, konnten wir Rudolf Brazda nicht mehr nach Berlin holen. Doch vier Wochen später, zum Christopher Street Day, machte er sich auf die Reise. Zuvor besuchte ich ihn an seinem heutigen Wohnort in Frankreich. Vor dieser ersten Begegnung hatte ich großen Respekt. Doch der 95-Jährige erwies sich als eine äußerst charmante, humorvolle, von Offenheit und Optimismus geprägte Persönlichkeit. Trotz des ganzen Leids, das er erfahren musste, sagte er mir damals: »Das Glück kam immer zu mir.« Und im Gegensatz zu vielen seiner Leidensgenossen war er bereit, über sein Schicksal Auskunft zu geben.

Was lag da näher, als seine Geschichte in einer Biographie festzuhalten? Rudolf Brazda war von der Idee begeistert und stand mir in zahlreichen Interviews Rede und Antwort. Gemeinsam haben wir die Orte seiner Jugend und Verfolgung besucht. Brazdas Gedächtnis erwies sich dabei als so präzise, seine Erzählungen als so anschaulich, dass die Vergangenheit oft unerbittlich nahe rückte. Doch bei all dem Schrecken bewahrte er stets eine gesunde Portion Humor, die uns die »Erinnerungsarbeit« erträglicher machte.

Dieses Buch basiert jedoch nicht allein auf den Erinnerungen Rudolf Brazdas. Denn in zwei Archiven fand sich auch umfangreiches Aktenmaterial zu Strafverfahren aus der NS-Zeit. Weil er mit einem Mann zusammenlebte, wurde Brazda gleich zweimal wegen »widernatürlicher Unzucht« nach Paragraph 175 RStGB zu Gefängnisstrafen verurteilt. Als die Nazis die Macht übernahmen, war Rudolf Brazda 20 Jahre alt und erlebte gerade sein homosexuelles Coming-out. Im Sommer 1933 lernte er den 19-jährigen Werner kennen – für beide war es Liebe auf den ersten Blick. Fortan lebten sie gemeinsam in der thüringischen Kleinstadt Meuselwitz, versteckten ihre Homosexualität kaum, gingen Hand in Hand spazieren, selbst Küsse tauschten sie in aller Öffentlichkeit aus. Diese glücklichen Jahre fanden ein jähes Ende, als es im Frühjahr 1937 im nahegelegenen Altenburg zu einer beispiellosen Verhaftungswelle kam. 44 homosexuelle Männer wurden vor Gericht gestellt, Brazda musste für sechs Monate ins Gefängnis. Nach seiner Freilassung wurde er, dessen Eltern tschechische Einwanderer waren, aus Deutschland ausgewiesen. Brazda ging nach Karlsbad, schlug sich als Josephine-Baker-Imitator durch und zog mit einer jüdischen Theatertruppe übers Land. Doch auch hier holten ihn die Nazis ein: Nach der Annektion des Sudetenlands wurde er 1941 erneut verurteilt. Im August 1942 verschleppte man ihn dann ins Konzentrationslager Buchenwald.

Rudolf Brazdas Geschichte ist erschütternd. Sein Optimismus, sein Humor und sein Charme, mit dem er andere Menschen schnell für sich einnimmt, haben es ihm jedoch möglich gemacht, sich durch Verfolgung und Terror »hindurchzuschlawinern« und all das Grauen »wegzustecken«. Rudolf Brazda hat auch im »Dritten Reich« ein erstaunlich selbstbewusstes und offen homosexuelles Leben geführt. Im Gegensatz zu vielen anderen hat er sich von Verfolgung und Terror nicht einschüchtern lassen. Er hat sich nie verbogen und, sieht man von Verhören der Kripo ab, seine Homosexualität auch nie verleugnet. Auch dieses bemerkenswerte Selbstbewusstsein hat ihm dabei geholfen, zwei Jahre Gefängnis und fast drei Jahre Konzentrationslager zu überleben.

Brazdas Schicksal steht exemplarisch für das tausender Homosexueller, die nach dem 1935 von den Nationalsozialisten verschärften Paragraphen 175 abgeurteilt und später in Konzentrationslager deportiert wurden. Sechs der 44 Homosexuellen, die man bei den Altenburger Homosexuellenprozessen anklagte, wurden schließlich nach Buchenwald und Sachsenhausen verschleppt.[1] Außer Brazda überlebte den KZ-Terror nur einer, der allerdings so entkräftet war, dass er schon bald nach der Befreiung, im Februar 1946, starb. Zwei der Altenburger Homosexuellen hatten bereits 1937 Selbstmord begangen. Andere wurden später in Himmelfahrtskommandos der Wehrmacht verheizt. Und auch viele derjenigen, die Terror und Krieg überlebten, wurden ihres Lebens nicht mehr froh. Denn nach 1945 blieb ihnen jede Anerkennung versagt, Homosexualität wurde weiterhin stigmatisiert und kriminalisiert. Viele Homosexuelle lebten versteckt, verfolgt, vereinsamt und verbittert und starben in viel zu jungen Jahren.

Anders erging es Rudolf Brazda. Nach seiner Befreiung zog er nach Frankreich, wo Homosexualität zumindest strafrechtlich nicht verfolgt wurde. Er baute sich eine neue Existenz auf und fand schließlich wieder einen Freund, mit dem er 50 Jahre zusammenlebte. Eine Entschädigung für seine KZ-Haft hat aber auch er nicht erhalten.

Rudolf Brazdas Lebensgeschichte steht für eine Verfolgtengruppe, deren Schicksal fast ein halbes Jahrhundert ignoriert wurde. Erst seit Ende der 80er Jahre rückte das Schicksal der »Männer mit dem rosa Winkel« langsam ins Bewusstsein einer breiteren Öffentlichkeit. Es spricht für sich, dass Rudolf Brazda 65 Jahre nach der Befreiung der erste homosexuelle KZ-Überlebende ist, in dessen Fall persönliche Erinnerungen und

Archivmaterial zu einer umfassenden Biographie zusammengeführt werden.

Dieses Buch soll dazu beitragen, die Lebensbedingungen und die Verfolgung Homosexueller im »Dritten Reich« weiter aufzuklären. Es soll all jenen ein Denkmal setzen, die im Rahmen der Altenburger Verfolgungswelle verhaftet und verurteilt, in Zeitungen öffentlich angeprangert und über Monate und Jahre einsperrt wurden. Nicht zuletzt soll es die Homosexuellen dem Vergessen entreißen und rehabilitieren, die später in die Mühlen der nationalsozialistischen Vernichtungsmaschinerie gerieten. Auf dass Rudolf Brazdas Wunsch in Erfüllung gehe und »die Nazibande, die Dreckhunde«, nie wieder auferstehen.

Alexander Zinn, 12. Januar 2011

Anmerkung

1 Mindestens zwei weitere Homosexuelle kamen in Konzentrationslager, weil sie im Gefolge der Altenburger Prozesse in anderen Städten verhaftet und verurteilt wurden. Beide überlebten die KZ-Haft.

Zur Aufarbeitung der nationalsozialistischen Homosexuellenverfolgung

Die nationalsozialistische Homosexuellenverfolgung ist bislang nur lückenhaft aufgearbeitet. Das gilt insbesondere für das Schicksal einzelner Verfolgter. Es gibt nur wenige Zeugnisse homosexueller NS-Opfer. Viele konnten oder wollten über ihre Erlebnisse keine Auskunft geben – auch, weil Homosexuelle bis Ende der sechziger Jahre strafrechtlich verfolgt und lange Zeit nicht als NS-Opfer anerkannt wurden.

Rund 100.000 homosexuelle Männer wurden zwischen 1933 und 1945 von der »Reichszentrale zur Bekämpfung der Homosexualität und Abtreibung« registriert. Während des »Dritten Reiches« hat es etwa 46.000 Urteile nach dem antihomosexuellen Strafparagraphen 175 gegeben, den die Nationalsozialisten 1935 erheblich verschärften.[1] In der Bundesrepublik blieb die Nazi-Fassung des Paragraphen bis 1969 unverändert bestehen. Eine Anerkennung als Verfolgte blieb den Homosexuellen ebenso versagt wie eine angemessene Entschädigung. Völlig ausgeschlossen erschien es in dieser Situation, sich öffentlich zu seinem Schicksal zu bekennen und über seine Erfahrungen zu berichten. Auch gegenüber Freunden, Eltern und Geschwistern wurden die grausamen Erinnerungen oft unter einem Mantel des Schweigens begraben. Viele Verfolgte hatten keine Möglichkeit, ihre traumatisierenden Erlebnisse in den Konzentrationslagern aufzuarbeiten.

Auch die Historikerzunft zeigte an einer Aufarbeitung der nationalsozialistischen Homosexuellenverfolgung kein Interesse. Lange Zeit war das Thema tabuisiert, als ernstzunehmender Forschungsgegenstand wird es erst seit wenigen Jahren anerkannt. Bis heute ist die »deutschsprachige Historiographie noch weit davon entfernt, das Thema Homosexualitäten als gleichberechtigten und notwendigen Bestandteil des Wissenschaftskanons wahrzunehmen, zu akzeptieren und zu institutionalisieren«.[2]

Die historische Aufarbeitung des »Dritten Reiches« konzentrierte sich zunächst auf die nationalsozialistische Ideologie, das Führungspersonal und herausragende Ereignisse wie den Reichstagsbrand oder den Zweiten Weltkrieg. Bei den Verfolgtengruppen überblendete die Auseinandersetzung mit dem rassistischen Antisemitismus und der »Endlösung der Judenfrage« die meisten anderen Aspekte. Wenn Homosexualität eine Rolle spielte, dann lediglich bei den Ereignissen, bei denen sie von den Nationalsozialisten propagandistisch genutzt wurde, um politische Gegner auszuschalten: beim »Röhm-Putsch« 1934, bei den Sittlichkeitsprozessen gegen katholische Ordensangehörige 1936/37 und beim Fall Fritsch 1938. Die hier zumindest teilweise zutreffende Interpretation, die NS-Machthaber hätten Homosexualität als Vorwand genutzt, um politische Gegner auszuschalten, verstellte lange Zeit den Blick auf die breit angelegte Homosexuellenverfolgung und prägt bis heute einige zweifelhafte Interpretationen historischer Vorgänge. Dass Himmler und die Geheime Staatspolizei in der Homosexualität tatsächlich eine »Staatsgefahr mindestens vom gleichen Umfange wie der Kommunismus« gesehen haben könnten, wurde nicht ernsthaft in Erwägung gezogen.[3]

Erschwert wurde die Forschung auch dadurch, dass wichtige historische Quellen vernichtet wurden oder lange Zeit nicht zugänglich waren. Die umfangreichen überregionalen Aktenbestände zur Homosexuellenverfolgung, die vom Geheimen Staatspolizeiamt und dem Reichskriminalpolizeiamt in Berlin angelegt worden waren, sind von der SS und durch Kriegseinwirkungen fast vollständig vernichtet worden. Darunter auch die Akten der beim Reichskriminalpolizeiamt angesiedelten »Reichszentrale zur Bekämpfung der Homosexualität und Abtreibung«.[4]

Andere Aktenbestände wurden nach dem Krieg vernichtet, so zum Beispiel zahlreiche Strafakten zu Verfahren nach Paragraph 175 RStGB. Meist waren es die Justizbehörden, die die Akten vernichten ließen. Mitunter waren es aber auch Archive, die die ihnen angebotenen Bestände »kassierten«. So vernichtete das Hamburger Staatsarchiv noch bis in die 90er Jahre hinein umfangreiches Aktenmaterial aus den Jahren 1933 bis 1945 zu Verfahren nach den Paragraphen 175 und 175a – und das, obwohl die Hamburger Justizbehörde 1988 angeordnet hatte, alle Akten, die im Nationalsozialismus verfolgte Minderheiten betreffen, zu archivieren.[5]

Wenn Quellen nicht vernichtet wurden, so blieben sie meist unerschlossen und damit faktisch unzugänglich für die historische Forschung. Die Düsseldorfer Gestapo-Akten etwa, der in der Bundesrepublik umfangreichste Bestand dieser Art, wurden vom Düsseldorfer Hauptstaatsarchiv zwar schon in den sechziger Jahren in ihrer Bedeutung erkannt und für die wissenschaftliche Forschung über eine Verschlagwortung erschlossen. Die homosexuellen NS-Opfer wurden dabei aber entsprechend der weiterhin gültigen Gesetzeslage als Kriminelle betrachtet, deren »Akten ohne politisches Interesse« gewesen seien, so die damalige Leiterin des Archivs Gisela Vollmer. Entsprechend wurden in das Schlagwortregister nur solche Fälle aufgenommen, in denen unter dem »Vorwand« (sic!) Homosexualität »politisch missliebige Personen bekämpft« worden seien.[6]

Erst Mitte der siebziger Jahre begann die wissenschaftliche Aufarbeitung der Homosexuellenverfolgung. Es waren einige wenige Wissenschaftler, vor allem aber die »Betroffenen« selbst, Vertreter der neuen deutschen Schwulenbewegung, die sie in Gang setzten. Als Standardwerk gilt nach wie vor der von Rüdiger Lautmann 1977 veröffentlichte, gerade einmal 40 Druckseiten umfassende Beitrag zum »rosa Winkel in den nationalsozialistischen Konzentrationslagern«.[7] Tatsächlich war Lautmanns Untersuchung bahnbrechend, hatten er und seine Forscherkollegen doch erstmals Zugang zum Archiv des Internationalen Suchdienstes in Bad Arolsen bekommen und dessen Daten über KZ-Häftlinge stichprobenartig auswerten können. Auf dieser Basis konnte eine erste realistisch erscheinende Schätzung zur Verfolgtengruppe der Homosexuellen vorgelegt werden. Demnach waren in den nationalsozialistischen Konzentrationslagern etwa 10.000 homosexuelle Männer inhaftiert. Ihr sozialer Status und ihre Überlebenschancen waren im Vergleich zu anderen Häftlingsgruppen schlecht. Lautmann hat eine Todesrate von 60 Prozent errechnet, bei der Vergleichsgruppe der politischen Häftlinge lag sie bei 42 Prozent, bei den sogenannten Bibelforschern bei 35 Prozent.[8]

Dennoch blieben Lautmanns Ergebnisse teilweise recht vage. Die Schätzung von 10.000 Rosa-Winkel-Häftlingen ist mit einem großen Unsicherheitsfaktor verknüpft, denn nach Lautmann könnten es ebenso »5.000, aber auch an die 15.000 gewesen sein«.[9] Es sagt viel über den Forschungsstand zur NS-Homosexuellenverfolgung, dass diese grobe

Schätzung bislang nicht weiter präzisiert wurde und als das einzig seriöse Ergebnis gilt.

Seit Lautmanns Studie ist eine ganze Reihe von Publikationen zu diversen Aspekten der NS-Homosexuellenverfolgung erschienen. Viele Hobbyhistoriker haben an dem Thema gearbeitet. Ganz erheblich haben Geschichtsinitiativen, die aus der Schwulenbewegung entstanden sind, so zum Beispiel das Schwule Museum in Berlin, zur Aufarbeitung beigetragen. Nicht alle Publikationen genügen jedoch wissenschaftlichen Anforderungen. Der dürftige Forschungsstand führte mitunter auch zu starken Übertreibungen. In den siebziger und frühen achtziger Jahren wurde in einigen Büchern die hanebüchene Legende von einem schwulen »Homocaust« mit hunderttausenden KZ-Opfern verbreitet.[10] Einige der Publikationen zur Situation lesbischer Frauen kolportierten die nicht zu belegende Legende über lesbische Frauen als Verfolgtengruppe in NS-Konzentrationslagern.[11]

Eine seriöse Überblicksdarstellung über »Homosexuelle unter dem Hakenkreuz« publizierte im Jahre 1990 der Historiker Burkhard Jellonek.[12] Er konnte erstmals einen vergleichenden Überblick über die Gestapo-Ermittlungsmethoden gegen Homosexuelle geben, ebenso wie über die Lebenssituation männlicher Homosexueller im »Dritten Reich«. Seitdem sind weitere ernstzunehmende Forschungsarbeiten veröffentlicht worden, vor allem zur Verfolgungsgeschichte in bestimmten Städten und Regionen und zur Situation homosexueller Häftlinge in einzelnen Konzentrationslagern.

Erinnerungsberichte homosexueller KZ-Überlebender erschienen aufgrund der andauernden Verfolgung und Stigmatisierung bis in die 80er Jahre nur unter Pseudonym.[13] Später wurden Kurzportraits und Interviews mit homosexuellen KZ-Überlebenden teilweise auch mit Klarnamen der Betroffenen veröffentlicht.[14] Internationale Aufmerksamkeit erregte der 1994 publizierte Bericht von Pierre Seel, der 1941 für sechs Monate in dem elsässischen »Sicherungslager« Schirmeck-Vorbruck inhaftiert war.[15] Alle bislang vorliegenden (auto-)biographischen Publikationen basieren entweder ausschließlich auf den Erinnerungen der Betroffenen, oder es handelt sich um biographische Portraits, die allein aufgrund von Archivmaterial, vor allem auf der Basis von Strafprozessakten, recherchiert wurden. In keinem einzigen Fall war es bislang möglich, persönliche Erinnerungen und Archivmaterial zu einem umfassenden biographischen Portrait zusammenzuführen.

Im Falle Rudolf Brazdas bestand nun erstmals eine derartige Gelegenheit, sodass sich ein äußerst detailliertes Bild seiner Lebenssituation und der gegen ihn eingeleiteten Verfolgungsmaßnahmen nachzeichnen lässt. Das Erinnerungsvermögen des inzwischen 97 Jahre alten Rudolf Brazda ist beeindruckend. Und auch die Quellenlage ist so umfangreich wie in kaum einem anderen Fall. In zwei Archiven fanden sich die Akten der beiden Strafverfahren gegen ihn. Ebenso sind Dokumente zu seiner Zeit im Konzentrationslager Buchenwald erhalten.

In den vergangenen Jahren hat sich einiges getan. Die historische Forschung ist an vielen Punkten vorangekommen. Und auch bei der Rehabilitierung der homosexuellen NS-Opfer hat es deutliche Fortschritte gegeben. Im Jahr 2002 hob der Bundestag alle zwischen 1935 und 1945 nach Paragraph 175 gefällten Urteile auf. Am 27. Mai 2008 wurde in Berlin ein offizielles, von der Bundesrepublik Deutschland errichtetes Denkmal für die im Nationalsozialismus verfolgten Homosexuellen eingeweiht. Und im November 2010 beschloss der Deutsche Bundestag schließlich auch die Einrichtung einer Stiftung, die die Erforschung und Aufarbeitung der Homosexuellenverfolgung fördern soll.

Doch bis heute sind die Rosa-Winkel-Häftlinge nicht als NS-Verfolgte im Sinne des Bundesgesetzes zur Entschädigung für Opfer der nationalsozialistischen Verfolgung anerkannt. Für eine individuelle Entschädigung ist es jetzt ohnehin zu spät, denn außer Rudolf Brazda lebt heute wohl kein Betroffener mehr. In einigen Fällen gibt es allerdings Hinterbliebene, die unter der Ermordung oder den körperlichen und psychischen Spätfolgen der KZ-Haft ihres Bruders, Vaters, Onkels oder sonstigen Verwandten zu leiden hatten. Und es gibt noch eine andere, sehr große Gruppe von Opfern, bei der eine Chance besteht, erlittenes Unrecht mit einer individuellen Entschädigung anzuerkennen. Es sind mehrere zehntausend homosexuelle Männer, die nach 1945 von (bundes-)deutschen Gerichten nach dem fortbestehenden Paragraphen 175 verurteilt wurden.[16] Auch die jüngsten unter ihnen sind inzwischen über 60 Jahre alt. Doch ein beträchtlicher Teil dieser Männer ist noch am Leben. Es ist höchste Zeit, die gegen sie ergangenen Urteile aufzuheben und ihnen zumindest eine symbolische Entschädigung zukommen zu lassen.

Neben der Rehabilitierung und Entschädigung sind aber auch politische Konsequenzen zu ziehen, die einen dauerhaften Schutz vor Verfolgung und Diskriminierung garantieren. Denn die Mütter und Väter des Grundgesetzes vergaßen die Homosexuellen, als sie 1949 ihre Lehren aus dem »Dritten Reich« in Verfassungsrecht gossen. Der Gleichheitsgrundsatz von Artikel 3 schützt seither zwar vor Benachteiligung aufgrund des Geschlechtes, der Abstammung und Rasse sowie der religiösen oder politischen Anschauungen, Homosexuelle hingegen hatten über Jahrzehnte keine Chance, sich auf diesen Diskriminierungsschutz zu berufen. 1957 lehnte das Bundesverfassungsgericht eine Klage gegen den Paragraphen 175 ab und berief sich dabei ausdrücklich auf die Entstehungsgeschichte des Grundgesetzes: »Bei der Schaffung der Absätze 2 und 3 des Art. 3 GG wurde nicht daran gedacht, dass diese Bestimmung in das geltende Sexualstrafrecht [...] eingreifen könne.«[17] Heute gehen zwar die meisten Juristen davon aus, dass Gleichheitsgrundsatz und Diskriminierungsverbot des Grundgesetzes auch Schwule und Lesben schützen. Doch nur eine Ergänzung von Artikel 3, Absatz 3 um das Merkmal der sexuellen Identität wird einen dauerhaften Schutz Homosexueller garantieren und als ein Bollwerk gegen neue Verfolgung und Diskriminierung wirken können.

Anmerkungen

1   In dieser Zahl sind die Urteile nach dem 1935 geschaffenen Paragraphen 175a enthalten. Vgl. Kapitel 2.11 und Tabelle 1 im Anhang.
2   Hergemöller: *Einführung*. S. 10.
3   So der Gestapo-Mitarbeiter Gerhart Kanthack 1935. Zitiert nach: Hockerts: Sittlichkeitsprozesse. S. 20 und S. 12.
4   Vgl. Jellonnek: *Homosexuelle*. S. 15.
5   Vgl. Micheler/Terfloth: Aus den Mühlen der Justiz in den Reißwolf des Archivs. S. 383 f.
6   Vgl. Jellonnek: *Homosexuelle*. S. 275.
7   Lautmann/Grikschat/Schmidt: Der rosa Winkel.
8   Lautmann: *Seminar*. S. 350.
9   Lautmann: *Seminar*. S. 333.
10   Grün (Pseud.): Zur Situation der Homosexuellen. S. 15.
11   Kuckuc (Pseud.): *Der Kampf gegen Unterdrückung*. S. 127–128. Sowie: Stümke/Finkler: *Rosa Winkel, Rosa Listen*. S. 274–276.
12   Jellonnek: *Homosexuelle*.

13 Den ersten Bericht eines ehemaligen Rosa-Winkel-Häftlings mit dem Titel »Versuchsobjekt Mensch« veröffentlichte Leo Clasen 1954 unter dem Pseudonym L.D. Classen von Neudegg in der Homosexuellenzeitschrift *Humanitas*. Ein umfassenderer Bericht erschien erst im Jahre 1972 unter dem Pseudonym Heinz Heger: *Die Männer mit dem Rosa Winkel*.

14 Anonymisierte Kurzportraits veröffentlichten zum Beispiel Stümke und Finkler: *Rosa Winkel, Rosa Listen*. S. 301–338. 1992 erschien in *Capri. Zeitschrift für schwule Geschichte* ein Interview mit dem Schauspieler Kurt von Ruffin: Als schwuler Häftling in den KZs Columbiahaus und Lichtenburg.

15 Pierre Seel hatte seine Erinnerungen gemeinsam mit dem Journalisten Jean Le Bitoux niedergeschrieben. Der (auto-)biographische Bericht wurde in verschiedene Sprachen übersetzt. Die deutsche Ausgabe erschien 1996 unter dem Titel *Ich, Pierre Seel, deportiert und vergessen*.

16 Von 1946 bis 1969 hat es fast 60.000 Verurteilungen nach den NS-Paragraphen 175 und 175a gegeben (vgl. Tabelle 1 im Anhang). Wie viele Männer davon betroffen waren, kann man nur schätzen.

17 1 BvR 550/52. Urteil des Ersten Senats des Bundesverfassungsgerichtes vom 10. Mai 1957.

1. Kindheit und Jugend 1913–1933

1.1 Kindheit in Brossen

Rudolf Brazda wird am 26. Juni 1913 als Sohn tschechischer Einwanderer im damals preußischen Brossen geboren.[1] Brossen, ein kleines Dorf im Altenburger Land, das heute zu Thüringen gehört, ist seit Mitte des 19. Jahrhunderts vom Braunkohlenabbau geprägt. In die hügelige Landschaft werden Schächte getrieben. Zahlreiche Gruben und Brikettfabriken entstehen und ziehen neue Arbeitskräfte an. Schnell verändert die Gegend ihr Gesicht. Viele Bauern können ihre Felder nicht mehr bewirtschaften, weil der Boden wegsackt, die Grubengesellschaften kaufen ihnen Land und Höfe ab. Mit der Grube Phönix entsteht im Nachbarort Mumsdorf seit 1906 eines der größten Braunkohlenwerke Deutschlands, das täglich 2.200 Tonnen Briketts herstellt. Mit einer Seilbahn wird die Kohle hierher gebracht und verarbeitet. Der Bedarf an Arbeitskräften ist

Rudolf Brazdas Eltern Anna und Adam

groß, die Grube beschäftigt zu ihren Hochzeiten etwa 1.500 Arbeiter und Angestellte. Die Arbeiter kommen vor allem aus Nordbayern, Polen und Böhmen. So wie Rudolf Brazdas Eltern. Sein Vater Adam stammt aus der westböhmischen Kleinstadt Schwihau, die Mutter Anna ist in Konopist, 37 Kilometer südlich von Prag, aufgewachsen.[2] Auf der Suche nach Arbeit waren beide Ende des 19. Jahrhunderts ins Vogtland ausgewandert, wo sie sich in der Nähe von Plauen niederließen. 1899 heirateten sie, in den folgenden Jahren kamen hier fünf Kinder zu Welt. Als Adam von der Möglichkeit hört, bei Phönix zu arbeiten, bewirbt er sich und wird als Schachtmeister eingestellt. Auch als Lokomotivführer der Grubenbahn arbeitet er.

Die Familie wird in einem Bauernhof in Brossen einquartiert, den Phönix zur Unterbringung der Grubenarbeiter angekauft hat. Das alte Fachwerkgehöft wird aufgeteilt. Brazdas beziehen eine kleine Wohnung im ersten Stock. Über eine steile Stiege erreicht man zwei Zimmer und zwei kleine Kammern, die Eltern schlafen in einem der Zimmer, die fünf Kinder in den Kammern. Und noch weitere drei Kinder werden hier geboren. Zwei Mädchen und Rudolf. Er ist das jüngste der acht Geschwister.

Der erste Weltkrieg bringt auch für die Familie Brazda große Veränderungen. Als Staatsbürger Österreich-Ungarns wird der Vater am 28. August 1914 zum Militär der Donaumonarchie eingezogen. Doch bereits am 4. Dezember gerät er in serbische Gefangenschaft. Fast vier Jahre ist er in Kriegsgefangenenlagern, zuletzt in Mimizan Bourg an der französischen Atlantikküste. Von dort meldet er sich am 25. Oktober 1918, als der Krieg schon fast zu Ende ist, zur neu gegründeten tschechoslowakischen Armee, bei der er dann ein weiteres Jahr Dienst versehen muss.[3] Erst Mitte September 1919 kehrt er schließlich, geschwächt und kränkelnd, nach Meuselwitz zurück. Rudolf erinnert sich an die erste bewusste Begegnung mit seinem Vater folgendermaßen:

»Unterdessen bin ich dann schon sechs Jahre alt geworden, ich hatte meinen Vater nie gesehen. Und da ist auf einmal plötzlich mein Vater erschienen, der war entlassen worden von Sizilien, von den Italienern. Aber mein Vater war irgendwie krank gewesen, denn da gab es nichts zu essen, die war'n ja immer so verhungert, die haben Wurzeln sich ausgegraben und sogar Blätter von den Bäumen gerissen vor lauter Hunger und mit dem war der dann kaputt gewesen mit dem Magen. Da hat er nicht mehr lang gelebt, wie er zuhause war, da hat er dann nur noch drei Monate gelebt, dann ist er gestorben. Meine Mutter war dann angewiesen, für uns zu arbeiten. Um uns zu beköstigen, hat sie Arbeit annehmen müssen und hat acht Kinder ernähren müssen.«[4]

Tatsächlich stirbt der Vater nur vier Monate nach seiner Rückkehr am 21. Januar 1920.[5] Anna Brazda ist jetzt auf sich alleine gestellt.[6] Der Direktor der Grube Phönix bietet ihr die Möglichkeit, als Putzhilfe in den Büros der Grubengesellschaft zu arbeiten. Einige der Kinder sind bereits aus dem Haus. Rudolf dagegen wird gerade erst eingeschult, in die Volksschule von Brossen. Viel lernt er hier nicht. Nach Rudolfs Erinnerung ist der Lehrer mehr an den Schülerinnen interessiert als an ihrer Bildung. Die Unterrichtsmethoden sind antiquiert. Rudolf ist kein guter Schüler, einmal bleibt er sitzen. Es ist auch seine Herkunft, die ihn behindert, Sprachprobleme und Vorbehalte des Lehrers:»Ich war ein mittelmäßiger Schüler, weil, das ist zu verstehen, weil ich Ausländer war. Zuhause ist auch nur so gebrochen deutsch gesprochen worden. Mein Schullehrer war auch net besonders eingestellt auf Ausländer, sehr herablassend hat er mit mir geredet. Aber das war ich ja gewohnt gewesen, da hab ich mir nix draus gemacht.«[7]

Seine Mutter versucht ihr Bestes. Doch Anna Brazda hat selbst kaum Bildung genossen, ihre Möglichkeiten, den Kindern zu helfen, sind beschränkt. Rudolf erinnert sich, dass er »zuhause keinen richtigen Halt hatte. Meine Geschwister haben sich nicht um mich gekümmert, die haben nur an sich gedacht. Da war ich ganz allein. Und meine Mutter war den ganzen Tag auf der Arbeit, da bin ich so herumgeschwänzelt.«[8]

Dennoch ist die Mutter eine starke und geradlinige Persönlichkeit, sie hat klare Vorstellungen, was akzeptabel ist und was nicht hingenommen werden kann. Die Kinder werden zunächst katholisch erzogen. Doch als Rudolfs Schwester im Kommunionsunterricht geschlagen wird, nimmt sie die Kinder nicht nur aus dem Unterricht, sondern tritt auch gleich aus der Kirche aus:»Meine Mutter war auch nicht gläubig, sie hat uns nicht gezwungen, in die Kirche zu gehen. Eben weil sie meine Schwester geschlagen haben, sie hat manches Mal Backpfeifen bekommen. Ich war zu klein, ich wurde nicht geschlagen. Aber wegen dem sind wir ja aus der Kirche ausgetreten. Weil die Pfarrer so blöd waren.«[9] Dass man sich von der Obrigkeit nicht alles gefallen lassen muss, ist ein prägendes Element in Rudolfs Erziehung.

Auch in anderen Punkten verläuft Rudolfs Kindheit eher ungewöhnlich. Schon früh bringt ihm die Mutter das Kochen bei, fortan bereitet er für sich und seine Geschwister das Mittagessen zu: »Meine Mutter ist arbeiten gegangen und hat uns den ganzen Tag alleine gelassen, ich war 7 oder 8 Jahre alt, da hat sie mich schon das Essen kochen lassen, Kartoffeln schälen und schnippeln, Rüben, Kohlrüben oder Möhren zusammen kochen.«[10] Von seiner Schwester, die in Heimarbeit Hemden und Blusen anfertigt, lernt Rudolf das Nähen und beginnt schon bald, sich eigene Kleider zu schneidern. Und auch sonst sind es die traditionell »weiblichen« Beschäftigungen, die er den Wettkämpfen der Jungen vorzieht. So entwickelt Rudolf schon früh tänzerisches Talent: »Einmal, das muss ich jetzt so sagen, da bin ich vielleicht so zwei Jahre alt gewesen, da hat meine Mutter Besuch gehabt und die Sensation war, dass man den Tisch abgeräumt hat und mich darauf gestellt hat und da hab ich schon getanzt wie verrückt und die Leute haben geklatscht.«[11] Das Tanzen betreibt Rudolf später auch in einem Verein: »Ich war dann in einem Tanzverein und deshalb war ich auch wahrscheinlich ein bisschen feminin gewesen und die Mädels haben sich immer um mich rumgeschart, sie waren interessiert für mich. Einmal haben sie mich auf die Seite gezogen und haben mich gefragt: ›Bist du ein Mädel?‹«

Am wohlsten fühlt er sich tatsächlich unter Mädchen, die ihn wie ihresgleichen behandeln. Und manchmal probiert er auch Frauenkleider an: »Zuhause schon, da hab ich Mädel-Kleider anprobiert, schon wegen dem Tanzen, ich hab doch wie ein Mädel getanzt. Ja ich habe mir nix draus gemacht, ich bin so!«[12]

1.2 Lehrzeit und Pubertät

Als Rudolf 1927 von der Volksschule abgeht, hat er bereits eine klare Vorstellung über seine berufliche Zukunft: »Einen Posten in einem Konfektionsgeschäft, als Dekorateur«, möchte er gerne haben. Doch eine Lehrstelle ist in diesem Beruf nicht zu finden. Als Ausländerkind wird er mit den Vorurteilen und der Ablehnung vieler Einheimischer konfrontiert. Eine Ausnahme ist der Dachdeckermeister Gustav Menzel aus der nahegelegenen Kleinstadt Meuselwitz. Er bietet Rudolf eine Lehrstelle an. Und so erlernt er statt kunstvollem Dekorieren das robuste Dachdeckerhandwerk.

Rudolf ist froh, endlich eigenes Geld zu verdienen. Die Arbeit macht ihm Spaß und von seinem ersten Lehrgeld kauft er sich ein Fahrrad. Gleichwohl ist die Lehre eine große Umstellung. Seine weiblichen Seiten, das ist Rudolf klar, sind hier nicht gefragt. Vor den Kollegen verbirgt er sie lieber. Das erscheint ihm um so wichtiger, weil er mit seinen 1,64 Metern ein recht kleiner und zarter Junge ist: »Ich bin so froh, dass ich das Feminine so perfekt weggestoßen habe, dass ich mich mehr als Kerl benehmen konnte. Schon allein wegen meiner Arbeitskollegen, die hätten ja über mich gelacht!«[13]

Rudolf (sitzend) im Alter von etwa 14 Jahren mit seinem Bruder Karl

Die Lehrjahre erweitern Rudolfs Horizont. Auf den Dächern schnuppert er Stadtluft. In seinem Innern regen sich unbekannte Gefühle. Kurz: Rudolf steckt mitten in der Pubertät. Langsam schwant ihm, dass etwas mit ihm »nicht in Ordnung« ist. In erotischer Hinsicht interessiert er sich mehr für Jungs als für Mädchen, das lässt sich bald nicht mehr leugnen: »Einmal bin ich mit Mädels spazieren gegangen, aber lieber bin ich mit jungen Burschen spazieren gegangen und bei Jungen, die so waren wie ich, da hab ich irgendwas gespürt. Mein Ziel ist nicht nach den Mädels gegangen, mein Ziel ist nach den Burschen gegangen, nach meinen Arbeitskollegen oder dergleichen, das ist doch komisch gewesen.«[14]

Weil es normal ist, versucht Rudolf dennoch, mit Mädchen zu schlafen: »Wenn ich zum Beispiel mit einem Mädel im Bett war, bin ich doch immer so steif gewesen, da habe ich sie nicht in die Arme genommen, wie sie das vielleicht gewollt hat. Da sind Mädels gewesen, die haben an mir rumgeschmust, aber ich habe keine Erregung dabei empfunden, ich hatte einfach keinen Gefallen daran. Ich habe ihnen nur den Gefallen getan.«

Bewusst wird Rudolf seine Neigung zu Männern, als er eines Abends durch Brossen spaziert: »Ich bin da eine enge Dorfstraße durchgelaufen, auf einmal sehe ich von weitem Licht in einem Fenster, das war ganz niedrig das Fenster und wie ich vorbeigehe, sehe ich da einen nackigen Jungen herumlaufen, der war schon mehr in den 30er Jahren, der Mann. Da schaue ich, da baumelte sein Dings herum, da bin ich so erregt gewesen und habe mich selber fertiggemacht. Im Kopf ihn zu sehen! Wie ich gegangen bin, habe ich mich geschämt, und doch hatte ich die Genugtuung, mit einem Mann etwas gemacht zu haben, das war für mich eine Wonne.«[15]

Rudolfs Gefühle sind mit Angst und Scham verknüpft. Oft denkt er, dass er »von der Natur verhunzt« wurde. Was genau mit ihm los ist, das kann er lange Zeit nicht benennen. Der Begriff »Homosexualität« ist ihm nicht bekannt. Ganz zu schweigen davon, dass er jemals von schwulen Kneipen, Vereinen oder Zeitschriften gehört hätte.

Dabei hat das homosexuelle Leben in jenen Jahren seine Blütezeit. In vielen deutschen Großstädten sind seit 1919 sogenannte »Freundschaftsvereine« entstanden, die Tanzveranstaltungen und andere Freizeitaktivitäten für Schwule und Lesben organisieren. Homosexualität wird ein Thema für Presse und Literatur, Theater und Kunst. 1919 findet im Berliner Apollo-Theater die Uraufführung von Richard Oswalds Spielfilm »Anders als die Anderen« statt, des ersten Filmes überhaupt, der Homosexualität offen thematisiert. Der 1920 gegründete Bund für Menschenrecht (BfM) hat in seinen Höchstzeiten 48.000 Mitglieder. Sein Vorsitzender, der Verleger Friedrich Radszuweit, gibt Zeitungen und Zeitschriften für homosexuelle Frauen und Männer heraus, die teilweise, wie die *Insel* 1930, Rekordauflagen von 150.000 Exemplaren erreichen.[16]

In Brossen hört man von all dem nur wenig. Rudolf weiß lange nicht, wie er seine Gefühle einordnen soll. Es gibt niemanden, der ihm erklärt, was Homosexualität ist, dass es viele andere schwule Männer gibt, wo man sie treffen kann. Um so wilder experimentiert er und erprobt die Möglichkeiten, sich dem Objekt seiner Begierde zu nähern. Und was liegt da näher, als das Geschlecht zu wechseln? Heimlich zieht er Kleider seiner Schwester an, schminkt sich und stiehlt sich vom Brossener Hof. So aufgemacht zieht er in die Nachbarorte, nach Mumsdorf und Zipsen-

Rudolf Brazda mit seiner Mutter

dorf, um dort mit Männern anzubändeln. Diese sprechen auf das fesche Mädel an, auf die Idee, dass es nicht echt sein könnte, kommen sie nicht. Rudolf lässt sich ins Gasthaus einladen, flirtet und kokettiert, mehr jedoch darf nicht passieren, damit der Schwindel nicht auffliegt.

Die ersten sexuellen Erfahrungen macht Rudolf schließlich mit Jungs aus der Nachbarschaft. Vorne auf dem Hof wohnen die Langheinrichs, der Vater arbeitet ebenfalls für die Grube Phönix, die zwei Söhne sind hübsche Kerle, besonders der Ältere gefällt Rudolf sehr. Einmal spielen sie auf dem Hof, landen zu dritt in einem alten Waschzuber und erkunden ihre Körper. Auch ein anderer Junge aus der Nachbarschaft hat es ihm angetan, der »Kurzig Alfred«, wie er ihn nennt. Mit ihm entwickelt sich eine Freundschaft, die auch sexuelle Experimente einschließt. Alfred ist oft bei Rudolf zu Besuch. Die Mutter denkt sich nichts dabei, wenn die beiden zusammen in seinem Bett liegen.

Alfred ist auch oft dabei, wenn Rudolf als Mädchen unterwegs ist. Staffage und Vorgehen werden immer perfekter. Rudolf näht sich eigene Kleider, die ihn noch verführerischer erscheinen lassen. Gemeinsam mit Alfred lässt er sich von älteren Herren zu Speis und Trank einladen. Doch die Ausflüge bleiben riskant. Als einer der Verehrer nicht an sich halten kann und zudringlich wird, flüchten die beiden überstürzt aus dem Gasthaus. Nur knapp entgehen sie der Enttarnung.

Dabei ist es allenfalls ein gesellschaftlicher Skandal, der droht. Moralisch mögen die Abenteuer von Rudolf und Alfred einigen Zeitgenossen verwerflich erscheinen, juristisch sind sie kaum zu beanstanden. Zwar gibt es den Paragraphen 175, mit dem homosexuelle Männer verfolgt werden. Strafbar sind aber nur »beischlafähnliche Handlungen«, insbesondere der Analverkehr. Gegenseitige Masturbation wird ebenso wenig verfolgt wie Zärtlichkeiten, Küsse oder Travestie.

Zudem ist der Paragraph 175 nicht unumstritten. Erst nach der Reichsgründung wurde dieses Strafgesetz 1872 in ganz Deutschland eingeführt. Zuvor waren homosexuelle Handlungen in einigen Ländern gar nicht verfolgt worden.[17] Der Streit über die Verfolgung Homosexueller währt schon lange. Bereits 1867 hatte der Jurist Karl Heinrich Ulrichs auf dem Deutschen Juristentag in München die Abschaffung aller gegen die Homosexuellen gerichteten Paragraphen gefordert. Allerdings war er damals durch den lauten Protest der übrigen Juristen daran gehindert worden, seine Rede zu beenden.[18]

Seit 1897 kämpfte der jüdische Arzt und Sexualwissenschaftler Magnus Hirschfeld mit dem von ihm gegründeten Wissenschaftlich-humanitären Komitee (WhK) gegen den Paragraphen 175. Mit Reichstagspetitionen und Aufklärungsschriften fand das WhK zunehmend Gehör.[19] Doch auch die konservativen Befürworter der Verfolgung Homosexueller rüsteten auf. Immer wieder reichten sie Gesetzentwürfe ein, die eine erhebliche Verschärfung und Ausweitung der Strafbestimmungen gegen Homosexuelle vorsahen.

In den zwanziger Jahren spitzt sich diese Auseinandersetzung weiter zu. Die neuen demokratischen Freiheiten, insbesondere die Pressefreiheit, sind konservativen Parteien und Sittlichkeitsvereinen ein Dorn im Auge. 1926 erreicht der evangelische Theologe und DNVP-Abgeordnete Reinhard Mumm, dass der Reichstag ein »Gesetz zur Bewahrung der Jugend vor Schund- und Schmutzschriften« verabschiedet. Seit dem 19. Juni 1928 fällt ein großer Teil der homosexuellen Presse dieser Zensur zum Opfer. Der öffentliche Verkauf der Zeitschriften ist nunmehr verboten, was für einige Publikationen das wirtschaftliche Aus bedeutet.[20]

Trotz dieser Abwehrkämpfe sind die »wilden Zwanziger« das Jahrzehnt bislang unbekannter Freiheiten. In Kunst und Kultur werden vollkommen neue Stilrichtungen kreiert, Körper und Sexualität von alten Zwängen befreit. Auch an Meuselwitz geht diese Entwicklung nicht spurlos vorüber. Und Rudolf Brazda gehört zu jenen, die die neuen Freiheiten in vollen Zügen auskosten. Vor allem beim Tanzen lässt er sich anstecken von den neuen Trends – sein großes Vorbild ist Josephine Baker. Seit Oktober 1925 tritt die »schwarze Perle«, die nach einem rassistischen Pogrom aus den USA nach Europa emigriert ist, mit erotischen Tänzen in Paris auf. Im Januar 1926 tanzt sie erstmals in Deutschland, im Nelson-Theater am Kurfürstendamm. Noch im selben Jahr macht Josephine Baker mit einem Auftritt im Pariser Varieté Folies Bergère Furore: Im Stück »La Folie du Jour« trägt sie nicht mehr als ein Röckchen aus Bananen. Und die Art, wie sie die Hüften schwingt, hat die Welt noch nicht gesehen. Der Auftritt wird 1927 aufgenommen und in den Film »La revue des revues« geschnitten. Kurz darauf spielt Baker dann die Hauptrolle im Film »La sirène des tropiques«.[21] Ihre Filme gehen um die Welt, und irgendwann sind sie auch im Kino »Zur Silbernen Wand« in Meuselwitz zu sehen. Rudolf Brazda ist hin und weg. Für ihn ist Josephine der Inbegriff von Freiheit und Erotik, von sexueller Freizügigkeit und Toleranz.

Das Kinoerlebnis wühlt Rudolf so auf, dass er die ganze folgende Nacht von der Baker träumt. Und am nächsten Morgen ist er wild entschlossen, der berühmten Tänzerin nachzueifern: »Aus dem Bett bin ich aufgesprungen, direkt in die Grätsche. Mit Gewalt habe ich den Spagat gelernt.«[22] Seither trainiert er den erotischen Hüfttanz Tag für Tag. Und schon bald präsentiert er seine Künste in den Tanzsälen von Mumsdorf, Zipsendorf und Meuselwitz. Rudolfs Tanz ist so neu und ungewöhnlich, dass ihm die Leute staunend zuschauen und schließlich sogar Beifall klatschen.

Das Tanzen macht Rudolf nicht nur Spaß, es hat auch einen weiteren großen Vorzug: Man kann Kontakte anbahnen. In den großen Tanzsälen wie dem »Weinberg« oder dem »Lindenhof« feiern Jung und Alt, Frauen und Männer wild durcheinander. Anders als heute erregt es kein großes Aufsehen, wenn zwei junge Männer zusammen tanzen: »Ich habe mir die Freiheit genommen und habe auch mit jungen Burschen getanzt. Wenn mir einer gefallen hat, hab ich ihn zum Tanzen aufgefordert. Das war bei uns nicht verboten, Burschen, wenn sie kein Mädel zum Tanzen gefunden haben, haben sie auch miteinander getanzt.«[23] Rudolf übernimmt dann den »weiblichen« Part. Und er genießt es: »Ich weiß net warum. Einer hat gesagt, du tanzt wie ein Mädel. Da habe ich mich gut gefühlt, dass er das zu mir gesagt hat.«

Nicht immer bleibt es beim Tanzen: »Manche Mädels haben mich schief angeschaut, weil ich sie nicht gefragt habe, ob ich sie nach Hause begleite, dabei waren meine Gedanken immer nur bei jungen Burschen gewesen. Und wenn es gegangen ist, habe ich mir einen aufgegabelt und habe mit ihm gesprochen, habe gesagt: Komm doch mit zu mir, wir unterhalten uns ein bisschen noch bei mir in der Wohnung, also bei uns zuhause. Meine Mutter hat ja seinerzeit noch gelebt und dann bin ich einfach mit dem Burschen in mein Schlafzimmer gegangen und habe mit ihm zusammen geschlafen.«[24]

Die Mutter nimmt Rudolf, wie er ist. Ob sie etwas von seiner Veranlagung ahnt, ja, ob sie damals überhaupt genau wusste, was Homosexualität ist, das weiß Rudolf bis heute nicht. Gesprochen wurde über das Thema nie: »Meine Mutter war so tolerant, die hat nie etwas gesagt. Sie hat sich nur gewundert: Immer wieder andere Burschen. Wenn meine Geschwister mal irgendetwas sagten, meinte sie: ›Der Rudi‹, hat meine Mutter dann gesagt, ›der Rudi ist schon richtig, den könnt ihr in Ruhe lassen. Der ist schon intakt.‹«[25]

Ob Rudolf Brazda damals etwas von der strafrechtlichen Bedrohung seines Liebeslebens weiß, ist nicht mehr eindeutig zu rekonstruieren, aber eher unwahrscheinlich. Er erfährt davon wohl erst später, als er Anschluss bei Männern findet, die sich selbst als Homosexuelle definieren und über den Paragraphen 175 und mögliche Schutzmaßnahmen gegen eine strafrechtliche Verfolgung Auskunft geben können. Die Bedrohung, die von dem Paragraphen ausgeht, wird in jenen Jahren allerdings oft unterschätzt. Rudolf Brazda erzählt auch heute noch, Homosexualität habe man in den zwanziger Jahren gar nicht verfolgt, den Paragraphen 175 hätte es zwar noch gegeben, er sei aber nicht mehr angewendet worden. Dies entspricht jedoch keineswegs der Realität. Im Gegenteil: Seit 1924 steigen die Verurteilungen homosexueller Männer deutlich an. Hintergrund ist der spektakuläre Prozess gegen den homosexuellen Serienmörder Fritz Haarmann, der den Verfolgungsdruck erheblich erhöht. Hatte es 1923 nur 416 Urteile gegeben, so verdoppelt sich ihre Zahl in den Jahren 1925 und 1926 auf etwa tausend und hält sich auch danach bei über 600 Verurteilungen jährlich.[26]

Und es droht sogar eine Ausweitung der Verfolgung: 1925 legt die neue konservative Reichsregierung einen Entwurf zur Reform des Strafgesetzbuches vor, der abermals eine Verschärfung des Paragraphen 175 vorsieht. Zur Begründung werden Formulierungen benutzt, die bereits stark nach der Terminologie der Nationalsozialisten klingen. So sei »davon auszugehen, dass der deutschen Auffassung die geschlechtliche Beziehung von Mann zu Mann als eine Verirrung erscheint, die geeignet ist, den Charakter zu zerrütten und das sittliche Gefühl zu zerstören. Greift diese Verirrung weiter um sich, so führt sie zur Entartung des Volkes und zum Verfall seiner Kraft.«[27]

Magnus Hirschfeld und das WhK gründen nun ein »Kartell zur Reform des Sexualstrafrechts«, das Organisationen wie den »Bund für Mutterschutz« und den »Verband Eherechtsreform« vereint und eine Modernisierung des Sexualstrafrechts anstrebt. Im Jahr 1929 erreicht das Kartell schließlich, dass der Strafrechtsausschuss des Reichstages gegen eine Bestrafung der Homosexualität entscheidet. Ausschlaggebend ist neben den Stimmen von DDP, SPD und KPD die des nationalliberalen Ausschussvorsitzenden Wilhelm Kahl von der Deutschen Volkspartei.[28]

Die Gegner, vor allem die Nationalsozialisten, schäumen vor Wut. Das NSDAP-Parteiorgan *Völkischer Beobachter* kommentiert die Entscheidung zynisch: »Wir gratulieren zu diesem Erfolg, Herr Kahl und Herr Hirschfeld. Aber glauben Sie ja nicht, dass wir Deutschen solche Gesetze auch nur einen Tag gelten lassen, wenn wir zur Macht gelangt sein werden.« Hirschfeld ist für die Nazis die Inkarnation aller »boshaften Triebe der Judenseele«.[29] Regelmäßig hetzt der *Völkische Beobachter* gegen die Aufklärungsarbeit des WhK. Schon 1920 war Hirschfeld nach einem Vortrag in München von Rechtsradikalen angegriffen und schwer verletzt worden. Adolf Hitler rechtfertigte den Angriff mit den Worten: »Wäre ich hier in München gewesen, so hätte ich ihm einige Ohrfeigen gegeben, denn das, was dieser Schweinejude feilbietet, bedeutet gemeinste Verhöhnung des Volkes.«[30]

Der Erfolg im Strafrechtsausschuss bleibt ohne Folgen. Zu einer Abstimmung im Reichstagsplenum kommt es infolge von Wirtschaftskrise und Notverordnungskabinetten nicht mehr. Der alte Paragraph 175 bleibt unverändert bestehen.

1.3 Weltwirtschaftskrise und politische Radikalisierung

Von den Auseinandersetzungen um den Paragraphen bekommt Rudolf damals vermutlich nichts mit. Die Weltwirtschaftskrise trifft jedoch auch ihn. Als er seine Gesellenprüfung 1930 mit einem »genügend« besteht, ist das der denkbar ungünstigste Zeitpunkt, um Arbeit zu finden.[31] Im Laufe des Jahres steigt die Zahl der Arbeitslosen auf fünf Millionen, 1929 hatte sie noch bei 1,4 Millionen gelegen. Noch dramatischer ist die Lage in Meuselwitz, wo die Grube Heureka im selben Jahr den Betrieb einstellt. Bis 1932 steigt die Arbeitslosigkeit auf 70,4 Prozent. Eine höchst brisante Situation für eine Stadt, deren Einwohnerzahl sich infolge der Zuwanderung seit der Jahrhundertwende von 5.000 auf rund 11.000 mehr als verdoppelt hat.[32] Dachdeckermeister Gustav Menzel kann Rudolf unter diesen Bedingungen nicht übernehmen. Und auch anderswo findet er keine Stelle. Gelegentlich hilft er im Betrieb des Meisters aus. Ansonsten ist Rudolf wieder auf die Unterstützung seiner Mutter angewiesen.

Die politische Radikalisierung infolge der Wirtschaftskrise geht auch an Brossen und Meuselwitz nicht vorbei. Allerdings haben es die Nationalsozialisten in der durch die Bergarbeiter überwiegend proletarisch ge-

Rudolfs Freunde aus dem kommunistischen Turnverein, rechts mit weißer Krawatte Alfred Kurzig

prägten Stadt, in der SPD und KPD dominieren, schwer.[33] Trotzdem wächst die Anhängerschaft der NSDAP in der Wirtschaftskrise auch hier rapide. Hat die Partei 1929 nur 270 Mitglieder, so steigt ihre Zahl 1930 bereits auf 979. Am 1. Juli 1930 wird in Meuselwitz eine Ortsgruppe der NSDAP gegründet, die anfangs aber nur zwölf Mitglieder zählt. Bei den Wahlen schneidet die NSDAP immer wesentlich schlechter ab als im Reichsdurchschnitt. Auch bei den letzten freien Reichstagswahlen am 6. November 1932 liegen SPD und KPD weit vor der NSDAP. Und noch bei der Wahl vom 5. März 1933, die nach Reichstagsbrand und Massenverhaftungen bereits nicht mehr wirklich frei ist, bekommen die Nationalsozialisten nur 1.919 Stimmen, die Sozialdemokraten dagegen 2.689 und die Kommunisten 1.344 Stimmen. Meuselwitz bleibt auch nach der Machtübernahme der Nazis eine »rote Hochburg«.[34]

Nicht viel besser sieht es für die NSDAP im Landkreis Altenburger Land aus, wo sie am 5. März 1933 mit 20.774 Stimmen zwar stärkste Kraft wird, aber nur sehr knapp vor der SPD (20.718 Stimmen) liegt. Die KPD ist auch im Landkreis drittstärkste Kraft und liegt mit 7.427 Stimmen deutlich vor der DNVP (Kampffront Schwarz-weiß-rot), die hier auf 4.374 Stimmen kommt.[35]

Rudolf erlebt die Jahre vor der nationalsozialistischen Machtübernahme auf der Seite der Nazi-Gegner, in der kommunistischen Jugend. »Ich war bei einer Jugendorganisation, da bin ich viel mit Jungen zusammen gekommen. Wir haben viele Wanderungen gemacht mit Zelten, in den Zelten ist immer viel los gewesen mit den jungen Burschen, da gab es immer was zu lachen.«[36] Schon seit früher Jugend ist Rudolf Mitglied in dem Turnverein: »Ja, das waren Kommunisten, weil bei uns in der Gegend die Braunkohlenwerke und alles Arbeiter waren. Wo Arbeiter sind, sind Kommunisten gewesen. Da war kein anderer Verein, nur der von den Kommunisten. Ich bin da einfach mitgegangen, weil das Sitte war.«

Die kommunistische Ideologie bleibt ihm aber ebenso fremd wie die zunehmende Radikalisierung seiner Kameraden, von denen einige »geradezu fanatisch« gewesen seien – so zumindest seine heutige Sichtweise. Dennoch verbringt er mit den Jungkommunisten viel Zeit. Und das liegt nicht nur an den Freizeitaktivitäten, sondern auch an seiner Zuneigung zu Friedrich. Denn der ist nicht nur bei den Kommunisten aktiv, sondern spielt auch in einer Musikkapelle. Nach einem wilden Abend im Meuselwitzer Tanzlokal »Weinberg« begleitet er Rudolf nach Hause:

»Der war ein normaler Kerl und der ist zu mir in die Wohnung gekommen. Hat er sich einfach neben mich ins Bett gelegt. Mir ging es gerade nicht so gut und da haben wir geschmust, ganz normal. Aber in mir haben die einfach was anderes gesehen.«[37]

1.4 Rudolfs erste Begegnung mit einem Homosexuellen

Rudolfs erotische Abenteuer ändern nichts daran, dass er lange nicht weiß, wie er seine Gefühle einordnen, geschweige denn, wie er sie benennen soll. Der Sozialwissenschaftler Rüdiger Lautmann sagt dazu: »Ich [vermag] mich nicht als homosexuell zu identifizieren, wenn ich nicht mit Worten zu mir sprechen kann, die das bezeichnen, was ich bin.«[38] Ob sich Rudolf für seine Gefühle damals dennoch eine Erklärung zurechtlegt, lässt sich nicht mehr rekonstruieren. Noch heute allerdings hat er eine Theorie zur Erklärung der Homosexualität parat, die zu seinem damaligen Verhalten des Geschlechtsrollenwechsels passt und die ihm möglicherweise schon in den Jahren der Pubertät, als er den Begriff »Homosexualität« noch nicht kannte, zur Selbstbeschreibung diente. Diese Theorie orientiert sich an den traditionellen Geschlechterrollen von Mann und Frau. Seine Zuneigung zu Männern deutet Rudolf als eine von vielen weiblichen Eigenschaften, die ihm angeboren seien. Ähnlich wie Karl Heinrich Ulrichs und Magnus Hirschfeld spricht Rudolf auch von einem weiblichen Wesen im männlichen Körper.[39]

Es ist unverkennbar, dass Rudolf Brazda im Laufe seiner Jugend zahlreiche traditionell als »weiblich« betrachtete Verhaltensweisen adaptiert.[40] Handelt es sich bei den weiblichen Seiten aber tatsächlich um angeborene Eigenschaften? Oder sind sie eher als eine soziale Anpassungsleistung an das bipolare Geschlechterrollensystem zu interpretieren, in dem Homosexuellen kein eindeutiger Platz zugewiesen ist? Brazdas heutige Selbstwahrnehmung und -interpretation erinnert deutlich an Magnus Hirschfelds in den 20er Jahren populäre Theorie der »sexuellen Zwischenstufen«, aber zum Beispiel auch an die in den 70er Jahren entwickelte Theorie des Rattenforschers Günter Dörner, derzufolge Homosexualität eine Folge stressbedingter hormoneller Veränderungen während der Schwangerschaft sei:[41] »Wie ich gelesen habe, passiert das schon im

Rudolf Brazda als junger Mann

Mutterleib [...] wie das mit der Homosexualität geht, dass sich die Sexualität im Menschen verändert und sich die weiblichen Hormone mehr bestimmen als die männlichen Hormone.«[42] Brazda sagt in der Rückschau aber auch etwas, was die damalige Hilflosigkeit, sich im heterosexuellen Kontext zu verorten, deutlich macht: »Wir waren so jung und so flatterhaft und hatten richtig das Gefühl, als ob wir Frauen wären. Wie können wir Männer sein, wenn wir Männer lieben?«[43]

Ein Mann zu sein, obwohl man Männer liebt, war in den zwanziger und dreißiger Jahren des 20. Jahrhunderts tatsächlich für viele Homosexuelle unvorstellbar. Beispielhaft sei hier ein anderer biographischer Bericht zitiert, von einem Homosexuellen, der ein Jahr älter war als Rudolf

Brazda und in derselben Region aufwuchs: »An mir habe ich festgestellt, dass ich vollkommen ›Frau‹ bin. Nur mit dem Unterschied, dass ich äußerlich als Mann entwickelt bin. Ich fühle, denke und handle wie eine Frau. [...] Das äußere männliche Wesen ist unecht an mir. Man kann fast bei jedem homosxl. beobachten, dass das Weibische immer in irgend einer Form vorhanden ist.«[44]

Rudolfs Geschlechtsrollenwechsel, sein »Cross-Dressing«, lässt sich in jedem Fall als eine Verhaltensstrategie interpretieren, das Bedürfnis nach erotischen Kontakten zu Männern in den heterosexuell normierten Rahmen seines sozialen Umfeldes einzupassen, bevor sich dazu andere soziale Verhaltensstrategien und Deutungsmuster darboten. Der Wechsel in die weibliche Rolle könnte einem »angeborenen« Bedürfnis entsprungen sein, wenn man solchen Theorien denn Glauben schenken mag.[45] Er hatte aber auch instrumentellen Charakter und kann deswegen nicht gleichgesetzt werden mit einer Identifikation mit dem weiblichen Geschlecht, wie sie etwa bei Transsexuellen gegeben ist.[46]

Rudolf wurde in einem Umfeld sozialisiert, in dem das moderne, im 19. Jahrhundert entstandene Konzept der homosexuellen Identität noch weitgehend unbekannt war. Vielleicht erklärt sich so, dass sein Verhalten zunächst eher an den aus vielen Kulturkreisen bekannten »intersexuellen Typus« des Homosexuellen erinnerte. Nach seinem Coming out orientierte er sich dann zunehmend am »modernen Typus«.[47] Was freilich nicht heißt, dass die Herausforderung der Verortung im bipolaren System der Geschlechterrollen nicht auch für den »modernen Homosexuellen« von Bedeutung war und für Rudolf eine wichtige Frage seines Selbstverständnisses blieb.

Den Begriff Homosexualität lernt Rudolf schließlich bei einem Ausflug in die 16 Kilometer entfernt liegende Stadt Altenburg kennen. Er ist mit dem Nachbarsjungen Alfred Kurzig unterwegs, die beiden wollen tanzen gehen. Altenburg erscheint ihnen damals wie eine Metropole, mit seinen 43.000 Einwohner hat es wesentlich mehr zu bieten als Brossen oder Meuselwitz. Rudolf und Alfred landen schließlich in einer Gaststätte unterhalb des Schlosses, nahe dem Theater. Dort geht es hoch her, es wird viel getrunken und ausgelassen getanzt. Auch Männer tanzen miteinander; das freilich kennt Rudolf schon aus Brossen. Dass ihn einer der Herren ganz dreist umwirbt, ist ihm jedoch neu. Eigentlich gefällt ihm der Mann nicht, zu groß und brutal wirkt er auf ihn. Doch Rudolf ist neugierig geworden und lässt sich überreden, in die gegenüber gelegene Parkanlage am Schlossberg mitzukommen. Im Schutz der Büsche wird sein Verehrer zudringlich. Rudolf wehrt ab. Der Mann ist irritiert. Er will wissen, warum sich Rudolf so ziere, er sei doch auch homosexuell, wie die anderen Männer in der Gaststätte. Was das denn sei, will Rudolf wissen. Na, wenn Männer es mit Männern treiben, erklärt der Mann. Rudolf ist so perplex, dass er dem Drängen des Unbekannten nachgibt und ihm seine Adresse nennt. Einige Tage später steht dieser vor dem Hof in Brossen. Rudolf spendiert ihm einen Kaffee und lässt sich Geschichten erzählen: über die Altenburger Homosexuellen, über Magnus Hirschfeld und den Bund für Menschenrecht, über Leipzig und Berlin, wo es Bälle und Tanzdielen nur für Herren gäbe. Rudolf weiß nicht, ob er das alles glauben soll. Aber er weiß, dass ihm der grobschlächtige Altenburger nicht gefällt. Als der Kaffee getrunken ist, setzt er ihn vor die Tür.

Anmerkungen

1 Laut Geburtsurkunde wird Rudolf Brazdas Geburt am 1. Juli 1913 im Standesamt des Nachbarortes Wuitz vom Vater Adam angezeigt. Wuitz fiel in den 50er Jahren den Baggern des Tagebaus zum Opfer. Die Geburtsurkunde wird nun beim Standesamt Meuselwitz verwahrt.

2 Adam Brazda wurde vermutlich am 13. November 1874 in Schwihau, Kreis Klattau, heute Švihov (Tschechien) geboren. Die Mutter Anna Erneker kam am 30. März 1878 in Konopist, einem Ortsteil der mittelböhmischen Stadt Beneschau (Benešov) zur Welt. Vgl. Todesurkunden von Adam Brazda und Anna Brazda, geb. Erneker. Standesämter Wuitz und Zipsendorf, jetzt Meuselwitz.

3 Adam Brazdas Militärzeit geht aus einem Dokument über seine Kriegsgefangenschaft in Mimizan Bourg hervor, das im Militärarchiv in Prag überliefert ist. Vgl. Leg. Dok. – A. Brazda. VUA.

4 Zinn: *Brazda 4. Dezember 2008.* S. 1.

5 Rudolf Brazda erklärt bei seiner Vernehmung am 3. April 1941, sein Vater sei an Grippe gestorben. Akte 4 Kms 5/41, Bd. I, Bl. 34R. SoavP. In den Interviews mit dem Autor nennt er die Folgen der Kriegsgefangenschaft als Todesursache. Auf dem Totenschein beim Standesamt Wuitz, jetzt Meuselwitz, ist keine Todesursache angegeben. Anna Brazda erklärt am 20. Juli 1921 gegenüber dem tschechoslowakischen Konsulat in Berlin, ihr Mann sei an einer Lungenentzündung gestorben. Er habe bereits seit seiner Entlassung vom Militär gehustet. Vgl. Leg. Dok. – A. Brazda. VUA.

6 1921 erhält Anna Brazda eine finanzielle Entschädigung durch den tschechoslowaki-
    schen Staat, weil ihr Mann an den Folgen von Kriegsgefangenschaft und Militär-
    dienst starb. Vgl. Leg. Dok. – A. Brazda. VUA.
7 Zinn: *Brazda 4. Dezember 2008*. S. 3.
8 Zinn: *Brazda 4. Dezember 2008*. S. 4.
9 Zinn: *Brazda 4. Dezember 2008*. S. 38.
10 Zinn: *Brazda 4. Dezember 2008*. S. 6.
11 Eine Erinnerung an ein Erlebnis im Alter von zwei Jahren ist sehr unwahrscheinlich.
    Vermutlich war Rudolf älter, oder aber seine Mutter hat ihm von dem Ereignis spä-
    ter erzählt.
12 Zinn: *Brazda 4. Dezember 2008*. S. 3.
13 Zinn: *Brazda 4. Dezember 2008*. S. 4.
14 Zinn: *Brazda 4. Dezember 2008*. S. 4–5.
15 Zinn: *Brazda 4. Dezember 2008*. S. 5–6.
16 Baumgardt: Das Institut. S. 40. Sowie: Stümke/Finkler: *Rosa Winkel, Rosa Listen*.
    S. 28.
17 Vgl. Herzer: Deutsches Schwulenstrafrecht. S. 36–40.
18 Karl Heinrich Ulrichs, geb. am 28. August 1825 in Westerfeld (Ostfriesland), veröf-
    fentlichte seit 1864 insgesamt 12 Schriften über das »Räthsel der mannmännlichen
    Liebe«. Mit seiner Idee einer »urnischen Ehe« nahm er eine essentielle Forderung
    der lesbisch-schwulen Bürgerrechtsbewegung vorweg. Erbittert und resigniert über
    seine Erfolglosigkeit, vor allem aber wegen der immer mehr um sich greifenden
    Homosexuellenverfolgung infolge der Einführung des Paragraphen 175, ging
    Ulrichs 1880 ins Exil nach Italien, wo er am 14. Juli 1895 starb. Vgl. Ulrichs: *For-
    schungen*. Zu Ulrichs Auftritt auf dem Juristentag siehe insbesondere Band VI:
    Gladius furens.
19 Magnus Hirschfeld, geb. am 14. Mai 1868 in Kolberg (Pommern), schloss 1892 sein
    Medizinstudium ab. Aufgerüttelt durch den Strafprozess gegen den homosexuellen
    Schriftsteller Oscar Wilde begann er 1895 mit der Erforschung der Homosexualität.
    1896 erschien sein erstes Buch zum Thema, die Kampfschrift *Sappho und Sokrates*.
    Das WhK gründete Hirschfeld am 15. Mai 1897 gemeinsam mit dem Juristen Edu-
    ard Oberg, dem Verleger Max Spohr und dem Schriftsteller Franz Josef von Bülow
    in seiner Berliner Wohnung. Vgl. Hirschfeld: *Von einst bis jetzt*. S. 47 f.
20 Gesetz zur Bewahrung der Jugend vor Schund- und Schmutzschriften vom 18. De-
    zember 1926. R.G.Bl. 1926. I. S. 505. Am 19. Juni 1928 wird »ein großer Teil der
    homosexuellen Zeitschriften« auf die amtliche »Liste der Schmutz- und Schund-
    schriften« gesetzt. Vgl. Stümke: *Homosexuelle*. S. 68. Sowie: Mühl-Benninghaus:
    Reinhard Mumm.
21 Vgl. Baker/Sauvage: *Ich tue, was mir paßt*.
22 Zinn: *Brazda 4. Dezember 2008*. S. 25.
23 Zinn: *Brazda 4. Dezember 2008*. S. 7.
24 Zinn: *Brazda 4. Dezember 2008*. S. 8.
25 Zinn: *Brazda 4. Dezember 2008*. S. 6.
26 Hoffschildt: 140.000 Verurteilungen. S. 149. Vgl. Tabelle 1 im Anhang.
27 RT III/1924 Drucks. Nr. 3390. Zitiert nach Stümke: *Homosexuelle*. S. 65 f.

28 *Mitteilungen des Wissenschaftlich-humanitären Komitees.* S. 207.

29 Die Koalition zum Schutze der Päderastie. *Völkischer Beobachter (Bayernausgabe)*, 43. Jg., 182, vom 2. August 1930. S. 1.

30 Jäckel/Kuhn: *Adolf Hitler.* S. 248. Zitiert nach Herzer: *Hirschfeld.* S. 22.

31 Seinen Gesellenbrief versteckt Rudolf später bei einem Verwandten in Brossen auf dem Dachboden. Das alte Haus steht noch, möglicherweise liegt auch der Gesellenbrief noch dort.

32 Vgl. Strassmann: *Altenburg.* S. 36. Sowie: Nabert: *Aus der Geschichte.* S. 44.

33 So erhielten die Arbeiterparteien bei den Gemeindewahlen 1925 eine satte Mehrheit: Die SPD bekam 2.389 Stimmen und 6 Sitze, die KPD 1.061 und 4 Sitze, DDP und Zentrum 576 Stimmen (2 Sitze) und die bürgerliche Einheitsliste 1.775 Stimmen (6 Sitze). Vgl. Strassmann: *Altenburg.* S. 36.

34 Vgl. Strassmann: *Altenburg.* S. 37. Sowie: Nabert: *Aus der Geschichte.* S. 45.

35 Vgl. Rademacher: *Verwaltungsgeschichte. http://www.verwaltungsgeschichte.de/altenburg. html*

36 Zinn: *Brazda 4. Dezember 2008.* S. 8.

37 Zinn: *Brazda 4. Dezember 2008.* S. 26.

38 Lautmann: *Der Homosexuelle.* S. 120.

39 Ulrichs definiert Homosexuelle bereits in seiner Schrift *Vindex* 1864 »als ein eigenes Geschlecht, […] als drittes Geschlecht«. In *Inclusa* schreibt er, bei den männlichen Homosexuellen habe die Natur »körperlich den männlichen Keim« entwickelt, »geistig aber den weiblichen«. Ulrichs: *Forschungen.* Bd. I, S. 5 und Bd. II, S. 12. Hirschfeld übernimmt den Begriff des »dritten Geschlechts«, unter dem er aber viele »sexuelle Zwischenstufen« fasst. Vgl. unter anderem Hirschfeld: *Homosexualität.* S. 148–178 und 264–294.

40 Darin unterscheidet sich Brazdas Sozialisation nicht von der zahlreicher anderer, später homosexueller Männer. Thomas Grossmann hat gezeigt, dass viele »prähomosexuelle« Jungen sich als Kind »nicht rollenkonform« verhalten und zum Beispiel geschlechtsneutrale Aktivitäten oder »Mädchenspiele« bevorzugen, häufig auch mit Mädchen oder allein spielen und »weibliche Anteile« bei sich vermuten. Dem steht eine Gruppe prähomosexueller Jungen gegenüber, die ein ausgesprochen rollenkonformes Verhalten an den Tag legt. Bei den nicht rollenkonformen, »weichen« Jungen verringert sich das Interesse für ›mädchentypische‹ Tätigkeiten meist im Laufe der Jugend, ihre Geschlechtsidentität wird deutlicher ›männlich‹. Vgl. Grossmann: *Prähomosexuelle Kindheiten.* S. 296–303.

41 Der Ost-Berliner Mediziner Günter Dörner experimentierte mit Hormonpräparaten, die er Ratten verabreichte, um ihre sexuelle Orientierung zu beeinflussen. Damit setzte er sich in eine äußerst zweifelhafte Tradition. So hatte der dänische SS-Arzt Carl Værnet in den 40er Jahren im Konzentrationslager Buchenwald Menschenversuche mit künstlichen männlichen Hormondrüsen durchgeführt, die er homosexuellen KZ-Häftlingen einsetzte, um sie zur Heterosexualität umzupolen (vgl. Kapitel 6.6). Zu Dörners Forschung vgl. Dörner: *Hormonabhängige Gehirnentwicklung.*

42 Zinn: *Brazda 5. Dezember 2008.* S. 3.

43 Zinn: *Brazda 4. Dezember 2008.* S. 22.

44 Bericht Erich Karl Rauschenbachs vom 13. April 1937. Akte Rauschenbach, 1 Js 72/37, ThStAA.

45 Die Frage einer möglichen Angeborenheit der Homosexualität ist bis heute unbeantwortet und allein die Fragestellung erscheint problematisch. Denn der Versuch einer Erklärung der Homosexualität birgt fast immer den Wunsch nach ihrer »Therapie« und hat in der Vergangenheit häufig zur Verfolgung Homosexueller beigetragen. Rüdiger Lautmann hat deswegen schon 1977 ein Moratorium gefordert, »um in Selbstdisziplinierung einen Akt wissenschaftlicher Reinigung zu vollziehen: Die Erforschung der Ursachen der Homosexualität könnte für eine gewisse Zeit ausgesetzt werden, um die ständige Intervention der Wissenschaft zu Lasten der gesellschaftlichen Situation der Homosexuellen zu beenden.« Lautmann: *Seminar*. S. 140.

46 Ein ähnliches Problem zeigt sich im Streit zwischen Konstruktivisten und Essentialisten, der sich an der Frage entzündet, ob es vor der »Erfindung« des modernen Homosexuellen eine homosexuelle Identität gegeben habe. Der Streit geht auf die These Michel Foucaults zurück, der moderne Homosexuelle sei eine »Spezies«, die erst durch die juristischen und medizinischen Diskurse des 19. Jahrhunderts hervorgebracht worden sei, während es zuvor keine homosexuelle Identität sondern nur homosexuelles Verhalten gegeben habe. Jens Dobler gibt in der Einleitung zu seiner Dissertation einen guten Überblick zur Debatte zwischen Konstruktivisten und Essentialisten. Dobler: *Duldungspolitik*. S. 13–30.

47 Vgl. dazu die Typologie homosexuellen Verhaltens, die der Historiker Randolph Trumbach entwickelt hat. Trumbach unterscheidet drei historische Typen: den »intergenerationellen Typus«, unter den Knabenliebe und pädagogischer Eros fallen, den »intersexuellen Typus«, unter dem die Lösung aus der zugewiesenen und eine Annäherung an die andere Geschlechtsrolle verstanden wird, und den »modernen Typus«, das seit Mitte des 19. Jahrhunderts entstandene Konzept einer homosexuellen Identität. Trumbach: *London's Sapphists*. S. 111–136. Sowie: *The Birth of the Queen*. S. 121–130. Zitiert nach Dobler: *Duldungspolitik*. S. 17.

2. Homosexuelles Leben in Meuselwitz 1933–1937

2.1 Die nationalsozialistische Machtübernahme

Als die Nationalsozialisten am 30. Januar 1933 die Macht übernehmen, ist Rudolf Brazda keine 20 Jahre alt. Noch steckt er mitten im Prozess des Coming-outs, der Suche nach seiner homosexuellen Identität. Die politischen Rahmenbedingungen sind dafür denkbar ungünstig. Zwar ist mit SA-Chef Ernst Röhm auch ein führender Nationalsozialist als Homosexueller bekannt. Viele schwule Männer knüpfen daran die Hoffnung, dass es für sie nicht so schlimm kommen werde wie die Nazis es in ihren Hasstiraden immer wieder angedroht haben. Doch die neuen Machthaber ergreifen schon bald die ersten Maßnahmen gegen die Homosexuellenszene.

Adolf Hitler und seine Parteigenossen hatten nie einen Zweifel daran gelassen, was sie von Homosexualität hielten: »Wer gar an mannmännliche oder weibweibliche Liebe denkt, ist unser Feind. Alles was unser Volk entmannt, zum Spielball unserer Feinde macht, lehnen wir ab […] Wir verwerfen darum jede Unzucht, vor allem die mannmännliche Liebe, weil die uns der letzten Möglichkeiten beraubt, jemals unser Volk von den Sklavenketten zu befreien, unter denen es jetzt frohnt [sic!]«, erklärte die NSDAP am 14. Mai 1928 in einer Stellungnahme zum Thema Homosexualität.[1]

Zwar war diese Stellungnahme erst auf Anfrage des Bundes für Menschenrecht zustande gekommen. Auch versuchten die Nazis mit ihren homosexuellenfeindlichen Einstellungen lange nicht so häufig »zu punkten« wie mit ihrem Judenhass. In den Augen der NSDAP waren Homosexualität und Demokratie, Marxismus und Kapitalismus jedoch samt und sonders Erfindungen ›des Judentums‹. Und wie die Bekämpfung der Homosexualität nach der nationalsozialistischen Machtübernahme aus-

Rudolf Brazda zu Beginn der dreißiger Jahre

sehen sollte, machte der *Völkische Beobachter* 1930 folgendermaßen deut-lich: »Alle boshaften Triebe der Judenseele, den göttlichen Schöpfungsge-danken durch körperliche Beziehungen zu Tieren, Geschwistern und Gleichgeschlechtlichen zu durchkreuzen, werden wir in Kürze als das ge-setzlich kennzeichnen, was sie sind, als ganz gemeine Abirrungen von Syriern, als allerschwerste, mit Strang oder Ausweisung zu ahndende Ver-brechen.«[2]

Drei Wochen nach der Ernennung Adolf Hitlers zum Reichskanzler beginnen die neuen Machthaber mit der Zerschlagung der Homosexuel-lenbewegung. Lokale, Vereine, Verlage und Zeitschriften werden verbo-ten, geschlossen, aufgelöst und zerstört. Am 23. Februar 1933 weist der neue preußische Innenminister Hermann Göring die Polizeibehörden an, insbesondere jene Gastwirtschaftsbetriebe zu schließen, »die den Kreisen, die der widernatürlichen Unzucht huldigen, als Verkehrslokale dienen«.[3] In Berlin wird der Erlass durch den neuen nationalsozialistischen Polizeipräsidenten Magnus von Levetzow innerhalb weniger Tage umgesetzt.[4] Schon am 4. März meldet das *Berliner Tageblatt* die Schließung von 14 »Nachtlokalen«, die meisten bekannte Treffpunkte Homosexueller.[5]

Am 24. Februar folgt ein Erlass, der den öffentlichen Verkauf von Druckschriften verbietet, die »bei dem Beschauer erotische Wirkungen auslösen sollen«.[6] Der Vertrieb homosexueller Zeitschriften war bereits mit Erlassen vom 19. Juni 1931 und 15. Dezember 1932 weiter eingeschränkt worden. Die Schwulenzeitschrift *Die Freundschaft* erscheint seit Januar 1933 mit dem Vermerk, sie sei »im Buch- und Zeitschriftenhandel nicht erhältlich«, das März-Heft ist dann die letzte Ausgabe.[7] Auch die Zeitschriften des Radszuweit-Verlages erscheinen im März zum letzten Mal. Inwieweit die Einstellung der homosexuellen Zeitschriften von Polizei oder Gestapo erzwungen wird, wissen wir nicht. Nur von Adolf Brand ist ein Bericht überliefert, demzufolge sein Verlag bei fünf Konfiskationen der Kriminalpolizei zwischen dem 3. Mai und dem 24. November 1933 »geschäftlich ruiniert« worden sei. Für seine Zeitschrift *Der Eigene* sieht Brand »nur noch im Auslande« eine Perspektive.[8]

Am 6. Mai 1933 wird Magnus Hirschfelds Berliner Institut für Sexualwissenschaft gleich zweimal geplündert: am Vormittag durch Mitglieder der nationalsozialistischen »Deutschen Studentenschaft« und SA-Männer, am Nachmittag noch einmal durch Studenten der Tierärztlichen Hochschule. 12.000 Bände der Bibliothek werden abtransportiert, ein Teil der Bücher und eine Büste Hirschfelds werden am 10. Mai auf dem Berliner Opernplatz verbrannt. Hirschfeld selbst war von seiner Ende 1930 angetretenen Weltreise auf Anraten von Freunden nicht zurückgekehrt. Am 18. November 1933 kommt es schließlich auch zu seiner formellen Enteignung: Die Gestapo verfügt, das gesamte Vermögen der »Dr. Magnus-Hirschfeld-Stiftung« einzuziehen.[9]

Die meisten Homosexuellenorganisationen beugen sich dem Terror, indem sie ihre Selbstauflösung beschließen. Das Wissenschaftlich-humanitäre Komitee lädt für den 8. Juni 1933 zu den zwei letzten Mitgliederversammlungen, um über Auflösung und Verwendung des Vereinsvermögens zu beschließen.[10] Über die genauen Umstände der Auflösung des

Bundes für Menschenrecht gibt es keine Erkenntnisse. Die letzte Ausgabe der Verbandszeitschrift erscheint im Februar 1933. Die formelle Auflösung des Vereins teilt der letzte BfM-Vorsitzende Paul Weber dem zuständigen Amtsgericht am 9. November 1934 mit.[11] Wann und in welcher Form die lokalen Strukturen des WhK und des Bundes für Menschenrecht zerschlagen werden, lässt sich nicht mehr rekonstruieren. Die Leipziger Ortsgruppe des BfM veranstaltet im Januar und Februar noch gut besuchte Festivitäten. In ihrer letzten Ausgabe kündigt die Verbandszeitschrift *Blätter für Menschenrecht* für den 4. März 1933 »Messe-Veranstaltungen« an, »wo sich wieder einmal alle Geschäftsfreunde und Artgenossen aus dem ganzen Reich zusammenfinden«.[12] Ob diese noch stattfinden können, ist unklar. Im Dunkeln liegt auch das Ende der Chemnitzer Ortsgruppe des BfM, die vor 1933 neben Freizeitaktivitäten auch eine politische Kundgebung mit 300 Teilnehmern organisiert hatte.[13] Ein »Bund der Freunde« im 20 Kilometer südlich von Altenburg gelegenen Crimmitschau hält aber noch am 18. März 1933 eine gesellige Zusammenkunft im Gasthof »Stadt Dresden« ab.[14] Zur Auflösung dieser Gruppe finden sich ebenso wenig Hinweise wie zu der der Leipziger Vereinigungen. Und zum Landkreis Altenburg ist noch nicht einmal bekannt, ob dort vor 1933 Ortsgruppen des BfM oder andere lokale Homosexuellenverbände existierten.[15]

Unter diesen Bedingungen entscheiden sich einige Protagonisten der homosexuellen Bürgerrechtsbewegung dafür zu emigrieren. Magnus Hirschfeld lässt sich zusammen mit seinen Freunden Tao Li und Karl Giese in Paris nieder, wo er erfolglos versucht, das Institut für Sexualwissenschaft neu zu gründen. Er stirbt 1935 in Nizza. Kurt Hiller, zweiter Vorsitzender des WhK, wird am 23. März 1933 verhaftet – als Homosexueller, Jude, Sozialist und Pazifist steht er ganz oben auf den Listen der Nazis. Nach einem Jahr Gefängnis- und KZ-Haft kann Hiller im September 1934 nach Prag flüchten.[16]

Rudolf Brazda ist noch zu wenig vertraut mit der Welt der Homosexuellen, um die beschriebenen Entwicklungen wahrzunehmen. Und in Meuselwitz haben die neuen Machthaber zunächst auch andere Sorgen als die Verfolgung Homosexueller. Denn nach der Machtübernahme kommt es immer wieder zu offenen Widerstandsaktionen von Sozialdemokraten und Kommunisten. So am 1. April 1933, dem »Tag des Judenboykotts«, als sich auch in Meuselwitz SA-Männer mit Schildern, auf denen Sprüche wie »Kauft nicht bei Juden« stehen, vor jüdischen Geschäften postieren. Betroffen sind unter anderem das Kaufhaus Fruchtmann und drei weitere Händler in der Bahnhofstraße. Anhänger des sozialdemokratischen »Reichsbanners« wollen diese Aktion nicht hinnehmen und protestieren vor Ort. Daraufhin gehen Polizei, SA- und SS-Leute gemeinsam gegen die Reichsbanner-Anhänger vor. Es kommt zu zahlreichen Verhaftungen. Noch am selben Abend veranstaltet die NSDAP eine »spontane Kundgebung«, an der sich angeblich 600 Meuselwitzer beteiligen.[17]

Der letzte frei gewählte Bürgermeister von Meuselwitz, Rudolf Güldenpfennig, der der Sozialdemokratie nahesteht, wird am 27. April 1933 vom thüringischen Innenminister Fritz Sauckel »zwangsbeurlaubt«.[18] Doch die neuen Machthaber haben Schwierigkeiten, eine geeignete Person für den Posten zu finden. Kommissarisch wird zunächst Georg Schmidt bestellt, seit Dezember 1932 Stadtratsmitglied und seit 18. März Beauftragter des Innenministeriums für die Sicherheitspolizei. Im September wird seine Berufung zurückgenommen. Schmidt folgt am 7. September 1933 der Weimarer Jurist Dr. Paul Schreiber, ein SA-Mann. Doch auch er kann sich nicht lange halten, nach dem Röhm-Putsch wird er in Unehren entlassen.[19] Am 1. September 1934 wird schließlich der Lehrer Kurt Sachse Bürgermeister, ein überzeugter Nazi, der im *Meuselwitzer Tageblatt* als »ein Mann der Tat – Förderer ehrlichen Arbeitskampfes – den Schwätzern, Intriganten und Kriechern« vorgestellt wird. Sachse beginnt seine Amtszeit, die bis 1945 andauern wird, mit der programmatischen Feststellung, Meuselwitz sei »kein Drecknest, dieses Urteil müssen wir vernichten«. Unter »Drecknest« versteht Sachse hier wohl weniger den Braunkohlenabbau als vielmehr die Sozialstruktur und die traditionell linke politische Ausrichtung der Meuselwitzer Bevölkerung.[20]

Rudolf Brazda kann sich an die nationalsozialistische Machtübernahme in Meuselwitz nicht mehr genau erinnern. Gleichwohl schildert er sie als einschneidendes Ereignis: »Das deutsche Volk war so dumm. Die haben Wunder was gedacht, was der Hitler ihnen bringen wird, als er Reichskanzler wurde. Der ist ja auch nur mit lauter Gemeinheiten an die Macht gekommen: ›Lasst mir 10 Jahre und Ihr werdet Deutschland nicht wieder erkennen‹, hat er gesagt. Eigentlich hat er Recht gehabt: Deutschland lag danach in Trümmern und auch die Arbeitslosen hat er nicht wegbekommen.«[21]

Auch Rudolf ist weiterhin arbeitslos. Weil er bei seiner Mutter lebt, bekommt er keine staatliche Unterstützung. Er macht das Beste daraus, genießt das Leben, zieht zusammen mit Freundinnen durch die Gasthäuser und schwingt das Tanzbein. Um sich etwas dazuzuverdienen, tritt er am Wochenende auch bei Turnieren an. Dabei kommt er viel herum, lernt Nachbarorte, Gasthäuser und Tanzsäle kennen. Immer häufiger bringt er Pokale und kleine Preisgelder mit nach Hause.

2.2 Begegnung mit Werner Bilz

Irgendwann im Sommer 1933 geschieht schließlich etwas, das Rudolfs Leben entscheidend verändert. Er ist wieder einmal in Meuselwitz unterwegs, zusammen mit fünf Freundinnen aus dem Tanzverein läuft er vor dem Rathaus entlang, als auf einmal eines der Mädels sagt:»Mensch, schau mal da, der schöne junge Bursch da, der ist auch so wie du.« Rudolf ist vollkommen perplex:»Ein wunderschöner blonder Junge ist das gewesen. Also ich habe keine Worte gefunden. Ich habe die Mädels stehen gelassen und bin ihm hinterhergelaufen, ich wollte wissen wo er wohnt.«[22]

Für Rudolf ist es Liebe auf den ersten Blick. Doch wie herankommen an den schönen Mann? Vorsichtig erkundigt er sich bei einer Bewohnerin des Hauses, in dem der Blonde verschwunden ist. Wer denn der junge Mann sei, wo man ihn treffen könne, will er wissen. Das sei der Herr Bilz, erklärt die Frau bereitwillig. Wenn er den treffen wolle, dann solle er am Sonntag ins Freibad Phönix gehen.

Das Freibad Phönix liegt in Mumsdorf, direkt neben der Brikettfabrik. Die Grubengesellschaft hat es 1926 für die Arbeiter gebaut. Eine feine Schicht Kohlenstaub, die Liegewiese, Schwimmbecken und Umkleidekabinen überzieht, macht den Aufenthalt zu einem zweifelhaften Vergnügen. Doch das Bad ist groß, modern und bei der Jugend beliebt. Am nächsten Sonntag ist Rudolf schon am frühen Morgen in Mumsdorf.[23] Er kann es kaum erwarten, den blonden Mann wiederzusehen:

»Auf einmal sehe ich da den wunderschönen jungen Burschen. Ich war fast wahnsinnig, kann man sagen. Er stand dort vor dem Bassin, mit einem langen Bademantel an und ich habe gedacht, wie könnt ich bloß mit ihm zusammenkommen, soll ich ihn ansprechen? Ich bin zu ihm hingelaufen, aber ich habe keine Worte gefunden. Da habe ich ihn einfach ins Wasser gestoßen und er schwamm dann, der Bademantel hat ihn ins Wasser gedrückt und zum Glück habe ich ihn gleich greifen können und habe ihn rausgeholt aus dem Bad. Er hat mehr gelacht als geweint und hat mir keinen Vorwurf gemacht. Vielleicht hat er auch an mir Gefallen gefunden. Das war auch so. Auf einen Blick. Ich habe ihn also rausgeholt, den Mantel ausgezogen, bin mit ihm in die Dusche gegangen und habe ihn abgeduscht, mit dem Handtuch abgetrocknet, das hat ihm gefallen. Ich habe ihn gleich gefragt, was wir heute Abend machen und er sagte: ›Ich weiß nicht, wollen wir uns treffen?‹«

Rudolf ist so überwältigt von Werner, so heißt der Blonde, dass er schon auf dem Rückweg vom Schwimmbad über ihn herfällt: »Wir sind spazieren gegangen und an einer Straße, keine Häuser, da war ein Gartenzaun, er stellt sich an den Gartenzaun und ich habe ihn mit den Armen umfasst gehabt, wir haben geschmust und ich habe an ihm so gerieben. Ich habe nix machen brauchen, wir waren so gut gewesen miteinander …«[24]

Werner Bilz Mitte der 30er Jahre

Das Freibad »Phönix« im Jahr 1927
Quelle: StAMeu

Die beiden spazieren weiter in Richtung Meuselwitz und Werner erzählt Rudolf sein halbes Leben: Er ist 19 Jahre alt, also ein knappes Jahr jünger als Rudolf, stammt aus Limbach bei Chemnitz, wo seine Mutter Frieda und sein Bruder noch wohnen, sein Vater ist bereits gestorben.[25] Vor zwei Jahren ist er nach Meuselwitz gezogen, weil er hier eine Stelle als Schaufensterdekorateur bekommen hat. Seit dem 1. August 1931 lebt er zur Untermiete im ersten Stock des Hauses Weinbergstraße 1. Die 56-jährige Vermieterin, Helene Mahrenholz, ist verwitwet und ohne Kinder. Werner behandelt sie, als wäre er ihr eigener Sohn.

Hand in Hand, wie ein frisch verliebtes Paar, laufen Werner und Rudolf durch Meuselwitz, die Zeitzer und die Altenburger Straße entlang, vorbei am Schloss derer von Seckendorff – jeder soll ihr Glück bewundern. Als sei es gestern gewesen, erinnert sich Rudolf an den Spaziergang: »Auf einmal ist die große Liebe entstanden und er sagt zu mir: ›Komm ich zeig dir mal meine Wohnung.‹ Dann bin ich mitgegangen in die Weinbergstraße 1. Die Frau dort war eine Bibelforscherin und die hat mich gleich lieb empfangen, sie hatte gewusst von dem Werner, dass er so war, und da hat sie gedacht, jetzt hat er endlich einen Freund gefunden.«[26]

Als Zeugin Jehovas müsste Helene Mahrenholz Homosexualität eigentlich ablehnen. Doch so genau nimmt sie es mit dem Glauben nicht. Und Werner ist ihr so ans Herz gewachsen, dass sie sich nur freuen kann für ihn. Vielleicht sind es aber auch die Probleme, die ihre eigene Religionsgemeinschaft mit dem »Dritten Reich« hat, die Helene Mahrenholz' Sympathie mit den verfemten Homosexuellen stärken. Denn die Zeugen Jehovas wollen sich aus religiösen Gründen nicht »gleichschalten« lassen. Sie verweigern den »Hitler-Gruß«, treten NS-Organisationen nicht bei, lehnen den völkischen Gedanken ebenso ab wie den Antisemitismus der Nazis und verweigern den Dienst in der Wehrmacht. Das führt zum Verbot und später auch zur Verschleppung vieler Gläubiger in die nationalsozialistischen Konzentrationslager.[27] In Meuselwitz gibt es damals eine vergleichsweise große Gemeinde der Zeugen Jehovas. Neben Helene Mahrenholz gehören auch andere Bewohner des Hauses in der Weinbergstraße dieser Religionsgemeinschaft an.[28]

Rudolf schwebt im Glück. Er ist überwältigt von Helene Mahrenholz' Freundlichkeit. Vor allem aber von Werner, seiner ersten großen Liebe: »Sie hat mich direkt über Nacht bei ihm gelassen. Ich bin dann nicht mehr nach Hause gegangen. Warum war die Frau so gut mit uns? Die hatte ihren Mann verloren und hätte gern Kinder gehabt. Sie sagte, jetzt habe ich doch in euch zwei Kinder gefunden.«[29]

2.3 Rudolfs homosexuelles Coming-out

Die Begegnung mit Werner bringt für Rudolf nicht nur die erste große Liebe. Sie beflügelt auch sein homosexuelles Coming-out. Obwohl Werner ein Jahr jünger ist, hat er schon mehr Erfahrung mit dem homosexuellen Leben als Rudolf. Er kennt bereits andere Schwule und er hat schon einige Geschichten über homosexuelle Treffpunkte in der Messestadt Leipzig gehört.

Werner stellt Rudolf einen guten Freund vor, den 21-jährigen Ernst Koffmane, der als Verkäufer in einer Bäckerei arbeitet. Werner hat den hübschen Kerl 1932 im Meuselwitzer Tanzlokal »Lindenhof« kennengelernt. Dabei ging er sehr vorsichtig vor, um sich nicht zu gefährden, falls der Annäherungsversuch auf keine Gegenliebe stößt. Doch Werners

Instinkt trügt ihn nicht: Ernst Koffmane ist ebenfalls schwul. Später schildert Koffmane die Begegnung so: »Er sagte, er verwechsele mich mit jemandem, der in Chemnitz wohnt. Durch ihn wurde ich in homosexuelle Kreise eingeführt. Durch ihn lernte ich auch Brazda kennen.«[30] Die drei werden schnell ein Team. Gemeinsam erkunden sie die homosexuelle Welt. Sie machen Ausflüge in einschlägige Kneipen, vor allem nach Leipzig, wo es weiterhin viele Treffpunkte für schwule Männer gibt. Bis 1933 waren solche Lokale legal. Der »Mägdebrunnen« fungierte damals noch als »Klublokal« des Bundes für Menschenrecht.[31] Die »Elisenburg« war ebenfalls ein beliebter Treffpunkt. Doch auch die Razzien und Schließungen, zu denen es nach der Machtübernahme der Nationalsozialisten kommt, führen nicht dazu, dass die homosexuelle Kneipenkultur verschwindet.[32] Über Mundpropaganda spricht sich immer wieder herum, in welchem Lokal man sich neuerdings trifft. Dazu zählen nach 1933 die »Burgkeller-Klause«, das »Richard-Wagner-Café« und das »Park-Café«, die »Lybelle«, das »Café Kaiser« und das »Club-Lokal New York«. Doch auch am Promenadenring, am Hauptbahnhof und in öffentlichen Toiletten kann man Homosexuelle kennenlernen.[33]

Im Herbst 1933 fahren Rudolf, Werner und Ernst erstmals mit der Bahn von Meuselwitz nach Leipzig, um das »New York« aufzusuchen. Das Lokal liegt in der Hainstraße, mitten in der Innenstadt. Abends werden die Lichter gedimmt, dann verwandelt sich das Café in ein schummeriges Tanzlokal, in dem alles Verbotene möglich erscheint.

Über ihren ersten Ausflug nach Leipzig gibt Ernst Koffmane gegenüber der Polizei später zu Protokoll: »Im Herbst 1932 oder 1933 war ich mit Bilz und Brazda einmal in Leipzig in einem Lokal, man nannte es ›York‹, dort verkehrten Homosexuelle. Wir haben uns damals den Betrieb dort angesehen, Bekanntschaften haben wir nicht geschlossen.«[34]

Tatsächlich werden im »New York« sehr schnell Bekanntschaften geschlossen, wie Rudolf Brazda erinnert. Den drei Besuchern gefällt es dort so gut, dass sie von nun an immer wieder nach Leipzig fahren: »Wir haben damals erfahren, dass in Leipzig irgendwo homosexuell getanzt wird. Da haben wir uns zusammengetan, manchmal zwei oder auch vier Personen, und sind mit dem Zug nach Leipzig gefahren. Dort war ein Club, ›Café New York‹ hat der geheißen. Dort trafen sich die Homosexuellen zum Tanzen. Wir haben uns dort gut unterhalten, in dem ›Café New York‹.«[35]

2.4 Umzug in die Weinbergstraße

Irgendwann in diesen Monaten macht Werners Wirtin Helene Mahrenholz Rudolf Brazda ein Angebot, das dieser nicht ausschlagen kann:»Und
da hat sie zu mir gesagt, wenn du willst, kannst du ruhig zu mir kommen,
dann ist der Werner nicht so allein, dann hat er Zeitvertreib, dann braucht
er sich nicht immer um mich alte Frau zu kümmern.«[36]
Das Haus in der Weinbergstraße ist ein typischer Gründerzeitbau,
1903 errichtet, mit einem hübschen Giebel und Stuckfassade. In Erd-
und Obergeschoss gibt es jeweils zwei 2-Zimmerwohnungen, im Dachgeschoss noch einige Kammern. Helene Mahrenholz, die das Haus von
ihrem Mann geerbt hat, wohnt gemeinsam mit Werner im Obergeschoss.
Neben ihnen gibt es noch vier Mietparteien, die meisten Mieter sind, wie
Helene Mahrenholz selbst, Zeugen Jehovas.[37]
Am 28. März 1934 zieht Rudolf zu Werner und Helene.[38] In seiner
Erinnerung freilich ging alles viel schneller. Rudolf meint, er sei bereits
am ersten Tag seiner Bekanntschaft mit Werner bei diesem eingezogen.
Hat er sich erst einige Monate später polizeilich angemeldet? Das ist eher
unwahrscheinlich, denn der Umzug hat noch einen anderen Hintergrund
als die Liebe zu Werner. Es sind auch materielle Erwägungen, die für den
Wohnungswechsel sprechen. Noch immer ist Rudolf arbeitslos und staatliche Hilfsleistungen bekommt er nicht. Anders sähe es aus, wenn er sich
eine eigene Wohnung nähme. Helene Mahrenholz weist Rudolf darauf
hin:»Und die Frau hat mir den Vorschlag gemacht, komm doch zu uns,
du wirst hier eine Unterstützung bekommen, wenn du nicht mehr zuhause bist. Und das habe ich dann auch gemacht. Ich habe dann auch
eine kleine Unterstützung bekommen, von der Stadt, als Arbeitslosen-
geld.«[39]
Mit der Unterstützung der Stadt, gelegentlichen Jobs bei seinem alten
Meister Gustav Menzel und den Preisgeldern, die er bei Tanzturnieren
verdient, kommt Rudolf nun ganz gut über die Runden. Und auch Werner, der als Dekorateur beim Herrenausstatter Rockmann arbeitet, also
ein regelmäßiges Einkommen hat, greift ihm ab und zu unter die Arme.
Als erstes wird das gemeinsame Zimmer eingerichtet, das sie bei Frau
Mahrenholz beziehen. Offiziell hat Rudolf sein eigenes Zimmer, das zumindest erklärt er später gegenüber der Polizei. Tatsächlich räumt die
Wirtin jedoch das eheliche Schlafzimmer für die beiden:»Ja, also das

Schlafzimmer, in dem die Frau Mahrenholz geschlafen hat, das hat sie denn uns überlassen, denn es war etwas größer, und in ihrem Bett, darin haben wir geschlafen. Es war ein großes Bett, sie hatte früher mit ihrem Mann dort drin geschlafen.«

Rudolf richtet das gemeinsame Zimmer ein. Die Möbel werden lindgrün gestrichen, das ist Rudolfs Lieblingsfarbe, die seine Schlafzimmermöbel auch heute noch ziert: »Die Frau Mahrenholz hatte noch einen Schrank und da hat sie gesagt, es sind zu viele Möbel in der Wohnung, können wir nicht den Schrank irgendwo unterbringen? Da habe ich gesagt: ›Mensch, ich habe eine Idee!‹ In dem Haus wohnte noch ein Bibelforscher mit seiner Familie und das waren Tischler, ein Tischlerunternehmer, und der hatte eine Werkstatt. Und wir sagten, weißt du, das ist ja gut, wir könnten aus dem alten Schrank was machen. Der Tischler hat denn aus dem Schrank eine kleine Kommode gemacht, die haben wir dann angestrichen, hellgrün haben wir die Möbel angestrichen.«[40]

Rudolf Brazdas Erinnerungen decken sich mit einem späteren Ermittlungsbericht der Meuselwitzer Polizei: »Als Brazda im März 1934 zur Frau Mahrenholz zog, hatte Bilz ein Zimmer für sich inne. Beim Zuzug des Brazda siedelte er in das Nebenzimmer um, in dem 2 Betten standen […] Bei Einrichtung dieses Zimmers wurde durch den Tischlermeister Burkhard eine alte Kommode in eine moderne Frisiertoilette umgearbeitet und das gesamte Inventar lindgrün gestrichen. Brazda hat also nie in einer Kammer für sich geschlafen.«[41]

Unter den Augen der anderen Hausbewohner richten sich Rudolf und Werner ihr eheliches Schlafzimmer ein. Für die damalige Zeit ist das ein unerhörter Vorgang. Homosexuelle Paare wohnen in aller Regel nicht zusammen. Ganz zu schweigen davon, dass sie es wagen, gemeinsam in einem Zimmer oder gar in einem Bett zu schlafen. Viel zu groß erscheint den meisten die Gefahr, dass Nachbarn tratschen und Polizei und Staatsanwaltschaft aufmerksam werden könnten. Auch gibt es kaum Hauswirte, die an Männerpaare vermieten. Nicht nur, weil sich derartiges in den Augen der meisten aus moralischen Gründen verbietet. Vermieter können sich auch wegen Kuppelei in Verbindung mit Paragraph 175 strafbar machen.

Gerade in ländlichen Gegenden müssen homosexuelle Paare damit rechnen, dass sie argwöhnisch beobachtet und angezeigt werden. Im Würzburger Raum konnte Burkhard Jellonnek anhand von Gestapo-

Akten nur zwei Wohngemeinschaften von Männern nachweisen, das entspricht gerade einmal einem Prozent der insgesamt 198 dortigen »Homosexualitätsverdächtigen«. Diese wurden von der Bevölkerung besonders »kritisch beäugt«.[42]

Die Hausbewohner der Weinbergstraße reagieren dagegen bemerkenswert tolerant. Bei Helene Mahrenholz mag es die Zuneigung zu Werner sein, die ihr Herz erweicht. Doch was wird der Tischler Burkhard denken, der ebenfalls ein Zeuge Jehovas ist? Möglicherweise verurteilt er das Zusammenleben von Rudolf und Werner moralisch. Eine Denunziation der beiden wird für ihn aber wohl schon deswegen nicht in Frage gekommen sein, weil die Zeugen Jehovas zum NS-Staat große Distanz halten.

Rudolf und Werner scheint die Meinung der Hausbewohner damals nicht zu kümmern.[43] Ihr offenes Auftreten mag man aus heutiger Perspektive für naiv halten. Doch jugendlicher Übermut und die erste große Liebe machen sie blind für mögliche Konsequenzen. Zudem fehlt es beiden an erfahrenen Freunden, die sie zur Vorsicht mahnen könnten. Denn auch Werner scheint noch nicht viele Kontakte zu älteren Homosexuellen zu haben, die über ausreichend Lebenserfahrung verfügen, um sie vor einem allzu offenen Auftreten zu warnen.[44] Hinzu kommt, dass sich viele Homosexuelle im Frühjahr 1934 noch relativ sicher fühlen – eine schärfere Verfolgungspraxis als in den Weimarer Jahren erscheint ihnen ausgeschlossen, solange der homosexuelle SA-Chef Ernst Röhm im NS-Staat eine wichtige Rolle spielt.

2.5 Die Ermordung Röhms

Die Haltung vieler Homosexueller ändert sich mit der Ermordung Röhms im Sommer 1934. Auch Rudolf Brazda erinnert den sogenannten »Röhm-Putsch« als einschneidendes Ereignis: »Ja, ja wir haben uns nichts daraus gemacht. Da war noch das alte System in uns, und wir wurden noch nicht verfolgt. Das ist erst später gekommen, die richtige Verfolgung, wegen der Röhm-Geschichte, die der Hitler gehabt hatte. Wo sie ihn umgebracht haben, da ist es erst losgegangen gegen uns. Aber vorher, weiß ich nicht. Natürlich war alles verboten, aber sonst haben wir uns nichts dabei gedacht.«[45]

Tatsächlich ist der »Röhm-Putsch« eine Zäsur, er markiert den Beginn einer systematischen Verfolgung Homosexueller. Am 30. Juni 1934 lässt Hitler Ernst Röhm und zahlreiche andere SA-Führer verhaften, am nächsten Tag wird Röhm in München ermordet. Damit räumt Hitler seinen damals gefährlichsten Rivalen aus dem Weg. Als Begründung muss dessen Homosexualität herhalten. Diese ist in der Öffentlichkeit zwar schon seit 1931 bekannt, als sie sozialdemokratische Zeitungen anprangerten, um die NSDAP in Bedrängnis zu bringen.[46] Nun jedoch echauffiert sich auch Hitler, dass sich »aus einer bestimmten gemeinsamen Veranlagung heraus in der SA eine Sekte zu bilden begann, die den Kern einer Verschwörung nicht nur gegen die normalen Auffassungen eines gesunden Volkes, sondern auch gegen die staatliche Sicherheit abgab«.[47]

Die Verknüpfung angeblicher Putschabsichten Röhms mit einer homosexuellen Verschwörung markiert einen Wendepunkt in der offiziellen NS-Politik gegenüber Homosexuellen. Die Homophobie großer Teile der NSDAP-Mitgliedschaft erfährt nun nicht nur ihre offizielle Bestätigung, sie wird darüber hinaus in eine Verschwörungstheorie eingebunden, die fortan die theoretische Grundlage der nationalsozialistischen Homosexuellenpolitik bildet. Die Homosexuellen werden offiziell zu »Staatsfeinden« erklärt, der Startschuss für ihre Verfolgung ist gefallen.

In den Meuselwitzer Zeitungen wird über den Röhm-Putsch genauso breit berichtet wie in der gesamten Reichspresse. Im *Meuselwitzer Tageblatt* und im *Boten von der Schnauder* können Rudolf und Werner auf der ersten Seite in groß aufgemachten Artikeln lesen, wie Adolf Hitler die sexuelle Orientierung seines Stabschefs neuerdings bewertet und wie im »Dritten Reich« künftig mit Homosexuellen umgegangen werden soll:

»Die Durchführung der Verhaftung zeigte moralisch so traurige Bilder, dass jede Spur von Mitempfinden schwinden musste. Einige dieser SA-Führer hatten sich Lustknaben mitgenommen. Einer wurde in der ekelhaftesten Situation aufgeschreckt und verhaftet. Der Führer gab den Befehl zur rücksichtslosen Ausrottung dieser Pestbeule. Er will in Zukunft nicht mehr dulden, dass Millionen anständiger Menschen durch einzelne krankhaft veranlagte Wesen belastet und kompromittiert werden […] Mittags 12 Uhr hielt der Führer vor den in München zusammengekommenen höheren SA-Führern eine Ansprache, in der er seine unerschütterliche Verbundenheit mit der SA. betonte, zugleich jedoch den Entschluss verkündete, disziplinlose und ungehorsame Subjekte sowie asoziale sowie krankhafte Elemente von jetzt ab auszurotten und zu vernichten.«[48]

Nach der Ermordung Röhms kommt es zu zahlreichen Denunziationen angeblich homosexueller NSDAP-Mitglieder.[49] In Parteikreisen will man Hitlers Worten, »krankhafte Elemente von jetzt ab auszurotten und zu vernichten«, schnell Taten folgen lassen. In Bayern plant das Staatsministerium des Innern »zur gründlichen Säuberung und Befreiung unseres Volkskörpers von dieser Pest« schon Anfang Juli 1934 eine »gleichzeitig schlagartig« durchzuführende Razzia, die dann aber erst im Oktober stattfindet.[50]

Einige Partei- und SA-Angehörige fühlen sich nun auch persönlich berufen, die neue Ordnung durchzusetzen. So etwa in Leipzig: Nur drei Tage nach dem Röhm-Putsch, am 3. Juli 1934, schleppen der 18-jährige Scharführer Gerhard Gebauer und der 20-jährige Rottenführer Helmut Kanzler einen von ihnen der Homosexualität verdächtigten 28-jährigen Mann und den ihn begleitenden 15-jährigen Bäckerlehrling von der Straße weg auf die Polizeiwache.[51]

Nicht nur in Parteikreisen wird die Ermordung Röhms als Startschuss zur Homosexuellenhatz verstanden. Auch ganz normale Bürger fühlen sich nun ermutigt, tatsächliche oder vermeintliche Homosexuelle bei der Polizei zu denunzieren. Gerade in Großstädten, die von Homosexuellen oft als anonymer und sicherer Rückzugsort betrachtet werden, in denen das homosexuelle Leben aber auch offener zu Tage tritt als in ländlichen Regionen, kommt es zu solchen Anzeigen. Dass dabei auch direkt auf Röhm Bezug genommen wird, zeigt, welchen Stimmungsumschwung der »Röhm-Putsch« bewirkt hat. So bei einer Denunziation in Leipzig, bei der mitgeteilt wird, dass der Verdächtige »solche Sachen wie Röhm gemacht habe«.[52]

Im Geheimen Staatspolizeiamt (Gestapa) in Berlin versucht man die Homosexuellenverfolgung nunmehr systematisch anzugehen. Schon kurz nach der Ermordung Röhms wird das Sonderdezernat II1So geschaffen. Anlass für die Gründung ist nach Darstellung des Mitarbeiters Gerhart Kanthack, dass die Bearbeitung homosexueller »Verfehlungen für das gesamte deutsche Reichsgebiet vom Führer und vom Preußischen Ministerpräsidenten dem Gestapa in Berlin übertragen« wird. Leiter des

Dezernats wird SS-Untersturmführer Josef Meisinger, der bereits bei der Münchner Sittenpolizei einschlägige Erfahrungen gesammelt hat.[53] Die Gestapo übernimmt nun Aufgaben, die bislang von Kriminalpolizei und Staatsanwaltschaft bearbeitet wurden. Begründet wird die Zuständigkeit damit, dass die Homosexualität eine »Staatsgefahr mindestens vom gleichen Umfange wie der Kommunismus« darstelle, so Kanthack.[54]

Gerechtfertigt wird die Homosexuellenverfolgung mit zwei Bedrohungsszenarien. Zum einen wird Homosexualität als Gefahr für das angestrebte Wachstum des deutschen Volkes und damit auch für die Kriegspläne der Nationalsozialisten betrachtet. Zum anderen fürchtet man, dass, wie im Falle Röhms gerade noch verhindert, Homosexuelle den nationalsozialistischen »Männerstaat« unterwandern und zerstören. Josef Meisinger formuliert das 1937 folgendermaßen: »Will man die Gefahr, die die Homosexualität in sich birgt, richtig erkennen, so kann man sie heute nicht mehr allein unter dem engen kriminellen Gesichtswinkel betrachten, wie das früher geschehen ist. Infolge ihrer heutigen ungeheuren Verbreitung hat sie sich vielmehr zu einer Erscheinung herausgebildet, die für den Bestand von Volk und Staat von weittragender Bedeutung ist.«

Eine Gefahr wird in der Homosexualität zum einen auf dem Gebiet der Fortpflanzung gesehen: »Da die Homosexuellen erfahrungsgemäß für den normalen Geschlechtsverkehr unbrauchbar werden, wirkt sich die Gleichgeschlechtlichkeit auch auf den Nachwuchs aus und wird zwangsläufig zu einem Geburtenrückgang führen. Die Folge davon ist eine Schwächung der allgemeinen Volkskraft, durch die nicht zuletzt die militärischen Belange eines Volkes gefährdet werden. Schließlich aber bildet die Homosexualität eine dauernde Gefahrenquelle für die Ordnung im Staatsleben.«[55] Eine »dauernde Gefahrenquelle« ist die Homosexualität in den Augen der Nationalsozialisten vor allem für den von ihnen errichteten »Männerstaat«, wie der »Reichsführer-SS« Heinrich Himmler in einer Geheimrede vor SS-Gruppenführern erklärt: »In dem Augenblick aber, wo […] ein geschlechtliches Prinzip im Männerstaat von Mann zu Mann einkehrt, beginnt die Zerstörung des Staates […] Wenn Sie an irgendeiner Stelle einen so [homosexuell] veranlagten Mann im Männerstaat haben, der etwas zu sagen hat, können Sie mit Sicherheit drei, vier, acht, zehn und noch mehr gleichveranlagte Menschen finden; denn einer zieht den anderen nach, und wehe, wenn da ein oder zwei

Normale unter diesen Leuten sind, sie werden in Grund und Boden ver-
dammt, sie können machen was sie wollen, sie werden kaputtgemacht.«
In den Augen Heinrich Himmlers sind Homosexuelle eine verschworene Gemeinschaft, die das Leistungsprinzip durch »ein erotisches Prinzip« ersetzt und so den Staat zerstört.[56] Damit haben die Nationalsozialisten »den Homosexuellen als Staatsfeind erkannt«.[57] Ihm das Handwerk
zu legen, macht Himmler seit dem »Röhm-Putsch« zu seiner ganz persönlichen Mission.

2.6 Alltag in Meuselwitz

In Meuselwitz wird die NS-Propaganda gegen Röhms homosexuelle
»Sekte« als Warnzeichen verstanden. Von den Vorbereitungen für Verfolgungsmaßnahmen ahnt man im Sommer 1934 jedoch noch nichts. Das
Leben geht weiter und die Liebe zwischen Rudolf und Werner ist zu
stark, um sie dauerhaft zu verstecken. Schon bald ist die »Röhm-Geschichte« verdrängt und die beiden setzen den offenherzigen Umgang
mit ihrer Beziehung fort.

Rudolf schildert den damaligen Alltag folgendermaßen: »Der Werner
ist arbeiten gegangen, der war in einem Konfektionsgeschäft, er war Dekorateur. Und ich habe der Frau Mahrenholz geholfen: Holz gehackt, wir
hatten einen kleinen Garten, hinten war ein Hof gewesen, dort haben wir
Sand reingeworfen und haben einen Garten daraus gemacht.« Rudolf
baut Obst und Gemüse an, die Wirtin kocht: »Die Frau Mahrenholz, das
war so eine liebe Frau, die hat so gut gekocht, was wir uns gewünscht
haben, hat sie uns gekocht.«

Auch im Haus macht sich Rudolf nützlich: »Einmal hat Frau Mahrenholz zu mir gesagt, es wäre eine Reparatur auf dem Dach zu machen.
Da habe ich die große Leiter genommen und vom Dachboden aus ging
das dann durch ein großes Fenster. Ich habe das Dachfenster umgeschla-
gen und wollte gerade raus, auf einmal spüre ich etwas zwischen meinen
Beinen. Um Gottes Himmels Willen, da hat mir einer durch die Hose
raufgegriffen, ich hatte so breite Hosen angehabt. Das war der Werner
gewesen, der hat sich einen Spaß gemacht, er wollte mich erschre-
cken.«[58]

Rudolf und Werner »eingehenkelt«

Nicht nur im Haus turteln die beiden herum. Auch auf der Straße gehen sie Hand in Hand: »Wir haben keine Angst gehabt, wir sind eingehenkelt spazieren gegangen, nicht immer, aber doch an der Hand gehalten und gelaufen.« Rudolf meint, ihre Homosexualität sei damals stadtbekannt gewesen: »Ja, ja natürlich hat das jeder gewusst!«

In diese Zeit fällt auch die erste gemeinsame Reise von Werner und Rudolf: »Einmal haben wir eine kleine Radtour gemacht, der Werner und ich. So zehn Tage, wir haben uns aufs Fahrrad gesetzt und sind von uns aus zum Thüringer Wald gefahren. Natürlich, unterwegs sind wir langsam gefahren, da ist es wieder mal passiert, im Wald, wo es so schön gewesen ist, so schön sonnig. Da hat es nach uns verlangt, dass wir Liebe machen. Waren wir verschmutzt, der Werner und ich! Dann sind wir weiter und dann haben wir im Thüringer Wald uns eine kleine Hütte gemietet, dort haben wir schöne Ferien verbracht.«[59]

2.7 Freunde und Familie

Bestärkt in ihrem Selbstbewusstsein werden Rudolf und Werner durch den Freundeskreis, der sich um sie bildet. Schon kurz nach seinem Einzug in die Weinbergstraße, zur Zeit des Frühjahrsmarktes, lernt Rudolf Brazda den 16-jährigen Schneiderlehrling Johannes Schreiber kennen.[60] Schreiber ist öfter zu Besuch in dem Haus, bei seiner Tante, Frau Grahner, die dort ebenfalls wohnt.

Rudolf erinnert sich an seine erste Begegnung mit Johannes Schreiber folgendermaßen: »In dem Haus wohnte eine Frau, so im Alter von 50

Jahren. Die hatte eine Schwester und die kam immer mit ihrem Sohn zu ihr. Und wir, wenn wir sie kommen sahen: ›Heute kommt die Frau Schreiber wieder und der Junge ist auch dabei.‹ Der Junge hat immer gleich zum Fenster aufgeschaut und hat mich groß angeguckt. Da habe ich gedacht, was ist denn, ist der vielleicht auch schwul, so wie ich? Es war dann auch so. Der Junge ist auch mal zu uns raufgekommen, zur Frau Mahrenholz, und wollte mit ihr reden und da ist das Gespräch losgegangen, da hat er sich zu erkennen gegeben, dass er auch ein Schwuler ist, ein Homosexueller.«[61]

Johannes Schreiber, den alle Hans nennen, schildert das Kennenlernen drei Jahre später so, dass Brazda ihn »zum Jahrmarkt« angesprochen habe: »In der Folgezeit habe ich ihn auch in seiner Wohnung besucht. Hier lernte ich dann Koffmane und Bilz aus Meuselwitz kennen. Mit Engelhardt bin ich schon seit meiner Schulzeit befreundet.«[62] Der 16-jährige Malerlehrling Moritz Engelhardt[63] ist allerdings mehr als ein normaler Schulfreund, wie Hans Rudolf anvertraut: »Er hat gesagt, er hat einen Schulkameraden, mit dem er ein Verhältnis hat. Moritz Engelhardt hat der geheißen, der ist denn immer mal wieder gekommen und wir haben bei Frau Mahrenholz kleine Feste gemacht, getanzt und gelacht.«[64]

Der Freundeskreis bildet sich schon bald nach Rudolfs Einzug in die Weinbergstraße. Die fünf jungen Männer treffen sich nun regelmäßig. Eine wichtige Scharnierfunktion hat dabei die Wirtin Helene Mahrenholz, die auch von Rudolf bald vertraulich bei ihrem Spitznamen Ursel genannt wird. Regelmäßig finden in ihrer Wohnung kleine Festivitäten statt, gemeinsam hört man Radio und vergnügt sich bei Kaffee und Kuchen, Kartenspielen, Tanz – und Travestie: »Wir sind so weit gegangen, dass wir uns Mädchenkleider genäht haben, ich konnte gut nähen, auf der Nähmaschine. Da haben wir uns Mädchenkleider genäht, der eine hat sich als Mädchen und andere als Bursche ausgegeben und dann haben wir miteinander getanzt. Das war herrlich, eine schöne Jugend, das muss ich sagen.«

Rudolf Brazda übernimmt im schwulen Freundeskreis nicht nur die weibliche Rolle wie noch auf seinen Ausflügen in der Jugend: »Ich war öfter der Bursche.« Mit den Geschlechterrollen spielt man im Meuselwitzer Freundeskreis auch auf andere Weise: »Wir haben uns Mädchennamen gegeben, der Werner hat Uschi geheißen, mir haben sie den Namen Inge gegeben.«[65] Sich mit weiblichen Vornamen zu titulieren, hat unter

Der Meuselwitzer Freundeskreis (von links): Werner Bilz, Helmut Heuer, Moritz Engelhardt, Hans Schreiber, Arne Just (hinten) und Rudolf Brazda

homosexuellen Männern eine lange Tradition und ist teilweise auch heute noch üblich. Rudolf Brazda erklärt die damaligen Rollenwechsel in der Rückschau so: »Wir waren so jung und so flatterhaft und hatten richtig das Gefühl, als ob wir Frauen wären. Wie können wir Männer sein, wenn wir Männer lieben? Also sind wir dann auch Frauen und haben uns deshalb Frauennamen zugelegt.«[66]

Die gegenseitige Ansprache mit weiblichen Vornamen ist bei homosexuellen Männern meist mit einem ironischen Unterton verknüpft, ebenso wie es der Rollenwechsel der »Tunten« und »Drag Queens« ist. Sie scheint vor allem aus einer Unsicherheit über die eigene Verortung im bipolaren, heterosexuell geprägten Geschlechterrollensystem zu resultieren.[67] Zu Zeiten der Verfolgung hatte sie aber noch eine andere Funktion: Die Annahme von Spitznamen versprach Anonymität auch untereinander, die vor Erpressung oder belastenden Zeugenaussagen gegenüber der Polizei schützen konnte. Mädchennamen verschleierten überdies die wahren, nämlich homosexuellen Verhältnisse. Vor allem im Briefverkehr suggerierten sie heterosexuelle Beziehungen und hatten somit eine Tarn- und Schutzfunktion vor strafrechtlicher Verfolgung.[68]

Tatsächlich unterzeichnet Rudolf später einige seiner Postkarten mit dem Namen »Inge«. Auch Freunde titulieren ihn in ihren Briefen so. Diese Postkarten und Briefe stammen übrigens aus dem Jahr 1936, als der Verfolgungsdruck bereits deutlich gestiegen ist. Insofern ist es sehr wahrscheinlich, dass hier auch der Versuch der Tarnung eine Rolle spielt, obgleich Rudolf den weiblichen Namen nicht durchgängig verwendet.[69] Auch die anderen Freunde bekommen Mädchennamen verpasst: Aus Ernst Koffmane wird »Ernestine« oder auch »die Koffman'sche«. Und Hans Schreiber erhält den Namen »Rose«. Dazu kommt es, weil Schreibers Mutter einmal im Beisein seiner Freunde erzählt, »dass, wenn sie ein Mädel hätte, sie dieses Rose nennen würde«. Von seinem Freund Moritz Engelhardt wird Hans schließlich auch etwas anzüglich »Rosette« genannt.[70] Die weiblichen Namen werden von den Freunden offenbar nicht nur dann benutzt, wenn sie unter sich sind. So schildert Rudolf später gegenüber der Polizei, dass sich »die Bewohner des Grundstückes in der Weinbergstraße aufgeregt [hätten] und ich habe mich nicht mehr Inge nennen lassen«.[71]

Rudolf und seine Mutter auf einer Radtour

Der Freundeskreis besteht jedoch nicht nur aus homosexuellen Männern. Als die Truppe einmal tanzen geht, lernt man auch einige »schwule Mädel« kennen: »Die haben mit uns getanzt und Kaffee getrunken. Und da war eine gewisse Elfriede Weißgerber dabei. Die hat mich auf irgendeine Weise interessiert, weil sie so männlich war, mit kurzen Haaren.« Elfriede stammt ebenfalls aus Meuselwitz. Sie ist zwei Jahre jünger als Rudolf und arbeitet als Hausmädchen.[72] Mit ihr entwickelt sich eine enge Freundschaft, die mitunter auch der Tarnung dient: »Wir sind Freunde geworden und dann hat es immer geheißen: das ist meine Liebste. Das hat der Werner gewusst, dass ich mit ihr so rumflirte als Freundin. Die Elfriede Weißgerber war ja schwul, oder auch lesbisch war sie, die war so männlich.« Elfriede ist sexuell allerdings nicht ganz so festgelegt wie Rudolf. Manchmal bändelt auch sie mit Jungen an: »Wir waren mal tanzen gewesen und die Elfriede war dabei. Ich hatte einen normalen Jungen kennengelernt, ein schöner Bursche. Der hatte auch ein bisschen Interesse für mich gezeigt, da habe ich mit ihm rumgeschmust. Ich weiß nicht warum, wir sind dann auseinandergegangen und ich habe den Jungen nicht mehr gesehen. Am nächsten Tag treffe ich die Elfriede und da sagt sie: ›Weißt du, dass ich dir deinen Schatz weggeschnappt habe?‹ Da ist die mit ihm gegangen, aus Wut hat sie mit ihm Geschlechtsverkehr gehabt.«[73]

Der Meuselwitzer Freundeskreis führt weiterhin ein erstaunlich »offenes« Leben. Ihre Homosexualität binden sie zwar nicht jedem sofort auf die Nase. In ihrem engeren sozialen Umfeld machen die Freunde aber keinen Hehl aus ihrer Veranlagung. Die Mütter von Rudolf, Moritz und Hans wissen Bescheid. Und sie werden einbezogen, sind bei Radtouren und Kaffeekränzchen mit dabei: »Beim Kaffeetrinken sind wir zusammengetroffen, die Madame Schreiber und die Mutter vom Engelhardt. Die haben doch gewusst, dass wir homosexuell sind, die haben uns sogar verteidigt. Wir sind eben Außenseiter gewesen, in jeder Beziehung kann man sagen. Wir waren ganz besonders feminin.« Auch Rudolfs Mutter nimmt ihren Sohn in Schutz: »Wenn meine Mutter gefragt wurde, was mit mir ist, ich weiß zwar nicht, was sie gesagt hat, aber schlecht hat sie mich nicht gemacht.«[74]

Die Unbefangenheit im Umgang mit der eigenen Familie erscheint ungewöhnlich für die Zeit. Vor allem aber sind es die toleranten Reaktionen der Mütter. Aus anderen biographischen Berichten wissen wir, dass

Eltern in den dreißiger Jahren eher reserviert oder sogar abweisend reagierten, wenn sich die Söhne ihnen gegenüber als schwul offenbarten. Eine Einbindung in den homosexuellen Freundeskreis des Sohnes war sicherlich die große Ausnahme.[75]

Auch Werners Mutter reagiert wenig begeistert auf die Homosexualität ihres Sohnes. Als die beiden sie einmal in Limbach besuchen, äußert sie sich irritiert über Werners Lebensstil. Rudolf schildert die Begebenheit so: »Die Frau Bilz, sie hatte keine Ahnung von diesem Leben, von dem homosexuellen Leben. Beim Kaffeetrinken hat Werners Mutter zu mir gesagt: ›Ich wundere mich nur, wie Ihr so eng miteinander leben könnt.‹ Der Werner hatte noch einen Bruder, da sagt der Bruder: ›Na weißt du nicht, was homosexuell ist? Das sind doch Homosexuelle, Schwule.‹ ›Was?‹, hat sie gesagt. Sie war eine strenggläubige Frau, wie sie das gehört hat, dass wir zwei Homosexuelle sind, das hat sie nicht verstehen wollen. Sie hat immer wieder zu uns gesagt: ›Also, was soll ich sagen, wenn Ihr euch aneinander versündigen tut, das kann ich nicht verstehen, das ist doch gar nicht möglich.‹ Da hat der Werner zu ihr gesagt: ›Aber das musst du wirklich nehmen, das ist nun mal so im Leben. Der Rudi

Die Limbacher Freundin Ria mit Kopfschmuck und Blumen

und ich leben so gut miteinander bei der Frau Mahrenholz und du willst das nicht verstehen.‹«

Obwohl Werners familiäres Coming-out in eine Zeit fällt, als die nationalsozialistische Homosexuellenverfolgung schon eingesetzt hat, stehen für die Mutter vor allem religiöse Bedenken im Vordergrund. Der Bruder hingegen scheint weniger Schwierigkeiten mit Werners Lebensstil zu haben. Rudolf lässt es sich nicht nehmen, ihm dafür einen Kuss zu geben:»Ich natürlich, ich bin so frech gewesen! Sein Bruder, der war so zwei Jahre älter als der Werner, bin ich zu ihm gegangen, der stand am Fenster, habe ihn an der Schulter gepackt und habe ihm einen Kuss gegeben. Ich sagte zu ihm: ›Es ist aber gut, dass du es deiner Mutter gesagt hast.‹« Die Begebenheit zeigt, wie selbstbewusst Rudolf und Werner auch nach Beginn der Homosexuellenverfolgung mit ihrer Veranlagung umgehen. Werner ist dabei sicherlich der Zurückhaltendere von beiden. Rudolf dagegen fällt es schon aufgrund seines offenherzigen Charakters schwer, mit etwas hinter dem Berg zu halten.

In Limbach lernt Rudolf schließlich auch noch zwei alte Freunde von Werner kennen, die schon bald zum»schwulen Netzwerk« der Meuselwitzer gehören: Helmut Heuer und Kurt Walther leben schon lange in der Kleinstadt und sind ebenso schwul wie der Rest des Freundeskreises. Kurt hat wie Rudolf einen Hang zur Travestie. Die Freunde nennen ihn deswegen auch Ria: Helmut und»Ria, die haben zusammen gewohnt, aber nichts zusammen gehabt. Die waren nur Freunde, weil sie im [selben] Hause wohnten, die Familie Heuer oben und die Ria weiter unten.«[76] Von Ria hat sich in Rudolfs Besitz ein Foto erhalten, das ihn als Diva mit turbanartigem Kopfschmuck zeigt. Es ist die einzige heute noch existierende Fotografie, die einen Eindruck davon vermittelt, wie sich die jungen Leute bei den Festen in der Weinbergstraße zurechtmachten.

2.8 Hochzeit in Brossen

Im Sommer 1934 inszenieren Rudolf und Werner schließlich ein Ereignis, das eine rituelle Integration in die Familie, ja eine förmliche Anerkennung ihrer Partnerschaft markiert: eine Hochzeit. Gemeinsam mit Rudolfs Mutter wird alles vorbereitet: Die Feier soll an einem Sonntag in deren Wohnung stattfinden. Rudolf will eine Traumhochzeit, alles soll festlich sein. Der alte Bauernhof und die Wohnung der Mutter werden mit Blumen dekoriert. Für sich und Werner hat Rudolf schicke helle Anzüge genäht. Schließlich ist die ganze Verwandtschaft nach Brossen geladen: »Wenn ich bedenke, dass ich sogar bei mir in der Familie eine Hochzeitsfeier mit dem Werner Bilz gemacht habe. Das war so interessant. Meine verheirateten Geschwister, Mädels, ihre Männer, die waren alle dabei. So eine Toleranz, die da geherrscht hat. Das kann ich nicht begreifen. Es war so schön.«

Zwar wird die Hochzeit nicht »ernstlich« gefeiert. Gegenüber der Verwandtschaft wird das Ganze als eine Gaudi verkauft. Doch »im humoristischen Sinn« gibt die Familie der homosexuellen Beziehung von Rudolf und Werner ihren Segen: »Das war eigentlich nicht im ernstlichen Gedanken, das war ja alles nur im humoristischen Sinn gemacht. Da war auch einer von meiner Verwandtschaft, der uns als Pfarrer den Segen gegeben hat. Wir wollten ja auch keine ernstliche Feier, wir wollten einfach gemütlich sein. Wir haben mit dieser Hochzeit einfach eine schöne lustige Feier gehabt.« Nicht nur Rudolfs Familie ist eingeladen. Auch die homosexuellen Freunde sind dabei. Natürlich haben sie sich besonders schick gemacht: »Da sind gute Freunde von mir gewesen, auch homo, die waren imstande, in Frauenkleidern zu mir zu kommen. Jesses, wenn ich daran denke, die Nachbarn, die in dem großen Hof gewohnt haben, wie die geschaut haben! Sie haben nicht gewusst, waren das Burschen oder waren das wirklich Mädchen? Seinerzeit waren die Menschen so tolerant, sie haben das einfach mitgenommen, so ein Leben, wie wir Homosexuellen gelebt haben.«[77] Ob die Freunde in Frauenkleidern nach Brossen gekommen sind oder sich erst vor Ort umgezogen haben, weiß Rudolf nicht mehr. Die »dicke Berta« aus Zeitz allerdings ist mit dem Zug angereist – in so extravagant weiten Hosen, dass sie selbst auf dieser Feier verspottet wird und sich schließlich vor lauter Scham unter der Treppe zum Dachboden versteckt.

Eine »schwule Hochzeit« auf dem Dorf, 1934 oder sogar noch später, in einer Zeit jedenfalls, als der nationalsozialistische Terror gegen Homosexuelle bereits begonnen hat, das zeugt allerdings von Mut, Naivität und von großer Toleranz. Dass keiner der Nachbarn die Polizei informierte, deutet auf ein ungewöhnlich offenes Klima in dem von Einwanderung, Arbeiterbewegung und Massenarbeitslosigkeit geprägten Milieu von

Brossen und Meuselwitz hin. Denn auch wenn man das Ereignis als karnevaleske Gaudi interpretierte, verletzte der Auftritt von Männern in Frauenkleidern die »sittlichen Maßstäbe«, die mit dem »Dritten Reich« eigentlich hätten Einzug halten sollen, eklatant. So hatte die Polizei in Metropolen wie Hamburg schon seit Ende 1933 die Anweisung, Transvestiten in das neu geschaffene Konzentrationslager Fuhlsbüttel einzuweisen. Und seit Herbst 1934 setzte auch in Berlin und München eine intensive Homosexuellenverfolgung ein.

2.9 Beginn der systematischen Homosexuellenverfolgung im Herbst 1934

Das nach der Ermordung Röhms gegründete Gestapo-Sonderdezernat konzentriert sich anfangs auf die Ausschaltung homosexueller SA- und NSDAP-Führer sowie anderer Führungspersönlichkeiten des »Dritten Reiches«, gilt es doch, den nationalsozialistischen Staat von »homosexuellen Verschwörern« zu »säubern«. Schon bald allerdings weiten sich die Verfolgungsmaßnahmen auf sämtliche Homosexuelle aus, die in die Fänge des Sonderdezernats geraten.

Der Leiter des Dezernats, Josef Meisinger, geht seine neue Aufgabe mit großem Eifer an. Am 24. Oktober 1934 ordnet er in einem an alle Polizeibehörden versandten Telegramm die reichsweite Erfassung »sämtlicher Personen, die sich irgendwie homosexuell betätigt haben«, an. Namentliche Listen sind bis zum 1. Dezember 1934 einzureichen. Am 1. November 1934 wird, »um Zweifeln zu begegnen«, in einem zweiten Telegramm präzisiert, dass unter anderem auch die Mitgliedschaft in »politischen Organisationen« zu melden sei, ebenso sei auf homosexuelle »Verfehlungen, insbesondere von Seiten politischer Persönlichkeiten« zu achten.[78]

Dieses zweite Telegramm zeigt das besondere Interesse der Gestapo an NS-Führungspersönlichkeiten. Doch die Erfassungsmaßnahme richtet sich keineswegs nur gegen Parteigenossen der NSDAP. Alle homosexuellen Männer sind ins Fadenkreuz der Gestapo geraten.[79] Das machen auch die Meldungen der Polizeibehörden deutlich. Nur in wenigen Fällen sind Parteigenossen unter den als homosexuell gemeldeten Männern.[80] Auch in den nichtpreußischen Ländern wird die Erfassung homosexueller Männer angeordnet. In Bayern geschieht dies mit zwei Erlassen der Bayerischen Politischen Polizei vom 26. Oktober und 3. November. Die Listen sollen direkt an die Gestapo in Berlin geschickt werden.[81] Offenbar hat diese erste Erfassungsaktion aber nur begrenzten Erfolg. Teilweise melden Polizeistationen, wie die von Münnerstadt, dass »derartige Personen im hiesigen Dienstbezirk keine vorhanden« seien.[82]

Das Gestapo-Sonderdezernat versucht seine Ziele nun mit anderen Maßnahmen umzusetzen. Anfang Dezember 1934 beginnt die Gestapo in Berlin, Razzien auf Homosexuelle durchzuführen. Dabei werden Gaststätten, in der Folge aber oft auch Privatwohnungen durchsucht. Die Gestapo arbeitet nach dem »Schneeballprinzip«: Sie versucht zunächst, an bekannten Treffpunkten möglichst viele Homosexuelle zu verhaften, um diese dann in den anschließenden Verhören zur Preisgabe ihrer Freunde zu bewegen. Amtshilfe leistet dabei die SS-Leibstandarte Adolf Hitler. Innerhalb weniger Wochen werden mehrere hundert Homosexuelle verhaftet und in das Geheime Staatspolizeiamt in der Prinz-Albrecht-Straße gebracht, wo sie oft »12 und mehr Stunden in den Gängen« stehen müssen, ohne auch nur ihre »Notdurft verrichten zu dürfen«. Während der Vernehmungen werden die Verhafteten beschimpft und misshandelt, auch Josef Meisinger beteiligt sich an den Übergriffen. Das Ziel, die Namen weiterer Homosexueller in Erfahrung zu bringen, wird so meist sehr schnell erreicht. Nach ihrer Vernehmung werden die Gefangenen »entweder entlassen oder in das sogenannte ›Kolumbia-Haus‹ (Tempelhof) gebracht«, von wo ein »sehr großer Teil« später »in das Konzentrationslager Lichtenburg« verschleppt wird.[83]

Auch in anderen Regionen gibt es Aktionen gegen die homosexuelle Szene. So kommt es in Bayern bereits in der Nacht zum 21. Oktober 1934 zu einer ähnlichen Aktion. Dabei werden 184 Personen festgenommen und erkennungsdienstlich behandelt. 24 homosexuelle Männer werden in Polizeihaft genommen, 54 werden ins Konzentrationslager Dachau verschleppt. Dort werden sie »gesondert von allen übrigen Gefangenen in einer Baracke für sich untergebracht. Die Baracke ist auch in der Nacht hell erleuchtet. Ein ausreichender Wachdienst innerhalb der Baracke sorgt dafür, dass die Häftlinge während der Nacht sich einander nicht nähern können, untertags werden sie ganz besonders zu körperlicher Arbeit herangezogen. In der ersten Zeit ist beabsichtigt, sie auch in der Kost etwas kürzer zu halten, sodass ein gewisser Erfolg dieser Erziehungsmaßnahmen zu erwarten ist.« Nach einer Anordnung des Bayerischen Innenministeriums vom 5. November 1934 sollen die in Schutzhaft genommenen Homosexuellen schließlich wieder entlassen werden. Die Entlassung verzögerte sich allerdings bis zum 12. November, in einigen Fällen bleiben die Festgenommenen noch viel länger in Dachau.[84]

In Berlin finden die ersten Razzien offenbar am 1. Dezember 1934 statt. An diesem Samstagabend durchsucht die Gestapo mehrere Bars, die man als Treffpunkte Homosexueller identifiziert hat. Dabei verhaftet man auch den 19-jährigen Textilmodenschüler Erwin Keferstein. Um 22 Uhr wird er in der Prinz-Albrecht-Straße eingeliefert und vernommen. Keferstein gibt die Namen zahlreicher Bekannter preis, darunter auch den der 23-jährigen Gräfin Inge Ellen zu Bentheim. Diese wird am 4. Dezember zum Gestapa bestellt und als Zeugin befragt. Und Gräfin Bentheim, nach eigenen Angaben seit Oktober 1933 »förderndes Mitglied der Schutzstaffel«, gibt bereitwillig Auskunft. Sie nennt die Namen einer ganzen Reihe von Bekannten, die angeblich »homosexuell veranlagt« sind.[85]

In den folgenden Wochen werden allein in diesem Verfahren über 70 schwule Männer verhaftet und größtenteils in die Konzentrationslager Kolumbiahaus und Lichtenburg verschleppt. Die Zustände im KZ Lichtenburg schildert der Schauspieler Kurt von Ruffin später folgendermaßen: »Unten im Hof musste man dann erleben, dass Transvestiten, die gebracht wurden, die zwangsweise als Frauen reisen mussten, dann vor allen ausgekleidet und geprügelt wurden, gestoßen und geschunden, bis sie nackt waren. Die Bonzen, die SS-Schergen haben sich an der Verzweiflung dieser Menschen geweidet. Einer von ihnen – ich weiß nicht, wie er hieß – wurde zur Strafe in die Latrine, die unten war, wurde mit dem Kopf in die Kloake [gestoßen] und erstickte da.« Auch Kurt von Ruffin war durch die Denunziationen der Gräfin Bentheim ins Visier der Gestapo geraten. Die Gräfin habe »jeden besseren Abend 30, 40 Jungens eingeladen, die es dann bei ihr treiben mussten. Und die hat alle angezeigt«, berichtet er später.[86] Kurt von Ruffin wird schließlich wieder entlassen, weil sich der Intendant des Deutschen Theaters, Heinz Hilpert, bei Himmler für ihn stark macht.

Auch prominente Homosexuelle können sich in diesen Wochen nicht mehr sicher fühlen. Nach einer Meldung des *Pariser Tageblattes* wird sogar der Intendant des Berliner Staatstheaters, Gustaf Gründgens, »wegen seiner altbekannten Veranlagung vorübergehend festgenommen«.[87] Eine Verhaftung von Gründgens ist nicht zu belegen, doch ein Demissionsgesuch, das er am 28. Dezember 1934 an seinen Dienstherren, den preußischen Ministerpräsidenten Hermann Göring, richtet, deutet darauf hin, dass Gründgens seine homosexuelle Veranlagung im Dezember 1934 tatsächlich in arge Bedrängnis bringt. Dieses Gesuch begründet er wie folgt: »Der einzige zwingende Grund sind die wiederholten Aktionen gegen eine bestimmte Gruppe von Menschen, mit denen *ich* mich keineswegs identifiziere, mit denen man mich aber identifiziert.«[88] Es verrät einiges über die damalige Situation, dass sich Gründgens zu einem solchen Schritt genötigt sieht, um sein Privatleben durch Göring, dem die Gestapo formell untersteht, vor dem Zugriff Himmlers zu schützen zu lassen. Und Gründgens' Rechnung geht tatsächlich auf, denn Göring weigert sich, den Intendanten zu entlassen, und stellt ihn unter sein persönliches Protektorat.[89]

Lesbische Frauen bleiben dagegen von der Verfolgungswelle verschont. Ihre Treffpunkte, Festivitäten und Freizeitaktivitäten werden auch in den folgenden Jahren geduldet. Zwar werden Vereinigungen wie der Berliner Kegelklub »Lustige Neun« von der Gestapo teilweise über Jahre hinweg beobachtet. Ziel der Überwachungsmaßnahmen ist aber »das versteckte Auftreten homosexueller männlicher Personen« bei den Veranstaltungen des Klubs. Bei einem der Bälle der »Lustigen Neun« kommt es schließlich auch zu einer Razzia, bei der »95 Frauen und zwei Männer« auf das Polizeipräsidium gebracht werden, um ihre Personalien zu überprüfen. Während aber schwule Männer nach den Festivitäten der »Lustigen Neun« in die Verfolgungsmaschinerie von Gestapo und Justiz geraten, werden die lesbischen Besucherinnen nicht weiter behelligt.[90]

2.10 Auswirkungen auf das Leben in Meuselwitz

Ob Nachrichten von der einsetzenden Homosexuellenverfolgung im Herbst 1934 bis nach Meuselwitz dringen, ist nicht eindeutig zu klären.

Rudolf erinnert sich nur sehr grob daran, dass sich das Klima nach der Ermordung Röhms geändert habe. Die Presse wird über die Verhaftungen jedenfalls nicht informiert. In München hatte man zunächst zwar geplant, »das Ergebnis der Razzia der Öffentlichkeit bekanntzugeben, um auf diese Weise die weitesten, gesund empfindenden Volkskreise auf die Gemeingefährlichkeit des Treibens dieser Schädlinge hinzuweisen«. Da man die Verhaftung von »lediglich 78« Homosexuellen in Bayern aber als Misserfolg bewertet, wird »dieses unerwartete, den wirklichen Verhältnissen zweifellos nicht entsprechende Ergebnis« nicht veröffentlicht.[91] Auch die Berliner Gestapo scheint die Verfolgungswelle vom Herbst 1934 geheim zu halten. In den gleichgeschalteten deutschen Zeitungen wird über die Razzien jedenfalls nicht berichtet. In Schweizer Zeitungen und der deutschen Exilpresse erscheint allerdings eine ganze Reihe von Artikeln. Die internationale Berichterstattung setzt die NS-Führung schließlich so unter Druck, dass Gestapo-Chef Himmler nach einer Meldung von *United Press* am 20. Dezember 1934 persönlich Stellung nimmt und die »Aktion gegen die homosexuellen Elemente« für beendet erklärt.[92] Tatsächlich jedoch wird die »Verfolgung der *Homosexuellen* [...] seither mit großem Nachdruck weitergeführt«, wie die *Neue Zürcher Zeitung* am 20. Februar 1935 zutreffend berichtet.[93]

Es ist sehr wahrscheinlich, dass sich die Verhaftungswelle schließlich auch bis nach Meuselwitz herumspricht. Rudolf erinnert sich immerhin, dass es Gerüchte über Razzien in Leipzig gegeben habe. Der schwule Freundeskreis ist inzwischen gut genug vernetzt, um von solchen Ereignissen zu erfahren. Nach und nach haben Rudolf und seine Freunde ihre Fühler in die benachbarten Städte ausgestreckt, vor allem in das nahe Altenburg haben sie inzwischen viele Kontakte. Ein beliebter Treffpunkt ist das dortige Theatercafé am Agnesplatz. Hier verkehren viele Künstler, insbesondere Schauspieler aus dem gegenüberliegenden Theater, so zum Beispiel Heinz Kreutz und Albin Oestreich. Zu den Stammgästen zählt auch der Kellner Karl Rauschenbach, der die homosexuelle Szene bestens kennt.[94] Gemeinsam mit ihm werden Theaterabende organisiert – nach und nach lernen die Freunde dabei die Altenburger Homosexuellen kennen. Und dazu gehören Männer aus allen sozialen Schichten: Vom 24-jährigen Schlosser Leopold Kretzschmar bis zum 30-jährigen Dr. Heinrich Mock, Geschäftsführer einer familieneigenen Fabrik und ehrenamtlicher Direktor des berühmten Lindenau-Museums. Sogar ein

Adeliger tummelt sich ab und zu in der Altenburger Homosexuellenszene: Otto Helmut Freiherr zu Wangenheim wohnt allerdings in Dresden.
Bei einem ihrer Theaterbesuche sitzt Werner zufällig neben dem
18-jährigen Schlosser Reinhold Winter, mit dem sich schnell eine enge
Freundschaft entwickelt. Reini, wie sie ihn bald nennen, kommt nun oft
zu Besuch in die Weinbergstraße.[95] Der neue Freund ist ein Hans Dampf
in allen Gassen, er kennt Gott und zumindest die schwule Welt. Über
ihn lernen die Meuselwitzer schließlich Homosexuelle aus der ganzen
Region kennen: den Friseur Rudolf Geringswald aus Kriebitzsch, den
kaufmännischen Angestellten Helmut John aus Leisnig, den Laboranten
Bruno Debray aus Meerane und den Kohlenhändler Kurt Künzel aus
Crimmitschau. Und, nicht zuletzt, den 26-jährigen Schokoladenhändler
Arthur Sachs aus Gera, auf den Moritz Engelhardt schon bald ein Auge
wirft. Gemeinsam mit Winter unternehmen die Meuselwitzer Ausflüge
in die umliegenden Kleinstädte. Zum Beispiel zu Kurt Künzel nach
Crimmitschau, der als »Präsidentin« des inzwischen allenfalls noch informellen »Bundes der Freunde« zu privaten Feiern lädt.[96] Regelmäßig geht
es auch in die schwulen Lokale von Leipzig. Rudolf spricht davon, man
sei schließlich sogar alle zwei Wochen in die Messestadt gefahren. Zum
Beispiel zu Silvester 1934, das man mit Reini im Club »New York« feiert.[97] Doch Winters Kontakte reichen noch viel weiter, bis nach München und Berlin. Und so ist es sehr wahrscheinlich, dass Winter über
dortige Bekannte von der Verhaftungswelle erfährt und seine neuen
Meuselwitzer Freunde informiert.

In Berlin jedenfalls ist die Beunruhigung über die Verhaftungen damals sehr groß. Das geht aus den Briefen dreier homosexueller Männer
hervor, die sich in ihrer Not zunächst an den evangelischen Reichsbischof
Müller und, etwa eine Woche später, mit einem zweiten Brief an General
Keitel wenden. Das erste Schreiben vom 12. Juni 1935 enthält einen de-
taillierten Bericht über die Razzien, Massenverhaftungen und Misshandlungen Homosexueller in den Konzentrationslagern Kolumbiahaus und
Lichtenburg. Der Absender fleht Reichsbischof Müller an: »Bitte helfen
Sie. Melden Sie alles, was Sie hierdurch und noch von anderen Seiten
erfahren, der höchsten Stelle […] Man hat mir erzählt, dass unser herrlicher Führer solche Taten auf das Strengste bestrafen würde, falls ihm
solche zu Ohren kommen. Ich bin der gleichen Meinung, denn Adolf
Hitler will Gerechtigkeit und innigste Nächstenliebe verwirklicht wissen.

Hier aber werden – durch diese schrecklichen Tatsachen – *täglich neue Staatsfeinde* erzogen. Das darf doch keinesfalls sein.«[98] Es spricht viel dafür, dass die Unruhe, die die Verhaftungen damals auslösen, bald auf Altenburg und Meuselwitz übergreift. Nicht zuletzt auch deswegen, weil einer der neuen Freunde bei einem der Ausflüge nach Leipzig Bekanntschaft mit den Polizeibehörden macht. Als Arthur Sachs am 27. Januar 1935 in Leipzig unterwegs ist, wird er von einer der sogenannten »Päderastenstreifen« des Kriminalamtes verhaftet.[99] Morgens um 9.35 Uhr wird er ins Leipziger Polizeigefängnis eingeliefert, wo und warum Sachs aufgegriffen wird, ist nicht überliefert. Die Päderastenstreifen der Leipziger Sittenpolizei sind jedoch vornehmlich auf dem Promenadenring, am Bahnhof und auf öffentlichen Toiletten unterwegs, um als Homosexuelle verdächtigte Männer festzunehmen. Auch in Gaststätten, so zum Beispiel im Automatenrestaurant »Petersautomat«, kommt es immer wieder zu Verhaftungen. Dabei agieren die Polizeibeamten teilweise auch als »Agents Provocateurs«, indem sie den mutmaßlichen Homosexuellen signalisieren, sie wären an einer Kontaktaufnahme interessiert. Zuständig für die weitere Bearbeitung dieser Fälle ist die Fachabteilung D des Leipziger Kriminalamtes. Hier wird schon länger eine »Päderastenkartei« geführt, in der Homosexuelle registriert werden.[100] Kriminalhauptwachtmeister Feldmann verhört die Festgenommenen; wenn sich der Verdacht erhärtet, wird weiter ermittelt, dann werden zum Beispiel Hausdurchsuchungen durchgeführt oder Nachbarn und Arbeitskollegen befragt. Sind hingegen keine strafbaren Handlungen im Sinne des Paragraphen 175 nachzuweisen, wird auf Polizeirecht zurückgegriffen, um die Verhafteten zu maßregeln. Je nachdem, wie explizit homosexuell ihr Verhalten war, werden Geldstrafen oder kurze Haftstrafen von mehreren Tagen bis zu einigen Wochen verhängt. Darüber hinaus wird meistens das sogenannte »Strichverbot« ausgesprochen.

Arthur Sachs wird es ähnlich ergangen sein wie dem 26-jährigen Harry Ziesche, der einige Monate später in der Nähe einer Leipziger Bedürfnisanstalt verhaftet wird, weil er versucht, »an einem anderen jungen Manne, den er erst längere Zeit beobachtet hatte, Anschluss zu finden«. Gegenüber Kriminalhauptwachtmeister Feldmann gibt Ziesche zu, homosexuell veranlagt zu sein, auch straffreie sexuelle Handlungen wie die gegenseitige Onanie räumt er ein. Er bestreitet aber vehement, »an oder in den Bedürfnisanstalten […] Anschluss gesucht« zu haben. Dennoch wird gegen ihn eine Haftstrafe von vier Tagen und das »Strichverbot« verhängt, weil er »Männer zum Zwecke der Unzucht angesprochen, mithin öffentlich in auffälliger und andere belästigender Weise zur Unzucht aufgefordert und sich dazu angeboten« habe.[101] Das »Strichverbot« wird am 27. Januar 1935 auch gegen Arthur Sachs verhängt. Als »vorbeugende Maßnahme zum Schutze der Allgemeinheit« ist ihm künftig »das Betreten des gesamten Promenadenrings und der dort befindlichen Bedürfnisanstalten, der Anlagen des Hauptbahnhofs, seiner Eingangshallen, Querbahnsteige und Bedürfnisanstalten sowie der jedermann zugängigen Bedürfnisanstalten in Warenhäusern, Speise-Automaten und Einheitspreisgeschäften, der Waldungen, Wiesen und Anlagen der Stadt *zur Herbeiführung des Anschlusses* an männliche Personen zu unsittlichen Zwecken« verboten.[102]

Die Berliner Ereignisse ebenso wie das Erlebnis von Arthur Sachs werden im Frühjahr 1935 auch im Meuselwitzer Freundeskreis Thema gewesen sein. Ernst Koffmane berichtet später zum Beispiel, Winter habe sie einmal gewarnt, »dass man sich sehr in Acht nehmen müsse und es gefährlich sei, wenn es herauskomme«.[103] Offenbar nehmen sich die Meuselwitzer Freunde Winters Warnung zu Herzen. Bei den Ausflügen, die die jungen Männer mit ihren neuen Freunden machen, binden sie jedenfalls nicht mehr jedem auf die Nase, dass sie homosexuell sind. Wenn sie auf dem Lastwagen von Kurt Künzel sonntags über die Dörfer kutschieren, eine Horde gackernder Tunten auf der Ladefläche, dann erzählen sie der staunenden Landbevölkerung, sie seien ein Fußballverein:

»Da war noch eine große starke Tunte darunter, so ein richtiges Weib, die hatte einen Lastwagen, nicht groß, der war offen, denn die hat mit Alteisen gehandelt und so Sachen. Wir sind dann zu sechs, sieben Personen hinten auf dem Plateau gesessen und haben gebrüllt – ein richtiges Tuntentreffen! Einmal, als wir mit dem Laster unterwegs waren, die ganze quietschende Meute hinten drauf, sind wir in ein Restaurant rein, auf dem Dorf. Die Leute haben geschaut, und wir haben denen gesagt, wir sind ein Fußballverein. Die haben sich umgedreht und getuschelt. Aber das ist uns doch alles egal gewesen. Wir waren lustig gewesen und haben uns nicht geschämt, wir hatten auch keine Angst vor den Leuten. Wenn uns jemand gesehen und beobachtet hat, haben wir uns über Fußball unterhalten. Dann haben sie gedacht wir sind lustige Fußballer.«[104]

Tarnung ist bitter nötig angesichts der veränderten Situation. Denn die Denunziationswelle, die nach der Ermordung Röhms eingesetzt hat, trifft zunehmend auch »gewöhnliche Homosexuelle«. Die Spielräume für ein so offen homosexuelles Leben, wie Rudolf und Werner es führen, werden immer kleiner. Und im Sommer 1935 erhält die antihomosexuelle Stimmung durch die Verschärfung des Paragraphen 175 neue Nahrung.

2.11 Verschärfung des Paragraphen 175

Auch wenn Gestapo und SS bei der ersten Verfolgungswelle im Herbst 1934 auf Willkür, Folter und die Verschleppung in Konzentrationslager setzen, sind sie doch stets bemüht, den Terror rechtsstaatlich zu bemänteln. Von Beginn an sind die Maßnahmen der Gestapo deswegen verknüpft mit der Strafverfolgung nach Paragraph 175. Dabei treten die Grenzen der strafrechtlichen Möglichkeiten nun aber offen zutage, denn die juristischen Instrumente erweisen sich oft als unzureichend, um die Homosexualität »auszumerzen«, wie es im NS-Jargon heißt.[105] Vielen der verhafteten Homosexuellen kann man keine strafbaren Handlungen im Sinne des Paragraphen 175 nachweisen, denn dieser kriminalisiert nur »beischlafähnliche Handlungen«. Gegenseitige Onanie ist beispielsweise straffrei – viele schwule Männer räumen diese bei ihren Vernehmungen bewusst ein, bestreiten dann aber alle weitergehenden Handlungen. Juristisch kann man sie so nicht verfolgen. Die Gestapo reagiert darauf, indem sie sie in »Schutzhaft« nimmt und oft viele Monate ohne Gerichtsverfahren in Konzentrationslagern festhält.[106] So sitzen noch am 11. Juni 1935 mindestens 413 homosexuelle »Schutzhäftlinge« in Gestapo-Gefängnissen, darunter allein 325 im Konzentrationslager Lichtenburg. Das sind zu diesem Zeitpunkt fast ein Viertel aller Schutzhäftlinge in Preußen.[107]

Aus Sicht der Gestapo ist die rechtliche Situation unbefriedigend. Auch das Reichsjustizministerium sieht nun dringenden Handlungsbedarf. Deswegen wird der Paragraph 175 noch vor der geplanten allgemeinen Strafrechtsnovelle erheblich verschärft.[108] Bereits ein halbes Jahr nach den ersten Razzien wird das Gesetz am 28. Juni 1935 geändert. Dabei ersetzt man den Begriff »widernatürliche Unzucht« durch »Unzucht«. Dies bedeutet, dass nunmehr »jegliche sexuelle bzw. als sexuell gewertete (!)

Handlung« zwischen Männern mit Gefängnis bestraft wird.[109] Verfolgt werden kann künftig bereits ein Kuss oder ein anzüglicher Blick. Neu geschaffen wird der Paragraph 175a, der »schwere Fälle« der Unzucht mit Zuchthausstrafen bis zu zehn Jahren bedroht. Unter diesen Paragraphen fallen die Nötigung, der Missbrauch eines Abhängigkeitsverhältnisses, der Verkehr mit Jugendlichen unter 21 Jahren und die sogenannte »gewerbsmäßige« Unzucht, das heißt die männliche Prostitution.

Hinzu kommt, dass nach dem ebenfalls neu eingeführten »Analogieparagraphen« 2 des Strafgesetzbuches künftig nicht nur solche Handlungen bestraft werden, die einen Straftatbestand erfüllen, sondern auch solche, »die nach dem Grundgedanken eines Strafgesetzes und nach dem gesunden Volksempfinden Bestrafung verdienen«. Damit wird der bisherige Grundsatz »ohne Gesetz keine Strafe« über Bord geworfen.[110] Der Willkür sind nun Tür und Tor geöffnet, denn auf eine Billigung durch das »gesunde Volksempfinden« können die Homosexuellen nicht zählen.

Der Geheime Regierungsrat Dr. Leopold Schäfer aus dem Reichsjustizministerium begründet die schnelle Strafverschärfung mit den »üblen Erfahrungen der letzten Zeit«. Sie hätten es »angezeigt erscheinen lassen, die für die allgemeine Erneuerung des Strafrechts in Aussicht genommenen Verschärfungen der Vorschriften gegen die gleichgeschlechtliche Unzucht zwischen Männern vorweg in Kraft zu setzen«. Der größte »Mangel« des alten Paragraphen sei es gewesen, dass »nur beischlafähnliche Handlungen getroffen wurden, so dass Staatsanwaltschaft und Polizei gegen offensichtlichen gleichgeschlechtlichen Liebesverkehr zwischen Männern nicht einschreiten konnten, wenn sie solche Handlungen nicht nachweisen konnten«.[111] Die Verschärfung des Paragraphen 175 wird also ganz offen mit den Erfahrungen, die die Gestapo bei den Razzien und Verhaftungen seit Herbst 1934 machte, begründet.

Auf eine Kriminalisierung der lesbischen Sexualität wird bei der Strafrechtsverschärfung ausdrücklich verzichtet. Zwar diskutiert man eine Ausdehnung des Paragraphen 175 auf Frauen immer wieder. Letztlich setzen sich aber diejenigen durch, die lesbische Sexualität für vergleichsweise »unschädlich« halten. Regierungsrat Schäfer begründet den Verzicht auf eine Bestrafung später damit, »dass eine verführte Frau dadurch nicht dauernd dem normalen Geschlechtsverkehr entzogen werde, sondern bevölkerungspolitisch weiterhin nutzbar bleiben werde [...] und die Gefahr sei daher für den Staat lange nicht so groß«.[112] Lesbische Frauen bleiben also weiterhin von strafrechtlicher Verfolgung verschont. Und auch für andere Verfolgungsmaßnahmen finden sich keine Belege.[113] Die Strafverschärfung tritt zum 1. September 1935 in Kraft. Und schon bald darauf werden die ersten Urteile nach dem neuen Paragraphen gefällt. Dabei werden einige der seit Dezember 1934 verhafteten Homosexuellen unter Berufung auf das »gesunde Volksempfinden« auch rückwirkend für sexuelle Handlungen bestraft, die vor der Verschärfung noch gar nicht strafbar waren – ein eklatanter Verstoß gegen die bis 1933 geltenden Rechtsgrundsätze.[114]

Die Verfolgungsmaßnahmen seit Dezember 1934 und die Verschärfung des Paragraphen 175 führen schließlich zu einem sprunghaften Anstieg der Strafverfahren. Lag die Zahl der Urteile in den Jahren 1933 und 1934 noch um die 700, so erhöht sie sich 1935 auf 1.887.

2.12 Razzia in Meerane

Als man in Berlin die Verschärfung des Paragraphen 175 beschließt, erlebt die Altenburger Homosexuellenszene noch einmal eine Blütezeit. Zumindest stellt sich die Situation für Rudolf und Werner, deren Bekanntenkreis und Aktionsradius inzwischen erheblich gewachsen ist, so dar. Die Meuselwitzer Freunde erkunden das rege soziale Leben der Homosexuellen in der Region zwischen Leipzig, Gera und Chemnitz. Gemeinsam fahren sie zu Volksfesten und Jahrmärkten, bei denen sich zahlreiche schwule Männer treffen und amüsieren. Vor allem die Schützenfeste in Zeitz, Glauchau und Gera werden im Sommer 1935 zu Homosexuellentreffen genutzt. In Gera findet im Juni ein Rummel statt, an dem etwa 35 schwule Männer teilnehmen. Auch zu einem Jahrmarkt in Altenburg trifft man sich in großer Gruppe.[115]

Rudolf erinnert sich, dass es in fast jeder Kleinstadt der Region ein bis zwei Homosexuelle gegeben hätte, die sich an solchen Treffen beteiligten. Die restliche Bevölkerung habe über sie aber meist die Nase gerümpft: »Das war aber komisch, die kleinen Städte, da waren überall Tunten. Da waren zwei und da war eine Tunte, die Gesellschaft gesucht haben, wenn wir gekommen sind. Sonst haben wir keine anderen Tunten gesehen, die waren vielleicht irgendwo zuhause versteckt, die müssen sich alle zurückgezogen haben. Aber die öffentlichen, richtigen Tunten waren für die Kleinstädter ›i buh‹.«[116] Neben »öffentlichen« Treffen finden zahlreiche private Feiern statt. Oft bei Kurt Künzel in Crimmitschau. Aber auch Arthur Unverzagt aus Schmölln lädt einmal zu einem Fest. Wie es bei diesem »Hausmaskenball« zugeht, schildert der folgende Bericht sehr anschaulich:

»›Ardina‹ empfing uns in einer eleganten Abendrobe, angeklebte Wimpern, Frisur kunstgerecht u. einem Fächer in der beringten linken Hand. Und Ohrgehänge. Die allgemeine Aufmachung kann ich nur mit den Worten ›fantasievoll‹ schildern. Verschiedene kleine Tische u. Sessel. Verschiedene Beleuchtungskörper u. eine ›Bar‹ war auch aufgestellt. Die Bardame war ›Asta‹ aus Meerane. Ein exotischer Dups, 30 Jahre, erscheint aber wie 25. Er trägt blauschwarzgefärbtes Haar, hatte sich braun geschminkt und trug einen kurzen Kassak [sic!] grün gemustert; er beschäftigte sich gerade, als wir eintraten mit einer riesigen Klapperschlange aus Stoff u. Holz. Die ›Lilli‹ aus Gera hatte sich ein elegantes Fantasiekostüm gearbeitet […] Alle waren im Fummel (Damenverkleidung). Außer einzelnen.«[117]

Eine dieser privaten Feiern, zu denen nun auch die Meuselwitzer Clique regelmäßig eingeladen wird, findet Anfang August 1935 in Meerane statt, einer knapp 25.000 Einwohner zählenden Stadt, die 19 Kilometer südlich von Altenburg liegt. Reinhold Winter hat alle zusammengetrommelt.[118] Anlass ist der Geburtstag von Bruno Debray, den dieser im »Kaffee Altmarkt« feiert. Das Café liegt in der Augustusstraße 2, direkt in der Innenstadt. Debray wohnt einige Stockwerke höher im selben Haus. Für die Feier hat er in dem Café einen Raum gemietet.

Die Party steigt am 3. August, einem Samstagabend. Neben Reinhold Winter sind auch Werner Bilz, Moritz Engelhardt, Johannes Schreiber und Ernst Koffmane mit von der Partie. Die Meuselwitzer Freunde haben für Bruno einige Geschenke dabei, alle freuen sich auf einen schönen Abend. Und tatsächlich wird wieder einmal ausgelassen gefeiert. Rudolf Brazda kann sich an Details einer Feier in Meerane erinnern: »In Meerane, da haben wir auch gute Bekannte, Homos, gehabt. Da haben wir […] eine Nacht dort, als Mädels verkleidet, mit Tanzen und Singen verbracht. Es waren gute Freunde gewesen. Da war die ›dicke Frieda‹, über die haben wir so gelacht, die war groß und stark, und dann war sie noch in einem Kleid, da haben wir so lachen müssen über die Frieda, außerdem konnte sie gute Witze erzählen. Wir waren sogar in einem großen Lokal, wir haben dort Zimmer gemietet, und dort haben wir getanzt, wir haben nur rumgeschmust, weiter nix.«[119]

In Meerane scheint man allerdings weniger tolerant zu sein als in Meuselwitz. Denn gegen neun Uhr abends tauchen plötzlich Beamte der Kriminalpolizei auf. Offenbar hat einer der anderen Gäste, oder auch der Wirt des Kaffees, die Polizei verständigt. Die Feier wird von der Kripo »ausgehoben«, wie es in einem späteren Bericht heißt. Winter, Engelhardt, Schreiber, Bilz, Koffmane und fünf weitere Personen, darunter auch der Gastgeber, werden »gestellt«.[120] Alle werden zusammen »dort in der Wohnung vernommen und später wieder entlassen«, wie Engelhardt berichtet.[121] Die Razzia, zumindest aber die Vernehmung scheint also in der Wohnung von Debray stattzufinden. Einem Polizeibericht zufolge geben die vier Meuselwitzer Freunde dabei alle »ihre gleichgeschlechtliche Veranlagung« zu.[122] Mit der Razzia nimmt die Geburtstagsparty ein abruptes Ende. Winter sagt später aus, dass alle noch »am gleichen Abend etwas nach 10 Uhr« zurückgefahren seien.[123]

Auch Rudolf Brazda kann sich an eine Razzia erinnern: »Meerane war so 60, 70 Kilometer von Meuselwitz entfernt. Da haben wir uns als eine Meute getroffen, aus dem ganzen Kreis, aus den kleinen Städten, die einzelnen Tunten haben sich da zusammengetan. Und die sind alle verhaftet worden. Da war eine große Razzia gegen die Homosexualität.«[124] Unklar bleibt in Brazdas Darstellung allerdings, ob er an dem Tag der Razzia selbst in Meerane war. Bei einer Vernehmung im April 1937 erwähnt er die Geburtstagsfeier zwar, stellt seine Teilnahme aber in Abrede – allerdings leugnet er damals auch vieles andere, um der drohenden Strafverfolgung zu entgehen. Dagegen gibt Reinhold Winter später gegenüber der Polizei an, Brazda sei an dem fraglichen Tag dabei gewesen.[125] In jedem Fall gibt es keinen Hinweis darauf, dass Rudolf Brazda damals von der Polizei »gestellt« und vernommen wird. In den Polizeiberichten taucht sein Name nicht auf. Möglicherweise ist er zwar in Meerane, kann sich der Razzia aber durch Flucht entziehen.

Gegen Werner Bilz und Moritz Engelhardt erstattet die Kripo Meerane hingegen Anzeige wegen Homosexualität, gleiches geschieht wahrscheinlich auch in Bezug auf die anderen Gäste, die an dem Tag »gestellt« und vernommen werden. In einem Bericht der Meuselwitzer Polizei aus dem Jahr 1937 heißt es, durch die »Anzeige des Kriminalpostens Meerane vom 6.8.1935« sei damals »hier bekannt [geworden], dass Bilz homosexuell veranlagt ist«.[126] Einige Tage später werden Bilz und Engelhardt in Meuselwitz zur Polizei bestellt und erneut vernommen.[127] Wahrscheinlich geben sie auch bei diesem Verhör zu, homosexuell veranlagt zu sein. Mit Sicherheit aber bestreiten beide, strafbare Handlungen nach Paragraph 175 begangen zu haben. Ob, und wenn ja, wie intensiv die Meuselwitzer Polizei im weiteren ermittelt, ist nicht mehr zu klären. Die auch später eher zurückhaltende Ermittlungstätigkeit des Meuselwitzer Polizei-Hauptwachtmeisters Letsch lässt aber vermuten, dass er auch in diesem Fall keine weiteren Aktivitäten entfaltet. Fakt ist, dass die damalige Vernehmung vorläufig ohne Folgen bleibt. Den beiden kann zu diesem Zeitpunkt »nichts nachgewiesen werden«, wie es in späteren Berichten der Meuselwitzer Polizei heißt.[128] Das Ermittlungsverfahren, das bei der Kriminalpolizei Zwickau geführt wird, wird schließlich eingestellt.[129]

2.13 Leben im Angesicht der Homosexuellenverfolgung

Für den Meuselwitzer Freundeskreis ist die Razzia in Meerane ein deutliches Warnsignal. Auch wenn Rudolf selbst noch der Aufmerksamkeit der Polizei entgeht, wird ihm klar, wie gefährdet er und seine Freunde inzwischen sind. Für Werner und Moritz hat die Sache zwar keine Konsequenzen. Doch die Razzia rüttelt den Freundeskreis auf. Und sie ist nicht das einzige beunruhigende Ereignis dieses Sommers: Nur wenige Wochen später, am 1. September 1935, tritt die Verschärfung des Paragraphen 175 in Kraft. Auch sie spricht sich im Meuselwitzer Freundeskreis schnell herum, offenbar begreifen die meisten damals aber noch nicht, wie umfassend die Ausweitung des Straftatbestandes tatsächlich ist.[130]

Vor allem anderen ist es jedoch die Razzia, die die Meuselwitzer Freunde beschäftigt. Offensichtlich unterhalten sie sich oft darüber, denn bei ihren späteren Vernehmungen schildern sie das Ereignis nahezu deckungsgleich. Einen interessanten Hinweis liefert auch eine Postkarte, die Werner Ende des Jahres aus Berlin erhält. Von dort schreibt ihm am 29. Dezember ein Hans Winter: »Was war denn damals mit Meerane?«[131] Der Absender stammt selbst aus Meerane, lebt inzwischen aber in Berlin.[132] Seine Karte zeugt von der Bedeutung, die der Razzia damals beigemessen wird.

Welche Konsequenzen die jungen Männer aus der Razzia ziehen, können wir nicht mehr beantworten. Die Spielabende und Feste in der Weinbergstraße werden jedenfalls auch nach dem Vorfall von Meerane fortgesetzt. Die Wohnung von Ursel Mahrenholz bleibt ein Treffpunkt der Homosexuellen aus Meuselwitz und Umgebung. Und Rudolf glänzt bei den gemeinsamen Festivitäten immer wieder mit Tanzeinlagen als Josephine Baker.

Auch andere Freizeitaktivitäten werden weiterhin gemeinsam unternommen. Dazu zählen vor allem Radtouren, die die Freunde auch in die weitere Umgebung führen. Oftmals sind Ursel und die Mütter von Rudolf und Hans dabei. Eines Tages verabredet man, mal wieder nach Limbach bei Chemnitz zu radeln. Man möchte die Mutter von Werner, aber natürlich auch die beiden Freunde Ria und Helmut besuchen. Diese Radtour wird weitreichende Folgen haben.

An einem Herbsttag machen sich die Freunde auf den Weg. Neben Rudolf und Werner sind auch Moritz und Ernst dabei. Im Nachbarort Kriebitzsch sammeln sie Rudolf Geringswald ein, einen jungen Friseur, der seit kurzem zur Meuselwitzer Clique gehört. In Altenburg stößt Reini Winter dazu. Die Tour ist ungemütlich, es ist kühl, die Bäume haben ihre Blätter bereits abgeworfen. Die Freunde tragen schicke Wintermäntel. Bei einer Pause packt Reini seine Kamera aus und bittet die Truppe zum Erinnerungsfoto. Er betätigt den Selbstauslöser und positioniert sich schnell neben Rudolf Geringswald. Klick: In diesem Moment entsteht ein Foto, das den Freundeskreis auseinanderreißen wird.

Die Limbacher Radtour ist nur ein Beispiel für das rege soziale Leben der Meuselwitzer Clique, das nach der Razzia fortgesetzt wird. Anhand von Postkarten lässt sich rekonstruieren, dass sich die Freunde 1935 und 1936 regelmäßig zu Ausflügen, Radtouren, Feiern bei Ursel Mahrenholz oder bei Rudolf Brazdas Mutter verabreden.[133] Rudolf hat an diese Zeit nur schöne Erinnerungen, für ihn waren es »glückliche Jahre«. Die nationalsozialistische Homosexuellenverfolgung spielt in seinen Schilderungen keine Rolle, obwohl sie nicht nur auf Reichsebene schon lange eingesetzt hatte, sondern mit der Razzia in Meerane auch der Freundeskreis ins Visier der Verfolgungsbehörden geraten war.

Rudolf Brazda auf einer Radtour

In den folgenden Monaten kommt es zu weiteren verstörenden Ereignissen, die den zunehmenden NS-Terror auch in Meuselwitz spürbar werden lassen. So scheint es im Herbst 1935 zu einer Aktion gegen die Meuselwitzer Zeugen Jehovas zu kommen. Laut Strassmann werden im Oktober 25 Mitglieder der Wachturm-Gesellschaft vor einem Altenburger Sondergericht angeklagt, weil sie die Wehrpflicht ablehnen. 19 von ihnen werden demnach zu Freiheitsstrafen zwischen 15 und 39 Monaten verurteilt.[134] Wie die Razzia in Meerane wird auch dieses Ereignis im Haus Weinbergstraße ein großes Thema gewesen sein. Und es wird abermals dazu beigetragen haben, die Gegnerschaft zum NS-Staat zumindest bei den Zeugen Jehovas unter den Hausbewohnern zu stärken – ebenso wie die Solidarität mit anderen Verfolgtengruppen wie den Homosexuellen. Umgekehrt wird die Verhaftung der Bibelforscher auch im Freundeskreis um Rudolf Brazda Thema gewesen sein und zu weiterer Verunsicherung geführt haben.

Verstärkt wird das Gefühl zunehmender Unsicherheit durch die antihomosexuelle Propaganda, die im Frühjahr 1936 die deutschen Zeitungen füllt. Schon seit November 1935 ermittelt ein Gestapo-Sonderkommando parallel zur Staatsanwaltschaft Koblenz gegen Angehörige verschiedener katholischer Orden und Klöster. Betroffen ist vor allem das Waldbreitbacher Kloster. Den Brüdern des Franziskanerordens werden homosexuelle Handlungen mit Patienten eines Pflegeheims vorgeworfen. In den folgenden Monaten weiten sich die Ermittlungen auf andere Klöster aus. Die Gestapo geht dabei wie üblich sehr brutal vor, nimmt Ordensangehörige in Schutzhaft und erpresst Aussagen, die sich in den folgenden Prozessen oft als unwahr erweisen. Ein wichtiges Motiv ist der Versuch, »sittliche Verfehlungen« im Kampf gegen die Katholische Kirche propagandistisch auszuschlachten.[135] Allerdings richten sich die Ermittlungen nicht nur gegen katholische Einrichtungen. Im Juni 1936 erteilt die Gestapo auch die Anweisung, »sittlichen Verfehlungen in evangelischen Klöstern« nachzugehen.[136]

Mit Beginn der Prozesse im Mai 1936 startet das Propagandaministerium eine groß angelegte Kampagne, die darauf zielt, die betroffenen Klöster als »Brutstätten der Homosexualität« zu brandmarken. Auch die lokalen Zeitungen berichten über den Prozessverlauf. So erscheinen im *Meuselwitzer Tageblatt* am 28. und 30. Mai 1936 Berichte über den »großen Sittlichkeitsprozess«.[137] Allerdings sind die Artikel auf hinteren Seiten platziert, die Berichterstattung bleibt damit deutlich hinter den Erwartungen des Propagandaministeriums zurück. Im Sommer 1936 wird die Presse deswegen angewiesen, ausführlicher zu berichten und die Meldungen des vom Propagandaministerium gesteuerten Deutschen Nachrichtenbüros zu übernehmen.[138]

Auf dem Höhepunkt dieser Propagandaschlacht unternehmen Rudolf und Werner ihre erste Reise ins Ausland. Nach Karlsbad soll es gehen. Rudolf ist sehr aufgeregt, schließlich hat er Deutschland noch nie verlassen. Nun geht es ins Heimatland seiner Eltern, nach Böhmen, das seit 1918 zur Tschechoslowakei gehört. Werner hat seinen Jahresurlaub genommen, zwei Wochen hat er Zeit, um gemeinsam mit Rudolf das mondäne Weltbad zu erkunden. Am 4. Juli 1936 besorgt er sich noch schnell einen Reisepass, Rudolf reist mit seinen tschechischen Papieren.[139] Am nächsten Morgen, einem Sonntag, schwingen sich die beiden in aller Herrgottsfrühe auf die Räder und fahren los. Um vier Uhr starten sie Richtung Süden, gegen sieben Uhr erreichen sie Zwickau, wo sie sich in der Parkanlage ein erstes Frühstück gönnen. Weiter geht es über Neustädtel durchs Erzgebirge bis nach Johanngeorgenstadt. Dieser Teil der Tour ist mühsam, geht es doch immer weiter bergauf bis auf über 1.000 Meter. Am Nachmittag passieren Rudolf und Werner schließlich die Grenze in Johanngeorgenstadt. Von dort sind es noch 34 Kilometer bergab, Karlsbad ist nach weiteren zwei Stunden Fahrt am frühen Abend erreicht.[140]

»Da sind wir nach Karlsbad gefahren, der Werner und ich. Da haben wir alte Bekannte gehabt, auch Homosexuelle, und da war der Anton. Der hat uns mit zu seiner Familie genommen. Sein Vater war ein Fotograf, der wollte unbedingt, dass ich tanze. Er hat gehört, dass ich tanzen kann, und da habe ich eine Vorstellung von der Josephine Baker gemacht. Das hat ihm sehr gefallen, wie ich den Spagat gemacht habe.«[141]

Ein »alter Bekannter« ist Anton Götzl zu diesem Zeitpunkt allerdings noch nicht. Rudolf und Werner lernen ihn vielmehr in einer der Karlsbader Kuranlagen kennen. Schnell bemerken sie, dass Anton »auch gleichgeschlechtlich veranlagt« ist.[142] Er lädt sie zu sich nach Hause ein, ins Haus »Phaethon« in der alten Bahnhofstraße, wo er mit seinem Vater ein bescheidenes Zimmer bewohnt. Die drei verstehen sich prächtig, albern herum und verbringen schließlich einen großen Teil des Urlaubes miteinander.[143]

Karlsbad erscheint Rudolf und Werner wie das Tor zu einer neuen, unbekannten Welt. 1936 ist das Kurbad noch einer der wichtigsten Treffpunkte des europäischen Geldadels. Die Reichen und die Schönen verbringen hier den Sommer. Und zu den Letzteren rechnen sich Rudolf und Werner auch. Gemeinsam promenieren sie in ihren hellen Anzügen vom Mühl- zum Marktbrunnen, trinken das heiße Quellwasser, bewundern die Auslagen der Juweliere und leisten sich zumindest auf einen Kaffee den Besuch so exklusiver Häuser wie des »Grandhotels Pupp« oder des »Imperials«.

Gemeinsam mit Anton, der von seinen Karlsbader Freunden auch »Gitta« genannt wird, gehen sie tanzen, zum Beispiel im klassizistischen

Pavillon des »Posthofes«, wo Rudolf die wilde Josephine gibt. Und natürlich erkunden sie auch die homosexuelle Szene. In Rudolfs Notizbuch findet sich der Name des »Bürgerstübls« in der Bahnhofsvorstadt Donitz.[144] Möglich, dass es damals einer der Treffpunkte der schwulen Welt ist. Im Vergleich zu Deutschland geht es im »Weltbad Karlsbad« jedenfalls sehr liberal zu. Rudolf beschreibt die Situation vor der deutschen Okkupation folgendermaßen: »Wir haben ja dort in Schwulenlokalen getanzt, in Karlsbad, da war noch eine gewisse soziale Freiheit gewesen, in der Tschechei.«[145] Zwar ist die »Unzucht wider die Natur« auch in der Tschechoslowakei strafbar.[146] Die Karlsbader Polizei interessiert sich nach Rudolfs Erinnerung jedoch wenig für die Homosexuellen.[147] Dabei mögen auch ökonomische Gründe eine Rolle spielen, denn Kurgäste möchte man sicher nicht verschrecken.

Nach zwei Wochen Urlaub kehren Rudolf und Werner am 19. Juli wie verzaubert zurück. Und auch in Deutschland ist in diesen Wochen alles im Ausnahmezustand. Anfang August 1936 finden in Berlin die Olympischen Sommerspiele statt. Erfolgreich inszenieren sich die Nazis als friedliebende Gastgeber. Die Homosexuellenverfolgung wird für einige Wochen zurückgefahren. Mit einem Sondererlass verbietet Gestapo-Chef Himmler am 20. Juli 1936, »in den nächsten Wochen gegen irgendeinen Ausländer wegen des § 175 ohne meine persönliche Genehmigung auch nur mit einer Vernehmung oder Vorladung vorzugehen«. Das Thüringische Staatspolizeiamt verbreitet den Sondererlass in seinem Rundschreiben vom 29. Juli und ersucht auch den Meuselwitzer Bürgermeister um »strengste Beachtung dieser Anordnung«.[148] Diese und andere Maßnahmen dienen dazu, die Besucher aus aller Welt über den wahren Charakter des Regimes zu täuschen. Doch der nationalsozialistische Terror wird deswegen keineswegs gestoppt. Im Gegenteil: Kurz vor Eröffnung der Sommerspiele werden die in Berlin lebenden Sinti und Roma in ein Sammellager nach Marzahn deportiert. Und während die NS-Propaganda das »Weltfriedensfest« feiert, entsteht nur 40 Kilometer entfernt vom Berliner Olympiastadion das Konzentrationslager Sachsenhausen. Die Nationalsozialisten setzen ihre Propaganda gekonnt ein. Viele Gäste und Sportfunktionäre sehen nur das, was sie sehen sollen.

Rudolf kann als in Deutschland wohnender Ausländer ohnehin nicht auf eine Anwendung von Himmlers Sondererlass zählen. Im Gegenteil: Seine Herkunft ist den nationalsozialistischen Machthabern höchst suspekt. Nach einem Erlass des Thüringischen Staatspolizeiamtes vom 25. Mai 1936 werden sämtliche in Deutschland ansässigen »tschechoslowakischen Staatsangehörigen« registriert. Die Gestapo will damit »insbesondere tschechische Juden« erfassen. Aber auch die »politische Einstellung« soll von Polizeibehörden, Oberbürgermeistern und Kreisämtern gemeldet werden.[149]

Rudolf und Werner werden schon bald wieder mit dem wahren Gesicht des »Dritten Reiches« konfrontiert. Denn Hitlers Kriegsvorbereitungen gehen trotz der Olympischen Friedensinszenierung unvermindert weiter. Seit November 1935 ist die allgemeine Wehrpflicht wieder eingeführt. Und nun bekommt auch Werner den Musterungsbefehl.[150] Die Musterungskommission befindet ihn für tauglich, er wird zum Artillerie-Regiment 14 nach Naumburg einberufen. Rudolf ist als tschechoslowakischer Staatsbürger davor gefeit, zur Wehrmacht eingezogen zu werden. Ein Jahr zuvor allerdings hatte auch er sich einer Musterung unterziehen müssen. Im tschechoslowakischen Konsulat wurde er damals für untauglich erklärt.[151]

Zwei Jahre soll Werner Militärdienst leisten. Der glücklichen Zweisamkeit in der Weinbergstraße droht ein unerwartetes Ende. Allenfalls an den Wochenenden werden sich die beiden noch sehen können. Die letzten Wochen vor der Einberufung gehen viel zu schnell dahin. Unter der Woche muss Werner arbeiten, an den Wochenenden wird nochmal ausgelassen gefeiert. Bei einer Tanzveranstaltung in Altenburg lernen Rudolf und Werner den 20-jährigen Arbeitsburschen Wilhelm Wähnert kennen.[152] Eine Bekanntschaft, die sich später noch als verhängnisvoll erweisen wird. Ende September verabreden sich alle zu einer Radtour nach Waldenburg, wo sie noch einmal »die Limbacher« Ria und Helmut treffen wollen.[153] Am 15. Oktober 1936, einem Donnerstag, ist der Tag der Trennung schließlich gekommen. Werner muss in Naumburg einrücken.

Für Rudolf ist die Trennung sehr schmerzvoll. Seine Freunde versuchen, ihm in der neuen Situation Mut zu machen. Überliefert ist ein Brief von Anton Götzl, den dieser am 22. Oktober schreibt. Eigentlich ist der Brief an Werner adressiert, bei dem er sich für einen Mantel bedanken will, den ihm dieser nach Karlsbad geschickt hat. Doch Anton weiß, dass Werner bereits beim Militär ist, und so versucht er, das Thema mit Humor und einem Augenzwinkern anzugehen: »Nun lieber Rudi,

Dir wird sicher die Abschiedsstunde von Deiner lieben Uschi recht schwer gefallen sein, nicht wahr? Auch ihm wird es sehr spanisch vorkommen, sich in das Militärische hineinzufinden; ich selbst war über diese überraschende Nachricht so erstaunt, dass ich es immer noch nicht recht fassen kann, dass das Schicksal ausgerechnet die Uschi von ihrem lieben Gemahl von seiner Seite gerissen hat. Es bleibt jetzt eben nichts anders übrig, als sich trösten und ausharren, bis die Zeit wieder da ist, um sie wieder in Deine Arme schließen zu können.«[154] Mit der Nutzung des weiblichen Spitznamens will Anton Götzl die Beziehung zwischen Rudolf und Werner wohl gegenüber unerwünschten Mitlesern verschleiern. Er macht das aber so inkonsequent und ungeschickt, dass der homosexuelle Charakter der Beziehung nicht verborgen bleibt.

Wie schwer Rudolf die Trennung fällt, belegen auch Liebesgedichte, die er sorgfältig aufbewahrt und die später in seiner Wohnung beschlagnahmt werden. Eines hat den Titel »Behalt mich lieb«. Darin heißt es: »Es ist nicht schwer, einander gut zu sein, wenn Sonne sich auf alle Wege breitet. Doch nur zu oft verdunkelt sich ihr Schein, wenn eine Wolke ernst vorüber gleitet. Dann gilt's, dem andern treu zur Seite stehn, und ihm zu glätten seiner Stirne Falten. Ein jeder Kuss ist wie ein leises Flehn: Wirst du mich immer nun auch lieb behalten?«[155]

Und tatsächlich, Rudolfs Sorgen sind nicht unberechtigt. Eines Tages bekommt er von Werner einen Brief, in dem ihm dieser einen Seitensprung gesteht: »Einmal hat er mir einen Brief geschrieben, er schrieb, er war spazieren gegangen abends, in einem Waldstück, da ist ihm einer begegnet. Er schrieb, dass er mich vergessen hat mit diesem anderen Mann, dass er was mit ihm gemacht hat. Ich soll ihn entschuldigen.«[156]

Mit Ursel und seiner Mutter organisiert Rudolf schließlich eine kleine Feier. Um den Trennungsschmerz zu überwinden? Reini Winter lädt er per Postkarte ein: Er solle am Sonnabend, dem 7. November 1936, nach Meuselwitz kommen und von dort gemeinsam mit Ursel weiter zu Rudolfs Mutter, »da wollen wir bissel Einzug feiern«. »Einzug«, das könnte sich auf die Einberufung Werners beziehen.[157] Dieser hat am Sonnabend sicherlich Ausgang, so dass er zur Feier dazustoßen könnte. Die Postkarte unterzeichnet Rudolf mit »i. L. Inge«. Dass es sich dabei um eine Vorsichtsmaßnahme handelt, ist eher unwahrscheinlich. Denn der Inhalt der Einladung ist unverfänglich. Auch unterzeichnet Rudolf in dieser Zeit andere Postkarten mit seinem richtigen Namen. Letztlich wird sich aber auch diese Postkarte als eine von vielen Unvorsichtigkeiten erweisen. Doch Rudolf und Werner ahnen zu diesem Zeitpunkt noch nicht, wie gefährdet ihre Situation inzwischen ist. Und es ist nur zu verständlich, dass sie sich ihre Gefühle nicht verbieten lassen wollen. Ihre Trennung erhöht allerdings die Gefahr, denunziert zu werden, erheblich. Als Rudolf zu Weihnachten 1936 nach Naumburg fährt, um ein paar Stunden mit Werner zu verbringen, der keinen Heimaturlaub bekommen hat, treffen sie sich in einem Gasthaus:

»Der Werner musste zum Militärdienst nach Naumburg und vor Weihnachten habe ich ihm ein großes Schokoladenherz gekauft, mit rotem Stanniol überzogen. Ich hatte das Herz noch in der Hand, da treffe ich seinen ehemaligen Patron, den ehemaligen Chef von dem Werner, und der wusste ja, dass ich mit dem Werner zusammen war, und da hat er mich gefragt: ›Was macht der Werner beim Militär?‹ Ich sagte: ›Ich will ihn gerade besuchen.‹ Da schaut er und sieht: ›Ah, das große schöne Herz schenkst du ihm.‹ Wie ich dann nach Naumburg gekommen bin, hatten wir miteinander etwas Wein getrunken, wir waren ein bisschen beschwipst gewesen, und da haben wir uns öffentlich abgeküsst im Restaurant. Und die Leute haben dumm geschaut, wir haben uns nichts daraus gemacht.«[158]

Ob ihnen damals bewusst ist, dass sie für diesen Kuss nach dem neuen Paragraphen 175 bestraft werden können? Objektiv schweben Rudolf und Werner durch ihr Verhalten jedenfalls in großer Gefahr. Es ist reines Glück, dass sie keiner der anderen Gäste anzeigt.

Das Jahr 1936 endet für beide mit einer Silvesterparty in der Wohnung von Ursel. Noch einmal sind alle Freunde beisammen, Moritz, Ernst und Hans sind da, und auch Werner, der Urlaub bekommen hat. »Wenn der Werner auf Besuch nach Hause gekommen ist, war das eine schöne Zeit für mich«, erinnert sich Rudolf. Und die Silvesterparty soll noch einmal etwas ganz Besonderes werden. Vor allen Gästen erklärt Rudolf, der Werner, der »sei jetzt seine Frau«, und küsst ihn auf den Mund.[159] Ihre Liebe, so hofft er in diesem Moment, wird niemals vergehen. Ob einer der Meuselwitzer Freunde an diesem Abend ahnt, welches Leid das Jahr 1937 für sie bringen wird?

Anmerkungen

1 Suprema lex salus populi! Gemeinnutz vor Eigennutz! Erklärung der NSDAP vom 14. Mai 1928. Klare: *Homosexualität und Strafrecht*. S. 149.

2 Die Koalition zum Schutze der Päderastie. *Völkischer Beobachter* vom 2. August 1930. S. 1.

3 Schließung von Gaststätten. Runderlass des Preußischen Ministers des Innern vom 23. Februar 1933. *Ministerial-Blatt*. S. 188–189.

4 Vgl. Diels: *Lucifer ante Portas*. S. 129. Rudolf Diels, bis 21. April 1934 Leiter des Geheimen Staatspolizeiamtes, berichtet auch, dass Ernst Röhm die Schließung der Lokale »als einen Hieb gegen sich gedeutet« und bei Hitler protestiert habe. Dieser habe Röhm damals recht gegeben und Diels zur Rede gestellt.

5 Nachtlokale geschlossen. *Berliner Tageblatt* vom 4. März 1933. S. 8.

6 Verbot anstößiger Schriften. Dritter Runderlass des Preußischen Ministers des Innern vom 24. Februar 1933. Grau: *Homosexualität*. S. 58.

7 Herzer: Die Zerschlagung der Schwulenbewegung. S. 159.

8 Adolf Brand, geb. am 14. November 1874, blieb allerdings in Deutschland und lebte bis zu seinem Tod am 2. Februar 1945 in Berlin-Wilhelmshagen. Die erste deutschsprachige Schwulenzeitschrift *Der Eigene* hatte er seit 1896 herausgegeben. Adolf Brands Brief vom 29. November 1933 ist abgedruckt in: Verein der Freunde eines Schwulen Museums in Berlin: *Eldorado*. S. 42–43.

9 Am 18. November 1933 erlässt das Geheime Staatspolizeiamt eine sogenannte »Einziehungsverfügung«, mit der das Eigentum an dem Grundstück dem Preußischen Staat übertragen wird. Das Eigentum an dem Gebäude wird am 29. Dezember 1938 auf die Reichshauptstadt Berlin übertragen. Vgl. dazu die neuen Forschungsergebnisse von Herzer: Plünderung und Raub.

10 *Mitteilungen des Wissenschaftlich-humanitären Komitees*. S. XXXI.

11 Vgl. Schoppmann: *Nationalsozialistische Sexualpolitik*. S. 165.

12 Zitiert nach Grau: Leipzigs Drittes Geschlecht. S. 43.

13 Zu den Freizeitaktivitäten des Chemnitzer »Bundes für Menschenrechte« und »Klub der Freunde« vgl. die Aussage von Gerold Rockstroh in der Akte Koffmane, 2 Js 155/37, Bl. 11. ThStAA. Zur Kundgebung vgl. die in der *Altenburger Zeitung für Stadt und Land* zitierte Aussage des Anklagevertreters. Der Kampf gegen die Unzucht geht weiter. *Altenburger Zeitung für Stadt und Land* vom 24./25. Juli 1937.

14 Ein Hinweis auf die Vereinigung findet sich unter anderem in der Akte Winter, 1 Js 164/37, Bl. 9R. ThStAA. Auch in den Akten Rauschenbach (1 Js 72/37) und M.R.E. (2 Js 94/37, Bl. 35) wird darüber berichtet, wobei auch von einem »Bund der homosexuellen Freunde« die Rede ist. »Präsidentin« des Bundes war demnach der Kohlenhändler Kurt Künzel. Die Gaststätte »Stadt Dresden« diente der Vereinigung offenbar als Vereinslokal, die Treffen fanden laut Aussage Rauschenbachs vom 13. April 1937 im »Vereinszimmer« statt. An der Veranstaltung vom 18. März 1933 nahm Reinhold Winter laut seiner Aussage vom 19. März 1937 selbst teil.

15 In den überlieferten Ermittlungsakten der Staatsanwaltschaft Altenburg finden sich zu Vereinigungen in Altenburg keine Hinweise.

16 Kurt Hiller, geb. am 17. August 1885, schloss 1907 sein Studium der Rechtswissen-
schaften mit der Dissertation *Das Recht über sich selbst* ab, in der er für die Abschaffung des Paragraphen 175 plädierte. Hiller war einer der führenden Köpfe des WhK
und wurde nach Hirschfelds Rücktritt 1929 dessen zweiter Vorsitzender. Vor der
deutschen Okkupation Prags kann Hiller 1938 nach London flüchten. 1955 kehrt er
nach Deutschland zurück und lebt bis zu seinem Tod 1972 in Hamburg. Vgl. Hiller:
Leben gegen die Zeit.

17 Strassmann: *Altenburg.* S. 38.

18 Erich Karl Rudolf Güldenpfennig, geb. am 4. März 1898 in Magdeburg-Sudenburg,
war seit 1. März 1923 als Oberstadtsekretär, dann als Stadtinspektor in Meuselwitz
tätig. Am 27. Juni 1927 wird er zum Bürgermeister gewählt, wobei seine Nähe zur
Sozialdemokratie schon zu diesem Zeitpunkt Gegenstand der Auseinandersetzung
ist. Am 27. April 1933 wird er vom damaligen thüringischen Innenminister und
späteren (ab 5. Mai 1933) Reichsstatthalter in Thüringen, Fritz Sauckel, aufgrund
von Paragraph 6 des Gesetzes zur Wiederherstellung des Berufsbeamtentums in den
Ruhestand versetzt. Güldenpfennig arbeitet bis 1945 als Bücherrevisor und Steuer-
berater in Erfurt, nach 1945 ist er als Ministerialrat im Ministerium des Inneren in
Weimar tätig. Auskunft des Stadtarchivs Meuselwitz und Strassmann: *Altenburg.*
S. 36–40.

19 Dr. jur. Karl Arthur Paul Schreiber, geb. am 28. Mai 1889 in Weimar, scheidet wegen
Verstoßes gegen die »12 Punkte des Führers«, die Hitler nach dem Röhm-Putsch
verkündet, in Unehren aus dem Amt. Auskunft des Stadtarchivs Meuselwitz.

20 Zitiert nach Strassmann: *Altenburg.* S. 36–40. Vgl. auch: Nabert: *Aus der Geschichte.*

21 Zinn: *Brazda 4. Dezember 2008.* S. 7.

22 Zinn: *Brazda 4. Dezember 2008.* S. 8–9.

23 Der Zeitpunkt von Brazdas erstem Zusammentreffen mit Bilz ist nicht mit Sicherheit
zu rekonstruieren. In Brazdas Erinnerung ist er direkt nach der Begegnung bei Bilz
eingezogen. Nach späteren polizeilichen Ermittlungen geschah dies am 28. März
1934. Weil die beiden sich in einem Freibad kennengelernt haben, der Zeitpunkt
also im Sommer gelegen haben muss, erscheint der Sommer 1933 als der wahrschein-
lichste Zeitpunkt.

24 Zinn: *Brazda 4. Dezember 2008.* S. 9.

25 Fritz Werner Bilz wird am 26. April 1914 im sächsischen Limbach geboren. Vgl.
Personenstandsregister Standesamt Limbach-Oberfrohna.

26 Zinn: *Brazda 4. Dezember 2008.* S. 9.

27 Zur Verfolgung der Zeugen Jehovas vgl.: Hesse: »*Am mutigsten waren immer wieder
die Zeugen Jehovas*«.

28 Zu den Meuselwitzer Zeugen Jehovas vgl. Strassmann: *Altenburg.* S. 39. Strassmann
gibt leider keine Quellen an. Zu den Bewohnern des Hauses Weinbergstraße 1 vgl.
Anmerkung 102.

29 Zinn: *Brazda 4. Dezember 2008.* S. 9.

30 Vgl. Aussage vom 19. Mai 1937. Akte Koffmane, 2 Js 155/37, Bl. 6. ThStAA. Karl
Ernst Koffmane wird am 7. November 1911 als Sohn von Alwine Alma und Ernst
Fritz Koffmane in Meuselwitz geboren. Vgl. Personenstandregister Standesamt Meu-
selwitz. Vgl. auch Kapitel 7, Anmerkung 53.

31 Vgl. Aussage Hugo Walde vom 9. Dezember 1937. Akte Walde. 20031 PP-S 6174, Bl. 17. StAL.

32 Zu den Kneipen, die geschlossen wurden, könnten der »Mägdebrunnen« und die »Elisenburg« gezählt haben. Das deutet sich in einer Aussage von Harry Ziesche an, der im Juni 1935 erklärt, er sei »früher auch in diesen Schankwirtschaften [...] verkehrt«. Akte Ziesche, 20031 PP-S 6834, Bl. 2. StAL.

33 Vgl. Akten Winter, 1 Js 164/37; Rauschenbach, 1 Js 72/37; Sachs, 2 Js 94/37. ThStAA. Vgl. auch Grau: Leipzigs Drittes Geschlecht. S. 38–42.

34 Aussage vom 19. Mai 1937. Akte Koffmane, 2 Js 155/37, Bl. 6. ThStAA. Es ist unwahrscheinlich, dass der Ausflug bereits im Herbst 1932 stattfand. Denn Brazda und Bilz haben sich wohl erst im Sommer 1933 kennengelernt. Vgl. Anmerkung 23.

35 Zinn: Brazda 4. Dezember 2008. S. 11.

36 Zinn: Brazda 4. Dezember 2008. S. 10.

37 Zum Haus vgl. Baufaszikel des Stadtraths zu Meuselwitz. 0307 Weinberg-Str. Nr. 1. StAMeu. Zu den Mietern vgl. Adreßbuch Meuselwitz-Lucka 1938. S. 168. Zeugen Jehovas sind laut Rudolf Brazda mindestens zwei der Mieter, der Tischler Burkhardt und Frau Grahner. Zinn: Brazda 4. Dezember 2008. S. 11.

38 Das Einzugsdatum ergibt sich aus einem Ermittlungsbericht der Kripo Meuselwitz vom 20. April 1937. Es basiert wahrscheinlich auf den polizeilichen Meldeunterlagen. Akte Brazda, 2 Js 127/37, Bl. 14–15. ThStAA.

39 Zinn: Brazda 4. Dezember 2008. S. 9–10.

40 Zinn: Brazda 4. Dezember 2008. S. 11.

41 Ermittlungsbericht der Kripo Meuselwitz vom 27. April 1937. Akte Brazda, 2 Js. 127/37, Bl. 17. ThStAA.

42 Jellonnek hat anhand von Gestapo-Akten die Wohnverhältnisse von insgesamt 198 Homosexualitätsverdächtigen im Regierungsbezirk Unterfranken und Aschaffenburg untersucht. Dabei zeigte sich auch ein Trend zur Ansiedlung in der Anonymität versprechenden Großstadt Würzburg. 106 der Verdächtigen (53,54 Prozent) lebten in Würzburg, während nur 12,32 Prozent der Gesamtbevölkerung des Regierungsbezirks in der Großstadt wohnten. Allerdings kann hier auch eine statistische Verzerrung vorliegen, weil die Verfolgungsintensität in Würzburg größer gewesen sein dürfte als im Umland. Vgl. Jellonnek: Homosexuelle. S. 224–227.

43 Später gibt es allerdings Beschwerden der Hausbewohner, die anscheinend zu einer Verhaltensänderung führen. Vgl. Vernehmungsprotokoll Brazdas vom 9. April 1937 in Akte Winter, 1 Js 167/37, Bl. 54–55. ThStAA.

44 Dass erfahrenere Homosexuelle später eine solche Mentorenrolle übernehmen, ergibt sich aus den Akten der Staatsanwaltschaft zu Altenburg. So spricht Ernst Koffmane am 31. März 1937 davon, Reinhold Winter habe sie vor der strafrechtlichen Bedrohung gewarnt. Akte Winter, 1 Js 164/37, Bl. 50. ThStAA.

45 Zinn: Brazda 4. Dezember 2008. S. 18.

46 Sozialdemokraten und Kommunisten entfalten in den folgenden Jahren eine immer exzessivere Propaganda gegen Röhm und andere angeblich homosexuelle Nazis, die in der Etablierung des Stereotyps vom »homosexuellen Nazi« gipfelt. Vgl. Zinn: Die soziale Konstruktion.

47 Adolf Hitler: Rede vom 13. Juli 1934 vor dem Reichstag. Domarus: Hitler. S. 415 f.

48 Der Führer greift durch. S 1. in: *Meuselwitzer Tageblatt*, 26. Jg., Nr. 151, 2. Juli 1934. Vgl. auch: Die Säuberungsaktion des Führers. S. 1 in: *Bote von der Schnauder*, 70. Jg., Nr. 151, 2. Juli 1934.

49 Zur Denunziationswelle nach dem »Röhm-Putsch« vgl. Jellonnek: *Homosexuelle.* S. 100, hier insbesondere Anmerkung 86.

50 Schreiben des bayerischen Staatsministeriums des Innern vom 3. Juli 1934. BezA/ LRA 28294, Bl. 1 f. StAM. Zur Durchführung der Razzia vgl. Kapitel 2.9.

51 Akte Filsch. 20031 PP-S 7922, Bl. 12 f. StAL.

52 Akte Filsch. 20031 PP-S 7922, Bl. 20R. StAL.

53 Josef Albert Meisinger, geb. am 14. September 1899, arbeitet seit 1922 bei der Münchener Sittenpolizei. Er beteiligt sich 1923 am Hitlerputsch doch erst am 5. März 1933 tritt er in die SS ein und beantragt die Aufnahme in die NSDAP. Seit 1. Mai 1934 im Berliner Gestapa, übernimmt er nach dem Röhm-Putsch die Leitung des Sonderdezernats II1So. Ab Juni 1936 leitet er die neu gegründete »Reichszentrale zur Bekämpfung der Homosexualität und Abtreibung« im Reichskriminalpolizeiamt. Wegen seines dilettantischen Vorgehens in der Affäre Fritsch 1938 abgelöst, wird er 1939 Kommandeur der Sicherheitspolizei in Warschau. 1945 von den Amerikanern verhaftet und an Polen ausgeliefert, wird Meisinger am 7. März 1947 hingerichtet. Vgl. Grau: *Homosexualität.* S. 22.

54 Zitiert nach Hockerts: *Sittlichkeitsprozesse.* S. 12 und S. 20.

55 Vortrag Meisingers vom 5./6. April 1937. Grau: *Homosexualität.* S. 147–153.

56 Himmler unterstellt übrigens, dass heterosexuelle Männer weibliche Bewerberinnen ebenfalls nach dem »erotischen Prinzip« auswählen. Dies hält er aber für unschädlich, weil Frauen im »Männerstaat« nur auf unbedeutenden Stellen verwendet würden: »Das ist harmlos und hat gar nichts zu besagen, denn wenn sie hübsch ist, wird sie bald heiraten, und außerdem ist die Dienststelle einer Stenotypistin ja nicht maßgebend für den Staat, sie hat ja nun nicht wieder andere auszusuchen«. Vgl. Himmler: Geheimrede vom 18. Februar 1937. S. 95–96.

57 Vortrag Meisingers vom 5./6. April 1937. Grau: *Homosexualität.* S. 147–153.

58 Zinn: *Brazda 4. Dezember 2008.* S. 15.

59 Zinn: *Brazda 4. Dezember 2008.* S. 13.

60 Johannes Schreiber, geb. am 29. Dezember 1917, lebt damals noch bei seinen Eltern. Zu seinem weiteren Lebensweg vgl. Kapitel 7, Anmerkung 53.

61 Zinn: *Brazda 4. Dezember 2008.* S. 10.

62 Aussage Schreibers vom 19. Mai 1937. Akte Koffmane, 2 Js 155/37, Bl. 3–4. ThStAA.

63 Der Name wurde vom Autor aus Rücksicht auf die Privatsphäre geändert. Auch in Zitaten wurde der richtige Name durch das Pseudonym ersetzt.

64 Zinn: *Brazda 4. Dezember 2008.* S. 10.

65 Zinn: *Brazda 4. Dezember 2008.* S. 10–11.

66 Zinn: *Brazda 4. Dezember 2008.* S. 22.

67 Auch wenn es sich um unterschiedliche Phänomene handelt, sind die Geschichte der Homosexualität und die des Transvestismus doch unablässig miteinander verschränkt, wie Garber richtig konstatiert. Vgl. Garber: *Verhüllte Interessen.* S. 189.

68 Schon Karl Heinrich Ulrichs bemerkt 1864 in seiner Schrift *Inclusa*: »Wo Urninge [Homosexuelle] einander kennen, legen sie einander meist *weibliche Spitznamen* bei, wie ich vermuthe, im Gefühle ihres weiblichen Wesens«. Tatsächlich scheint die Tarnungsfunktion aber eine größere Rolle gespielt zu haben. Denn das Phänomen scheint mit der zunehmenden gesellschaftlichen Liberalisierung der vergangenen Jahre zu schwinden. Ulrichs: *Forschungen*, Bd. II, S. 17.

69 Vgl. die Postkarte Rudolf Brazdas an Reinhold Winter vom 5. November 1936, die er mit »Inge« unterzeichnet (Akte Winter). Auch der Karlsbader Freund Anton Götzl tituliert Rudolf Brazda und Werner Bilz in einem Brief vom 22. Oktober 1936 als Inge und Uschi. Bei den polizeilichen Ermittlungen werden die Frauennamen später als Tarnungsversuch interpretiert. So vermerkt Oberleutnant Reuter am 5. April 1937: »Inge war ein guter Deckname, der einen Dritten über die Person des Absenders täuschen konnte«. Akte Winter, 1 Js 164/37, Bl. 53. ThStAA.

70 Vgl. Aussage Schreibers vom 19. Mai 1937. Akte Koffmane, 2 Js 155/37, Bl. 4. ThStAA. Zum Spitznamen »Rosette« vgl. auch: Bericht des Polizei-Hauptwachtmeisters Letsch vom 30. März 1937. Akte M.R.E., 2 Js 94/37. Bl. 1. ThStAA.

71 Es ist zwar nicht auszuschließen, dass Rudolf Brazda die Beschwerde der Nachbarn in seiner Vernehmung durch die Polizei aus taktischen Gründen übertreibt oder sogar erfindet. Dass die weiblichen Spitznamen teilweise auch »öffentlich« benutzt wurden, wäre dadurch aber noch nicht widerlegt. Vgl. Vernehmungsprotokoll Brazdas vom 9. April 1937 in Akte Winter, 1 Js 164/37, Bl. 54–55. ThStAA.

72 Lieselotte Elfriede Weißgerber wurde am 21. Februar 1915 in Meuselwitz geboren. Vgl. Akte Brazda, 2 Js 127/37, Bl. 17. Vgl. auch Kapitel 7, Anmerkung 22.

73 Zinn: *Brazda 4. Dezember 2008*. S. 17–18.

74 Zinn: *Brazda 4. Dezember 2008*. S. 33–34.

75 Heinz Heger berichtet von einer verständnisvollen Reaktion der Mutter. Auch der Vater setzt sich für den im KZ inhaftierten Sohn ein, allerdings erfolglos. Er nimmt sich 1942 »voll von Gram und Verbitterung« das Leben. Heger: *Die Männer mit dem Rosa Winkel*. S. 11–15. Die Eltern von Pierre Seel verweigern dagegen jedes Gespräch über seine Homosexualität, als er nach 6-monatiger Haft aus dem Sicherungslager Schirmeck-Vorbruck entlassen wird. Seel: *Ich, Pierre Seel*. S. 58. Walter Schwarze berichtet von einer harschen und abweisenden Reaktionen seiner Eltern. Joachim Müller: »Narben bleiben immer«. S. 359.

76 Zinn: *Brazda 4. Dezember 2008*. S. 33.

77 Zinn: *Brazda 4. Dezember 2008*. S. 12–13.

78 Telegramme der Gestapo Berlin vom 24. Oktober und 1. November 1934. Grau: *Homosexualität*. S. 74

79 Von vielen Historikern wurde bis in die 90er Jahre die These vertreten, die »tatsächliche Absicht« der Erfassungsaktion vom Herbst 1934 sei eine »Säuberungsaktion in den eigenen Reihen« der Nazis gewesen. Siehe Jellonnek: *Homosexuelle*. S. 103 f. Das lässt sich aber weder aus dem Wortlaut der Telegramme schließen, noch stützen die Verfolgungsmaßnahmen vom Herbst 1934 diese These. Letztere richteten sich vielmehr gegen alle Homosexuellen, derer die Gestapo habhaft werden konnte. Vgl. Akte Keferstein. Rep. 358–02, Nr. 31986, Bl. 88–102. LAB. Sowie: MInn 72644, Nr. 2535 a 90 und Nr. 2535 a 89. BayHStA. Sowie: BezA/LRA 28294. StAM.

80 Vgl. die Meldungen der bayerischen Polizeibehörden. BezA/LRA 28294. Bl. 00001–
00014. StaM. Auch Jellonnek kommt zu dem Ergebnis, dass die gemeldeten Homosexuellen »nur in den seltensten Fällen der Partei oder ihren Gliederungen« angehör-
ten. Vgl. Jellonnek: *Homosexuelle.* S. 104.

81 Vgl. Jellonnek: *Homosexuelle.* S. 103. Anmerkung 99.

82 Zitiert nach Jellonnek: *Homosexuelle.* S. 104.

83 Anonymer Brief eines schwulen Mannes vom 12. Juni 1935 an den deutschen Reichs-
bischof Müller. Film 1842/AN 5525 555–558. BArch, Abteilung VI – Militärarchiv.
Zu den Verhältnissen im KZ Kolumbiahaus vgl. auch: Schilde/Tuchel: *Columbia-
Haus.*

84 Vgl. Berichte für den Bayerischen Staatsminister des Innern vom 23. und 27. Oktober 1934. MInn 72644, Nr. 2535 a 90 und Nr. 2535 a 89. BayHStA. Sowie: Schreiben des Staatsministeriums des Innern vom 30. Oktober 1934. BezA/LRA 28294,
Nr. 2535 a 127, Bl. 10. StAM. Albert Knoll spricht sogar davon, es seien »mehrere
hundert Personen festgenommen und erkennungsdienstlich behandelt« worden.
Dafür finden sich in den genannten Dokumenten allerdings keine Belege. Vgl.
Knoll: Homosexuelle Häftlinge. S. 70.

85 Inge Ellen Ingeborg Prinzessin zu Bentheim und Steinfurth, geb. am 24. April 1911
in Brüssel, kann allenfalls Mitglied der »Organisation der Fördernden Mitglieder der
SS« gewesen sein, die die SS finanziell unterstützte. Denn weibliche Mitglieder
nahm die SS nicht auf. Vgl. Höhne: *Der Orden.* Zu Bentheims Aussage vgl. Akte
Keferstein. Rep. 358–02, Nr. 31986, Bl. 88–102. LAB.

86 Ruffin: Als schwuler Häftling. S. 5–7.

87 Freibrief für Gustaf Gründgens. Das Ende einer Moralaktion. In: *Pariser Tageblatt*
vom 25. Januar 1935. 3. Jg. Nr. 409. S. 2.

88 Gustaf Gründgens: Brief an Hermann Göring vom 28. Dezember 1934. In: Riess:
Gustaf Gründgens. S. 140–142.

89 Schwule Schauspieler und Künstler werden im »Dritten Reich« mitunter milder behandelt als gewöhnliche Homosexuelle. Am 29. Oktober 1937 verfügt Heinrich
Himmler, dass »jede Inhaftierung eines Schauspielers oder Künstlers wegen widernatürlicher Unzucht seiner vorherigen Genehmigung bedarf, es sei denn, dass einer der
Genannten auf frischer Tat ertappt wird.« Vgl. Grau: *Homosexualität.* S. 179.

90 Vgl. Dobler: *Von anderen Ufern.* S. 182–190.

91 Schreiben des Bayerischen Staatsministeriums des Innern vom 30. Oktober 1934.
BezA/LRA 28294. Bl. 151016. StaM.

92 Säuberung abgeschlossen. *Basler Nachrichten* vom 21. Dezember 1934. 2. Beilage.
S. 2. Vgl. auch: Aktion gegen die Homosexuellen. *National-Zeitung* (Basel) vom
21. Dezember 1934. Abendblatt. S. 2.

93 Deutschland. Säuberungsaktion. *Neue Zürcher Zeitung* vom 20. Februar 1935. S. 2.

94 Erich Karl Rauschenbach, geb. am 10. März 1912 in Hainichen, arbeitete unter anderem im Altenburger Ratskeller. Vgl. Bericht Rauschenbachs vom 13. April 1937.
Akte Rauschenbach, 1 Js 72/37, ThStAA. Zur ersten Begegnung von Rauschenbach,
Winter, Oestreich und Kreutz im Oktober 1934 vgl. Aussage Kreutz vom 26. Februar
1937. Akte Winter, 1 Js 164/37, Bl. 23R-24. ThStAA.

95 Reinhold Winter wird am 9. Februar 1916 in Altenburg geboren. Zur Begegnung mit Werner vgl. Aussage Bilz vom 5. April 1937. Akte Winter, 1 Js 164/37, Bl. 52. ThStAA.

96 Zu Künzels Funktion als »Präsidentin« des »Bundes der Freunde« oder »Bundes der homosexuellen Freunde« vgl. folgende Akten: Winter, 1 Js 164/37, Bl. 9R; Rauschenbach, 1 Js 72/37; M.R.E., 2 Js 94/37, Bl. 35. ThStAA.

97 Laut Winter ist Koffmane dabei. Ob Bilz, Brazda, Schreiber und Engelhardt Silvester 1934 ebenfalls in Leipzig sind, ergibt sich aus den Akten nicht. Vgl. Akte Winter, 1 Js 164/37, Bl. 101. ThStAA. Koffmane spricht in seiner Vernehmung am 19. Mai 1937 davon, er sei »Silvester 1933 – es kann auch später gewesen sein […] einmal allein nach Leipzig« gefahren. Akte Koffmane, 2 Js 155/37, Bl. 7. ThStAA.

98 Der anonyme Brief an Reichsbischof Ludwig Müller vom 12. Juni 1935 liegt einem weiteren, ebenfalls anonymen Schreiben dreier (wahrscheinlich identischer) schwuler Männer an General Keitel vom 21. Juni 1935 (Eingangsstempel) bei. Film 1842/ AN 5525 555–558. BArch, Abteilung VI – Militärarchiv. Im Evangelischen Zentralarchiv Berlin ist der Brief dagegen nicht überliefert, so dass die Reaktion Müllers nicht mehr ermittelt werden kann.

99 Die Päderastenstreifen werden in der Regel von der Fachabteilung F des Leipziger Kriminalamtes durchgeführt. Der Begriff Päderast wird im Leipziger Polizeipräsidium als Synonym für Homosexueller verwendet, die Päderastenstreifen richten sich gegen gewöhnliche Homosexuelle. Vgl.: Ziesche 20031 PP-S 6834; Friedrich PP-S 7923; Schaefer PP-S 4317. StAL.

100 Die Fachabteilung D des Leipziger Kriminalamtes bestand schon vor der nationalsozialistischen Machtübernahme. Zuständig ist die Abteilung vor allem für Sittlichkeitsdelikte, so zum Beispiel für Prostitution, Jugendverführung und Homosexualität. Die Päderastenkartei, auch Kartei D a genannt, wird bereits 1931 geführt. Vgl. Akte Filsch 20031. PP-S 7922, Bl. 8 und 14 R. StAL.

101 Akte Ziesche. 20031 PP-S 6834, Bl. 1–5. StAL.

102 Ob gegen Arthur Sachs auch eine Geld- oder Haftstrafe verhängt wird, bleibt unklar. Den Beschluss über das »Strichverbot« bekommt er ausgehändigt und verwahrt ihn bei sich zuhause auf. Dort findet ihn die Kriminalpolizei im Zuge der Ermittlungen gegen Moritz Engelhardt. Vgl. Akte M.R.E., 2 Js 94/37, Bl. 18. ThStAA.

103 Aussage Ernst Koffmane vom 31. März 1937. Akte Winter, 1 Js. 164/37, Bl. 50. ThStAA.

104 Zinn: Brazda 4. Dezember 2008. S. 30–31. Laut Rudolf Brazda wohnte der Lastwagenfahrer in Crimmitschau. Eine Identität mit Kurt Künzel ist deswegen sehr wahrscheinlich, auch wenn er von Rauschenbach und Winter als Kohlenhändler bezeichnet wird. Vgl. Anmerkung 96.

105 So fordert der SS-Unterführer und spätere Professor für Rechts- und Religionsgeschichte Karl-August Eckhardt in einem am 22. Mai 1935 in der SS-Zeitschrift Das Schwarze Korps veröffentlichten Artikel, »in der Beurteilung der Homosexualität« zurückzukehren »zu dem nordischen Leitgedanken der Ausmerzung der Entarteten«. Zitiert nach Wilde: Schicksal der Verfemten. S. 33.

106 Im Gegensatz zu den Strafverfolgungsbehörden ermittelt die Gestapo auch dann, wenn kein Straftatbestand nach Paragraph 175 erfüllt ist. Da man die Homosexuali-

tät für eine »Staatsgefahr« hält, werden auch Homosexuelle, denen man keine strafbaren Handlungen nachweisen kann, in »Schutzhaft« genommen. Zur historischen Entwicklung der »Schutzhaft« vgl. Orth: *Das System*. S. 23 f.

107 Am 11. Juni 1935 sind in Preußen insgesamt 1.770 Schutzhäftlinge mehr als sieben Tage inhaftiert. Die Schutzhäftlinge des Geheimen Staatspolizeiamtes sind kategorisiert in politische Häftlinge (103) und Homosexuelle (413). Bei den Häftlingen der Staatspolizeistellen aus den Provinzen fehlt eine solche Kategorisierung. Der stellvertretende Gestapo-Chef Heinrich Himmler ordnet nach Vorlage der Statistik am 12. Juli 1935 an, dass »die Zahl der Schutzhäftlinge aus den Reihen der ehem. KPD-Funktionäre in dem folgenden Monat um tausend vermehrt werden soll«. Vgl. Grau: *Homosexualität*. S. 87–89.

108 Jellonnek schließt aus der Einbindung des Gestapo-Sonderdezernats durch das Reichsjustizministerium, dass die Initiative zur Verschärfung des Paragraphen 175 »wahrscheinlich aus dem Gestapa kam«. Zu prüfen wäre aber auch, ob das Reichsjustizministerium die Absicht verfolgte, die Homosexuellenverfolgung nach den »wilden« Maßnahmen der Gestapo seit Herbst 1934 künftig wieder in den Bereich der ordentlichen Justiz zu überführen. Vgl. Jellonnek: *Homosexuelle*. S. 113, hier insbesondere Anmerkung 138.

109 Grau: Verfolgung und Vernichtung. S. 109.

110 Grau: *Homosexualität*. S. 94.

111 Kommentar des Geheimen Regierungsrates Dr. Leopold Schäfer, Ministerialdirigent im Reichsjustizministerium, zur Gesetzesnovelle vom 28. Juni 1935. Grau: *Homosexualität*. S. 96.

112 Akademie für Deutsches Recht. Unterausschuss zur Vorbereitung der weiteren Arbeiten des Ausschusses für Bevölkerungspolitik. Auszüge aus dem Protokoll der Beratung vom 2. März 1936. Grau: *Homosexualität*. S. 101–103.

113 Die in der Presse immer wieder kolportierten Berichte, wonach in den Konzentrationslagern Ravensbrück und Flossenbürg oder auch im Kriegsgefangenenlager Bützow Frauen aufgrund ihrer lesbischen Veranlagung inhaftiert gewesen seien, lassen sich nicht belegen. Der Berliner Autor Joachim Müller hat dazu eine imposante Quellensammlung zusammengestellt, die bislang leider nicht veröffentlicht wurde. Joachim Müller: *Zum Mahnmalsstreit*.

114 Während Onanie, die vor der Strafverschärfung von 1935 stattgefunden hatte, teilweise unter Berufung auf das »gesunde Volksempfinden« verfolgt wurde, kam es bei Handlungen, die vor dem Straffreiheitsgesetz vom 7. August 1934 lagen, meist zu einem Freispruch. Vgl. Jürgen Müller: *Ausgrenzung*. S. 141 f. und S. 151.

115 Zu Gera, Glauchau und Altenburg vgl. Bericht Rauschenbachs vom 13. April 1937. Akte Rauschenbach, 1 Js 72/37, ThStAA. Auch Brazda berichtet in seiner Vernehmung vom 8. April 1937 über das Schützenfest in Gera, ist aber sichtlich bemüht, seine Teilnahme als unverfänglich darzustellen. Vgl. Akte Brazda, 2 Js 127/37, Bl. 2R. Über Zeitz berichtet Sachs: »An dem fraglichen Tag waren außer Engelhardt auch noch die anderen Meuselwitzer zum Schützenfest in Zeitz«. Vgl. Akte M.R.E., 2 Js 94/37, Bl. 23. ThStAA.

116 Zinn: *Brazda 4. Dezember 2008*. S. 31.

117 Bericht Rauschenbachs vom 13. April 1937. Akte Rauschenbach, 1 Js 72/37, ThStAA.

118 Nach Aussage von Bilz hatte Winter die Meuselwitzer Freunde zu Debray eingeladen. Vgl. Akte Winter, 1 Js 164/37, Bl. 52. ThStAA. Demgegenüber erklärt Winter am 19. März 1937, Bilz und Brazda seien von Debray eingeladen worden. Vgl. Bl. 11.

119 Zinn: *Brazda 4. Dezember 2008.* S. 13–15.

120 Aussage M.R.E. und Vernehmungsbericht vom 31. März 1937 in der Akte Winter, 1 Js 164/37, Bl. 49–49 R3. ThStAA. Unter den Verhafteten ist auch der der 27-jährige Gotthold Rockstroh aus Penig. Vgl. Aussage Rockstroh in der Akte Koffmane, 2 Js 155/37, Bl. 11. ThStAA.

121 Aussage M.R.E. vom 30. März 1937 in Akte M.R.E., 2 Js 94/37, Bl. 3–5. ThStAA.

122 Bericht des Hauptwachtmeisters Letsch vom 30. März 1937. Akte M.R.E., 2 Js 94/37, Bl. 1. ThStAA.

123 Aussage Winter vom 19. März 1937 in der Akte Winter, 1 Js 164/37, Bl. 11. ThStAA.

124 Zinn: *Brazda 4. Dezember 2008.* S. 33.

125 Brazda erklärt in seiner Vernehmung am 8. April 1937 betont unbeteiligt, »Bilz, Engelhardt, Koffmane und Schreiber« seien »einmal nach Meerane gefahren […] Sie wollten dort angeblich zu einer Geburtstagsfeier gehen«. Wahrscheinlich versucht er sich so zu entlasten. Vgl. Akte Brazda, 2 Js 127/37, Bl. 2–3. ThStAA. Demgegenüber behauptet Winter in seiner Aussage vom 19. März 1937, er sei mit Bilz und Brazda zu Debray gefahren. Vgl. Akte Winter, 1 Js 164/37, Bl. 11. ThStAA.

126 Vgl. Bericht der Meuselwitzer Polizei vom 20. April 1937. Akte Brazda, 2 Js 127/37, Bl. 14–15. ThStAA.

127 Brazda erklärt in seiner Vernehmung am 8. April 1937, Bilz sei »einige Tage hierauf [nach der Vernehmung in Meerane] […] in Meuselwitz zur Polizei bestellt« worden. Vgl. Akte Brazda, 2 Js 127/37, Bl. 2–3. ThStAA. Auch gegen Engelhardt lief in Meuselwitz „ein Verfahren, Anzeige erstattet durch Kriminalpolizei Meerane. Vgl. Akte Winter, 1 Js 164/37, Bl. 49f. ThStAA. Auf eine Vernehmung von Schreiber und Koffmane durch die Meuselwitzer Polizei gibt es dagegen keine Hinweise.

128 Zur Anzeige gegen Engelhardt vgl. Bericht des Hauptwachtmeisters Letsch vom 31. März 1937 in der Akte Winter, 1 Js 164/37, Bl. 49–49 R3. Vgl. auch Letschs Bericht vom 30. März 1937 in der Akte M.R.E., 2 Js 94/37, Bl. 1. ThStAA. Zur Anzeige gegen Bilz vgl. Akte Brazda, 2 Js 127/37, Bl. 14R. ThStAA.

129 Das Verfahren wurde unter dem Aktenzeichen 8 AR 574/35 geführt und wurde nach Auskunft der Kriminalpolizei Zwickau vom 5. April 1937 eingestellt. Der Zeitpunkt der Einstellung bleibt unklar. Vgl. Akte M.R.E., 2 Js 94/37, Bl. 11. ThStAA.

130 So deutet die Aussage von Moritz Engelhardt vom 31. März 1937 darauf hin, dass er auch anderthalb Jahre nach der Verschärfung nur unzureichend informiert war, wie die Tatbestandsausweitung und die Strafverschärfung im Detail aussah. Aussage M.R.E. und Vernehmungsbericht vom 31. März 1937 in der Akte Winter, 1 Js 164/37, Bl. 49. ThStAA.

131 Postkarte von Hans Winter an Werner Bilz vom 29. Dezember 1935. Akte Brazda, 2 Js 127/37, Bl. 14R. ThStAA.

132 Dass Hans Winter aus Meerane stammt, ergibt sich aus der Akte Winter, 1 Js 164/37, Bl. 103. ThStAA.

133 Die Postkarten sind in den Akten Brazda und Winter überliefert: 2 Js 127/37, Bl. 14R und 1 Js 164/37, Bl. 52a. ThStAA.

134 Vgl. Strassmann: *Altenburg*. S. 39. Strassmann gibt leider keine Quellen an, weshalb die Darstellung nicht überprüft werden konnte. Laut Strassmann kommt es am 12. Dezember 1936 zur Verhaftung weiterer neun Mitglieder der Wachturm-Gesellschaft, die ins Gefängnis Ichtershausen und in Konzentrationslager verbracht werden.

135 Vgl. dazu insbesondere Hockerts: *Sittlichkeitsprozesse*. Inwieweit die antikatholischen Motive allein maßgeblich waren für die Verfolgungswelle, wäre erneut zu prüfen. Denn zeitlich, personell und im Hinblick auf das Vorgehen der Gestapo sind die Maßnahmen vergleichbar mit den Ermittlungen der Sonderdezernate, die seit August 1936 in Berlin und Hamburg, später dann auch in Düsseldorf, Köln und anderen Großstädten gegen die homosexuelle Szene vorgingen. Vgl. hierzu Sparing: »*Wegen Vergehen nach § 175 verhaftet*«. S. 84–92. Insofern wäre es eine lohnenswerte Aufgabe, die Ermittlungen gegen katholische Ordensangehörige im Kontext der allgemeinen Homosexuellenverfolgung durch die Gestapo zu untersuchen.

136 Vgl. Rundschreiben Nr. 91 des Thüringischen Staatspolizeiamtes vom 23. Juni 1936. »Sittliche Verfehlungen durch Geistliche, Lehrer und Erziehungsberechtigte – auch vor 1933« sollten demnach bis zum 10. Juli 1936 gemeldet werden. StAMeu.

137 Acht Jahre Zuchthaus, *Meuselwitzer Tageblatt*, 28. Jg., Nr. 123, 28. Mai 1936, S. 4 und Franziskanerbruder Oswald, *Meuselwitzer Tageblatt*, 28. Jg., Nr. 125, 30. Mai 1936, S. 5.

138 Vgl. dazu und zu den Prozessen insgesamt: Hockerts: *Sittlichkeitsprozesse*. Zur Anweisung des Propagandaministeriums S. 82–83.

139 Ein Bericht der Meuselwitzer Polizei vom 20. April 1937 vermerkt, dass Bilz sein deutscher Reisepass am 4. Juli 1936 ausgehändigt worden sei. Vgl. Akte Brazda, 2 Js 127/37, Bl. 15. ThStAA. Die Reisedaten 5. Juli bis 19. Juli 1936 ergeben sich aus Rudolf Brazdas Notizbuch, das in der genannten Akte überliefert ist. Brazda selbst hat einen tschechoslowakischen Heimatpass, den er möglicherweise am 17. Juni 1935 im tschechoslowakischen Konsulat in Chemnitz beantragt hat. An diesem Tag wird er im Konsulat jedenfalls auch gemustert und für untauglich befunden. Vgl. Anmerkung 151.

140 Die Details der Route, die einzelnen Stationen und Daten hat Rudolf Brazda in seinem Notizbuch festgehalten. Das Notizbuch ist in seiner Akte von 1937 erhalten. Vgl. Akte Brazda, 2 Js 127/37. ThStAA.

141 Zinn: *Brazda 4. Dezember 2008*. S. 16. Brazda kann sich heute nicht mehr erinnern, dass sie mit dem Fahrrad nach Karlsbad gefahren sind. Dies ergibt sich jedoch aus seiner Aussage vom 5. Mai 1937 und aus seinem Notizbuch. Vgl. Akte Brazda, 2 Js 127/37, Bl. 18R-19. ThStAA.

142 Aussage Brazdas vom 5. Mai 1937: Akte Brazda, 2 Js 127/37, Bl. 18R-19. ThStAA.

143 Neben Anton Götzl machen Rudolf und Werner noch eine weitere Bekanntschaft in Karlsbad: Es handelt sich um Erwin Krumbholz, einen 25-jährigen Musiker aus Fleissen. Er besucht die beiden im Herbst 1936 in Meuselwitz. Vgl. Akte M.R.E., 2 Js 94/37, Bl. 4f. ThStAA.

144 Brazdas Notizbuch ist erhalten in der Akte Brazda, 2 Js 127/37. ThStAA.

145 Zinn: *Brazda 4. Dezember 2008.* S. 24.

146 Nach der Gründung der Tschechoslowakei galt in den ehemals österreichischen Ge-
    bieten das österreichische Strafgesetz von 1852 weiter, in der einst ungarischen Slo-
    wakei dagegen das ungarische Gesetz von 1878. In Karlsbad galt der österreichische
    Paragraph 129b, der die »Unzucht wider die Natur mit Personen desselben Ge-
    schlechts« bestrafte, unverändert bis zur deutschen Okkupation 1938. Danach wur-
    de im »Sudetengau« der 1935 verschärfte Paragraph 175 angewendet. 1926 war dage-
    gen noch eine Liberalisierung des Sexualstrafrechts geplant worden, die von Magnus
    Hirschfeld und der Weltliga für Sexualreform ausdrücklich begrüßt wurde. Vgl.
    Weltliga: *Resolution.* Sowie: Doerner: Das Strafrecht.

147 So berichtet Rudolf Brazda, dass er nach seiner Emigration in die Tschechoslowakei
    im Herbst 1937 von der Geheimpolizei vernommen wurde, seine Homosexualität sei
    dabei aber nicht von Interesse gewesen. Vgl. Kapitel 4.1.

148 Vgl. Rundschreiben Nr. 97 des Thüringischen Staatspolizeiamtes vom 29. Juli 1936.
    StAMeu.

149 Vgl. Rundschreiben Nr. 86 des Thüringischen Staatspolizeiamtes vom 25. Mai 1936.
    StAMeu.

150 Den Auftakt der Musterungen bilden die Jahrgänge 1913 und 1916, deren Muste-
    rung laut *Meuselwitzer Tageblatt* am 25. Mai 1936 beginnt. Bilz gehört zum Jahrgang
    1914, der genaue Zeitpunkt seiner Musterung ist unklar. Vgl. *Meuselwitzer Tageblatt,*
    28. Jg., Nr. 121, 26. Mai 1936, S. 2.

151 Brazdas Musterung fand am 17. Juni 1935 statt. Das dokumentiert eine Bescheini-
    gung vom November 1937, die sich in seinen persönlichen Unterlagen erhalten hat.

152 So die Darstellung von Rudolf Brazda bei seiner zweiten Vernehmung am 9. April
    1937. Vgl. Akte Winter, 1 Js 164/37, Bl. 54. ThStAA.

153 Die Verabredung zur Radtour geht aus einer Postkarte hervor, die Werner Bilz am
    25. September 1936 an Reinhold Winter schickt. Die Tour sollte »bei schönem Wet-
    ter« am nächsten Sonntag, dem 27. September, stattfinden. Akte Winter, 1 Js 164/37.
    ThStAA.

154 Der Brief von Anton Götzl ist auf dem Umschlag an Werner Bilz adressiert, richtet
    sich aber an Rudolf Brazda. Er ist überliefert in: Akte Brazda, 2 Js 127/37. ThStAA.

155 Das Gedicht ist überliefert in: Akte Brazda, 2 Js 127/37. ThStAA. Laut Einschätzung
    von Hauptwachtmeister Letsch wurde es von Werner Bilz geschrieben. Vgl. Bl. 17.

156 Zinn: *Brazda 4. Dezember 2008.* S. 18.

157 Diese Interpretation ist unsicher. Möglicherweise sollte auch der Umzug der Mutter
    nach Falkenhain gefeiert werden, der irgendwann zwischen 1934 und 1937 stattge-
    funden haben muss.

158 Zinn: *Brazda 4. Dezember 2008.* S. 18.

159 Aussage M.R.E. und Vernehmungsbericht vom 31. März 1937 in der Akte Winter, 1
    Js 164/37, Bl. 49.

3. Verfolgung, Verhaftung und erster Prozess

3.1 Intensivierung der Homosexuellenverfolgung seit Herbst 1936

Bei der Staatsanwaltschaft in Altenburg ist die Aufmerksamkeit für »homosexuelle Verfehlungen« seit Herbst 1936 deutlich gewachsen. Der Erste Staatsanwalt Dr. Wolfgang Leupold hofft auf eine Karriere im »Dritten Reich« und beobachtet sehr aufmerksam, was von den nationalsozialistischen Machthabern gewünscht wird. Für den 48-jährigen, noch unverheirateten Leupold geht es in diesen Wochen um seine berufliche Zukunft, denn seine Beförderung zum Oberstaatsanwalt beim Landgericht Altenburg steht an. Leupold, der sein Referendar- und Assessorexamen nur mit »ausreichend« bestanden hat, wird von seinem Vorgesetzten eine »durchschnittliche juristische Befähigung« attestiert. Keine ideale Voraussetzung für eine weitere Karriere. Gleichwohl wird Leupold als »pflichttreuer und fleißiger Beamter« am 3. November 1936 für die Beförderung vorgeschlagen, nicht zuletzt wohl aufgrund seiner Mitgliedschaft in der NSDAP, der er am 1. Mai 1933 beigetreten war. Noch aber ist nichts entschieden, nach dem Reichsjustizministerium muss nun das Braune Haus in München der Ernennung zustimmen. In dieser Situation ist es für Leupold von besonderer Bedeutung, Vorgaben aus Berlin pflichttreu nachzukommen.[1]

Leupold wird kaum entgangen sein, wie besorgt man bei der Gestapo ist, die örtlichen Polizei- und Justizbehörden könnten die gewünschte Homosexuellenverfolgung auch nach der Verschärfung des Paragraphen 175 nicht mit dem nötigen Nachdruck betreiben. Bereits am 10. Oktober 1936 hat Heinrich Himmler, der inzwischen zum »Chef der deutschen Polizei« ernannt wurde, die »Reichszentrale zur Bekämpfung der Homosexualität und der Abtreibung« gegründet.[2] Zum Leiter wird Josef Meisinger berufen, der bereits das entsprechende Gestapo-Sonderdezernat geführt hatte. Aufgabe der Reichszentrale ist es, die »zentrale Erfassung und eine wirksame Bekämpfung dieser Vergehen nach einheitlichen Richtlinien sicherzustellen«. Unter anderem soll sie künftig eine »Reichskartei für Abtreiber und Strichjungen« führen.

In zwei Geheimerlassen werden sämtliche Staats- und Kriminalpolizeistellen angewiesen, an der »Bekämpfung dieser Volksseuchen« mitzuwirken. Der erste Erlass ergeht am 10. Oktober 1936. Darin wird klargestellt, dass die Bearbeitung der Delikte »grundsätzlich der örtlich zuständigen Kriminalpolizei« obliege. Die Polizeibehörden müssen der Reichszentrale in bestimmten Fällen Meldung erstatten, was sie jedoch »nicht von ihrer Pflicht« enthebt, »sofort alle Maßnahmen zu ergreifen, die zur Bekämpfung des Vergehens erforderlich sind«.[3]

In Himmlers zweitem Erlass vom 9. Februar 1937 wird nochmals auf »die Wichtigkeit der Materie« hingewiesen. Diese erfordere »mehr als bisher eine fachkundigere Bearbeitung durch die Spezialbeamten der Staats- und Kriminalpolizeistellen«. Darüber hinaus seien »staatspolizeiliche Maßnahmen« anzuwenden, unter anderem wenn »eine Gefährdung der Bevölkerungspolitik oder der Volksgesundheit […] oder eine Gefahr für die Jugend« bestehe. Darunter sei »auch Schutzhaft zu verstehen«, die insbesondere dann zu verhängen sei, wenn »die öffentliche Sicherheit und Ordnung unmittelbar gefährdet ist«.[4]

Die neu geschaffene Reichszentrale soll neben »Strichjungen« und »Jugendverführern« vor allem homosexuelle NSDAP-Mitglieder, Beamte, Wehrmachtsangehörige, Ordensmänner, Juden und Personen, die vor der Machtübernahme eine »führende Stellung« hatten, erfassen. Tatsächlich wird aber wohl wesentlich exzessiver gemeldet, denn schon die Jahresstatistik für 1938 weist 28.366 Beschuldigte aus, darunter 8.000 sogenannte Strichjungen und Jugendverführer. Im Jahr 1939 sind bereits 33.000 Homosexuelle erfasst, im Jahr 1940 sind es 42.000.[5] Wenn man bedenkt, dass die Gesamtzahl der Verurteilungen nach den Paragraphen 175 und 175a zwischen 1933 und 1940 bei etwa 35.500 liegt, ist davon auszugehen, dass weit mehr als die genannten Gruppen an die Reichszentrale gemeldet werden.[6]

Die Reichszentrale widmet sich jedoch nicht nur der Erfassung Homosexueller. In bestimmten Fällen ermittelt sie auch selbständig oder leistet Amtshilfe. Bereits seit August 1936 werden vom Geheimen Staatspolizeiamt sogenannte »Sonderkommandos« abgestellt, die der Reihe nach in verschiedenen Großstädten eingesetzt werden, um gegen die lokale Homosexuellenszene vorzugehen. Die Sonderkommandos erfüllen offenbar den Zweck, die örtliche Kriminalpolizei zu einem entschiedeneren Vorgehen zu motivieren. In der Praxis verläuft die Zusammenarbeit jedoch nicht immer reibungslos, weil es zu Kompetenzstreitigkeiten zwischen Gestapo, Kripo und Staatsanwaltschaft kommt.[7] Reinhard Heydrich, Chef der Sicherheitspolizei, sieht sich am 4. März 1937 dazu genötigt, erneut anzumahnen, »dass Geheime Staatspolizei und Kriminalpolizei aufs engste zusammenarbeiten«. Es werde immer »Situationen geben, wo beide Zuständigkeiten sich überschneiden (Brände, Explosionen, Sabotageverdächtige, § 175, § 218)«. Er habe »kein Verständnis dafür, wenn – wie so oft bisher – Reibungen und Missverständnisse auftreten«.[8]

Die Sonderkommandos beginnen mit Ermittlungen in Berlin, Hamburg, Duisburg, Essen und Bielefeld, später folgen Einsätze in Düsseldorf, Köln und anderen Großstädten.[9] Dabei gehen sie mit den bereits vom Herbst 1934 bekannten brachialen Methoden vor. Folter und die Erpressung von Geständnissen gehören zu den üblichen »Ermittlungsmethoden«. Die »verschärfte Vernehmung«, wie sie bei der Gestapo genannt wird, wird ansonsten nur in Hochverratsfällen angewandt. Auf eine entsprechende Beschwerde erklärt Josef Meisinger jedoch, dass sie auch bei Homosexuellen angewandt werden dürfe, da unter ihnen ein Zusammenhang existiere, der »dem unter Kommunisten üblichen ähnlich« sei.[10] In Düsseldorf werden Ende 1938 dennoch zwei Gestapo-Beamte wegen Misshandlung von Gefangenen und Erpressung von Geständnissen zu je 1,5 Jahren Zuchthaus verurteilt. Allerdings werden sie nicht ins Zuchthaus überführt und bereits nach vier Monaten Haft auf Bewährung entlassen.[11]

Ein weiteres Betätigungsfeld der Reichszentrale ist die Erforschung der Homosexualität mit dem Ziel, sie besser bekämpfen zu können. Zu diesem Zweck werden Mediziner, Biologen und Psychologen unterstützt, zum Beispiel der Präsident des Thüringischen Landesamtes für Rassefragen, Prof. Dr. Karl Astel. Er bietet Heinrich Himmler an, im Rahmen seiner Forschungen Maßstäbe für die »Sicherungsverwahrung und evtl. für die Vernichtung, d. h. Tötung von Verbrechern« zu entwickeln. Für die Erforschung der »erblichen Bedingtheit« der Homosexualität werden ihm von Himmler die notwendigen Geldmittel und die von ihm geforderten Anschriften »von mindestens 100 spezifischen Homosexuellen« zur Verfügung gestellt.[12]

Himmlers Geheimerlasse und die Tätigkeit der Reichszentrale führen zu einem weiteren deutlichen Anstieg der Verfahren nach Paragraph 175. Wie von der Reichszentrale gewünscht, werden die Verfolgungsmaßnahmen seit 1936 im ganzen Reich, nicht nur in den Großstädten, sondern auch in den ländlichen Regionen, intensiviert. Die Vorgehensweise ist aber keineswegs so einheitlich und geregelt, wie es die Geheimerlasse suggerieren. So wird die Kompetenzabgrenzung von Kriminalpolizei und Gestapo je nach Region höchst unterschiedlich gehandhabt.[13] Schon bei der Gestapo selbst ist das Bild uneinheitlich. In den meisten örtlichen Gestapo-Zentralen werden zwar Homosexuellenreferate nach Berliner Vorbild geschaffen. Wo diese genau angesiedelt werden und welche personelle Ausstattung sie erhalten, differiert jedoch ganz erheblich.[14] Auch bei den Ermittlungsmethoden gibt es eine große Bandbreite. Sie reichen von aktivem Vorgehen durch Beobachtung von Treffpunkten, Razzien und ermittlungstaktische Festnahmen polizeibekannter Homosexueller bis zu einem rein reaktiven Agieren, bei dem Denunziationen und »Kommissar Zufall« die entscheidende Rolle spielen. Insgesamt steigt die Aufmerksamkeit für Homosexuelle bei Kriminalpolizei und Gestapo jedoch deutlich, nicht zuletzt, weil Himmler die Bekämpfung der Homosexualität zum »Gradmesser für den Leistungsstand der deutschen Polizei« erklärt. Dass die Verfolgung Homosexueller nunmehr höchste Priorität hat, macht er sowohl in einer Geheimrede vor SS-Offizieren am 18. Februar in Bad Tölz wie auch während einer eigens nach Berlin einberufenen Arbeitstagung der Leiter der Kriminal- und Staatspolizeistellen am 17. März 1937 deutlich.[15]

Wie erfolgreich sich die Arbeit von Kriminalpolizei und Gestapo in den folgenden Monaten entwickelt, lässt sich an der Statistik der Urteile nach den Paragraph 175 und 175a ablesen: Ihre Zahl verdoppelt sich schon 1936 auf 5.060, im Jahr 1937 steigt sie nochmals deutlich an auf 7.898. Auch in den Jahren 1938 und 1939 hält sie sich auf diesem Niveau. Regional sind dabei jedoch große Unterschiede festzustellen, in denen sich der »örtlich verschiedene Einsatz der Sonderkommandos der Gestapo« wiederspiegelt, wie in den Berichten des Reichsjustizministeriums zur Anklagestatistik immer wieder betont wird.[16] Erst in den Kriegsjahren sinkt die Zahl der Urteile wieder auf rund 3.000, ab 1943 dann sogar unter 2.000 pro Jahr. Zum einen, weil Reinhard Heydrich am 31. August 1939, pünktlich zu Kriegsbeginn, die Zuständigkeit für Homosexualitätsdelikte endgültig vom Geheimen Staatspolizeiamt auf das Reichskriminalpolizeiamt verlagert.[17] Vor allem aber, weil viele Gestapo- und Kripobeamte neue »Aufgaben« in den okkupierten Gebieten übernehmen und infolgedessen die Polizei im Reichsgebiet personell deutlich geschwächt wird.

3.2 Der Beginn der Homosexuellenverfolgung im Altenburger Land

Staatsanwalt Dr. Leupold hat die Signale aus Berlin verstanden. Seit Herbst 1936 geben er und seine Behörde ihr Bestes, um an der Bekämpfung der »Volksseuche« Homosexualität mitzuwirken. Gab es 1935 nur ein Urteil nach Paragraph 175 RStGB, so ist seit Herbst 1936 eine deutlich höhere Aktivität auf diesem Gebiet zu verzeichnen. Im Landgerichtsbezirk Altenburg werden in den Monaten November und Dezember bereits zwei Urteile nach Paragraph 175 gefällt. Die Aufmerksamkeit für das Thema ist geschärft. Noch allerdings gestalten sich die Untersuchungen auf dem für Kripo und Staatsanwaltschaft eher neuen und ungewohnten Terrain mühsam. Und so ist es schließlich nicht die eigene Ermittlungsarbeit, sondern wiederum ein Anstoß von außen, der die Verfolgungswelle ins Rollen bringt. Der Hinweis kommt vom Polizeipräsidium Weimar, wo gegen einen Oberregierungsrat im Volksbildungsministerium ermittelt wird. Am 24. Dezember 1936 schreibt das Polizeipräsidium nach Altenburg, es bestehe »der dringende Verdacht, dass der Festgenommene, dem die widernatürliche Unzucht einwandfrei nachgewiesen ist, auch mit dem Museumsdirektor Dr. Mock – Altenburg homosexuellen Verkehr gepflegt hat«.[18]

Dr. Heinrich Mock, als Geschäftsführer einer familieneigenen Fabrik und ehrenamtlicher Direktor des berühmten Lindenau-Museums ein höchst angesehener Bürger der Stadt, wird am 29. Dezember 1936 zur Kripo Altenburg bestellt und von Kriminalsekretär Beer vernommen. Dabei bestreitet er alle Vorwürfe. Auch eine Hausdurchsuchung, die am

8. Januar 1937 vorgenommen wird, erbringt keine Beweise gegen ihn. Schon bald allerdings melden sich bei Kriminalsekretär Beer Nachbarn und Museumsangestellte und geben Belastendes zu Protokoll.

Mitten in den Ermittlungen erreicht den Ersten Staatsanwalt Leupold eine gute Nachricht aus Berlin. Der Führer und Reichskanzler Adolf Hitler hat ihn am 15. Januar 1937 befördert. Ab 1. Februar kann sich Dr. Wolfgang Leupold Oberstaatsanwalt nennen. Voraussetzung der Beförderung ist die Einschätzung, dass Leupold »jederzeit rückhaltlos für den nationalsozialistischen Staat eintritt«. Ein Umstand, der Leupolds Ermittlungseifer im Fall Mock sicher nicht geschwächt haben wird.[19]

Im Gegenteil: Leupold nimmt den Fall Mock zum Anlass, die Bekämpfung der »Seuche« Homosexualität nun systematisch anzugehen. In den folgenden Wochen werden von der Altenburger Kripo zahlreiche Akten angelegt. Ermittelt wird auch gegen zwei Bekannte von Rudolf und Werner, gegen Karl Rauschenbach und Wilhelm Wähnert. Rauschenbach ist von einem 17-Jährigen, der sich bereits als Erpresser betätigt hat, der Homosexualität bezichtigt worden.[20] Wähnert ist der Kripo aus dem Ermittlungsverfahren gegen einen anderen Homosexuellen bekannt: Herbert Heimerdinger war 1934 verhaftet worden – das Verfahren gegen ihn wurde jedoch nie abgeschlossen, weil er sich im Altenburger Gerichtsgefängnis erhängte.[21] Wähnert wird zunächst observiert und schließlich am 3. Februar wegen »Verdunkelungsgefahr« verhaftet. Nachdem ihn die Kripo eingehend vernommen hat, wird er wieder auf freien Fuß gesetzt. Auch gegen Rudolfs Freund Reinhold Winter wird ermittelt, er steht bei der Kripo »schon lange im Verdacht«, homosexuell zu sein. Mehrfach wird Winter zu Vernehmungen bestellt, zuletzt am 9. März.[22] Es ist schließlich nur noch eine Frage der Zeit, bis auch der Meuselwitzer Freundeskreis von Rudolf Brazda ins Visier des Staatsanwalts gerät.

Bei seinen Ermittlungen zieht der frischgebackene Oberstaatsanwalt alle Register. So setzt er auch auf die Unterstützung der Geheimen Staatspolizei. Als Hans Otto Karl Kreutz, der bis 1935 als Schauspieler am Altenburger Theater war, in Verdacht gerät, bittet Dr. Leupold das Geheime Staatspolizeiamt in Berlin um Amtshilfe. Kreutz, der inzwischen wieder bei seinen Eltern in Hamburg wohnt, wird am 25. Februar zur dortigen Gestapo bestellt und vernommen. Er glaubt offenbar, dass man ihn schon länger beobachtet und Beweise gegen ihn gesammelt hat. Schon in der ersten Vernehmung gesteht Kreutz deswegen seine homosexuelle Veranlagung. Noch am selben Tag wird er in »Schutzhaft« genommen und ins Konzentrationslager Fuhlsbüttel eingeliefert.

Am nächsten Tag wird Kreutz »aus der Schutzhaft vorgeführt, zur weiteren Vernehmung«. Was ihm in der Nacht im KZ Fuhlsbüttel widerfahren ist, kann man sich denken. Wie in anderen Konzentrationslagern sind Gewaltexzesse der Wachmannschaften auch dort an der Tagesordnung. Kreutz wird von der SS ähnlich brutal behandelt worden sein wie die Homosexuellen in den KZ Kolumbiahaus und Lichtenburg.[23] Die beabsichtigte Wirkung bleibt auch bei Kreutz nicht aus. Im Vernehmungsprotokoll wird sie mit der folgenden, beschönigenden Formulierung zusammengefasst: »Nachdem ich in der Schutzhaft noch einmal über alle gehabten Erlebnisse auf homosexueller Basis nachgedacht habe, ist mir noch ein Partner eingefallen.«

Bei seiner zweiten Vernehmung durch die Hamburger Gestapo, bei der Kreutz zu seinen Altenburger Bekannten befragt wird, nennt er nicht nur deren Namen, sondern schildert auch sexuelle Erlebnisse. So gesteht er ein erotisches Abenteuer mit Dr. Mock. Und er nennt auch Karl Rauschenbach und Reinhold Winter. Winter habe er im Oktober 1934 gemeinsam mit Rauschenbach im Wandelgang des Theaters kennengelernt. Später sei es mit ihm auch zu sexuellen Handlungen gekommen.[24] Die Hamburger Gestapo schickt das Vernehmungsprotokoll am 4. März an Oberstaatsanwalt Leupold.

Mitte März haben Kripo und Staatsanwaltschaft schließlich genügend Material zusammengetragen, um zuzuschlagen: Am 15. März wird Wilhelm Wähnert zum zweiten Mal verhaftet. Nun ordnet das Gericht Untersuchungshaft an. Am selben Tag wird auch Reinhold Winters Kollege Leopold Kretzschmar vernommen. In den Augen der Kripo belastet er Winter dabei »ganz erheblich«.[25] Vier Tage später trifft es schließlich Winter selbst. Am 19. März um sechs Uhr früh steht die Kripo vor seiner Tür. Bei der Durchsuchung seiner Wohnung werden Briefe, Postkarten und Fotos beschlagnahmt.

Auf der Polizeiwache wird Winter sofort vernommen. Kriminalsekretär Beer konfrontiert ihn mit den Behauptungen von Kreutz und Kretzschmar. Winter bemüht sich um Schadensbegrenzung. Er gesteht nur, was aufgrund von Zeugenaussagen Dritter nicht mehr zu leugnen ist, bestreitet aber, weitere sexuelle Kontakte gehabt zu haben. Seine Freunde versucht er zu schützen, indem er behauptet, über ihre sexuelle Veranlagung nicht informiert zu sein. Allerdings nennt Winter eine ganze Reihe Namen – auch die der Meuselwitzer Freunde. Im Vernehmungsprotokoll wird Winters Aussage folgendermaßen wiedergegeben: »Dann bin ich mehrfach in Meuselwitz gewesen, wo ich mich mit Werner Pilz und Rudolf Pratzta (Tscheche) getroffen habe. Beide wohnten bei einer Frau Mahrenholz in Untermiete. Beide habe ich durch Rauschenbach im hiesigen Theater kennengelernt [...] In sexueller Hinsicht ist weder zwischen Pilz und mir, noch mit Pratzta etwas vorgefallen. Ob Pilz und Pratzta homosexuell veranlagt sind, weiß ich nicht.«[26]

Warum Winter die Namen von Rudolf und Werner nennt, ist nicht ganz klar. Wahrscheinlich wird er mit Fragen zu den bei ihm beschlagnahmten Postkarten und Fotos in die Enge getrieben. Tatsächlich stammt das Gros der gefundenen Postkarten, insgesamt sieben Stück, von Rudolf und Werner. Die Karten wurden zwischen dem 4. September 1936 und 6. Februar 1937 gestempelt. Aus dem Inhalt ergibt sich die Planung gemeinsamer Ausflüge und Feiern. Auch Rudolfs Spitzname »Inge« und die Namen von Ursel und Hans tauchen auf. Die Kripo-Beamten haben die Namen auf den Karten rot markiert, was darauf hindeutet, dass sie als Anhaltspunkt für Befragungen und weitere Ermittlungen genutzt werden.[27] Rudolf und Werner sind damit ins Blickfeld der Altenburger Kriminalpolizei gerückt.

Großes Interesse weckt bei den Kripo-Beamten auch ein Foto, das sie in Winters Wohnung finden. Es stammt von der Radtour nach Limbach. Auf dem Bild sind neben Winter auch Engelhardt und Koffmane, Geringswald, Brazda und Bilz abgebildet (vgl. Abbildung auf Seite 111). Die Kripo-Beamten nummerieren die Personen mit einem roten Stift von eins bis sechs durch. Bei den folgenden Ermittlungen versuchen sie, ihre Identität zu klären. Drei Tage nach seiner Verhaftung wird Winter zu dem Foto befragt. Er nennt die Namen der abgebildeten Freunde, mehr sagt er nicht. Auf die Frage nach deren Homosexualität erklärt er, dass er nicht wisse, »ob eine der abgebildeten Personen gleichgeschlechtlich veranlagt ist«.

Anders verläuft die Befragung Wilhelm Wähnerts, der am selben Tag vernommen wird. Als man ihm das Foto vorlegt, nennt er nicht nur Namen. Weil er sich von einer Kooperation mit der Kripo offenbar Strafmilderung verspricht, äußert er sich auch zur sexuellen Veranlagung der Abgebildeten: »Von Pilz und Brazda weiß ich, dass sie gleichgeschlechtlich veranlagt sind und auch oft nach Leipzig gefahren sind.«[28]

Wähnerts Aussage bringt die Ermittlungen gegen Rudolf und Werner endgültig ins Rollen. In einem Bericht, den der Altenburger Polizeidirektor am 24. März verfasst, ordnet er an, alle auf dem Foto abgebildeten Personen zu vernehmen. Die Kriminalpolizeistelle Meuselwitz wird um Amtshilfe gebeten. Sie soll Engelhardt und Koffmane nach den Beziehungen zwischen Brazda, Bilz und Winter befragen. Denn Winter scheine »insbesondere mit Pilz und Brazda gut befreundet gewesen zu sein. Da diese auch homosexuell veranlagt sind, wird angenommen, dass [es] zwischen Winter, Pilz und Brazda auch zum gleichgeschlechtlichen Verkehr gekommen ist.« Nach der Befragung von Engelhardt und Koffmane sei der Vorgang an die Polizeistellen in Leipzig und Naumburg weiterzuleiten, wo Brazda und Bilz jetzt lebten. Dem Schreiben beigefügt sind das Foto von der Radtour und die bei Winter gefundenen Postkarten, unter anderem von »einer gewissen Inge«. Noch weiß man bei der Kripo nicht, wer Inge ist.[29]

Bei Winter beschlagnahmtes Foto von der Limbacher Radtour. Die Nummerierung der Personen stammt von der Kripo: Werner Bilz (1), Rudolf Geringswald (2), Reinhold Winter (3), Ernst Koffmane (4), Moritz Engelhardt (5) und Rudolf Brazda (6).

Quelle: ThStAA.

3.3 Die Verhaftung von Moritz Engelhardt

Die Meuselwitzer Kriminalpolizei ist im Rathaus der kleinen Stadt angesiedelt, einem neogotischen Gebäude in der Nähe des Marktplatzes, das
mit seinem markanten Eckturm an ein mittelalterliches Schloss erinnert.
Chef der Behörde ist der Erste Bürgermeister Kurt Sachse, ein fanatischer
Nationalsozialist. Das Schreiben des Altenburger Polizeidirektors reicht
Sachse an Hauptwachtmeister Letsch weiter. Letsch weiß um den Meuselwitzer Freundeskreis schon seit der Razzia in Meerane, seither ist ihm
zumindest »bekannt, dass Engelhardt homosexuell veranlagt ist«. Nun
wird ihm wohl klar, dass er sich mit dem Verdacht der Homosexualität
etwas intensiver auseinandersetzen muss. Dafür lässt er sich zunächst
aber Zeit. Erst fünf Tage nach Eintreffen des Altenburger Ersuchens wird
er aktiv.

Am 30. März steht Letsch vor der Tür von Engelhardt in der Meuselwitzer Oststraße. Der inzwischen 19-jährige Moritz öffnet dem Polizeibeamten. Er erinnert sich noch gut an die Verhöre vom August 1935. Hat
er die Hoffnung, erneut so glimpflich davonzukommen? Als Letsch erklärt, er müsse eine »Durchsicht« seiner Wohnung vornehmen, ahnt Moritz wohl schon, dass er dieses Mal Probleme bekommt. Letsch findet
zahlreiche Fotos und »belastende Briefe«, vor allem Liebesbriefe von Engelhardts Freunden. In den Augen des Hauptwachtmeisters ergibt sich
daraus, »dass Engelhardt mit anderen Männern Unzucht getrieben haben
muss«. Tatsächlich sind die Briefe zwar verfänglich, sexuelle Handlungen
werden in ihnen aber nur angedeutet.[30]

Letsch nimmt Engelhardt zur Vernehmung mit ins Rathaus. Dabei
versucht Moritz, sich als naives Opfer darzustellen. Er erklärt, bis zur
Razzia in Meerane sei ihm nicht bekannt gewesen, dass seine Freunde
homosexuell sind. Damals hätten ihm Bilz und Brazda schließlich gesagt,
»dass ich auch so veranlagt sei, was sich aus dem äußeren Benehmen er-
gebe«.[31] Letsch gibt sich damit nicht zufrieden. Er glaubt, mit den Briefen glasklare Beweise gefunden zu haben. Und es gelingt ihm tatsächlich,
Engelhardt zu dem Geständnis zu bewegen, dass er »mit auswärtigen
Freunden gegenseitig Onanie« getrieben habe. Offenbar ist Moritz durch
die Situation so verunsichert, dass ihm Leugnen oder eine Verweigerung
der Aussage zwecklos erscheinen. Vielleicht hofft er auch, mit der früher
erfolgreichen Strategie, zwar seine homosexuelle Veranlagung und bis

1935 straffreie Handlungen wie die Onanie zuzugeben, durchzukommen. Ist Moritz die Verschärfung des Paragraphen 175 immer noch nicht bekannt? Es spricht viel dafür, dass er zumindest das Ausmaß der Strafverschärfung nicht überblickt und es deshalb mit der altbewährten Strategie versucht.[32] Letsch befragt Engelhardt auch zum Meuselwitzer Freundeskreis. Unter anderem legt er ihm das bei Winter gefundene Foto vor. Und Moritz nennt nicht nur die Namen der abgebildeten Personen, er macht auch Aussagen über deren sexuelle Veranlagung. Sogar die Spitznamen der Freunde gibt er schließlich preis:»Bilz wird von uns ›Oschi‹ und Brazda wird ›Inge‹ genannt.«[33] Dagegen bestreitet Engelhardt sexuelle Kontakte mit den Meuselwitzer Freunden. Sich selbst belastet Moritz jedoch so stark, dass Letsch ihn direkt nach der Vernehmung verhaftet.

Noch am selben Tag macht sich Letsch auf, um auch Koffmane und Schreiber zu befragen. Dabei behandelt er die beiden nicht als Verdächtige, sondern nur als Zeugen in der Sache Engelhardt. Doch die Befragung verläuft erfolglos. Koffmane und Schreiber belasten»den Engelhardt in keiner Weise. Deshalb wurde von einer Vernehmung abgesehen, da sie doch zwecklos war.«Warum Letsch so einseitig ermittelt und weder Koffmane noch Schreiber verdächtigt, bleibt unklar. Warum führt er bei ihnen keine Hausdurchsuchung durch? Lässt sich der Hauptwachtmeister von ihrer Strategie, ihre homosexuelle Veranlagung einzuräumen, sexuelle Handlungen aber zu leugnen, tatsächlich beeindrucken? Oder versucht er, die beiden zu schützen? Meint er vielleicht, dass ein»Bauernopfer« genug ist?[34]

Am folgenden Tag scheint Letsch zu bemerken, dass seine Ermittlungen etwas einseitig verlaufen sind. Schließlich interessiert sich der Altenburger Polizeidirektor in erster Linie für Bilz und Brazda. Der Hauptwachtmeister verhört Engelhardt und Koffmane von neuem. Und Engelhardt ist nach einer Nacht in Haft noch auskunftsfreudiger. Jetzt erzählt er eine Episode, die strafrechtliche Relevanz hat:»Manchmal machten Brazda und Bilz Spaß, indem Brazda sagte, Bilz sei jetzt seine Frau, wobei er ihn küsste. Letztmalig kam das Sylvester 36 vor, als Bilz hier auf Urlaub war.« Auch wenn Engelhardt gleichzeitig beteuert, es sei nie»irgendetwas auf geschlechtlichem Gebiet vorgenommen« worden, reicht diese Aussage theoretisch schon für eine Verurteilung nach dem 1935 verschärften Paragraphen 175.

Viel vorsichtiger agiert dagegen Ernst Koffmane bei seiner nunmehr offiziellen Vernehmung. Er bestätigt zwar, dass Brazda »manchmal auf Spaziergängen oder zuhause sagte, Bilz sei jetzt seine Frau«. Dagegen habe er aber »nie bemerkt, dass sie sich gegenseitig küssten. Auch bei anderen Freunden, besonders zwischen Brazda, Winter und Bilz, habe ich das nie beobachtet.« Allerdings bestätigt Koffmane, »weil alle genannten davon erzählen«, dass »sie alle gleichgeschlechtlich veranlagt sind, *ebenso wie ich*«.[35]

Noch am selben Tag schreibt Letsch seinen Abschlussbericht, in dem er betont, »dass gegen Engelhardt eine besondere Anzeige läuft, weil er mit verschiedenen Männern gegenseitig durch Onanie Unzucht getrieben hat«.[36] Zu den anderen Meuselwitzer Freunden äußert er sich dagegen bemerkenswert zurückhaltend. Gegen Ernst Koffmane will er offenbar nicht vorgehen, obwohl dieser nicht nur seine eigene homosexuelle Veranlagung eingestanden hat, sondern die des ganzen Freundeskreises. Für die Altenburger Kripo wäre das Anlass genug, mit Hochdruck weiter zu ermitteln. Tatsächlich wird Koffmanes Geständnis seiner Homosexualität in dem Vernehmungsprotokoll später unterstrichen. Ein Zeichen, dass dieser Aussage in Altenburg eine viel größere Brisanz zugeschrieben wird. Und so muss Letsch einige Wochen später schließlich auch Ermittlungen gegen Koffmane aufnehmen.

Johannes Schreiber wird von Letsch dagegen erst gar »nicht gehört, da es zwecklos erschien«. Obwohl auch er seine »Veranlagung« zugibt, begnügt sich der Hauptwachtmeister mit Schreibers Erklärung, er habe sich »in keiner Weise mit einem anderen Manne in geschlechtlicher Beziehung eingelassen«.[37] Dass das Eingeständnis einer homosexuellen Veranlagung Letsch nicht zu weiteren Ermittlungen veranlasst, zeigt, dass die Uhren in Meuselwitz auch im Frühjahr 1937 noch anders gehen als in Altenburg oder Berlin. Im Sinne der Erlasse, die der »Chef der Deutschen Polizei« im Oktober 1936 und Februar 1937 herausgegeben hat, ist das sicher nicht.

Letschs zurückhaltendes Vorgehen erklärt, warum das vergleichsweise »offen homosexuelle« Leben der Meuselwitzer Clique bis 1937 ohne Konsequenzen blieb. Auch die Tatsache, dass die Ermittlungen nach der Razzia in Meerane im Sande verliefen, passt in dieses Bild. Offenbar hat man bei der Meuselwitzer Polizei kein gesteigertes Interesse an der Verfolgung homosexueller Delikte. Über die Hintergründe kann man nur spekulieren. Sicherlich spielt die besondere Situation in Meuselwitz eine Rolle, der außerordentlich hohe Anteil von Einwanderern und die traditionell sozialistische Prägung der Bergarbeiterstadt. Eine derartige Bevölkerungsstruktur macht es schwer, einheitliche moralische Maßstäbe durchzusetzen – und vielleicht ist das der Grund, dass die Polizei über manches hinwegsieht.

3.4 Die Reaktionen von Rudolf und Werner

Die polizeilichen Ermittlungen sorgen unter den Altenburger Homosexuellen für große Unruhe. Die Vorladungen zur Kripo und die Verhaftung von Wilhelm Wähnert sind das Thema Nummer eins. Auch Rudolf und Werner hören schon bald davon. Denn Reinhold Winter, der die Altenburger Szene kennt wie kaum ein anderer, hält mit den Meuselwitzer Freunden noch bis zu seiner Verhaftung engen Kontakt. So werden auch im Februar 1937 gemeinsame Ausflüge geplant.[38] Und am 28. Februar, einem Sonntag, ist Reini zu Besuch in Meuselwitz.[39] Es ist sehr wahrscheinlich, dass die Freunde bei dieser Gelegenheit über Winters unfreiwillige Kontakte mit der Kripo und über mögliche Schutzmaßnahmen sprechen. Doch die Verunsicherung ist groß. Niemand weiß, wie man sich bei einer Vernehmung am besten verhält. Dafür fehlt es den jungen Leuten an Lebenserfahrung. Der gerade einmal 21-jährige Winter ist noch der Erfahrenste von allen, doch auch seine Ratschläge hat er nur vom Hörensagen. Dass man sich schließlich auf eine Verhaltensstrategie verständigt, ist unwahrscheinlich. Das Verhalten von Winter, Engelhardt und Koffmane bei ihren Vernehmungen Mitte/Ende März lässt jedenfalls keine einheitliche Linie erkennen.

Auffällig ist, dass Rudolf Brazda kurz nach dem Treffen nach Leipzig zieht. Ist das Zufall oder erhofft er sich durch den Umzug in die zweifellos anonymere Großstadt womöglich einen besseren Schutz vor Verfolgung? Die Ansicht, dass Großstädte sicherer seien, wird damals jedenfalls von erfahrenen Homosexuellen vertreten.[40] Es spricht viel dafür, dass auch dieses Motiv eine Rolle spielt, als Rudolf sich zu dem Ortswechsel entschließt. In der Rückschau betont er allerdings die »objektiven« Gründe: »Das Arbeitsamt hat mich dann in eine Stadt geschickt, in eine Großstadt, nach Leipzig, dort sollte ich dann in einer Küche als Kupferputzer arbeiten.« Die neue Stelle mag schließlich den Ausschlag geben. Doch in Meuselwitz hält Rudolf auch nicht mehr viel: Werner ist zum Militär eingezogen worden, die Ermittlungen der Altenburger Kripo drohen den Freundeskreis zu erfassen und auch um die Gesundheit seiner Wirtin Helene Mahrenholz ist es nicht zum Besten bestellt. Irgendwann in diesen Wochen erleidet sie einen schweren Schlaganfall.[41]

All dies wird dazu beigetragen haben, dass Rudolf am 8. März einen kleinen Koffer packt und in den Zug nach Leipzig steigt. Am nächsten Tag tritt er dort seine neue Stelle an: Im Paulaner Thomasbräu, einem traditionsreichen Brauhaus in der Klostergasse, ist er zunächst als »Kupferputzer« beschäftigt. Schon bald allerdings macht er Karriere: »Neben dem Geschäft war ein Hotel, da fehlte noch ein Liftboy, dann haben sie mich in eine Uniform gesteckt, dann habe ich die Gäste begrüßen und die Koffer in Räume tragen müssen und dergleichen.« Freie Kost und Logis bekommt Rudolf und zusätzlich eine monatliche Barvergütung von 50 Reichsmark. Gemeinsam mit einem anderen Angestellten bewohnt er eine Kammer im Dachgeschoss des Brauhauses: »Wir haben oben in einer Dachkammer gewohnt, bei mir war ein junger verrückter Kerl. Natürlich hatte ich Angst vor ihm, aber ich habe mir nichts anmerken lassen. Und der war nachts so unruhig, meistens ist der mit einer Frauenperson raufgekommen. Hässliche alte Weiber hatte der mit raufgebracht und hat es mit denen getrieben. Im Bett. Ich habe da zuhören müssen.«[42]

Drei Wochen nach seinem Umzug nach Leipzig hört Rudolf schließlich davon, dass Moritz Engelhardt und Ernst Koffmane zur Meuselwitzer Polizei bestellt und vernommen wurden. Es ist seine Mutter, die ihn warnt: »Seinerzeit, wo das los ging mit der Verfolgung von Homosexuellen, war ich dann in der Arbeit als Page engagiert worden in einem Hotel und ich hörte schon von meiner Mutter, die mir geschrieben hat, dass die Homosexuellen verhaftet wurden in Meuselwitz. Da hab ich gesagt: ›Jetzt wird es auch auf mich zutreffen.‹« Auch Werner, der ebenfalls von den Verhaftungen gehört hat, schreibt nun an Rudolf: »Der war ja beim Militär gewesen. Er hatte davon etwas gehört: Da war doch noch ein Homosexueller, der sich aus Angst aufgehängt hat. Da haben sie ihm geschrieben, dass der Ernst Koffmane sich aufgehängt hat. Das hat Werner mir noch schreiben können. Der Ernst hat Courage gehabt und ich nicht. Ich habe gedacht, ich lasse alles über mich ergehen, andere müssen das auch alles auf sich nehmen, dann nehm ich es auch auf mich.«[43]

Die Information, dass Ernst Koffmane Selbstmord begangen habe, ist zwar nicht richtig. Allerdings kommt es im Zuge der Verfolgungswelle tatsächlich zu Selbstmorden. Willi Heinke aus Windischleuba, ein Freund von Johannes Schreiber, lässt sich Mitte Mai 1937 »vom Zug überfahren«.[44] Und noch einen zweiten Selbstmord scheint es zu geben: Die *Altenburger Zeitung* zitiert Ende Juli eine lapidare Bemerkung von Oberstaatsanwalt Leupold, zwei »Mittäter und Opfer« hätten »vor ihrem Freitode noch schriftlich« Angaben gemacht.[45]

Nachdem Rudolf und Werner offenbar schon etwas »länger« keinen Kontakt mehr hatten, schreibt Werner nun eine Postkarte.[46] Rudolf antwortet am Freitag, dem 2. April 1937, und versucht für den nächsten Tag ein Treffen in Leipzig zu verabreden: Er erwarte Werner »wie das letzte Mal« am Hauptbahnhof. Für den Fall, dass Werner die Karte nicht rechtzeitig erreiche, kündigt Rudolf an, seinerseits mit dem nächsten Zug nach Naumburg zu kommen: »Mir ist es lieber Du kommst hier her, habe schon lange auf Post von Dir gewartet. i. L. Rudl«.[47] Doch die Karte erreicht Werner nicht rechtzeitig, sie wird ihm erst am 5. April ausgehändigt. Dennoch treffen sich die beiden am Samstag in Naumburg: Werner feiert an dem Wochenende seinen Abschied von der Kompanie, weil er zur Flak nach Kölleda versetzt worden ist. Als er mit seinen Kameraden nachmittags in der Stadt unterwegs ist, trifft er dort zufällig auf Rudolf, der wie angekündigt »mit dem nächsten Zug« gekommen ist.[48]

Mit Sicherheit nutzen Werner und Rudolf die Gelegenheit, über die beunruhigenden Nachrichten aus Meuselwitz zu sprechen. Was sie beschließen, wissen wir nicht. Rudolf kann sich an das Treffen mit Werner heute ebenso wenig erinnern wie an andere Details aus den Tagen unmittelbar vor seiner Verhaftung. Einiges können wir aber aus ihrem Verhalten in den folgenden Tagen schließen.

Kurz vor seiner Versetzung nach Kölleda wird Werner noch am Montag, dem 5. April 1937, in Naumburg von Oberleutnant Reuter vernommen. Auslöser ist die Anfrage des Altenburger Polizeidirektors vom 24. März 1937, die bereits zur Vernehmung von Engelhardt und Koffmane geführt hatte und von der Meuselwitzer Polizei inzwischen nach Naumburg weitergeleitet wurde. Reuter sind die Aussagen, die Engelhardt am 30. und 31. März gemacht hat, also schon bekannt.

Bei seiner Vernehmung leugnet Werner alles: »Es ist nicht wahr, dass Brazda und [ich] uns geküsst haben, er hat auch nie geäußert, ich sei seine Frau. Ob meine Freunde gleichgeschlechtlich veranlagt sind, weiß ich nicht, ich habe auch nicht den Eindruck, dass sie in dieser Richtung veranlagt sind.« Werner streitet auch ab, selbst »gleichgeschlechtlich veranlagt« zu sein, und betont, er habe »vielmehr hin und wieder mit Mädchen intim verkehrt«. »Auf Vorhalt« räumt er schließlich aber doch ein, was schon Engelhardt gegenüber der Meuselwitzer Polizei erklärt hatte und was für die folgenden Ermittlungen von Bedeutung sein wird: »Brazda hatte den Spitznamen ›Inge‹, der Schrift nach können die mit Inge unterschriebenen Karten von ihm sein«.[49]

Oberleutnant Reuter, der bei Werner auch Rudolfs Postkarte vom 2. April gefunden hat, hat dessen Tarnungsversuch, Schriftverkehr mit den Namen »Inge«, »dein Bruder« oder »d. Fr.« zu unterzeichnen, schnell durchschaut. Und Werner kann er an diesem wunden Punkt in die Enge treiben. In seinem Bericht vermerkt Reuter, dass »ein Mädchen dieses Namens bei der Unterschrift die Worte ›deine Freundin‹ ausgeschrieben« hätte: »›Inge‹ war ein guter Deckname, der einen Dritten über die Person des Absenders täuschen konnte.« Auch Werner erscheint Reuter höchst verdächtig. Er betont zwar, »dass hier keine Anhaltspunkte bekannt« sind, »die einen Rückschluss auf die geschlechtliche Veranlagung des Bilz zulassen. Im Wesen und Auftreten macht er allerdings einen femininen Eindruck.«[50]

Rudolf und Werner haben offenbar verabredet, gegenüber der Polizei zu leugnen, dass sie homosexuell sind, und dies durch den Verweis auf angebliche Beziehungen zu Mädchen zu untermauern. Denn auch Rudolf wendet diese Strategie später an. Überdies scheinen die beiden beschlossen zu haben, »Beweismaterial« wie belastende Briefe und Fotos verschwinden zu lassen. Denn am 6. April fährt Rudolf in ihre alte Wohnung nach Meuselwitz. Nach einem späteren Bericht der Meuselwitzer Polizei soll er bei dieser Gelegenheit »in seiner hiesigen, früheren Wohnung […] sämtliche Post weggeholt« haben. Hauptwachtmeister Letsch mutmaßt, »dass er die Briefe mit nach Leipzig zu sich oder einem Bekannten gebracht hat.«[51]

3.5 Die Verhaftung von Rudolf Brazda

Mit den Briefen und Postkarten, die er in ihrer alten Wohnung einge-sammelt hat, sitzt Rudolf am Nachmittag des 6. April 1937 im Zug nach Leipzig. Während der Bahnfahrt wird ihm langsam klar, was auf ihn zu-kommt. Doch er ist wie paralysiert. Schicksalsergeben kehrt er an seinen neuen Wohnort zurück, in die winzige Dachkammer des Paulaner-Tho-masbräus, die er sich mit seinem unangenehmen Kollegen teilen muss. Rudolf rechnet damit, dass er verhaftet wird. An Flucht denkt er nicht: »Nein, nein ich habe ja nicht gewusst wohin, ich habe alles auf mich be-zogen und sie haben meine Genossen und meine Freunde eingesperrt, da werde ich auch eingesperrt. Ich habe ja nie gedacht, dass die irgendwie Gedanken geführt haben, uns in Konzentrationslagern zu vernichten.«[52]

Am selben Tag studiert Oberstaatsanwalt Leupold in Altenburg die Vernehmungsprotokolle von Moritz Engelhardt. Dessen Aussagen belas-ten Rudolf und Werner erheblich. Theoretisch reicht die Behauptung, die beiden hätten sich geküsst, bereits für eine Anklage nach Paragraph 175. Doch Dr. Leupold ist an »härteren Fakten« interessiert. Gegen En-gelhardt leitet er ein Strafverfahren ein. Gegen Rudolf Brazda ordnet er eine Hausdurchsuchung und seine Vernehmung an: »Bei hinreichendem Tatverdacht ist Haftbefehl zu erwirken.« Noch am selben Tag geht eine Bitte um Amtshilfe an das für Brazda zuständige Leipziger Polizeipräsidi-um, zusammen mit den Fotos, die bei Winter und Engelhardt gefunden wurden. Dazu bemerkt Dr. Leupold, »sehr tatverdächtig« scheine ihm »vor allem auch Bilz« zu sein.[53]

Anders als in Altenburg hat man in Leipzig bereits langjährige Erfah-rung bei der Verfolgung Homosexueller. Leupolds Anfrage wird an die für Sittlichkeitsdelikte und Homosexualität zuständige Fachabteilung D der Kriminalpolizei geleitet, von der Moritz Engelhardts Freund Arthur Sachs 1935 bereits »Strichverbot« erhalten hatte. Dort nimmt sich der inzwischen als Kriminalassistent unterzeichnende H. Feldmann der Sa-che an.[54]

Schon die erste Aktennotiz der Leipziger Kripo macht deutlich, dass Ton und Vorgehensweise hier wesentlich schärfer sind als in Altenburg oder Meuselwitz. So notiert Feldmann noch am 7. April, am selben Tag, an dem er die Anfrage bekommt: »Eben erfahre ich, dass Bilz in Naum-burg beim Militär sein soll. Bilz und Brazda sollen in Meuselwitz zusammen bei einer Frau Wahrenholz gewohnt haben!! Wenn nicht energisch durchgegriffen wird, besteht in hohem Maße Verdunklungsgefahr.«⁵⁵ Feldmann lässt seinen Worten schnell Taten folgen.

Am 8. April wird Rudolf Brazda rabiat geweckt. Irgendjemand donnert gegen die Tür der kleinen Kammer im vierten Stock des Paulaner-Thomasbräus. Rudolf steht im Bett – ihm ist sofort klar, wer so früh und so lautstark Einlass begehrt. Als er die Tür öffnet, stehen dort zwei Herren in Zivil:»Kripo Leipzig, Herr Brazda? Wir haben einen Durchsuchungsbeschluss!« Kriminalassistent Feldmann und Kriminalsekretär Skodnik wühlen sich durch das bisschen Hab und Gut, das Rudolf sein Eigen nennt. Schnell finden sie die Briefe, die er zwei Tage zuvor aus Meuselwitz geholt hat. Rudolf streift sich Hose und Sakko über. Nach »Durchsuchung seiner Effekten und Wohnung« wird er »zu seiner Vernehmung der Dienststelle zugeführt«, wie es im Polizeiprotokoll heißt.⁵⁶

Rudolf schildert seine Verhaftung heute etwas anders. So meint er, die Polizei habe ihn im Thomasbräu zwar befragt, aber nicht mitgenommen. Verhaftet worden sei er erst später, nachdem man ihn auf die Wache bestellt habe. Die Durchsuchung seiner Kammer habe auch sein damaliger Chef mitbekommen:»Mir kam das so vor, nach seinem Benehmen, dass der Direktor von dem Paulaner-Thomasbräu, dass der auch homo gewesen ist, seine Manieren waren auch so feminin. Einmal hat er mich auf die Seite gezogen und hat mich gefragt, warum die Gestapo bei mir war. Da hab ich zu ihm gesagt: ›Wegen Homosexualität‹. Das habe ich ihm ins Gesicht gesagt. Später hat er ja gewusst, warum ich verhaftet wurde. Ich musste dann zur Polizei, Gestapo kommen.«⁵⁷

Tatsächlich wird die Verhaftung eher so abgelaufen sein, wie es das Polizeiprotokoll vermerkt. Es liegt nahe, dass sich in Rudolf Brazdas Erinnerung die erste mit seiner zweiten Verhaftung im Jahr 1941 vermengt, als er tatsächlich zur Vernehmung bei der Polizei bestellt wurde.⁵⁸ Indizien dafür, dass die Gestapo beteiligt ist, finden sich in den Akten der Altenburger Staatsanwaltschaft nicht. Es ist auch eher unwahrscheinlich, weil die Leipziger Gestapo offiziell erst Anfang April 1937 geschaffen wird. Dafür wird die politische Abteilung des Polizeipräsidiums ausgegliedert und dem Geheimen Staatspolizeiamt in Berlin unterstellt. Es gibt keinen Hinweis darauf, dass sich die politische Abteilung vor ihrer Eingliederung in die Gestapo bereits mit Homosexualitätsdelikten beschäftigt hätte. Bis 1937 scheinen Delikte nach Paragraph 175 ausschließlich vom Leipziger Kriminalamt bearbeitet worden zu sein. Und auch danach bleibt die Fachabteilung D zuständig.[59] Auf dem Leipziger Polizeipräsidium wird Rudolf sofort von Kriminalassistent Feldmann vernommen. Um jeden Verdacht von vorneherein zu entkräften, bemüht er sich, sein Verhältnis zu Werner möglichst distanziert zu schildern: So hätten sie zwar beide bei Frau Mahrenholz gewohnt, »jeder hatte aber dort ein Zimmer für sich. Zwischen den von uns benutzten Zimmern war noch das Schlafzimmer der Mahrenholz.« Außer kurzen Unterhaltungen »habe ich mit Bilz nichts weiter gehabt«. Zwar seien sie »ab und zu« gemeinsam ins Kino gegangen, jeder habe aber »den Eintritt für sich gezahlt«. Seit Bilz beim Militär sei, habe er ihm »nur einmal einen kurzen Kartengruß« geschrieben. »Die Karte habe ich nicht mehr. Ich hebe mir keine Briefschaften auf.«[60]

Auch sein Verhältnis zu den anderen Meuselwitzer Freunden versucht Rudolf möglichst distanziert zu schildern. So erklärt er, diese seien ihm »mehr vom Ansehen bekannt«. Engelhardt sei ihm, außer vom gemeinsamen Kartenspielen, »nicht näher bekannt«. Winter sei ein Freund von Bilz. Immer wieder betont Brazda seinen Abstand zu den anderen. So erklärt er, bei dem gemeinsamen Ausflug zum Schützenfest in Gera habe er sich von der restlichen Gruppe getrennt und diese erst bei der Rückfahrt wiedergetroffen.

Feldmann versucht, Rudolfs Strategie mit einem Überraschungseffekt zu durchkreuzen. Er legt ihm die bei Winter und Engelhardt gefundenen Fotos vor und zeigt damit, dass er über noch mehr »Beweismaterial« verfügen könnte. Der Kriminalbeamte fordert Rudolf auf, die abgebildeten Personen zu identifizieren. Rudolf lässt sich dadurch tatsächlich verunsichern – und benennt die abgebildeten Freunde. Mit gutem Grund kann er davon ausgehen, dass die Namen der Polizei ohnehin schon bekannt sind. Denn zu den meisten wurde er von Feldmann bereits befragt.

Fragen zum Thema Homosexualität weist Rudolf Brazda hingegen weit von sich. Als ihm Kriminalassistent Feldmann vorhält, seine Meuselwitzer Freunde seien homosexuell, erklärt er, er »habe bestimmt nicht gewusst, dass Bilz und sein Anhang sich homosexuell betätigt haben«. Zwar räumt er ein, dass in Meuselwitz »wohl oft darüber gesprochen worden« sei. Wie geplant, dementiert er aber sowohl seine wie auch Werners Homosexualität: »Ich habe es aber nicht geglaubt, weil Bilz auch

122 »DAS GLÜCK KAM IMMER ZU MIR«

noch weiblichen Umgang hatte.« Auch er selbst sei »in geschlechtlicher Hinsicht nur auf weiblichen Verkehr eingestellt und habe zu Männern keine Neigung«. Er habe »ein Verhältnis mit einer gewissen Elfriede Fischer in Wilhelmshaven«.[61]

Kriminalassistent Feldmann beeindruckt diese Verteidigungsstrategie allerdings nicht. Rudolf Brazda wird »nach Rücksprache mit Herrn Krim. Rat Dr. Gebhardt [...] wegen Verdunkelungsgefahr in Haft genommen« und um 10.25 Uhr ins Leipziger Polizeigefängnis I eingeliefert. Um 13 Uhr überführt man ihn ins Untersuchungsgefängnis 1 in der Moltkestraße.[62]

In seinem Bericht für Oberstaatsanwalt Dr. Leupold notiert Feldmann, Brazda habe »den typischen Einschlag homosexueller Personen«. Auffällig sei auch, »dass der Beschuldigte gewohnheitsmäßig den Briefwechsel seiner Freunde vernichtet«. In Leipzig sei Brazda allerdings »als Homosexueller nicht bekannt geworden«. Mit dem Bericht schickt Feldmann auch die bei Rudolf beschlagnahmten Unterlagen nach Altenburg, ein Notizbuch, einen Brief und drei Liebesgedichte.

3.6 Untersuchungsgefängnis Leipzig

Rudolf wird vom Gefängniswärter in eine Einzelzelle geführt. Mit einem dumpfen Schlag fällt die schwere Stahltür ins Schloss. Noch lange hat Rudolf das klirrende Geräusch des Schlüsselbundes im Ohr, mit dem der Wärter die Tür verschließt. Er hat mit allem gerechnet, insgeheim aber immer noch gehofft, mit seiner Verteidigungsstrategie durchzukommen. Seit Tagen hat er sich auf ein Verhör vorbereitet. Und hat er sich nicht wacker geschlagen? Wie mit Werner besprochen, hat er alles geleugnet. Warum nur wird er nun verhaftet? Was hat die Kripo gegen ihn in der Hand? Rudolf legt sich auf die schmale Pritsche, die seine Zelle fast ganz ausfüllt. An Schlaf ist nicht zu denken. Tausend Fragen schwirren ihm im Kopf herum. Wie wird es jetzt wohl Werner ergehen? Hat man ihn auch schon verhaftet? Was hat Moritz Engelhardt der Polizei erzählt? Kann er etwas verraten haben? Hat man auch Ernst oder Hans befragt? Und was ist mit Reini Winter? Er sitzt schon seit drei Wochen im Gefängnis. Hat er inzwischen etwas ausgeplaudert? Der Kriminalbeamte scheint einiges zu wissen. Doch was genau?

Als Rudolf am nächsten Morgen aus seiner Zelle geholt wird, weiß er nicht, ob er überhaupt geschlafen hat. Benebelt und verwirrt wird er in einen kahlen Raum geführt, spärlich möbliert mit einem kleinen Tisch und zwei Stühlen. Dort wartet bereits der Kriminalbeamte, der ihn verhaftet hat. Doch der gestern noch so harte und grantige Feldmann wirkt heute wie ausgewechselt. Er gibt sich verständnisvoll, stellt seine Fragen in einem ruhigen, geradezu sanften Ton:

»Denk mal, die Kriminalbeamten waren schon im Amt, als der Paragraph 175 noch nicht angewendet wurde, und später mussten sie uns deshalb ausquetschen. Sie mussten machen, was die Nazis wollten. Sie haben uns ausgefragt, obwohl sie alles wussten, und dann eingesperrt. Ich sitze hier und der Beamte mir gegenüber, ich hatte meine Hand so auf dem Tisch und er hat seine Hand auf meine gelegt und anständig geredet mit mir: ›Schade, ich muss meine Pflicht tun, du kannst jetzt erzählen, wenn du schwindelst, das kommt doch raus, also sag die Wahrheit.‹ Es war seine Pflicht, uns zu vernehmen, und die mussten das Protokoll auch abgeben, damit die wissen, was drin steht. So habe ich das empfunden. Die Beamten waren anständig gewesen, das hatte mit der SS nichts zu tun. Die haben vielleicht die SS auch gehasst. Wenn die ihren Posten aufgegeben hätten, hätten die Nazis gesagt, das ist auch so ein verdammter Sozialist.«[63]

Natürlich hat dieses Vorgehen taktische Gründe. Feldmann will Rudolfs Vertrauen gewinnen und ihn so zu einem Geständnis bewegen. Doch Rudolf lässt sich nicht so einfach um den Finger wickeln. Er bleibt bei seiner Strategie des Leugnens. Auch auf gutes Zureden hin behauptet er gegenüber Feldmann, es sei »nicht wahr, dass ich und der Bilz gleichgeschlechtlich veranlagt sind«.

Der Kriminalbeamte versucht es wieder mit Härte. Nach und nach konfrontiert er Rudolf mit den Ergebnissen der Ermittlungen gegen Winter und Eberhardt. Er fragt nach den gemeinsamen Ausflügen nach Leipzig. Rudolf beteuert, man sei nicht dorthin gefahren, »um homosexuelle Bekanntschaften« zu machen. Auch seien immer Mädchen dabei gewesen, so zum Beispiel Elfriede Weißgerber. Ins Schlingern kommt Rudolf schließlich, als Feldmann nach seinem weiblichen Spitznamen fragt. Er gesteht zu, dass er »in Freundeskreisen immer Inge genannt worden« sei. Er habe das »erst als Spaß aufgefasst«. Später hätten sich aber »die Bewohner des Grundstückes in der Weinbergstraße aufgeregt und ich habe mich nicht mehr Inge nennen lassen«. Überhaupt sei immer viel »gealbert worden, wenn Freunde zu Besuch da waren«.

Feldmann gelingt es, Rudolf in die Enge zu treiben. Nachdem er ihn mit Engelhardts Aussagen konfrontiert hat, räumt Rudolf schließlich auch ein, dass er »im Scherz [...] wohl auch den Bilz mal mit geküsst« und sich »bei ihm auf Spaziergängen eingehenkelt« habe. Rudolf insistiert jedoch, dass er sich damit nur »einen Ulk gemacht habe«. Der Kriminalbeamte hakt weiter nach, fragt, ob er Bilz denn nicht »seine Frau« genannt habe. Rudolf macht hier ebenfalls Zugeständnisse und erklärt, es sei »auch richtig, dass ich gesprächsweise gesagt habe, der Bilz komme mir wie eine Frau vor. Sein ganzes Benehmen und sein Aussehen war auch stark weibisch betont. Bilz war zart und in seinem Auftreten überhaupt nicht energisch«.

Das reicht! Kriminalassistent Feldmann kann sich zufrieden zurücklehnen. Mit dem Kuss hat er Brazda das Geständnis einer strafbaren Handlung entlockt. Und er hat einen Keil zwischen Rudolf und Werner getrieben: Dass sich Rudolf aus taktischen Gründen gezwungen sieht, auf Distanz zu Werner zu gehen, muss ihn zutiefst getroffen und demoralisiert haben. Zum Abschluss dieser zweiten Vernehmung beteuert er zwar nochmals, sich »weder mit Bilz noch mit anderen Männern homosexuell eingelassen«, sondern vielmehr »nur Neigung für das weibliche Geschlecht« zu haben. Der erfahrene Kripo-Beamte Feldmann hat mit seiner Taktik jedoch einen ersten Erfolg verbuchen können. Selbstsicher resümiert er im Vernehmungsprotokoll: »Brazda beteuerte immer wieder, dass er sich keiner strafbaren Handlung bewusst sei. Allerdings hat Brazda das typische Aussehen der homosexuell veranlagten Männer.«[64]

Feldmann beendet die Vernehmung. Rudolf lässt er dem Amtsrichter vorführen. Das Geständnis des Kusses reicht aus für einen Haftbefehl. Der Richter notiert, Brazda sei dringend verdächtig, »in der Zeit von 1935 bis 1937 mit Werner Bilz in Meuselwitz Unzucht getrieben zu haben«. Es bestehe Verdunklungsgefahr, weil zu befürchten sei, »dass er sich mit den anderen Angeschuldigten über seine Aussagen verständigt«.[65] Rudolf wird damit offiziell in Untersuchungshaft genommen. Ein Wärter bringt ihn zurück in seine Zelle.

Rudolf würde am liebsten schreien vor Wut und Verzweiflung. Er macht sich Vorwürfe, fühlt sich wie ein Verräter. Doch was hat er gesagt? Hat er sich und Werner wirklich belastet? Ist es verboten, einen Mann zu küssen? Es kann gut sein, dass Rudolf damals nicht bewusst ist, dass schon das Geständnis eines Kusses strafrechtliche Relevanz hat. Eines jedoch ist ihm klar: Rudolf spürt, das ihm großes Unrecht widerfährt. In seiner Zelle schreibt er einen Brief an seine Mutter, in dem dies deutlich anklingt:

»Ich muss Dir die Nachricht zukommen lassen, dass mir was Entsetzliches zugestoßen ist. Ich bin hier ins Untersuchungsgefängnis 1, Leipzig Moltkestraße 47 eingeliefert worden. Ich denke wegen der Sache Moritz Engelhardt, und nun fragen sie auch mich, ob ich in geschlechtlichen Beziehungen mit dem Werner Bilz, der mit bei Frau Mahrenholz gewohnt hat, gestanden habe. Liebe Mutter, bete für mich, ich bin so unglücklich, ich kann es nicht fassen, dass so etwas Entsetzliches auch einem ehrlichen Menschen zustoßen kann.«

Den Brief bekommt Anna Brazda allerdings nie zu Gesicht. Der Leipziger Untersuchungsrichter beschlagnahmt ihn, »weil er in gutgläubiger Weise auf Mittäter hinweist«, wie es in einem Vermerk vom 12. April 1937 heißt. Es ist das kleine Wörtchen »auch«, aus dem der Untersuchungsrichter Großes herauszulesen meint. Dass Rudolf schreibt, »auch« er sei »nach geschlechtlichen Beziehungen mit dem Werner Bilz« gefragt worden, will der Untersuchungsrichter als Hinweis darauf deuten, dass auch Eberhardt mit Bilz sexuell verkehrt habe. Tatsächlich kann Rudolf nicht wissen, ob man Moritz zu geschlechtlichen Beziehungen mit Werner befragt hat. Doch der Untersuchungsrichter überschätzt die Bedeutung einer hastig niedergeschriebenen Formulierung. Tatsächlich spielt die Frage geschlechtlicher Beziehungen zwischen Moritz und Werner in den weiteren Ermittlungen auch keine Rolle mehr. Rudolfs Brief bleibt jedoch beschlagnahmt. Erst Ende April wird Anna Brazda von der Polizei über die Verhaftung ihres Sohnes informiert.[66]

3.7 Ermittlungen in Altenburg und Meuselwitz

In Altenburg wertet Oberstaatsanwalt Leupold derweil die Vernehmungsprotokolle und die bei Rudolf gefundenen Schriftstücke aus. Besonderes Interesse weckt bei ihm der Brief, der mit »Mein lieber Fritz!« überschrieben ist. Es handelt sich um einen einseitigen, recht schwulstig formulierten Liebesbrief, in dem von »heißen Gefühlen« und »glühender Liebe«

für den Adressaten Fritz die Rede ist. Der Brief ist auf Schreibmaschine verfasst, was darauf hindeuten könnte, dass der Verfasser, der nur mit dem Initial »F« unterzeichnet, für Dritte unbekannt bleiben möchte.[67] Dr. Leupold wittert einen homosexuellen Hintergrund. Handelt es sich womöglich um einen Brief an Werner Bilz, der mit erstem Vornamen Fritz heißt? Der Staatsanwalt ordnet an, Brazda zu befragen, »was es mit dem anliegenden Brief für eine Bewandtnis hat. Er mag den Namen und die genaue Anschrift des Briefschreibers angeben.«[68]

Am 16. April wird Rudolf aus seiner Zelle geholt und in die Geschäftsstelle des Leipziger Amtsgerichts gebracht. Dort erklärt er, der Brief gehöre der Kellnerin Hannelore Bloch aus Rositz, einer Freundin von Elfriede Weißgerber.[69] Wer der angesprochene Fritz sei, wisse er nicht; die Bloch habe sich den Brief »von irgend jemand schreiben lassen«.[70] Drei Tage später wird Hannelore Bloch von der Rositzer Gendarmerie vernommen. Sie bestätigt, die Eigentümerin des Briefes zu sein. Allerdings habe sie ihn nicht selbst verfasst, sondern anfertigen lassen, als Vorlage für Schreiben an ihren Geliebten Fritz Hummel. Als Autor benennt sie Max Hausmann, einen Meuselwitzer Juden. Hausmann habe den Brief auf Schreibmaschine getippt und sie habe ihn dann mit Tinte abgeschrieben. Später habe sie ihn ihrer Freundin Elfriede Weißgerber überlassen, von der ihn dann wohl Rudolf bekam. Vielleicht als Anregung für den Briefverkehr mit Werner nach dessen Einberufung zum Militär …

Die ganze Sache scheint für die Ermittlungen gegen Rudolf Brazda wertlos zu sein. Doch der Rositzer Gendarm wittert einen anderen Verstoß gegen das »Sittengesetz« des nationalsozialistischen Staates. Er vermutet, durch Blochs Verkehr mit Max Hausmann seien die »Nürnberger Rassengesetze« verletzt worden.[71] Die 21-jährige Kellnerin, die schon einmal »wegen einer Abtreibungssache« mit den moralischen Standards des »Dritten Reiches« in Konflikt geraten war, fühlt sich in die Enge getrieben. »Auf Vorhalt« beteuert sie, »mit dem Juden Hausmann aus Meuselwitz weder geschäftlich noch freundschaftlich verkehrt« zu haben: »Der Jude Hausmann kommt auch nicht mehr in die Klause, weil der Wirt sich dieses verbeten hat.«

Derartig eingeschüchtert, berichtet Hannelore Bloch auch über Rudolf Brazda und Elfriede Weißgeber, mit der sie »aber nichts mehr zu tun haben« wolle. So habe ihr diese einmal gesagt, »dass der Brazda schwul sei«. Anlass dafür sei ein gemeinsamer Besuch bei Rudolf gewesen: »Zu der Zeit, als ich in Meuselwitz war, hat mich die Weißgerber auch einmal in die Wohnung des Brazda mitgenommen [...] Bei Brazda war auch ein junger Mann in der Wohnung, wie dieser aber heißt, kann ich nicht sagen. Beide Männer küssten sich und führten sich auf wie kleine Kinder. Ich selbst hatte so etwas noch nicht gesehen und deshalb habe ich mich in der Wohnung des Brazda nur etwa 5 Minuten aufgehalten. Ich bin dann mit der Weißgerber weggegangen, die Weißgerber verkehrte aber sonst mit diesen beiden Männern.«[72]

Bloch erzählt damit zwar nichts Neues. Auch Wähnert, Engelhardt und Koffmane hatten schon ausgesagt, dass Rudolf schwul ist. Doch Oberstaatsanwalt Leupold sieht seinen Verdacht nun endgültig bestätigt: »Dass zwischen ihm und Bilz oder anderen Personen gleichgeschlechtlicher Verkehr stattgefunden hat, scheint mir sicher zu sein«. Abgesehen von den mehrfach bezeugten und von Rudolf bereits eingestandenen Küssen mangelt es aber weiterhin an »greifbaren Beweisen«. Deswegen fordert Leupold die Meuselwitzer Polizei am 22. April auf, »die Ermittlungen gegen Brazda fortzusetzen«.[73]

In Meuselwitz war man in der Zwischenzeit nicht untätig. Bereits am 19. April wurden die ehemaligen Nachbarn von Rudolf und Werner befragt und ihre alte Wohnung durchsucht. Hintergrund ist das Ermittlungsverfahren gegen Werner Bilz, das inzwischen bei der Kriminalpolizei in Weimar geführt wird.[74] Bei der Hausdurchsuchung findet Hauptwachtmeister Letsch einen Brief, zwei Postkarten und ein Notizbuch von Werner. Bei dem Brief handelt es sich um das Schreiben von Anton Götzl aus Karlsbad, das dieser im Herbst 1936 an Rudolf und Werner geschickt hatte. Die Erwähnung der Spitznamen »Uschi« und »Inge« und die verfänglichen Formulierungen über Uschis »lieben Gemahl« heizen nun auch den Ermittlungseifer des bislang so behäbigen Hauptwachtmeisters an. Anhand von Werners Notizbuch und Reisepass wird die Karlsbadreise der beiden rekonstruiert. Etwas übereilt ist Letschs Schlussfolgerung: »Es ist also mit Bestimmtheit anzunehmen, dass Bilz und Brazda am 5.7.36 gemeinsam nach Karlsbad zu Götze gefahren sind und wie aus dem Inhalt des Briefes hervorgeht, miteinander unerlaubten Verkehr gepflogen haben, vielleicht zusammen mit Götze.«[75] Derartige Schlussfolgerungen lässt der Brief gar nicht zu. Denn von Geschlechtsverkehr ist darin nicht die Rede.

Die Befragung der Nachbarn ergibt schließlich auch, dass Rudolf am 6. April in Meuselwitz war, um seine Post zu holen.[76] Letsch vermutet, »dass er die Briefe mit nach Leipzig zu sich oder einem Bekannten gebracht« hat. Und er schlussfolgert: »Brazda und Bilz werden eine Verfehlung auf homosexuellem Gebiet nicht zugeben, wenn nicht die mitgenommenen Briefe, aus denen weiteres hervorgehen wird, gefunden werden.«

Letsch schickt seinen Bericht und die beschlagnahmten Unterlagen zunächst an die Kriminalpolizei in Weimar, eine Kopie geht an die Gestapo. Entsprechend Himmlers Geheimerlass vom 10. Oktober 1936, demzufolge homosexuelle Wehrmachtsangehörige an die Berliner Reichszentrale zur Bekämpfung der Homosexualität und der Abtreibung zu melden sind, füllt Letsch auch den entsprechenden »Vordruck B« aus. Werner Bilz gehört damit zu den ersten Homosexuellen, die bei dieser reichsweiten Erfassungsaktion registriert werden.[77]

Nachdem die neue Anfrage von Oberstaatsanwalt Leupold am 23. April in Meuselwitz eintrifft, lässt Letsch sich den Vorgang aus Weimar zurückschicken.[78] Am 27. April sendet er sämtliche Unterlagen nach Altenburg. Beigefügt ist ein weiterer Ermittlungsbericht, in dem der Hauptwachtmeister die Wohnverhältnisse von Rudolf und Werner detailliert beschreibt und darauf hinweist, dass Brazda »nie in einer Kammer für sich geschlafen« habe.[79] Der Ermittlungsbericht verbessert die »Beweislage« erheblich. Doch noch immer hat der Altenburger Staatsanwalt nicht mehr als Indizien. »Greifbare Beweise« für sexuelle Handlungen fehlen weiterhin. Letztlich bleibt Leupold auf ein Geständnis angewiesen. Er ordnet deswegen an, Brazda erneut zu vernehmen und mit den neuen Erkenntnissen zu konfrontieren.

3.8 Rudolf Brazdas Geständnis

Rudolf sitzt inzwischen schon einen Monat in Untersuchungshaft. Seit drei Wochen ist er nicht mehr vernommen worden. Er ist vollkommen verunsichert. Was hat die Kripo gegen ihn in der Hand, dass sie ihn so lange festhält? Er hat doch nichts Wesentliches eingestanden. Noch nicht einmal seine homosexuelle Veranlagung hat er zugegeben. Rudolf ist verzweifelt, die Haft macht ihn mürbe. Seine Hoffnung, aus der ganzen Sache noch einmal ungeschoren herauszukommen, schwindet von Tag zu Tag.

Als Rudolf am 5. Mai aus seiner Zelle geholt und in das Vernehmungszimmer gebracht wird, ahnt er, dass die Polizei etwas Neues in der Hand hat. Feldmann, inzwischen Kriminaloberassistent, versucht es mit einem psychologischen Trick:[80] Er sagt Rudolf »seine homosexuelle Veranlagung auf den Kopf« zu. Und die Taktik wirkt, denn Rudolf ist mit den Nerven am Ende. »Brazda fing an zu weinen«, heißt es in Feldmanns Vernehmungsprotokoll. Rudolf gibt das Versteckspiel auf und erklärt: »Ich will nun heute die Wahrheit sagen. Mit dem erwähnten Bilz habe ich zusammen onaniert, und zwar habe ich in den Jahren 1934/35 damit angefangen.«[81]

Offenherzig erzählt Rudolf nun über sein Leben mit Werner: »Ich hatte den Bilz sehr gern und fühlte mich aus Liebe zu ihm hingezogen […] Bei gemeinsamen Ausflügen habe ich mich mit Bilz sehr oft geküsst und aus diesem Grunde wurde er in Freundeskreisen als meine Frau bezeichnet.« Doch Feldmann interessiert sich nicht für Liebe, er will sexuelle Handlungen nachweisen. Wunschgemäß schildert Rudolf seine sexuellen Abenteuer mit Werner. Dabei betont er, weder mit ihm noch mit anderen Männern »After- oder Schenkelverkehr« gehabt zu haben. Vielleicht hofft er, so wenigstens noch das Strafmaß positiv beeinflussen zu können.[82]

Rudolf betont auch immer wieder, Werner treu gewesen zu sein: »Da ich Bilz liebte, blieb ich ihm immer treu und suchte mir keine anderen Männer, mit denen ich mich geschlechtlich eingelassen hätte.« Doch Feldmann schenkt ihm in diesem Punkt keinen Glauben. Er hofft, noch weitere Sexualkontakte aufdecken zu können und fragt nach dem Meuselwitzer Freundeskreis. Auch Anton Götzls Brief und die darin erwähnten Spitznamen spielen eine wichtige Rolle. Doch Feldmanns Hoffnungen werden enttäuscht. Rudolf gesteht keine weiteren Sexualkontakte: »Mit diesen Männern hatte ich bestimmt keine geschlechtlichen Handlungen, weil ich an Bilz genug hatte.«

Wie verzweifelt Rudolf ist, macht seine Erklärung am Ende der Vernehmung deutlich: »Brazda bricht erneut in Tränen aus und erklärt, dass er sich nie an ein Weib gewöhnen könne. Er würde die Strafe auf sich nehmen und sich dann nach der Tschechei begeben. Sollten dort auch

Liebschaften mit Männern strafbar sein, so würde er lieber den Freitod wählen, als sich sexuell umzustellen.«[83] Vor allem diese letzte Erklärung macht deutlich, dass Feldmann mit seiner Strategie, Rudolfs Vertrauen zu gewinnen, erfolgreich gewesen ist. Offenbar hofft Rudolf auf Verständnis und Einsicht in die Unabänderlichkeit seiner sexuellen Veranlagung. Gleichwohl erinnert sich Rudolf an das Verhalten des Kriminalbeamten heute auch als unangenehm und »zynisch«:

»Sie haben Briefe von mir gefunden, dass ich auch im Homosexuellenkreis gelebt habe, da haben sie mich ausgefragt. Ich sage: ›Was soll ich sagen, wir haben gelebt. Wie die alle geheißen haben, weiß ich nicht, wir haben uns einfach getroffen, oder wenn wir uns gerufen haben, haben wir uns mit Mädchennamen gerufen.‹ Da hat der Geheimpolizist zynisch gelacht. Da hab ich mir gedacht, du kannst mich am Arsch lecken, was du denkst und was ich denke. Und da hat er mich ausgefragt, und ich habe nichts gesagt. Ich habe von niemandem was gesagt. Ich kenne diese Personen nicht beim Namen. Ich habe nichts gemacht, ich habe nur meinen Freund gehabt und fertig war das für mich.«[84]

Natürlich stilisiert Rudolf sein Verhalten in dieser Aussage stark und versucht ihm einen heldenhaften Charakter zu verleihen. Tatsächlich aber denunziert er damals, abgesehen von Werner, keinen seiner Freunde als homosexuell. Sich selbst und Werner belastet er aber schwer. Dadurch, dass er fortgesetzte Onanie seit 1934/35 eingesteht, macht er einen Freispruch, zum Beispiel weil die Handlungen vor der Strafverschärfung von 1935 oder vor der Amnestie vom 7. August 1934 lagen, unmöglich.[85]

3.9 Rudolf Brazdas Prozess

Mit Rudolfs Geständnis hat Staatsanwalt Dr. Leupold nun genug in der Hand, um Anklage zu erheben. Innerhalb kürzester Frist wird der Termin der Hauptverhandlung vorbereitet, die im wahrsten Sinne des Wortes ein »kurzer Prozess« werden soll. Bereits am 14. Mai soll sie stattfinden. Am 8. Mai geht die Anordnung heraus, Rudolf ins Gerichtsgefängnis von Altenburg zu überführen.[86] Am 10. Mai reicht Leupold beim Altenburger Landgericht die Anklageschrift wegen »Unzucht« ein. Darin stützt er sich im wesentlichen auf Rudolfs Aussage:»Dass das Geständnis Brazdas vollen Glauben verdient, geht aus den beschlagnahmten Briefen und anderen Schriftstücken einwandfrei hervor.«[87] In den folgenden Tagen geht es Schlag auf Schlag: Am 11. Mai beschließt die zweite Strafkammer des Landgerichts, das Hauptverfahren vor der Großen Strafkammer zu eröffnen.[88] Am 12. Mai wird Rudolf »mittels Einzeltransport« von Leipzig nach Altenburg überführt.[89] »Ich erinnere mich noch, das habe ich alles ohne Angst über mich ergehen lassen, die Verhaftung und von Leipzig mit Bewachung nach Altenburg, mit dem Zug.«[90] Nach seiner Ankunft gegen 14 Uhr wird ihm von Justizobersekretär Kirmse die Anklageschrift ausgehändigt. Rudolf unterschreibt eine Erklärung, dass er auf die Einhaltung der Ladungsfrist, die normalerweise eine Woche beträgt, verzichtet. Damit lässt sich der geplante Prozesstermin halten.

Die folgenden beiden Nächte verbringt Rudolf im Gerichtsgefängnis von Altenburg, einem düsteren Zellenbau direkt hinter dem Landgericht. Dem Prozess sieht er gelassen entgegen. Verteidigen möchte er sich für seine Veranlagung nicht. Auf einen Rechtsanwalt verzichtet er wohl schon aus Kostengründen. Am 14. Mai, kurz vor 11 Uhr, wird Rudolf Brazda aus seiner Zelle abgeholt und durch das klassizistische Treppenhaus in den großen Saal des Landgerichts geführt. Auf der Richterbank an der Stirnseite des Saals sitzen fünf Männer, drei Richter und zwei Schöffen. Vorsitzender der Großen Strafkammer ist der 54-jährige Landgerichtsdirektor Erich Bauch. Wie Oberstaatsanwalt Leupold war auch Bauch am 1. Mai 1933 der NSDAP beigetreten. Ein Schritt, der sich zwei Jahre später auszahlte: Nicht zuletzt weil man ihn für »politisch zuverlässig« hielt, wurde er am 1. Oktober 1935 vom Landgerichtsrat zum Landgerichtsdirektor befördert.[91]

Rudolf schildert die Richter aber keineswegs als überzeugte Nazis: »In Altenburg wurde mir mein Prozess gemacht mit den allen. Da hat man direkt gespürt, dass die Richter, das Gericht Angst hatten schon vor den Nazis. Die haben schon gehört, dass die eine Razzia gemacht hatten in Leipzig, und dann haben sie mich ausgefragt über alles Mögliche, und dann doch noch wegen der Lappalie, dass ich mit einem Mann zusammen gelebt habe …«[92]

Dass die Richter Rudolfs Beziehung zu Werner für alles andere als eine Lappalie halten, machen sie in der Verhandlung schnell deutlich. Unzucht mit einem Mann sei »jedes der Sittlichkeit widersprechende

Verhalten unter Männern, sofern eine Einwirkung auf den Körper des anderen erfolgt«, so ihre zutreffende Darlegung der neuen Rechtslage. Eine »solche Einwirkung liegt auch im wechselseitigen Onanieren«. Die Verhandlung geht zügig vonstatten. Rudolf darf sich zur Sache äußern, Zeugen sind nicht geladen. Offenbar beruft sich Rudolf zu seiner Verteidigung, wie schon bei seiner Vernehmung am 5. Mai, auf die Unabänderlichkeit der homosexuellen Veranlagung: »Der Angeklagte gestand alles restlos ein und gab an, das Opfer seines entarteten Triebes gewesen zu sein«, berichtet die *Altenburger Landeszeitung* am nächsten Tag.[93] Für diese Verteidigungsstrategie spricht auch, dass das Gericht sie in der Urteilbegründung zurückweist.

Oberstaatsanwalt Dr. Leupold hingegen betont in seinem Plädoyer, »dass gegen derartige Verfehlungen zum Schutze der Allgemeinheit mit aller Schärfe vorgegangen werden müsse, nachdem es früher verfehlt worden sei. Durch die neue Gesetzgebung werde jedoch unzüchtige Handlung unter Strafe gestellt.«[94] Nach der Mittagspause, um 13.40 Uhr, wird das Urteil verkündet. Rudolf Brazda wird zu sechs Monaten Gefängnis und zur Übernahme der Verfahrenskosten verurteilt, die Untersuchungshaft wird ihm angerechnet.

Das Gericht stützt sich in seiner Urteilsbegründung auf Rudolfs Geständnis. So gebe er zu, »ausschließlich gleichgeschlechtlich veranlagt zu sein. Zu Bilz, den er seine ›Uschi‹ nennt, während man ihn ›Inge‹ nennt, habe er sich in Liebe hingezogen gefühlt.« Positiv angerechnet wird Rudolf, dass er nur mit Werner verkehrt und deswegen »die Seuche der widernatürlichen Unzucht nur in geringerem Maß weiterverbreitet hat«. Das alles ändere jedoch nichts an der Verwerflichkeit ihrer Beziehung:

»Auf seinen krankhaften Trieb kann sich der Angeklagte nicht berufen. Wenn auch seine Veranlagung es ihm schwer macht, geschlechtliche Beziehungen zu einem anderen Mann zu unterlassen, so muss von ihm doch gefordert werden, dass er die nötige Selbstüberwindung dazu aufbringt. Welche Gefahr die Unzucht unter Männern für das Volksganze mit sich bringt, das hätte sich der Angeklagte, auch als in Deutschland geborener Ausländer, vorhalten und alles tun müssen, um seinen widernatürlichen Trieb zu besiegen. Das verlangt das sittliche Volksempfinden mit Recht von jedem.«[95]

Viele Besucher scheinen bei der Öffentlichen Verhandlung nicht anwesend zu sein. Weder Rudolf Brazdas Mutter noch seine Geschwister kommen nach Altenburg. Rudolf glaubt sich sogar zu erinnern, die Öffentlichkeit sei ausgeschlossen gewesen: »Ja, die Öffentlichkeit war ausgeschlossen bei dem Prozess, und wenn, ich hätte mir nichts daraus gemacht. Das ist doch mein Leben gewesen, was ich gelebt habe, und ich habe mir nichts dabei gedacht, dass das verboten ist. Wo ich gewusst habe, dass selbst in der Führerschaft beim Hitler Homosexuelle waren, der homosexuelle Röhm der von der Gruppe SA der Führer war, der hatte ja selber genug homosexuelle Feste gefeiert.«[96] Im Verhandlungsprotokoll der »Öffentlichen Sitzung« findet sich allerdings kein Hinweis darauf, dass die Öffentlichkeit ausgeschlossen wurde.

Tatsächlich sind doch ein paar Besucher anwesend im Großen Saal des Altenburger Landgerichts. Es handelt sich um die Prozessberichterstatter der *Meuselwitzer* und der *Altenburger Zeitung* sowie der *Altenburger Landeszeitung*. Sie haben schon die Verhandlung verfolgt, bei der am Vormittag Moritz Engelhardt und sein Liebhaber Arthur Sachs verurteilt wurden. Und auch den Prozess gegen Rudolf beobachten sie aufmerksam.

Über beide Prozesse wird am nächsten Tag unter Nennung der Namen der Angeklagten berichtet. Die Artikel sind eindeutig propagandistisch gefärbt, in ihnen wird klar artikuliert, dass es hier nicht um normale Strafprozesse, sondern um die neue Ordnung im »Dritten Reich« geht:

»Zwei Verhandlungen zeigten, in welch erschreckendem Umfange das Verbrechen widernatürlicher Unzucht junge Menschen verdirbt. Der nationalsozialistische Staat kann diese Verbrechen nicht dulden. Er wird gegen ihre Träger mit aller Schärfe einschreiten und ihren verderblichen Einfluss abzustellen wissen. Es laufen in dieser Angelegenheit viele Prozesse im ganzen Reich. Auch in Altenburg werden wir leider eine ganze Reihe von Verfahren erleben. Die beiden Verfahren am Freitag vor der Strafkammer bildeten dazu den Auftakt.«[97]

Tatsächlich sind Rudolf Brazda, Moritz Engelhardt und Arthur Sachs die ersten, die im Rahmen der Altenburger Verfolgungswelle vor Gericht gestellt werden. Wie Oberstaatsanwalt Dr. Leupold gegenüber der *Altenburger Zeitung* betont, bilden sie »nur einen Teilausschnitt aus der Fülle der Verfahren, die in Altenburg noch zur Verhandlung kommen«.[98]

3.10 Prozesswelle gegen die Altenburger Homosexuellen

In den folgenden Wochen und Monaten kommt es vor dem Altenburger Landgericht zu weiteren 34 Prozessen wegen widernatürlicher Unzucht. Insgesamt 44 homosexuelle Männer aus dem Landkreis Altenburg werden 1937 vor Gericht gestellt. Allein an vier Verhandlungstagen im Juli und August 1937 werden 21 Homosexuelle zu Haftstrafen verurteilt. Das Strafmaß reicht von einem Monat Gefängnis bis zu sechs Jahren Zuchthaus bei zehn Jahren Ehrverlust. Maßgeblich für die Höhe der Strafe ist, wie viele »Unzuchtshandlungen« im Einzelnen nachgewiesen werden können und wie viele verschiedene Männer »verführt« wurden. Je mehr Sexualpartner dem Gericht bekannt sind, umso weiter wurde die »Seuche« in den Augen der Richter verbreitet und umso härter fällt die Strafe in der Regel auch aus. Bei der einfachen Homosexualität (Paragraph 175), die 77,2 Prozent aller Fälle ausmacht, beträgt die durchschnittliche Freiheitsstrafe 13,6 Monate.[99] Im Vergleich zu den von Jellonnek untersuchten Urteilen aus Würzburg (durchschnittlich 21 Monate) und Düsseldorf (8 Monate) liegen die Urteile des Landgerichts Altenburg somit im Mittelfeld. Auch der Anteil der Urteile mit Freiheitsstrafen von einem Jahr und mehr liegt in Altenburg mit 36,36 Prozent zwischen Würzburg (46%) und Düsseldorf (23,68%).[100] Deutlich härter fallen die Urteile nach Paragraph 175a aus. Bei der sogenannten »schweren Unzucht« beträgt die durchschnittliche Freiheitsstrafe 44,6 Monate, in der Hälfte der Fälle muss sie im Zuchthaus verbüßt werden.

Ähnlich wie in Würzburg wird auch in Altenburg promiskes Sexualverhalten besonders hart bestraft. Dabei rächt es sich oft, wenn die Angeklagten mit der Staatsanwaltschaft kooperieren und ihre Sexualkontakte freimütig eingestehen. Wilhelm Wähnert, der viele Kontakte eingeräumt und Namen anderer Homosexueller genannt hatte, wird am 25. Juni 1937 zu drei Jahren Gefängnis verurteilt.[101] Noch härter trifft es Karl Rauschenbach, der ein Geständnis ablegt, in dem er sein Leben von der Kindheit an ausführlich schildert und insgesamt 24 Sexualpartner nennt. Auch Rauschenbachs Ehrlichkeit zahlt sich nicht aus: Am 23. Juli 1937 wird er zu vier Jahren Gefängnis verurteilt. Zur Begründung heißt es, er habe »seinem widernatürlichen Trieb hemmungslos nachgegeben und dem widerlichsten gleichgeschlechtlichen Verkehr gefrönt«.[102] In derselben Verhandlung wird der ebenfalls geständige Helmut John zu vier Jahren Gefängnis verurteilt. Damit geht das Gericht sogar über den Antrag des Staatsanwalts hinaus, der nur dreieinhalb Jahre Haft gefordert und Johns Geständnis gelobt hatte, weil es »viel mit dazu beigetragen habe, dass in Altenburg in diesen Dingen aufgeräumt werden konnte«. John werden auch nur acht Fälle »widernatürlicher Unzucht« zur Last gelegt. Allerdings ist er vorbestraft, was wohl zu dem hohen Strafmaß beiträgt. Das Gericht erklärt zur Begründung des Urteils, John habe »diese Untaten« zum »Schaden der Volksgesamtheit« verübt.[103] Ganz besonders hart trifft es schließlich Leopold Kretzschmar, der von der *Altenburger Landeszeitung* als »noch hemmungsloser, verworfener und raffinierter« beschrieben wird. Weil er sich »Geld, Lebensmittel und Kleidungsstücke« hat schenken lassen, wird ihm vorgeworfen, dass er »aus der Unzucht ein Geschäft gemacht« habe.[104] Und männliche Prostitution wird besonders hart bestraft: Fünf Jahre Zuchthaus lautet das Urteil, ebenfalls sechs Monate mehr, als der Staatsanwalt gefordert hatte.

Auch Reinhold Winter und Ernst Koffmane wird vor dem Altenburger Landgericht der Prozess gemacht. Winter wird zu zwei Jahren und drei Monaten Haft verurteilt – ihm werden ebenfalls zahlreiche sexuelle Abenteuer zur Last gelegt.[105] Ernst Koffmane dagegen kommt mit einem Monat Freiheitsstrafe glimpflich davon. Er ist der einzige Angeklagte, der eine so milde Strafe erhält, sieht man einmal von zwei Freisprüchen ab. Entscheidend hierfür ist, dass man ihm nur die Berührung des Geschlechtsteils eines anderen Mannes nachweisen kann.[106] Auf ein Verfahren gegen Johannes Schreiber gibt es dagegen keinen Hinweis.[107] Zum Prozess gegen Werner Bilz, der wohl später vor dem Luftwaffengericht in Weimar angeklagt wird, sind keine Unterlagen überliefert.[108]

Wie bei Rudolf Brazda und Moritz Engelhardt sind auch bei den folgenden Prozessen Pressevertreter anwesend. Die Altenburger Zeitungen berichten im Juli und August 1937 mit groß aufgemachten Artikelserien über den »Kampf gegen die Unzucht«.[109] Die ersten großen Berichte erscheinen in den Wochenendausgaben der *Altenburger Zeitung* und der *Landeszeitung* vom 17./18. Juni 1937. Darin werden zunächst die Gefahren geschildert, die von der Homosexualität ausgehen. Besonders die Altenburger Landeszeitung betreibt dabei eine Hetze, die im Berliner Propagandaministerium nicht besser hätte erdacht werden können. Zunächst versucht man, die Homosexualität als ein Machwerk der »jüdischen Machthaber der Systemzeit« dazustellen:

»Ein Schrei der Empörung und des Erschreckens durchgellte alle deutschen Gaue, als die Sexualverbrechen in Klöstern und katholischen Kirchen eine moralische Verderbnis und Entartung aufdeckten, die bisher von dunklen Mächten dem Volke verborgen werden konnten. Noch größer aber wurde das Entsetzen, als auch außerhalb der Mönchskutte und des Priesterkleides ein Sumpf geschlechtlicher Entartung aufgedeckt wurde, der von den jüdischen Machthabern der Systemzeit künstlich und geflissentlich vergrößert wurde, um das deutsche Blut bis in den Grund und tödlich zu vergiften. Selbst bis in die Kleinstädte und selbst bis auf das einst so gesunde und kraftstrotzende Land war diese Seuche der widernatürlichen Unzucht (Homosexualität) gedrungen.«

Im nächsten Absatz schildert die Zeitung dann den heroischen Kampf des NS-Staates gegen die »Seuche«: »Vor jedem, auch dem kleinsten, Gericht häuften sich die Anklagen und zeigten ein Bild von der verheerenden Verbreitung dieser körper- und seelenmordenden Pest, die wahrhaft auch den Kundigen die Angst in das Herz jagte, bedachten sie die Folgen dieser Verbrechen vor allem für unsre Jugend. Da packte das neue Reich zu, und nun werden seit einigen Monaten zielbewusst und unerbittlich die Träger und Verbreiter dieses Giftes aus dem Volkskörper entfernt, um mit der Ausscheidung dieser Fremdkörper den großen Heilungsprozess zu beginnen.« Um die »körper- und seelenmordende Pest« möglichst gefährlich erscheinen zu lassen, wird das gängige Klischee vom ›homosexuellen Verführer‹ bedient: »Welche verheerenden Wirkungen diese Sittlichkeitsverbrechen ausüben, zeigt die erschütternde Tatsache, dass die Opfer dieser Verführer sich nur in den seltensten Fällen wieder zurückfinden, sondern selbst wieder Verführer werden und in Gefängnissen und Zuchthäusern ihr Leben zu Grabe tragen, weil sie fast alle selbst nach langjährigen Freiheitsstrafen wieder rückfällig werden, um dann in lebenslänglicher Sicherheitsverwahrung hinter Zuchthausmauern auch ihr körperliches Leben zu beenden.«

Abschließend werden die Leser darauf eingeschworen, sich jeden Mitgefühls mit den verfolgten Homosexuellen zu enthalten:

»Und wo sollen die enden, die bereits in der Kindheit oder im Alter des erwachenden Geschlechtsbewusstseins solchen Bestien in die Hände fallen […] Darum sind hier die strengsten und unerbittlichsten Strafen nötig, die restlose Ausscheidung aller Sexualverbrecher aus der gesunden Volksgemeinschaft. Persönliches Mitgefühl muss schweigen, wenn auch Tragik menschlicher Unzulänglichkeit hinter Gittern verborgen ist. Über allem steht die Gesundheit des Volkes und der Schutz seiner wertvollen Jugend. Darum verlangt das Volk von den Richtern unerbittliche Strenge, denn hier geht es nicht nur um Recht und Gesetz, sondern wirklich um das gesunde Leben unsres Volkes, das zu hüten höchste menschliche und berufliche Pflicht eines Richtertums ist, das seiner Sendung lebt.«[110]

Dass das »persönliche Mitgefühl« ohne weiteres zum Schweigen zu bringen sei, daran hegt man wohl beim Altenburger Landgericht ebenso wie bei den Pressevertretern Zweifel. Es ist bestimmt kein Zufall, dass der propagandistische Auftakt der »Altenburger Prozesse« mit der Verhandlung gegen einen homosexuellen Kinderschänder zusammenfällt. Dem Friseur Paul Höfner, dem am 16. Juli 1937 der Prozess gemacht wird, werden nicht nur »9 Verbrechen gegen Jugendliche bis zu 18 Jahren« zur Last gelegt, er soll »nicht weniger als 8 Kinder unter 14 Jahren, unter ihnen siebenjährige Jungen« missbraucht haben. Kein Fall erscheint besser geeignet als dieser, um die Bevölkerung auf die anstehende Prozesswelle einzustimmen, bestätigt er doch das gängige Klischee vom homosexuellen Jugendverführer. Und so sind die Berichte der Altenburger Zeitungen auch mit Titeln wie »Mahnung an alle Eltern« oder »Ein ernstes Wort an alle Eltern« überschrieben. Paul Höfner wird schließlich nach Paragraph 175 und Paragraph 176 (Unzucht mit Kindern) zu 6 Jahren Zuchthaus und 10 Jahren Ehrverlust verurteilt. Dass er der einzige von allen 44 Angeklagten ist, der Kinder, übrigens auch ein Mädchen, missbraucht hat, bleibt in den Berichten der Altenburger Zeitungen allerdings unerwähnt. Die *Altenburger Landeszeitung* resümiert den Prozessverlauf vielmehr folgendermaßen: »Es ist also in dem Angeklagten wieder einer dieser Pestträger festgestellt worden, deren Ausrottung das Ziel der kommenden Prozesse ist.«[111]

Die folgenden Prozesse werden von den Altenburger Zeitungen dann ebenfalls mit ausführlichen Berichten begleitet. Dabei werden die Angeklagten mit vollem Namen und detaillierter Schilderung ihres Privatlebens an den Pranger gestellt. So auch im Fall von Reinhold Winter:

»Ein trauriges Bild ergab die Verhandlung gegen den 21jährigen Altenburger Reinhold Winter. Er hatte sich wegen zwölf Fällen widernatürlicher Unzucht zu verantworten. [...] Sein Fall unterscheidet sich von früheren Fällen aber insofern, als er durch Leugnen die Arbeit des Gerichtes ungemein erschwerte. [...] Schlimm war, dass Winter verschiedene Reisen zu Homosexuellen machte, zu denen er nach Ansicht des Staatsanwalts bei seinem geringen Wochenlohn nicht genügend Mittel hatte. Er hat also – man nimmt es an, ohne es allerdings beweisen zu können – Geld von den Mittätern erhalten. Der Staatsanwalt betonte, dass die zwölf zur Verhandlung stehenden Fälle nur einen kleinen Teilausschnitt von dem Treiben des völlig verdorbenen, haltlosen und verlogenen jungen Menschen geben. Deshalb beantragte der Staatsanwalt die exemplarische Strafe von vier Jahren Gefängnis.«[112]

Besondere Aufmerksamkeit erregt das Verfahren gegen Dr. Heinrich Mock, »das in Altenburg eine Flut von Gerüchten in Umlauf gebracht« habe.[113] Unter »großem Andrang der Öffentlichkeit – Saal und Tribüne waren bis auf den letzten Platz besetzt« wird der Prozess am 27. August 1937 eröffnet. Die Verhandlung »bringt aufschlussreiche Momente aus dem Netz der sich über ganz Mitteldeutschland erstreckenden Homosexuellen«, so die *Altenburger Landeszeitung*. Mock, der zunächst gehofft habe, »durch hartnäckiges Leugnen« um eine Strafe herumzukommen, hat, nachdem ein Kassiber gefunden wurde, das er Rudolf Brazda im Gefängnis zugesteckt hatte, schließlich ein umfassendes Geständnis abgelegt.[114] Er wird zu drei Jahren Gefängnis verurteilt, als strafverschärfend wird dabei gewertet, »dass er in seiner Stellung sich höherer Pflichten bewusst sein musste«.[115]

Insgesamt verurteilt das Altenburger Landgericht 1937 schließlich 42 Homosexuelle zu Haftstrafen. Im Vergleich zu anderen Regionen hat die Altenburger Verfolgungswelle damit zwar eher bescheidene Ausmaße. Betrachtet man jedoch den Oberlandesgerichtsbezirk Jena alleine, zu dem insgesamt acht Landgerichte zählen, so leistet der frischgebackene Oberstaatsanwalt Dr. Leupold in Altenburg gute Arbeit. 44 von insgesamt 238 Anklagen nach Paragraph 175 gehen im Jahr 1937 auf ihn zurück. Damit liegt Altenburg über dem Schnitt.

Tatsächlich widmet Dr. Leupold im Jahr 1937 keinem anderen Delikt solche Aufmerksamkeit wie der »widernatürlichen Unzucht«. Den 36 Verfahren nach Paragraph 175 stehen zehn Verfahren wegen weiterer Sittlichkeitsvergehen und 83 Verfahren wegen anderer Straftaten gegenüber. Darunter sind jeweils zehn Verfahren wegen fahrlässiger Tötung, Diebstahls und Urkundenfälschung, acht Verfahren wegen Unzucht mit Kindern, zwei Verfahren wegen Kuppelei und ein Verfahren wegen Abtreibung.

Oberstaatsanwalt Dr. Leupold entspricht mit der klaren Prioritätensetzung bei der Verfolgung der »widernatürlichen Unzucht« der Erwartung, jederzeit im Sinne des nationalsozialistischen Staates zu agieren. Es gibt allerdings keine Anhaltspunkte dafür, dass seine Bemühungen in Berlin positiv zur Kenntnis genommen werden. Dass Leupold und Bauch am 17. Juni 1938 »durch den Führer und Reichskanzler das Treudienst-Ehrenzeichen 2. Stufe verliehen« bekommen, ist eine Ehrung für »25jährige treue Dienstleistung« und keine explizite Auszeichnung für die von ihnen treu umgesetzte Homosexuellenverfolgung.[116] Im Gegenteil: In Berlin beobachtet man die Homosexuellenverfolgung im OLG-Bezirk Jena eher skeptisch. In der Statistik des Reichsjustizministeriums für das erste Quartal 1937 wird die aus Jena gemeldete Zahl von 28 Angeklagten nach Paragraph 175 wohl deswegen angestrichen, weil sie vergleichsweise niedrig ausfällt. Im zweiten Quartal liegt sie dann zwar mit 79 Angeklagten mehr als doppelt so hoch, aber immer noch unter dem Durchschnitt der OLG-Bezirke. Damit schlägt sich Jena nicht besonders gut in dem von Himmler ausgerufenen Wettkampf um die effektivste Verfolgung Homosexueller.[117]

Im Altenburger Land erreicht die Homosexuellenverfolgung mit der Prozesswelle vom Sommer 1937 gleichwohl ihren Höhepunkt. Ein beträchtlicher Teil der homosexuellen Szene der 40.000-Einwohner-Stadt wird verurteilt und verschwindet in Gefängnissen und Straflagern. Es sind vor allem die jungen Homosexuellen, die in die Mühlen der Justiz geraten. Der überwiegende Teil der Verurteilten ist zwischen 20 und 30 Jahre alt. Ältere scheinen sich besser zu schützen – wahrscheinlich sind sie sexuell auch weniger aktiv und schon deswegen weiniger gefährdet.

Diejenigen, die sich der Verfolgungswelle entziehen können, passen ihr Verhalten, wie die meisten deutschen Homosexuellen, spätestens jetzt den veränderten Rahmenbedingungen an. Wenn Sexualkontakte nicht vollkommen gemieden werden, so werden nun gänzlich anonyme und somit vor späteren Denunziationen etwas sicherere Kontakte gesucht. Wie in anderen Städten wird sich auch die Altenburger Szene von informellen Netzwerken zu anonymen, nur auf Sex ausgerichteten Treffpunkten wie öffentlichen Toiletten, Parkanlagen und Schwimmbädern etc. verlagert haben. Solche Orte klandestiner Sexualität, an denen man den Namen des Partners in der Regel nicht erfährt, haben zwar eine lange Tradition, gewinnen jetzt aber eine neue Bedeutung. Hatten sie bislang die banale Funktion, als ein anderweitig nur schwer verfügbarer Raum für sexuelle Praktiken zu dienen, so hofft man nun, durch das Ausweichen an solche Orte strafrechtlicher Verfolgung zu entgehen. Ausflüge in Großstädte wie Leipzig, die solche Treffpunkte bieten, werden in den folgenden Jahren häufiger vorgekommen sein. Mit all den Gefahren, die von der dort viel aktiveren Kriminalpolizei ausgingen.[118]

Im Landgerichtsbezirk Altenburg sinkt die Zahl der Verfahren nach Paragraph 175 ab 1938 ganz erheblich und ist in den folgenden Jahren fast genauso gering wie vor 1937.[119] Dieser eklatante Wandel ist sicher auf ein verändertes Verhalten der in Freiheit verbliebenen Altenburger Homosexuellen zurückzuführen. Möglicherweise setzt Oberstaatsanwalt Dr. Leupold ab 1938 aber auch wieder andere Prioritäten.

3.11 Haft in Altenburg

Ein beträchtlicher Teil der Homosexuellen aus dem Altenburger Land findet sich bald im örtlichen Gerichtsgefängnis wieder. Rudolf trifft sie hier nach Antritt seiner Haftstrafe:

»Der Gefängnisdirektor war so anständig, der hatte mir einen schönen Posten gegeben im Gefängnis. Damit ich Bewegung hatte, hat er mich als Kalfaktor genommen, ich konnte von einer Zelle in die andere laufen und mich mit Gefangenen unterhalten. Und da waren so viele Homosexuelle, die sie eingesperrt haben, Direktoren, ein Theaterdirektor, auch zwei bis drei Doktoren waren eingesperrt gewesen. Die Nazis haben keine Rücksicht genommen auf die Intelligenz, alle haben sie eingesperrt.«[120]

Als Kalfaktor versucht Rudolf, anderen Häftlingen zu helfen, indem er Nachrichten von Zelle zu Zelle weitergibt. Zum Beispiel eine Nachricht, die der Museumsdirektor Dr. Mock Ende Juli seinen Verwandten zukommen lassen möchte. Mock hat einen Zettel mit genauen Anweisungen zu seiner Verteidigung in einer leeren Zahnpastatube versteckt. Rudolf gibt sie Moritz Engelhardt, der am 31. Juli 1937 entlassen wird und sie bei dieser Gelegenheit aus dem Gefängnis schmuggeln soll. Doch die Nachricht wird von den Wärtern gefunden. Rudolf erinnert sich, Engelhardt habe zur Strafe zwei Wochen länger im Gefängnis bleiben müssen.[121]

Trotz seiner privilegierten Stellung hat Rudolf an das Gefängnis eher negative Erinnerungen. Als er im Gefängnishof einen alten Freund aus der kommunistischen Jugend wiedertrifft und mit ihm ein paar Worte wechselt, reagiert der Aufseher sehr harsch: »Einmal bin ich im Hof gelaufen und vor mir läuft einer aus meiner Vereinigung, aus meiner Heimat. Dem habe ich heimlich etwas zugerufen, und da war ein Posten, ein junger SS, der stand auf der Treppe und hat nach mir gebrüllt: ›Brazda, wenn ich dich rausnehme, schlage ich dir eine, dass du dich sechsmal umkugelst.‹ So grob hat der mich behandelt, nur weil ich ein paar Worte mit einem gewechselt habe.«[122] Die Geschichte klingt ein bisschen wie ein Vorgriff auf Rudolfs weiteres Schicksal im Konzentrationslager. Doch sie hat sich nach Rudolfs Erinnerung im Altenburger Gerichtsgefängnis zugetragen, auch wenn das Wachpersonal dort sicher nicht von der SS gestellt wurde.

Während Rudolf seine Haftstrafe verbüßt, macht man sich bei der Altenburger Staatsanwaltschaft Gedanken über sein weiteres Schicksal. Mit Schreiben vom 29. Mai 1937 wird das Thüringische Kreisamt über seine Verurteilung informiert: »Wir geben hiervon Nachricht, weil Brazda Ausländer (Tscheche) ist und ev. Reichsverweisung in Frage kommt. Brazda kommt am 9.10.1937 zur Entlassung.« »Reichsverweisung«, das bedeutet, dass Rudolf nach seiner Entlassung aus Deutschland ausgewiesen werden könnte. Beim Thüringischen Kreisamt dauert die Bearbeitung länger. Erst am 16. September, drei Wochen vor Rudolfs Entlassung, reagiert man und erbittet den tschechoslowakischen »Heimatpass und sonstigen Personalpapiere […], weil sie dem Thür. Minister des Innern mit vorgelegt werden müssen«.[123]

Am 9. Oktober 1937 wird Rudolf Brazda schließlich aus dem Gerichtsgefängnis von Altenburg entlassen. Auch wenn sein bisheriges Leben vollkommen zerstört ist: Rudolf ist im Vergleich zu anderen Homosexuellen aus dem Altenburger Land noch relativ glimpflich davongekommen. Viele haben wesentlich härtere Strafen bekommen und sitzen, wie zum Beispiel Reinhold Winter, bis Ende 1939 im Gefängnis. Einige trifft es noch schlimmer: Karl Rauschenbach wird in die berüchtigten Emslandlager verschleppt, wo er bis März 1941 Zwangsarbeit leisten muss.[124] Ebenso ergeht es Reinhold Winters Kollegen Leopold Kretzschmar, der zunächst in Esterwegen und später in Walchum inhaftiert ist.[125] Dagegen ist das weitere Schicksal von Rudolfs Freund Werner unklar. Ob er zu einer Haftstrafe verurteilt wird, bleibt offen. Rudolf glaubt nicht, dass sein Freund im Gefängnis war. Er geht davon aus, dass Werner von der Wehrmacht zur Strafe in ein Himmelfahrtskommando gesteckt wurde.[126] Nach ihrer Entlassung werden viele der Altenburger Homosexuellen tatsächlich direkt zur Wehrmacht eingezogen, wo einige wohl auch bei den berüchtigten Strafbataillonen landen. Wilhelm Wähnert, der am 16. Dezember 1939 aus dem Gefängnis entlassen wird, soll sogar der »Sonderabteilung« der Wehrmacht zugeteilt werden, was die Einweisung in ein Konzentrationslager bedeutet. Anscheinend entgeht Wähnert diesem Schicksal aber, denn er kommt am 23. August 1941 an der Ostfront ums Leben.[127]

Andere der in Altenburg verurteilten Homosexuellen werden nach ihrer Entlassung tatsächlich in Konzentrationslager verschleppt. So wie Karl Rauschenbach, der aus den Emslandlagern im April 1941 direkt nach Buchenwald eingewiesen wird.[128] Der kaufmännische Angestellte Helmut John wird im Juni 1942 nach Buchenwald deportiert.[129] Der Friseur Paul Höfner, über dessen Fall die Altenburger Zeitungen zum Auftakt der Prozesswelle so eingehend berichtet hatten, wird im März 1943 nach Buchenwald gebracht.[130] Ebenso ergeht es Leopold Kretzschmar, der Ende September 1943 nach Buchenwald kommt.[131] Der Meuselwitzer Musiker Fritz Dieg wird dagegen ins Konzentrationslager Sachsenhausen eingewiesen.[132]

Rudolf hingegen ist jetzt wieder ein freier Mann. Vor dem Gefängnistor wird er von seiner Mutter erwartet: »Also meine Mutter hat mich aus dem Gefängnis abgeholt und da sagt sie zu mir: ›Rudi, du darfst mir aber nicht den Vorwurf machen, dass ich da dran schuld wäre.‹ Und ich sage: ›Ach, Mutter, du brauchst dir da keine Angst machen, das ist die Natur, die mit uns gespielt hat.‹ Wir sind dann gemeinsam mit dem Zug nach Hause gefahren und ich bin sehr nett von meiner Familie und meinen Geschwistern empfangen worden. Ich war sehr glücklich, sie hatten ja so viel Verständnis für mich.«[133]

Rudolf verbringt einige Wochen in der neuen Wohnung seiner Mutter in Falkenhain bei Meuselwitz. Wut, Angst oder Scham vor den alten Nachbarn empfindet er nicht: »Nein, gar nicht. Ich hatte ja nicht viele Bekannte. Das war eine Gleichgültigkeit bei den Leuten und bei mir auch, ich habe nicht danach gefragt, ob sie irgendwelche Bedenken hatten. Ich habe ja nur gewusst, dass das Nazi-Regime nicht anders konnte. Nur habe ich jeden Tag daran gedacht, was passiert denn heute wieder.«[134]

Wie es mit ihm weitergehen soll, weiß Rudolf zunächst nicht. Wann man ihn darüber informiert, dass die thüringischen Behörden seine Ausweisung aus Deutschland betreiben, ist unklar. Im November 1937 besorgt er sich beim tschechoslowakischen Konsulat in Chemnitz eine Be-

scheinigung über seine Untauglichkeit für den Armeedienst.[135] Spätestens
zu diesem Zeitpunkt wird er also gewusst haben, was auf ihn zukommt.
Ende Dezember wird Rudolf Brazda schließlich von der NS-Bürokra-
tie aus Deutschland ausgewiesen. Ein entsprechendes Dokument ist
nicht mehr überliefert. Allerdings ergibt sich aus einem Auszug aus dem
Strafregister Brazdas, der am 15. April 1941 erstellt wird, dass die Reichsverweisung am 22. Dezember 1937 vom Regierungspräsidium Merseburg
angeordnet wird.[136]

»Jaja, da war ich traurig, aber ich habe da gewusst, dass jetzt ein anderes Leben anfangen muss. Mein Werner war eingezogen worden zum Militär und ich stand da:
Weil ich vor einigen Tagen schon den Bescheid bekam, von den deutschen Behörden, dass ich als Tschechoslowake kein Recht mehr habe, in Deutschland zu leben.
Ich müsste wieder in die Tschechei zurückgehen. Aber ich hatte keine Angst, wieder
in die Tschechei zu gehen, weil ich früher schon mal da war, und in Karlsbad hatte
ich gute Freunde und Bekannte. Da hatte ich gar keine Bedenken gehabt, dass ich
ins Ausland muss, für mich war die Tschechei ja schon Ausland.«[137]

Anmerkungen

1 Dr. Wolfgang Leupold, geb. am 8. Februar 1888, 1913 Referendarexamen in Jena,
wurde im ersten Weltkrieg verletzt und mit dem Eisernen Kreuz II. Klasse ausge-
zeichnet. 1921 Assessorexamen, 1923 Staatsanwaltschaftsrat in Weimar, wurde Leupold 1924 nach Altenburg versetzt, wo er unter Oberstaatsanwalt Kurt Frieders (ur-
spr. Friedländer) arbeitete, der später wegen seiner jüdischen Abstammung aus dem
Amt gedrängt wurde. Leupold gehörte 1922–1924 dem »Jungdeutschen Orden« an,
einer antibolschewistischen und antisemitischen, aber nicht durchweg republik-
feindlichen Vereinigung von Kriegsheimkehrern. Am 1. April 1932 wurde Leupold
Erster Staatsanwalt in Altenburg. Vgl. *Kalender für Reichsjustizbeamte.* S. 419. Sowie:
Personalakte des RMdJ, R 3001–66391. BArch. Zum Fall Frieders vgl. Jastrow: *Der
angeklagte Staatsanwalt.*
2 Heinrich Himmler wurde am 17. Juni 1936 von Adolf Hitler zum Chef der deutschen
Polizei ernannt. Die Polizei wurde reichsweit zentralisiert, Schutzpolizei, Gendarmerie und Gemeindepolizei waren fortan Himmler unterstellt, der offiziell noch Reichs-
innenminister Wilhelm Frick unterstand, faktisch nun jedoch der zweitmächtigste
Mann im Staat war. Himmler gliederte die Polizei in »Ordnungspolizei« und »Sicherheitspolizei«. Chef der Sicherheitspolizei, zu der Gestapo und Kripo gehörten,
wurde Reinhard Heydrich. Die Gestapo wurde nun als Abteilung II von Heinrich
Müller geleitet. Die Staatspolizeistellen (politische Polizei) in den nicht-preußischen
Ländern wurden durch die Reform der Gestapo zugeordnet. In Leipzig (Sachsen)

wurde die politische Abteilung des Polizeipräsidiums am 1. April 1937 der Gestapo unterstellt. Zur Geschichte der Gestapo vgl. Paul/Mallmann: *Die Gestapo.*

3 Heinrich Himmler: Geheimerlass zur Bekämpfung der Homosexualität und der Abtreibung vom 10. Oktober 1936. Grau: *Homosexualität.* S. 122–125.

4 Heinrich Himmler: Zweite Anordnung zur Durchführung des Erlasses vom 10. Oktober 1936. Grau: *Homosexualität.* S. 135–136.

5 Berichte der Reichszentrale zur Bekämpfung der Homosexualität und der Abtreibung für die Jahre 1938, 1939 und 1940. Grau: *Homosexualität.* S. 154–155.

6 Zum Beispiel wird nach seiner zweiten Verhaftung 1941 auch Rudolf Brazda nach Berlin gemeldet, obwohl er zu keiner der genannten Gruppen gehört. Vgl. Kapitel 5.2.

7 Zu Kompetenzstreitigkeiten zwischen Sonderkommandos, Kriminalpolizei und Staatsanwaltschaft vgl. Hockerts: *Sittlichkeitsprozesse.* S. 7–10 und S. 21–33.

8 Rundschreiben Heydrichs an die Staats- und Kriminalpolizeistellen vom 4. März 1937. Grau: *Homosexualität.* S. 137–138.

9 Zu den Einsatzorten der Sonderkommandos vgl. Vierteljahresberichte des RMdJ zur Anklagestatistik. R 3001–21165. BArch. Zur Arbeit der Sonderkommandos vgl. Sparing: *» Wegen Vergehen nach § 175 verhaftet«.* S. 84–92. Bereits vor Gründung der Sonderkommandos hatten die örtlichen Gestapo-Stellen jedoch Aktionen gegen Homosexuelle durchgeführt. In Essen wurden beispielsweise schon im März und April 1936 gezielte Razzien durchgeführt. Vgl. Sparing, S. 86.

10 Zitiert nach Sparing: *» Wegen Vergehen nach § 175 verhaftet«.* S. 133.

11 Zu Folter und Erpressung von Geständnissen durch die Gestapo vgl. Sparing: *» Wegen Vergehen nach § 175 verhaftet«.* S. 115–146. Zu dem geschilderten Fall vgl. S. 134 f.

12 Brief Astels an den Reichsführer-SS vom 14. Juni und Antwortschreiben Himmlers vom 22. Juni 1937. Grau: *Homosexualität.* S. 156–162.

13 Abgrenzungsschwierigkeiten gibt es insbesondere hinsichtlich der Frage, wann politische Belange betroffen und damit die Gestapo zuständig ist. In einigen Regionen wie zum Beispiel in Düsseldorf legt die Gestapo diese Frage teilweise sehr exzessiv aus, so dass schon die potentielle Mitgliedschaft von Sexualpartnern in Massenorganisationen wie der Deutschen Arbeitsfront als hinreichender Grund für die Übernahme der Ermittlungen verstanden wird. Vgl. Sparing: *» Wegen Vergehen nach § 175 verhaftet«.* S. 91–92.

14 Jellonnek kann deutliche Unterschiede zwischen den Gestapo-Stellen Düsseldorf, Speyer und Würzburg aufzeigen. Vgl. Jellonnek: *Homosexuelle.*

15 Himmlers Geheimrede in Bad Tölz ist dokumentiert in: Smith/Peterson: *Heinrich Himmler.* Zur Dienststellenleitertagung am 17. März 1937 vgl. Jellonnek: *Homosexuelle.* S. 122.

16 Das Reichsjustizministerium interpretiert die vierteljährlich vorgelegte Anklagestatistik in kurzen Berichten. Bezüglich Paragraph 175 wird seit 1937 immer wieder auf die stark gestiegenen Zahlen und auf regionale Ausreißer hingewiesen, im 1. Vierteljahr zum Beispiel »infolge einer Sonderaktion in Bielefeld«. Im 2. Vierteljahresbericht wird dann klarer formuliert, »die auffallend hohen Zahlen einzelner, oft kleiner Bezirke [seien] auf Sonderaktionen der GStaPo zurückzuführen«. Im 3. Vierteljahresbericht 1937 wird dann auch der Begriff »Sonderkommando« verwendet: »In den

Zahlen bei homosexuellen Vergehen und bei Abtreibung spiegelt sich der örtlich verschiedene Einsatz der Sonderkommandos der Gestapo wieder.« Vgl. Vierteljahresberichte des RMdJ zur Anklagestatistik. R 3001–21165. BArch.

17 Vgl. Jellonnek: *Homosexuelle*. S. 124.

18 Akte Mock, 1 Js 29/37. ThStAA.

19 Leiter der Staatsanwaltschaft ist Leupold faktisch schon seit seiner Ernennung zum Ersten Staatsanwalt 1932. Denn die Stelle des Oberstaatsanwalts war infolge der Entlassung von Kurt Frieders schon seit Mitte der zwanziger Jahre vakant (vgl. Anmerkung 1). Die neue Position macht Leupold nun aber auch formell zum Leiter der Staatsanwaltschaft. Vgl. Personalakte des RMdJ, R 3001–66391. BArch. Zum Aufbau der Staatsanwaltschaft vgl. Gruchmann: *Justiz*. S. 294.

20 Der 17-Jährige und ein weiterer, gleichaltriger Jugendlicher werden am 31. Januar 1937 von der Altenburger Kriminalpolizei vernommen und belasten neben Rauschenbach auch Hans Otto Karl Kreutz. Vgl. Akte Kreutz. Bestand 213/11 Staatsanwaltschaft Landgericht – Strafsachen 913/38. Bl. 108–110. StaHH.

21 Die Informationen zum Verfahren gegen Heimerdinger ergeben sich aus der Akte Wähnert, 2 Js 74/37. ThStAA. Von der Staatsanwaltschaft Altenburg wurde das Verfahren gegen Heimerdinger unter dem Aktenzeichen 1 J 491/34 geführt. Die Akte selbst ist nicht überliefert.

22 Vgl. Polizeibericht in der Akte Winter, 1 Js 164/37, Bl. 11. ThStAA.

23 Zur Behandlung in den KZ Kolumbiahaus und Lichtenburg vgl. Kapitel 2.9. Zum KZ Fuhlsbüttel vgl. Micheler/Terfloth: *Homosexuelle Männer*.

24 Vernehmungsprotokolle Hans Otto Karl Kreutz vom 25./26. Februar und 1. März 1937. Akte Kreutz. Bestand 213/11 Staatsanwaltschaft Landgericht – Strafsachen 913/38. Bl. 1–30. StaHH.

25 Gegen Leopold Kretzschmar läuft ein gesondertes Ermittlungsverfahren unter dem Aktenzeichen 22 KLs 1 Js 75/37. Diese Akte ist aber nicht überliefert. Kretzschmars Aussage zu Reinhold Winter ergibt sich aus dessen Akte. Vgl. Akte Winter, 1 Js 164/37. ThStAA.

26 Aussage Winter vom 19. März 1937 in der Akte Winter, 1 Js 164/37, Bl. 11. ThStAA.

27 Die Postkarten sind überliefert in der Akte Winter, 1 Js 164/37, Bl. 52a. ThStAA.

28 Akte Wähnert, 2 Js 74/37, Bl. 20. ThStAA.

29 Akte Winter, 1 Js 164/37, Bl. 48. ThStAA.

30 Bericht des Hauptwachtmeisters Letsch vom 30. März 1937. Akte M.R.E., 2 Js 94/37, Bl. 1. ThStAA.

31 Tatsächlich scheint Engelhardt, wie Brazda erinnert, eher bisexuell gewesen zu sein. 1946 heiratet er, laut Brazda lässt er sich später aber wieder scheiden. Zinn: *Brazda 10. Januar 2011*. Sowie: Personenstandsregister Standesamt Meuselwitz. Zitat M.R.E. vom 30. März 1937: Akte M.R.E., 2 Js 94/37, Bl. 3–5. ThStAA.

32 Für eine nur partielle Wahrnehmung der Verschärfung des Paragraphen 175 spricht, dass auch Rudolf Brazda noch im Zusammenhang mit der Meeraner Razzia vom Sommer 1935 davon spricht, »seinerzeit« sei »doch alles gestattet gewesen [...] Der Paragraph war noch, aber der ist nicht verfolgt worden der Paragraph. Nur wer Jugendliche verführt hat, auf den wurde der Paragraph angewandt. Sonst war alles frei.« Zinn: *Brazda 4. Dezember 2008*. S. 15.

33 Aussage M.R.E. vom 31. März 1937. Blatt 49 f. in der Akte Winter, 1 Js 164/37, ThStAA. Bereits am 30. März 1937 nennt Engelhardt die Spitznamen von Schreiber, Bilz und Koffmane. Vgl. Bericht Hauptwachtmeister Letsch vom 30. März 1937. Akte M.R.E., 2 Js 94/37, Bl. 1. ThStAA.

34 Bemerkenswert ist, dass Koffmane und Schreiber bereits nach der Razzia in Meerane nicht im Fokus von Letschs Ermittlungen standen. Zumindest gibt es in den Akten keinen Hinweis darauf, dass sie damals wie Bilz und Engelhardt vernommen wurden. Vgl. Bericht Hauptwachtmeister Letsch vom 30. März 1937. Akte M.R.E., 2 Js 94/37, Bl. 1. ThStAA.

35 Vernehmung Ernst Koffmanes vom 31. März 1937. Bl. 50 f. in der Akte Winter, 1 Js 164/37. ThStAA.

36 Bericht Hauptwachtmeister Letsch vom 31. März 1937. Bl. 49 f. in der Akte Winter, 1 Js 164/37. ThStAA.

37 Bericht Hauptwachtmeister Letsch vom 31. März 1937. Bl. 51 in der Akte Winter, 1 Js 164/37. ThStAA.

38 Zwei Postkarten Brazdas an Winter, datiert vom 14. Januar 1937 und vom 6. Februar 1937, beziehen sich auf die Planung gemeinsamer Wochenendaktivitäten. So wird für den 8. Februar ein gemeinsamer Ausflug nach Chemnitz geplant. Die Postkarten sind in der Akte Winter überliefert: 1 Js 164/37. ThStAA.

39 Über Winters Besuch in Meuselwitz berichtet Moritz Engelhardt am 31. März 1937 in seiner polizeilichen Vernehmung. Winter ist demnach »zuletzt am 1. Messesonntag (28. Februar 1937) bei Bilz in Meuselwitz« gewesen. Akte Winter, 1 Js 164/37, Bl. 49. ThStAA.

40 So empfiehlt der Altenburger Arzt Dr. Bonde dem Kellner Karl Rauschenbach, aus diesem Grund in eine Großstadt zu ziehen: »Mir sagte er, es sei grundverkehrt, mich mit einem Freund öffentl. sehen zu lassen u. er ratet mir, nach der Großstadt zu gehen. Er ist sehr schlau u. weiß genau, wie er sich zu verhalten hat u. wo er sich ohne Gefahr aufhalten kann.« Bericht Rauschenbachs vom 13. April 1937. Akte Rauschenbach, 1 Js 72/37. ThStAA.

41 Helene Mahrenholz lag am 27. April 1937 »an den Folgen eines schweren Schlaganfalls darnieder« und hatte »ihre Sprache so gut wie verloren«. Akte Brazda, 2 Js 127/37, Bl. 17. ThStAA. Laut ihrem Arzt hatte sie den Schlaganfall bereits »vor längerer Zeit« erlitten. Akte Winter, 1 Js 164/37, Bl. 59. ThStAA.

42 Zinn: *Brazda 4. Dezember 2008.* S. 19.

43 Zinn: *Brazda 4. Dezember 2008.* S. 19–20.

44 Vgl. Aussage Schreiber vom 19. Mai 1937. Akte Koffmane, 2 Js 155/37, Bl. 4. ThStAA. Schreibers Aussage wird bestätigt durch einen Bericht der Gendamerie-Station Remsa. Demnach warf sich Heinke am 8. Mai 1937 vor einen Zug. Vgl. Akte Breitfeld, 1 Js 240/37, Bl. 17R. ThStAA.

45 Der Kampf gegen die Unzucht geht weiter. *Altenburger Zeitung für Stadt und Land* vom 24./25. Juli 1937.

46 Werner Bilz' Postkarte ist nicht überliefert, so dass wir nicht wissen, ob und wenn ja was Werner über die Verhaftungen schreibt.

47 Vermutlich wird die Karte am 5. April bei Bilz' Unterlagen in der Kaserne gefunden, beschlagnahmt und kommt mit dem Vernehmungsprotokoll vom selben Tag zur

Akte Winter. Rudolf, der an Werner schreibt, er habe »schon lange« auf Post von ihm gewartet, vermisst diesen offenbar sehr. Tatsache ist, dass sich die beiden, wie aus der Postkarte hervorgeht, seit Rudolfs Umzug am 9. März schon mindestens einmal in Leipzig getroffen haben müssen. Akte Winter, 1 Js 164/37. ThStAA. Nach Einschätzung von Oberleutnant Reuter, der Bilz am 5. April vernimmt, trafen sich die beiden das letzte Mal »wahrscheinlich am 20./21.3.37, […] wo Bilz nach Meuselwitz Urlaub erhalten hat.« Akte Winter, 1 Js 164/37, Bl. 53. ThStAA.

48 Vgl. Bericht von Oberleutnant Reuter vom 5. April 1937. Akte Winter, 1 Js 164/37, Bl. 53. ThStAA. Oberstaatsanwalt Leupold deutet Reuters in diesem Punkt etwas unklaren Bericht falsch, wenn er von einem Treffen der beiden am 5. April ausgeht. Vgl. Verfügung von Oberstaatsanwalt Leupold vom 22. April 1937 in der Akte Brazda, 2 Js 127/37, Bl. 13. ThStAA.

49 Protokoll der Vernehmung von Werner Bilz vom 5. April 1937. Akte Winter, 1 Js 164/37, Bl. 52 f. ThStAA.

50 Bericht von Oberleutnant Reuter vom 5. April 1937. Akte Winter, 1 Js 164/37, Bl. 53. ThStAA.

51 Ermittlungsbericht der Kriminalpolizeistelle Meuselwitz vom 20. April 1937. Akte Brazda, 2 Js 127/37, Bl. 15. ThStAA.

52 Zinn: *Brazda 4. Dezember 2008.* S. 19.

53 Anweisung an das Polizeipräsidium Leipzig vom 6. April 1937. Abschrift in der Akte Brazda, 2 Js 127/37, Bl. 1. ThStAA.

54 Bis 1936 unterzeichnet Feldmann als Kriminal-Hauptwachtmeister. Die ersten beiden Vernehmungsprotokolle Brazdas vom 8. und 9. April 1937 unterzeichnet er dann als Kriminalassistent, einer Rangstufe der Kriminalpolizei, die auch von der Gestapo verwendet wird. Vermutlich wurden die Bezeichnungen im Zuge der reichsweiten Polizeireform 1936 geändert, als aus dem Leipziger Kriminalamt die Kriminalpolizeistelle Leipzig wurde. Im April 1937 wird Feldmann dann offenbar befördert. Brazdas Geständnis vom 5. Mai 1937 unterzeichnet er als Kriminaloberassistent, was dem Rang eines Hauptwachtmeisters der Ordnungspolizei entspricht. Zur Arbeit von Feldmann und der Fachabteilung D vgl. auch Kapitel 2.10.

55 Abschrift überliefert in der Akte Brazda, 2 Js 127/37, Bl. 1. ThStAA.

56 Akte Brazda, 2 Js 127/37, Bl. 2. ThStAA.

57 Zinn: *Brazda 4. Dezember 2008.* S. 19.

58 So wird Brazda am 1. April 1941 zur Kripo Karlsbad bestellt und dort vernommen. Nach der Vernehmung wird er um 16.30 Uhr verhaftet. Dieser zweiten Verhaftung vorausgegangen waren Ermittlungen und Verhaftungen in Rudolfs Bekanntenkreis. Auch an der zweiten Verhaftung ist die Gestapo nach Aktenlage nicht beteiligt. Akte 4 Kms 5/41, Bd. I, Bl. 31f. SoavP.

59 So verfasst die Fachabteilung D für die Reichszentrale zur Bekämpfung der Homosexualität und Abtreibung seit 1937 bis Ende 1944 vierteljährlich Tätigkeitsberichte über die Verfolgung Homosexueller. Vgl. 20031 PP-V 4952. StAL. Zur Gründung der Leipziger Gestapo vgl. Schmid: *Gestapo Leipzig.* S. 10 f.

60 Vernehmungsprotokoll vom 8. April 1937. Akte Brazda, 2 Js 127/37, Bl. 2–3. ThStAA.

61 Vernehmungsprotokoll vom 8. April 1937. Akte Brazda, 2 Js 127/37, Bl. 3. ThStAA.

62 Vgl. Akte Brazda, 2 Js 127/37, Bl. 3R. ThStAA. Sowie: Gefangenentagebuch des Polizeipräsidiums Leipzig vom 8. April 1937. 20031 PP-S 8511. StAL.

63 Zinn: *Brazda 4. Dezember 2008.* S. 34.

64 Vernehmungsprotokoll Brazda vom 9. April 1937. Akte Winter, 1 Js 164/37, Bl. 54–55. ThStAA.

65 Haftbefehl vom 9. April 1937. Akte Brazda, 2 Js 127/37, Bl. 6. ThStAA.

66 Der Brief ist überliefert in der Akte Brazda, 2 Js 127/37, ThStAA. Der Grund der Beschlagnahmung ist handschriftlich auf dem Umschlag notiert. Rudolfs Mutter, die inzwischen in Falkenhain wohnt, wird erst nach dem 20. April von der örtlichen Polizei über dessen Verhaftung informiert. Vgl. Bl. 20–22.

67 Der Brief ist überliefert als Anlage 3 in der Akte Brazda, 2 Js 127/37, ThStAA.

68 Schreiben von Staatsanwalt Dr. Leupold an das Amtsgericht Leipzig vom 12. April 1937. Akte Brazda, 2 Js 127/37, Bl. 9. ThStAA.

69 Der Name wurde vom Autor aus Rücksicht auf die Privatsphäre geändert. Auch in Zitaten wurde der richtige Name durch das Pseudonym ersetzt.

70 Aussage Brazdas vom 16. April 1937. Akte Brazda, 2 Js 127/37, Bl. 10. ThStAA.

71 Die sogenannten »Nürnberger Rassengesetze« wurden am 15. September 1935 beschlossen. Das »Gesetz zum Schutze des deutschen Blutes und der deutschen Ehre« verbot die Eheschließung sowie den außerehelichen Geschlechtsverkehr zwischen Juden und Nichtjuden. Die sogenannte »Rassenschande« wurde mit Gefängnis und Zuchthaus bestraft, verfolgt wurden dabei nur die Männer. Mitunter wurden auch gleichgeschlechtliche Kontakte verfolgt. So wurde ein jüdischer Mann, der sich an einem 13-jährigen Jungen vergriffen haben sollte, am 18. Juni 1943 zum Tode verurteilt und hingerichtet. Vgl. S. 414, Anmerkung 84 in Przyrembel: »*Rassenschande«.*

72 Aussage H.B. vom 21. April 1937. Akte Brazda, 2 Js 127/37, Bl. 11f. ThStAA.

73 Akte Brazda, 2 Js 127/37, Bl. 13. ThStAA.

74 Für Bilz, der seit 5. April 1937 bei der Flakabteilung der Fliegerhorstkompanie Kölleda stationiert ist, ist das Luftwaffengericht III, Zweigstelle Weimar zuständig. Aus diesem Grund übernimmt die Kriminalpolizei in Weimar die Ermittlungen gegen ihn und veranlasst die Durchsuchung seiner Wohnung. Vgl. Akte Brazda, 2 Js 127/37, Bl. 13 f. ThStAA.

75 Der Familienname von Anton Götzl wird in den Polizeiberichten unterschiedlich geschrieben. Vgl. Ermittlungsbericht von Hauptwachtmeister Letsch vom 20. April 1937. Akte Brazda, 2 Js 127/37, Bl. 15. ThStAA. Richtig scheint, wie sich aus Rudolfs Notizbuch und Götzls an Werner adressiertem Brief ergibt, aber Götzl zu sein.

76 Unklar bleibt, wer bei der Durchsuchung befragt wird. Die Wirtin Helene Mahrenholz liegt weiterhin »an den Folgen eines schweren Schlaganfalles danieder« und ist nicht vernehmungsfähig. Vgl. Akte Brazda, 2 Js 127/37, Bl. 17. ThStAA.

77 Im Jahr 1937 werden bei der Erfassungsaktion 4.000 Homosexuelle registriert. In den folgenden Jahren steigt die Zahl der registrierten Männer rapide an bis auf 42.000 im Jahr 1940. Vgl. Berichte der Reichszentrale zur Bekämpfung der Homosexualität und der Abtreibung für die Jahre 1938, 1939 und 1940. Grau: *Homosexualität.* S. 154–155. Zu Himmlers Geheimerlass vom 10. Oktober 1936 vgl. auch Kapitel 3.1.

78 Letschs erster Bericht geht am 21. April nach Weimar. Am 24. April erbittet er die Unterlagen telefonisch zurück. Vgl. Akte Brazda, 2 Js 127/37, Bl. 15R-16. ThStAA.

79 Ermittlungsbericht vom 27. April 1937. Akte Brazda, 2 Js 127/37, Bl. 15R-16. ThStAA.

80 Vgl. Anmerkung 54.

81 Vernehmungsprotokoll vom 5. Mai 1937. Akte Brazda, 2 Js 127/37, Bl. 18f. ThStAA.

82 Dass inzwischen auch die gemeinsame Onanie strafbar ist, ist Brazda, wie sich aus dem Vernehmungsprotokoll ergibt, zu diesem Zeitpunkt definitiv bewusst.

83 Vernehmungsprotokoll vom 5. Mai 1937. Akte Brazda, 2 Js 127/37, Bl. 18f. ThStAA.

84 Zinn: *Brazda 4. Dezember 2008.* S. 19 f.

85 Während Onanie, die vor der Strafverschärfung von 1935 stattgefunden hatte, teilweise unter Umgehung des Rückwirkungsverbots verfolgt wurde, kam es bei entsprechenden Handlungen, die vor dem Straffreiheitsgesetz vom 7. August 1934 lagen, meist zu einem Freispruch. Vgl. Jürgen Müller: *Ausgrenzung.* S. 141 f. und S. 151. Vgl. auch Kapitel 2.11.

86 Akte Brazda, 2 Js 127/37, Bl. 33. ThStAA.

87 Akte Brazda, 2 Js 127/37, Bl. 23. ThStAA.

88 Akte Brazda, 2 Js 127/37, Bl. 25. ThStAA.

89 Akte Brazda, 2 Js 127/37, Bl. 31. ThStAA.

90 Zinn: *Brazda 4. Dezember 2008.* S. 19.

91 Erich Bauch, geb. am 19. September 1882, seit 1921 Landgerichtsrat in Altenburg, war bis 1923 Mitglied der DNVP. Bei einer Beförderung Mitte der 20er Jahre war er noch übergangen worden. Neben seiner politischen Zuverlässigkeit wurde ihm im März 1935 vom Landgerichtspräsidenten attestiert, er sei »für die Stelle eines Landgerichtsdirektors oder Oberlandesgerichtsrats durchaus geeignet. Führung und Charakter sind in jeder Hinsicht einwandfrei.« 1943 heißt es in einer Beurteilung des Jenaer OLG-Präsidenten, »für den größeren Wirkungskreis eines Landgerichtspräsidenten dürfte er jedoch nicht in Frage kommen«. Vgl. Personalakte des RMdJ. R 3001–50881. BArch.

92 Zinn: *Brazda 4. Dezember 2008.* S. 19.

93 Verurteilung widernatürlicher Unzucht. *Altenburger Landeszeitung. Tageblatt und Anzeiger für Altenburg.* 60. Jg., Nr. 111, 15. Mai 1937. S. 11.

94 Landgericht Altenburg. *Meuselwitzer Zeitung,* 2. Jg., Nr. 111, 15. Mai 1937. S. 2.

95 Akte Brazda, 2 Js 127/37, Bl. 27–28R. ThStAA.

96 Zinn: *Brazda 4. Dezember 2008.* S. 21.

97 Verurteilung widernatürlicher Unzucht. *Altenburger Landeszeitung. Tageblatt und Anzeiger für Altenburg.* 60. Jg., Nr. 111, 15. Mai 1937. S. 11.

98 Vergehen gegen den § 175. *Altenburger Zeitung für Stadt und Land,* 90. Jg., Nr. 111, 15./16. Mai 1937. S. 6.

99 Vgl. Register der Staatsanwaltschaft Altenburg 1935–1942. ThStAA. Der Anteil der Urteile nach Paragraph 175 liegt mit 77,2 Prozent etwas höher als in Würzburg (68,2%), Speyer (66,7%) und Düsseldorf (64,6%). Vgl. Jellonnek: *Homosexuelle.* S. 311.

100 Vgl. Jellonnek: *Homosexuelle.* S. 311.

101 Wilhelm Wähnert, geb. am 13. Dezember 1915, wird am 25. Juni 1937 zu drei Jahren Gefängnis verurteilt. Wähnerts Bemühungen um eine Begnadigung bleiben lange ohne Erfolg. Ein Gnadengesuch seines Anwalts vom 22. Oktober 1937 wird abgelehnt. Erst nach Kriegsbeginn wird er schließlich am 16. Dezember 1939, drei Monate vor seinem offiziellen Haftende, begnadigt. Akte Wähnert, 2 Js 74/37. ThStAA.

102 Akte Rauschenbach, 1 Js 72/37. ThStAA. Sowie: Der Kampf gegen die Unzucht geht weiter. *Altenburger Zeitung für Stadt und Land* , Nr. 170, 24./25. Juli 1937.

103 Helmut John, geb. am 20. April 1907, wird am 23. Juli 1937 zu 4 Jahren Gefängnis und 3 Jahren Ehrverlust verurteilt. Vgl. Akte John, 1 Js 136/37. ThStAA. Sowie: Der Kampf gegen die Unzucht geht weiter. *Altenburger Zeitung für Stadt und Land* , Nr. 170, 24./25. Juli 1937.

104 Leopold Kretzschmar, geb. am 6. Januar 1910, wird am 23. Juli 1937 zu 5 Jahren Zuchthaus und 8 Jahren Ehrverlust verurteilt. Vgl. Register der Staatsanwaltschaft Altenburg 1937. ThStAA. Sowie: Wieder Zuchthaus wegen Unzucht. *Altenburger Landeszeitung*, Nr. 170, 24./25. Juli 1937.

105 Winter leugnet das meiste und ist auch sonst sehr kämpferisch. So geht er in Revision bis zum Reichsgericht, das ihm teilweise Recht gibt. Vgl. Akte Winter, 1 Js 164/37. ThStAA.

106 Vgl. Akte Koffmane, 2 Js 155/37. ThStAA. In dem Prozess wird am 6. August 1937 auch Rudolf Brazda als Zeuge vernommen. Dabei gesteht er ein, 1934 oder 1935 auch mit Koffmane einmal onaniert zu haben. Beide werden aber nicht belangt, der »Fall Brazda« wird nach dem Straffreiheitsgesetz vom 7. August 1934 eingestellt. Vgl. Anmerkung 85.

107 Weder im Register der Staatsanwaltschaft noch in den überlieferten Akten findet sich ein Hinweis auf ein Strafverfahren gegen Johannes Schreiber.

108 Zu Bilz findet sich in Brazdas Akte der Hinweis, dass diese am 12. Juni 1937 für das Verfahren gegen Bilz zum Luftwaffengericht nach Weimar gesandt wurde, wo sie mindestens bis 18. September 1937 verblieb. Vgl. Akte Brazda, 2 Js 127/37, Bl. 34, 40 und 42. ThStAA. Zu dem Verfahren sind aber weder im Thüringischen Staatsarchiv Weimar noch im Militärarchiv Freiburg Akten überliefert.

109 Vgl. *Altenburger Landeszeitung* und *Altenburger Zeitung für Stadt und Land* vom 17./18. Juli 1937, 24./25. Juli 1937, 7./8. August 1937 und 28./29. August 1937.

110 Zu den Altenburger Sittlichkeitsverbrechen. Mahnung an alle Eltern. *Altenburger Landeszeitung*, Nr. 164, 17./18. Juli 1937.

111 Hermann Wilhelm Paul Höfner, geb. am 15. Juni 1895, wird am 16. Juli 1937 zu 6 Jahren Zuchthaus und 10 Jahren Ehrverlust verurteilt. Die Akte der Staatsanwaltschaft ist in seinem Fall nicht überliefert. Vgl. Register der Staatsanwaltschaft Altenburg 1937. ThStAA. Zum Prozess gegen Höfner vgl. folgende Zeitungsartikel: Zu den Altenburger Sittlichkeitsverbrechen. Mahnung an alle Eltern. Sowie: Der Prozessverlauf. *Altenburger Landeszeitung*, Nr. 164, 17./18. Juli 1937. Sowie: Ein ernstes Wort an alle Eltern. *Altenburger Zeitung für Stadt und Land* , Nr. 164, 17./18. Juli 1937.

112 Unter Anklage widernatürlicher Unzucht. *Altenburger Landeszeitung* , Nr. 182, 7./8. August 1937.

113 Dr. Heinrich Mock, geb. am 31. August 1904, wird am 27. August 1937 zu 3 Jahren Gefängnis verurteilt. Vgl. Akte Mock, 1 Js 29/37, ThStAA. Zum Prozess vgl.: Im Kampf gegen die Unzucht. *Altenburger Zeitung für Stadt und Land*, Nr. 200, 28./29. August 1937.

114 Vgl. Kapitel 3.11 und Akte Mock, 1 Js 29/37, ThStAA.

115 Im Kampf gegen die Unzucht. *Altenburger Zeitung für Stadt und Land*, Nr. 200, 28./29. August 1937.

116 Das »Treudienst-Ehrenzeichen« wurde am 30. Januar 1938 »aus Anlass der fünften
Wiederkehr des Tages der nationalen Erhebung« von Adolf Hitler gestiftet. Mit ihm
konnten Beamte, Angestellte und Arbeiter für 25-jährige (Ehrenzeichen 2. Stufe),
40-jährige (1. Stufe) sowie »50-jährige treue Dienstleistung« (Sonderstufe) ausge-
zeichnet werden. Zur Verleihung an Leupold und Bauch vgl. Personalakten des
RMdJ, R 3001–66391 und R 3001–50881. BArch.

117 Markiert sind in der im Bundesarchiv überlieferten Statistik des 1. Quartals 1937
auch die Zahlen der Angeklagten aus den OLG-Bezirken Darmstadt (64), Frankfurt
(27), Kassel (12), Kiel (81) und Stettin (96). Dem stehen deutlich höhere Zahlen aus
Berlin (239), Hamburg (231), Hamm (257) und Köln (176) gegenüber. Vierteljahresberichte des RMdJ zur Anklagestatistik. R 3001–21165. BArch. Vgl. auch Tabelle
2 im Anhang und Kapitel 3.1.

118 Zur Verlagerung der Homosexuellenszene zu anonymen Sexkontakten vgl. Sparing:
»Wegen Vergehen nach § 175 verhaftet«. S. 96–114. Sowie Lautmann: »Hauptdevise:
bloß nicht anecken.« S. 366–390.

119 1938 werden bei der Staatsanwaltschaft Altenburg nur noch vier Verfahren nach
Paragraph 175 gegen fünf Verdächtige geführt.

120 Zinn: Brazda 4. Dezember 2008. S. 20.

121 Vgl. Akte Mock, 1 Js 29/37, ThStAA. Sowie: Zinn: Brazda 10. Januar 2011. S. 1.

122 Zinn: Brazda 4. Dezember 2008. S. 19.

123 Vgl. Akte Brazda, 2 Js 127/37, Bl. 36 und 41. ThStAA.

124 Bei den Emslandlagern handelte es sich um insgesamt 15 Konzentrations-, Straf-
und Kriegsgefangenenlagern im Landkreis Emsland und der Grafschaft Bentheim.
Seit 1934 diente ein Teil als Strafgefangenenlager der Reichsjustizverwaltung. Zur
Kultivierung der emsländischen Moore mussten die Gefangenen schwere körperli-
che Arbeit verrichten. Rauschenbach war in Meppen/Ems.Lager X, Strafgefange-
nenlager 9 (früher Lager X Fullen) inhaftiert. Sein Stiefvater setzte sich mit mehreren
Gnadengesuchen, die sämtlich abgelehnt wurden, für seine Freilassung ein. Vgl.
Akte Rauschenbach, 1 Js 72/37. ThStAA.

125 Am 31. März 1938 wird gegen Kretzschmar, der im Lager VII Esterwegen sitzt, ein
Verfahren nach dem Heimtückegesetz eingeleitet, weil er »unter den Mitgefangenen
üble Gerüchte verbreitet« habe. Zusätzlich zu seiner 5-jährigen Zuchthausstrafe wird
er am 2. September 1938 zu anderthalb Jahren Gefängnis verurteilt. Am 8. Juni 1939
wird er in das Lager Walchum verlegt. Doc. No. 29052442#1, Doc. No. 11637397#1
und Doc. No. 3704050#1. ITS. Zu Homosexuellen in den Emslandlagern vgl. Hoffschildt: Verfolgung. S. 29–74.

126 Zinn: Brazda 4. Dezember 2008. S. 23. Vgl. auch Anmerkung 108. Brazdas Interpretation, Bilz sei zur Strafe sofort an die Front geschickt worden, kann nicht zutreffen,
weil der Krieg erst zwei Jahre später begann. Gleichwohl könnte Bilz später einem
Strafbataillon der Wehrmacht zugeteilt worden sein.

127 Akte Wähnert, 2 Js 74/37, Bl. 20. ThStAA. Eine in der Akte überlieferte Notiz des
Wehrmeldeamtes Arnstadt vom 5. April 1939 deutet darauf hin, dass er der »Sonderabteilung« zugeteilt werden sollte. Die Wehrmacht entledigte sich »unliebsamer Soldaten, indem sie sie an die SS auslieferte«. Sie wurden seit Mai 1938 in das Konzentrationslager Buchenwald, seit September 1939 vor allem ins KZ Sachsenhausen

eingewiesen und dort als »Sonderabteilung Wehrmacht« SAW geführt. Vgl. Gedenkstätte: *Konzentrationslager*. S. 68. Sowie: Kaienburg: Sachsenhausen. S. 33. Anfragen zu Wähnert bei der KZ-Gedenkstätte Sachsenhausen und beim ITS blieben ohne Ergebnis. Als Ursache für Wähnerts frühen Tod am 23. August 1941 ist beim Standesamt Altenburg notiert, er sei an der Ostfront vor Tripolje gefallen.

128 Nach Ende seiner Haftzeit verhängt die Kripo Hannover gegen Rauschenbach am 8. März 1941 die Schutzhaft. Nach Buchenwald wird er am 3. April 1941 von der Kripo Altenburg eingeliefert. Dort bekommt er die Häftlingsnummer 2627. Doc. No. 6903445#1. ITS.

129 Gegen John verhängt die Stapo Weimar am 26. Mai 1942 die Schutzhaft. Nach Buchenwald wird er am 5. Juni 1942 eingeliefert. Akte John, 1 Js 136/37. ThStAA. Sowie: Doc. No. 6196952#1. ITS.

130 Paul Höfner wird am 16. März 1943 mit der Häftlingsnummer 9600 in Buchenwald eingeliefert. Auskunft Rainer Hoffschildts vom 30. November 2010.

131 Die Kripo Weimar ordnet gegen Kretzschmar am 26. August 1943 die Schutzhaft an. Doc. No. 6378984#1. ITS.

132 Dieg hat seine Zuchthausstrafe am 16. November 1940 verbüßt. Der Termin seiner Einlieferung ins Konzentrationslager ist unklar. Am 21. Mai 1941 ist er in Sachsenhausen und soll von dort nach Natzweiler überstellt werden. Stattdessen kommt er in den Krankenbau, wo er am 28. Mai stirbt. Akte Dieg, 2 Js 324/37. ThStAA. Sowie: Doc. No. 4091045#1, Doc. No. 4089412#1 und Doc. No. 4089419#1. ITS.

133 Zinn: *Brazda 5. Dezember 2008.* S. 2.

134 Zinn: *Brazda 5. Dezember 2008.* S. 2.

135 Rudolf Brazda war bereits am 17. Juni 1935 für den Dienst in der tschechoslowakischen Armee gemustert und für untauglich befunden worden. Im November 1937 ließ er sich das Ergebnis vom Chemnitzer Konsulat bescheinigen. Das Dokument hat sich in seinen persönlichen Unterlagen erhalten.

136 Der Auszug aus dem Strafregister ist überliefert in der Akte 4 Kms 5/41, Bd. I. SoavP. Das Regierungspräsidium Merseburg war zuständig, weil Rudolf Brazdas Geburtsort Brossen, Kreis Zeitz – im Gegensatz zum Nachbarort Meuselwitz, der schon in Thüringen lag – zur preußischen Provinz Sachsen gehörte. Die »Reichsverweisung« wurde gemäß Paragraph 2 des Gesetzes über Reichsverweisungen vom 23. März 1934 angeordnet. Leider ist der Vorgang nicht überliefert, so die Auskunft des Landeshauptarchivs Sachsen-Anhalt, Abteilung Merseburg, vom 6. Oktober 2010.

137 Zinn: *Brazda 5. Dezember 2008.* S. 2.

4. Karlsbad 1937–1941

4.1 Ein neues Leben im »Weltbad Karlsbad«

Irgendwann um die Jahreswende 1937/38 besteigt Rudolf am Meuselwitzer Bahnhof den Zug Richtung Karlsbad. Seine Mutter steht am Bahnsteig, auch ein Teil seiner Geschwister ist gekommen. Besonders Anna Brazda fällt der Abschied von ihrem Jüngsten schwer. Rudolf dagegen hat durchaus gemischte Gefühle. In die Wehmut, seine Familie zurückzulassen, mischt sich die Erleichterung, Nazideutschland den Rücken zu kehren. Die Aussicht, nach Karlsbad zu fahren, in diese mondäne und liberale Stadt, in der er mit Werner so schöne Tage verbracht hat, weckt in ihm Abenteuergeist. Fast kommt es ihm vor, als führe er in das sagenumwobene Paris, die Stadt seiner Träume, die Stadt, in der Josephine Baker die Cabarets füllt.

Es ist ein kalter, sonniger Wintertag. Rudolf winkt Mutter und Geschwistern, noch lange steht er am Abteilfenster, bis Meuselwitz hinter den sanften Hügeln seiner Heimat verschwunden ist. Am Altenburger Bahnhof, wo er ein halbes Jahr zuvor mit dem Gefangenentransport aus Leipzig ankam, muss er umsteigen. Erinnerungen an Prozess und Gefängnis werden wach – Rudolf ist froh, mit diesem Kapitel abzuschließen. Für ihn beginnt jetzt ein neues Leben. Ein Leben in der alten Heimat seiner Eltern, ein Leben in der Freiheit.

Rudolf schultert seinen Rucksack, darin hat er seine beiden Anzüge, Fotos von Werner und seiner Mutter, seinen tschechoslowakischen Heimatpass und die Untauglichkeitsbescheinigung des Chemnitzer Konsulats verstaut. Bei sich hat er auch eine stolze Summe Bargeld, die ihm Mutter und Geschwister zugesteckt haben: »Ich hatte noch ein wenig Geld und meine Mutter und meine Geschwister, die haben mir Geld gegeben, damit ich nicht betteln musste. Das Geld habe ich in meine

Unterhose eingenäht, darin habe ich es versteckt, damit die Deutschen, wenn wir über die Grenze gehen, es nicht wegnehmen.«[1]

Auf der Fahrt zur Grenze beschleicht ihn immer wieder Nervosität. Was, wenn die Zollbeamten das Geld finden? Wie soll er dann durchkommen in der letztlich doch fremden Stadt? Am Grenzbahnhof in Johanngeorgenstadt hält der Zug lange. Rudolf hört, wie sich die Kontrolleure seinem Abteil nähern. »Die Ausweise bitte!« Der Beamte wirft einen Blick in den Pass, schaut Rudolf prüfend an. »Ist das Ihr Rucksack? Öffnen!« Gezielt greift der Grenzer in eine Seitentasche und zieht die Fotos heraus. Er sieht sich die Bilder an, sieht Rudolf an. Todesmutig sagt dieser: »Meine Mutter und mein Bruder«. Mit einem Kopfschütteln gibt der Beamte die Fotos zurück und wendet sich zum nächsten Reisenden.

In Karlsbad ist es schon dunkel, als Rudolf Brazda am Oberen Bahnhof aus dem Zug steigt. Von der Eger ziehen Nebelschwaden herauf, auf dem Bahnhofsvorplatz herrscht eine gespenstische Stimmung. Plötzlich wird Rudolf klar, dass er auf sich allein gestellt ist in der fremden Stadt, in einem fremden Land. Wohin soll er gehen? Wo soll er übernachten? Verloren steht er vor dem Bahnhof, als ihn plötzlich ein junger Mann anspricht: »Sind Sie Herr Brazda? Rudolf Brazda?«

»Als ich dann bei meiner Ausweisung über die deutsche Grenze nach Karlsbad kam, hab ich mir Gedanken gemacht und ich weiß jetzt nicht warum, aber da empfing mich irgendein Delegierter von den sudetendeutschen Sozialisten. Weil die gehört hatten, dass ich vorher schon in Deutschland war. Das haben die irgendwie rausbekommen, oder das ist denen mitgeteilt worden. Da bin ich in deren Hände gekommen und die haben sich um mich gekümmert.«[2]

Als Rudolf diese Geschichte erzählt, muss er lachen. Dass er am Bahnhof empfangen wird wie ein prominenter Widerstandskämpfer, kommt ihm noch heute komisch vor. Mit seiner kommunistischen Vergangenheit hat er damals schließlich schon lange abgeschlossen. Doch einer seiner ehemaligen Genossen muss an die Karlsbader KP geschrieben haben, man solle sich um Rudolf kümmern. Der ist froh, dass ihm die Ankunft so leicht gemacht wird. Der Parteifunktionär nimmt ihn mit zu sich nach Hause, mit Frau und Kindern bewohnt er zwei düstere Zimmer eines Hinterhauses. Die erste Nacht verbringt Rudolf bei dieser Familie, doch wohl fühlt er sich hier nicht. Schon am nächsten Tag macht er sich auf die Suche nach einer eigenen Bleibe: »Da war ich froh, dass ich dort wegkonnte. Ich wollt dem Mann nicht auf die Nerven gehen und er hat mich ja nur aus Kameradschaft sozusagen aufgenommen.«[3] Rudolf beschließt, seinen alten Freund Anton Götzl aufzusuchen. Den Freund, den er und Werner im Sommer 1936 auf ihrer gemeinsamen Tschechei-Reise kennengelernt hatten. Anton, dem Werner einen alten Mantel geschickt und dessen Dankesbrief der Polizei als Beweis für Rudolfs Homosexualität gedient hatte ... Bis zu Anton ist es nur ein Katzensprung, auch er wohnt im Bahnhofsviertel. Als Rudolf vor Haus »Phaethon« steht, überlegt er kurz, ob er Anton davon erzählen soll, welche Folgen sein Brief hatte. Doch als dieser die Tür öffnet, weiß er, dass er nichts sagen wird. Anton strahlt ihn an, er ist überglücklich, Rudolf in die Arme schließen zu können.

Gemeinsam ziehen sie los, um ein Zimmer für Rudolf zu suchen. Nicht weit vom Bahnhof werden sie fündig. Die neue Bleibe liegt über einem Wirtshaus, in dem leichte Mädchen nach Kundschaft Ausschau halten: »Es war nicht gerade eine schöne Wohnung, es war eine Dachkammer über einem Wirtshaus, aber die Wirtsfrau war anständig mit mir.«[4] Die Kammer ist zugig und schmutzig, aber die Miete ist so gering, dass er sich nicht mit Zukunftsängsten plagen muss: »Mit dem Geld konnte ich mir gleich ein Zimmer mieten, das gewöhnlichste, billigste, in einer Dachkammer, da ist der Ruß durch die Fensterscheiben gekommen, in so einem Zimmer habe ich gelebt.«[5]

Am folgenden Tag geht er aufs Polizeirevier: »Ich hab mich angemeldet, denn ich brauchte einen Ausweis in Karlsbad, um in die städtischen Küchen zu gehen, wo sie den armen Leuten Essen gegeben haben.«[6] Tatsächlich isst Rudolf aus Sparsamkeit zunächst in den städtischen Armenküchen: »Ich habe noch lange nicht das Geld angegriffen, denn ich bin zu der Armenküche gegangen und habe da Mittag gegessen. Ein schönes Stück Brot gab es denn auch noch, wenn man gegangen ist, das habe ich abends mit Äpfeln oder einem Stück Wurst gegessen.«[7]

In der Armenküche macht Rudolf schon bald eine interessante Bekanntschaft. Der Mann fällt ihm sofort auf: »groß und stark und tuntig«.[8] Er trägt einen eleganten Mantel, Seidenschal und Hut. Und auch seine Bewegungen sind viel zu vornehm für das Publikum einer Armenküche. Rudolf ist neugierig und spricht ihn an: »Da hatte ich auch wieder Schwein, da hatte ich so flüchtig auch wieder einen Homo kennengelernt, großer und starker Kerl, Josef.« Josef Nawrocki ist neun Jahre älter und wesentlich erfahrener als Rudolf.[9] Früher wollte er mal eine katholische Laufbahn einschlagen, daher hat er seinen Spitznamen: »Der Heilige Josef war auch mal im Kloster, aber da ist er wegen homosexuellen Gedanken rausgeflogen.«[10] Inzwischen verdient Josef seine Brötchen als Eishändler. Doch das Geschäft geht nur im Sommer, wenn genug Kurgäste da sind und das Wetter mitspielt.

In Karlsbad kennt sich Josef natürlich viel besser aus als Rudolf: »Der hat mir aus seinem Leben erzählt und hat mir da am Strich Sachen gezeigt.« Der Strich, das ist im Sprachgebrauch der Homosexuellen damals nicht etwa die Meile, an der sich die Prostituierten treffen. Der Strich ist vielmehr das, was man heute auf neudeutsch »Cruising-Area« nennt. Ein Bahnhof, eine öffentliche Toilette oder eine Parkanlage, wo sich schwule Männer treffen. Josef zeigt Rudolf diese Orte homosexueller Sehnsucht. Und nicht nur die: Morgens stapft man gemeinsam durch die verschneiten Anlagen am Hirschensprung. Nachmittags flanieren die beiden die Kurpromenade auf und ab. Für Josef ist das der große Auftritt: Mit langem, wehendem Mantel und elegantem, wiegendem Schritt stolziert er vom Mühl- zum Marktbrunnen:

»Der Heilige Josef da, auf der Promenade, den Mantel über die Schultern gehängt, Menschenskinder, also nein, da hat er so ausgesehen wie ein reicher Maharadscha, dabei war er der ärmste Trottel. Eh er auf die Straße gegangen ist, hat er sich geschminkt. So dezent, nicht auffällig, dezent, aber doch! Er hat elegante Kleidung gehabt, wo er sie herhatte, weiß ich nicht. Nicht feminin, richtige Männerkleidung, elegant! Ein hellbrauner Mantel, aus Kamelhaar. Und aus welcher Wohnung er damit rausgekommen ist, im Hinterhaus irgendwo.«[11]

An den Kolonnaden legt der Heilige Josef eine Pause ein, zieht den typischen Karlsbader Becher mit dem seltsamen Schwanenhals aus der Manteltasche und füllt ihn mit heißem Quellwasser. Rudolf führt noch heute mit Begeisterung vor, wie exaltiert er den goldverzierten Becher zwischen Daumen und Zeigefinger hielt, die restlichen Finger weit abgespreizt, wie er den Schwanenhals dann im großen Bogen zum gespitzten Mund führte, um kurz daran zu nippen. Nicht nur Rudolf ist angesichts dieser Performance aus dem Häuschen. Die halbe Kurpromenade bleibt stehen, um diesem ulkigen Geschöpf ihre Aufmerksamkeit zu schenken. Weniger amüsiert ist die Karlsbader Polizei, die Josef schließlich ein Aufenthaltsverbot für den Mühlbrunnen erteilt.[12]

Josef nimmt Rudolf auch mit zu sich nach Hause, in die Felix-Dahn-Straße gegenüber der Markthalle: »Er hat mich mitgenommen zu seiner Wirtin, wo er gewohnt hat. Das war auch so eine Seele von einer Frau. Sie hat mir gleich Essen gegeben, sie hat mich direkt ins Herz geschlossen.« Anna Kaptor heißt die alte Dame und sie hat ein großes Herz für hübsche und sensible junge Männer wie Rudolf. Anna hat viel Ähnlichkeit mit Helene Mahrenholz: Sie ist 68 Jahre alt, verwitwet und sie spielt gerne die »Schwulenmutter«. Rudolf, den sie schon bald liebevoll »Schmuzal«[13] nennt, bietet sie an, zu ihr zu ziehen: »Da hat sie gesagt, du kannst ruhig bei mir schlafen. Sie hatte ein kleines Zimmer gehabt. Da hab ich bei ihr gewohnt.« Das Zimmer muss Rudolf allerdings mit anderen Mitbewohnern teilen. Als er abends im Bett liegt und ein Kreuz an der gegenüberliegenden Wand betrachtet, hat er plötzlich das Gefühl, dass es sich bewegt. Er springt aus dem Bett und schaut sich die Sache genauer an. Das Kreuz besteht aus kleinen schwarzen Käfern, die an der Wand entlangkrabbeln: »Wo sich der Herrgott bewegt hat, Jesses nein! Karlsbad war voller Wanzen, manchmal bin ich aufgewacht, da war das Bettzeug ganz blutig von den Wanzen.«[14]

Anna Kaptor betreibt in der Markthalle einen Gemüsestand. Und nicht nur Gemüse gibt es dort. Sie schenkt auch den berühmten Karlsbader Kaffee aus, der in schönen schlanken Gläsern serviert wird. Weil Anna ein großes Herz hat, ist an ihrem Stand immer etwas los. Die ganze Karlsbader Halbwelt trifft sich hier. Schwule und Huren, Künstler und Gestrauchelte, für alle hat sie einen heißen Kaffee und ein paar wärmende Worte. Rudolf bekommt den Kaffee natürlich gratis, lange sitzt er bei ihr und erzählt von seinen Erlebnissen und Träumen. Anna hat aber auch einen Sinn fürs Praktische. Sie sorgt sich um Rudolfs berufliche Zukunft – und macht ihn mit einem anderen Händler bekannt. Mosche Löwi kann Unterstützung gebrauchen, einen Vertreter, der von Tür zu Tür geht, um die Karlsbader Hausfrauen mit guten französischen Seifen und Parfums zu bezirzen. Rudolf lässt sich breitschlagen. In den folgenden Wochen zieht er mit einem schweren Koffer durch Karlsbad, übervoll mit guter Ware. Für jede verkaufte Seife bekommt er zehn Prozent Provision. Doch das Geschäft liegt ihm nicht, der Koffer will nicht leichter werden.

Viel lieber zieht Rudolf abends los, gemeinsam mit Josef und Anton, in die Gasthäuser, auf die Tanzböden, in die Schwulenbars. Kurz: dorthin, wo was los ist. Wie in seinen wilden Meuselwitzer Zeiten schwingt er die Hüften, spreizt die Beine, wackelt mit dem Po. Die Karlsbader staunen, klatschen in die Hände, feuern Rudolf an. Einige Kurgäste reagieren konsterniert, doch auch sie erliegen dem Charme des jungen Mannes. Schon bald ist Rudolf in Karlsbad bekannt wie ein bunter Hund: »Weil ich ja auch schon früher getanzt habe, auch manchmal aus Vergnügen, in einem Tanzlokal, auch in großen Sälen, bin ich dorthin gegangen. Die sagten, ich soll mal tanzen, weil sie gewusst haben, dass ich tanzen kann. Ich imitierte die Josephine Baker, die Musikkapelle hat einen Tusch gegeben und jemand gab bekannt, dass ein Talentierter jetzt was vorzeigen will: die Josephine Baker.«[15] Rudolf beschließt, aus dem Vergnügen ein Geschäft zu machen: »Wenn ich fertig getanzt habe, dann haben die Leute geklatscht, und ich bin mit dem Teller rumgegangen, wie ein Bettler. Macht nichts, alles muss der Mensch mal ausprobiert haben.« Schon bald verdient er deutlich mehr als ihm der Seifenverkauf jemals einbringen kann.

Also professionalisiert Rudolf sein neues Gewerbe. Für die Auftritte lässt er sich ein Kostüm aus roter Seide nähen, eine luftige Pluderhose, ein bisschen so, wie Clowns sie auf Jahrmärkten tragen, und eine knapp sitzende Weste, die den Bauch freilässt. Denn den Bauch muss man sehen, wenn Rudolf die Josephine tanzt: »Ich habe das selber ausgedacht, mit der Weste da, ich war immer schön braungebrannt, von der Sonne, und da hat das schön ausgeschaut. Ich hatte so schöne Fotos. Mit der roten Hose und der Weste habe ich so Freiübungen gemacht, die sind fotografiert worden. Die Hose war ganz glänzend, war so Stoff wie Seide. Ein helles, schreiendes Rot. Schreiend, wunderschön zum Anschauen war das Rot. Und geglänzt hat der Stoff.«[16]

Rudolf trifft einen Jungen, der seine Tanzeinlagen ankündigt und danach mit dem Hut herumgeht. Das Geschäft floriert und die Einnahmen werden nun brüderlich geteilt. Bald geht man auf »Tournee«, zieht durch die umliegenden Kleinstädte und Dörfer, nach Aich und Taschwitz, Alt Rohlau und Zettlitz:

»Samstag und Sonntag war auf den Dörfern und überall öffentlicher Tanz. Da sind die Leute hingegangen, um sich zu amüsieren. Die Leute untereinander, Mann und Frau, die haben miteinander getanzt. Und ich wurde dann ausgeblasen, von der Kapelle. Denke mal, die Josephine und der Bauchtanz war doch verrückt seinerzeit. Jetzt schäm ich mich, dass ich das gemacht habe. Aber das Gefühl einer jungen Tunte ist in mir gewesen, wegen dem habe ich eben auch den Tanz gelernt. Der Trieb, sich zu zeigen. So ist es eben, jeder hat eine Veranlagung und ich hatte diese. Menschenskind, wenn ich denke, wie das immer geklappert hat in der Schüssel, wenn das Geld hineingeprasselt ist, großes und kleines. Die Leute waren begeistert und da haben sie auch gut gegeben.«[17]

Die Bevölkerung ist hingerissen von Rudolfs Darbietungen, man ist dankbar für jede Abwechslung. Denn die Stimmung in den überwiegend deutschen Orten des Sudetenlandes ist schon seit Jahren aufgeheizt. Die Konflikte mit der tschechischen Zentralregierung, die immer aggressivere Propaganda der Sudetendeutschen Partei (SdP), das alles vergisst man gerne für einen Abend bei Bier, Musik und Tanz. Tatsächlich gleicht die Situation zur Jahreswende 1937/38 einem Tanz auf dem Vulkan. Das politische Klima ist vergiftet durch Jahrzehnte der unversöhnlichen Feindschaft zwischen Deutschen und Tschechen. Als nur deutsch sprechender Tscheche im überwiegend deutschen Sudetenland sitzt Rudolf mal wieder zwischen allen Stühlen.

Einen ersten Eindruck davon bekommt er schon kurz nach seiner Ankunft in Karlsbad, als er überraschend Besuch von der tschechoslowakischen Geheimpolizei erhält: »Und einen Tag später kamen drei Männer zu mir und fragten, was da los gewesen sei, dass ich ausgewiesen wurde. Das waren tschechische Beamte, eine andere Art von Polizei.«[18] Rudolf will nicht lügen und erzählt, dass er »wegen Homosexualität ausgewiesen« wurde: »Ich sagte nur: ›Ich interessiere mich nicht für die Politik, mir wäre es lieber, Sie lassen mich in Ruhe.‹ Die haben gewusst, dass ich homosexuell bin, die haben das aber nicht verfolgt. Wir haben ja dort in Schwulenlokalen getanzt, in Karlsbad, da war noch eine gewisse soziale Freiheit gewesen, in der Tschechei.«[19] Die Freiheit ist in diesen Tagen aber schon äußerst fragil. Das gilt auch für die Homosexuellen, die zwar strafrechtlich weniger gefährdet sind als in Deutschland, aber auch hier immer mit einem Bein im Gefängnis stehen. Homosexuelle werden zwar nur selten verfolgt. Schwierig kann es aber werden, wenn sie sich politisch engagieren. Dann ist die Homosexualität ein willkommener Anlass, den jeweiligen Gegner zu denunzieren.

Im Winter 1937/38 sind die Zeitungen voll mit Berichten über einen solchen Fall. Es geht um Heinz Rutha, »Außenminister« der Sudetendeutschen Partei und enger Vertrauter des Parteiführers Konrad Henlein. Nach einer Denunziation aus den eigenen Reihen werden Rutha und elf weitere Mitglieder der SdP am 6. Oktober 1937 verhaftet. Der Vorwurf: Vergehen gegen den Paragraphen 129b des tschechoslowakischen Strafgesetzbuches, der ähnlich wie der alte Paragraph 175 die »Unzucht wider die Natur mit Personen desselben Geschlechts« unter Strafe stellt.[20] Ruthas innerparteiliche Gegner wollen ihn mit dem Homosexualitätsvorwurf ausschalten. Den nationalsozialistischen Hardlinern, die den Anschluss an Nazideutschland propagieren, ist Rutha ein Dorn im Auge, weil er eine separatistische Linie vertritt. Statt um einen »Anschluss« geht es ihm um das Selbstbestimmungsrecht der Sudetendeutschen, das er sich auch in einem tschechoslowakischen Kantonalstaat nach schweizerischem Vorbild vorstellen kann. Tatsächlich geht es bei der Denunziation Ruthas also nicht um seine sexuelle Veranlagung, sondern darum, Konrad Henlein, der zu Ruthas Linie neigt, zu schwächen. Und der Coup gelingt. Rutha nimmt sich am 5. November im Gefängnis das Leben. Und Henlein propagiert nach dem Verlust seines wichtigsten Mitarbeiters Mitte November 1937 erstmals die Anschlusspolitik Hitlers.[21]

Der »Fall Rutha« bleibt jedoch kein interner Konflikt der Sudetendeutschen Partei. Von Beginn an berichten vor allem sozialdemokratische und kommunistische Zeitungen über die Verhaftungen. Die Parteiorgane der Deutschen Sozialdemokratischen Arbeiterpartei und der Kommunistischen Partei der Tschechoslowakei versuchen so, die sudetendeutsche Bevölkerung, die zu großen Teilen mit der SdP sympathisiert, auf ihre Seite zu ziehen. Sie berichten über die angeblich verderblichen Wirkungen der Homosexualität, für die Rutha das beste Beispiel sei. Mehr noch, sie behaupten, dass die SdP wie auch die NSDAP von Homosexuellen durchsetzt sei und dass »diese enge Verstrickung des ganzen Naziregimes mit den homosexuellen Cliquen […] mit dem ganzen Wesen des Faschismus« zusammenhänge.[22] Das Propagandaklischee von den »homosexuellen Nazis« ist nicht neu, schon seit 1933 gehört es zum Instrumentarium insbesondere der sozialdemokratischen und kommunistischen Exilpresse.[23] In der Propagandaschlacht um den »Fall Rutha« wird es über Wochen und Monate bis zum Exzess bemüht. Es ist vor allem die kommunistische *Rote Fahne*, die den angeblichen Zusammenhang von Homosexualität und Faschismus predigt. Dabei bedient sie sich homosexuellenfeindlicher Klischees wie auch einer biologistischen Sprache, die der der Nazis zum Verwechseln ähnelt.

Die Parallelen zu den Berichten der Altenburger Zeitungen über die antihomosexuelle Verfolgungswelle vom Sommer 1937 sind frappierend. Hatte die *Altenburger Zeitung* getitelt: »Ein ernstes Wort an alle Eltern«,[24] so meint die *Rote Fahne*, »ein ernstes Wort an alle sudetendeutschen Eltern« richten zu müssen. Und auch die Begriffe, die auf beiden Seiten benutzt werden, sind teilweise dieselben. Forderte die *Altenburger Landeszeitung*, die »Verbreiter dieses Giftes« müssten »aus dem Volkskörper entfernt« werden, so erklärt die *Rote Fahne* nun, mit dem »faschistischen Gift« werde »auch die homosexuelle Seuche in alle Verbände hineingeschleppt«[25] und fordert: »Das Geschwür der faschistischen ›Männerbündelei‹ muss aus dem sudetendeutschen Volkskörper bis aufs Fleisch ausgebrannt werden.«[26]

Wie hat Rudolf auf all das reagiert? Er, der vor wenigen Jahren noch selbst bei der kommunistischen Jugend war und den die Karlsbader Genossen gerade erst mit allen Ehren empfangen hatten? Das Bild von der großen Freiheit, die Karlsbad für Rudolf noch bis vor kurzem verkörpert hatte, wird schon bald Risse bekommen haben. Was hat er gedacht, wenn er den Karlsbader Kommunisten auf der Straße begegnet ist? Was hat er gesagt, wenn über das Thema gesprochen wurde? Die Verhaftung von Rutha wird in den Schwulenkneipen Gesprächsstoff Nummer eins gewesen sein. Hat er von seinen Erlebnissen in Deutschland berichtet? Von seiner Zeit im Altenburger Gefängnis? Wahrscheinlich schon, denn Rudolf ist nicht der Typ, der so etwas in sich hineinfrisst. Doch er ist auch nicht der Typ, der das Schwarze an die Wand malt. Er versucht immer, das Positive zu sehen, das Beste aus einer Situation zu machen. Und noch fühlt er sich in Karlsbad tausendmal freier als in Deutschland. Die ungewohnte Freiheit genießt er in vollen Zügen – jetzt erst recht, was immer da auch kommen mag.

4.2 Die große Freiheit: Mit der Fischli-Bühne durchs Sudetenland

Tatsächlich fühlt sich Rudolf in Karlsbad sehr wohl, ihm kommt es so vor, als sei er nach Hause gekommen: »Das war gut gewesen, dass ich mich schon eingelebt hatte mit den Besuchen in Karlsbad. Wo sie mich dann ausgewiesen haben aus Deutschland, nach der Tschechei, bin ich direkt nach Karlsbad und ich war wieder zuhause. Ich habe gar nichts gemerkt, die Fremde habe ich gar nicht gespürt. Ich bin tanzen gegangen und habe wieder einen Kamerad kennengelernt, für eine Weile.«[27]

Den »Kameraden« lernt er kennen, als er in einer Karlsbader Schwulenkneipe die Josephine gibt. Bruno heißt der junge Mann, ist Schauspieler, hat einen Blick für Rudolfs Talent – und für sein hübsches Äußeres. Rudolf lässt sich von ihm mit nach Hause nehmen und schon bald haben die beiden eine Liaison: »Ich bin doch mit dem zusammengekommen, der dort am Theater angestellt war. Ein kleiner Schauspieler, mit dem bin ich tanzen gewesen. Den hab ich in einem Schwulenlokal kennengelernt. Der hat sich in mich verliebt, dann bin ich mit dem rumgezogen.«[28]

Die große Liebe ist Bruno für Rudolf zwar nicht, eine spannende Affäre ist er aber doch. Und die beiden haben etwas gemeinsam: Auch Bruno stammt aus Deutschland. Er ist geflüchtet, weil er Jude ist. Für jüdische Schauspieler gibt es im »tausendjährigen Reich« keinen Platz mehr. Jetzt arbeitet Bruno bei einer Theatertruppe, die übers Land zieht und in Dorfgasthöfen Operetten aufführt. Es ist die »Westböhmische Volksbühne«, geleitet von Hermann Fischli.

Bruno meint, dass Rudolf noch mehr aus seinem Talent machen sollte, und nimmt ihn kurzerhand mit zur »Fischli-Bühne«: »Er hat mich mit ins Theater genommen, und der Theaterdirektor Fischli sagte: ›Talentiert ist der auch, der kann ja ins Kabarett, wenn extra Stunden sind kann er ja tanzen und wenn er Talent dazu hat, auch kleinere Rollen spielen.‹« Ganz so problemlos läuft Rudolfs Engagement allerdings doch nicht ab. Denn Hermann Fischli ist ebenfalls ein Emigrant, einer von etwa 10.000 Juden, die aus Deutschland in die Tschechoslowakei geflüchtet sind. Der größte Teil der Theatertruppe besteht aus jüdischen Emigranten. Und Hermann Fischli hat Angst, dass das Engagement eines »Verfolgten« in der politisch zunehmend aufgeheizten Stimmung Nachteile mit sich bringen könnte: »Der Direktor hatte Bedenken mit mir, weil ich ein Verfolgter war, und er dachte, als Jude, wenn die Polizei kommt, dass er verhaftet wird.« Letztlich siegt aber die Solidarität. Rudolf wird engagiert, offiziell als Bühnenarbeiter, aber er darf auch kleine Rollen übernehmen – und natürlich tanzen.[29]

Rudolf ist Feuer und Flamme. Sofort gibt er sein Karlsbader Zimmer auf und verschreibt sich der Wanderbühne mit Haut und Haaren. Über

Bruno lernt er die ganze Truppe kennen. Und der Direktor hat Rudolf schnell ins Herz geschlossen:»Er hat mir den Namen Bubi gegeben.« Mit zwei Kolleginnen ist»Bubi« bald ganz besonders dicke: mit der Soubrette Christel und der Schauspielerin Dora. Wenn Rudolf von Christel erzählt, ist er noch heute hin und weg:»Wie die getanzt hat, unglaublich, und singen konnte die!« Die ganze Atmosphäre bei der Bühne ist so offen, lustig und befreiend, Rudolf hat das Gefühl, als hätte er endlich das Leben gefunden, nach dem er immer gesucht hat. Ein Leben unter Künstlern, ein Leben, in dem Moral und Konventionen nichts zählen, nur Herz und Talent.

In den folgenden Monaten zieht er gemeinsam mit der Fischli-Bühne durch Böhmen. Die Truppe gastiert vornehmlich in Kleinstädten und Dörfern des Sudetenlandes:»Ehe wir in eine Stadt gekommen sind, wurden Reklameblätter ausgeteilt und es wurde bekanntgegeben, dass wir, die Fischli-Bühne, erscheinen und Operetten darstellen werden. Die meisten haben sich vor Ort eine Privatwohnung genommen. Ich habe mir mit meinem Freund ein Privatzimmer gemietet. Die Leute haben uns aufgenommen, haben uns beköstigt und schlafen lassen. Diese Leute konnten dann umsonst ins Theater kommen.«[30]

Rudolf ist bei der Fischli-Truppe das»Mädchen für alles«. Er hilft beim Auf- und Abbau, bei der Dekoration der Bühne, beim Schminken der Schauspieler. Und auch auf der Bühne steht er immer wieder:»In der Operette, kleine Rollen, wo ich nur ein paar Worte gesprochen habe, ich bin ja feminin und konnte nicht so viel zeigen als Mann.« Seine großen Auftritte kommen jedoch später, nach dem Ende des offiziellen Programms. Dann betritt er die Bühne als Frau, als Josephine Baker:»Ja, natürlich, das erst Recht! Als Beigabe für das Publikum habe ich getanzt, oder wenn ein Kabarett war, dann musste ich tanzen.«[31]

Als ich mit Rudolf über seine damaligen Auftritte rede, springt er plötzlich auf und beginnt, eine kleine Szene aufzuführen. Mit raumgreifenden Gesten und heftigem Augenzwinkern deklamiert er den folgenden Text, der vielleicht einen kleinen Eindruck der Zeit bei der Fischli-Bühne vermittelt:

»Meine Damen und Herren, ich bin kein Schauspieler, aber ein Witzbold vielleicht! Nun werde ich den Direktor fragen: Herr Direktor, kann ich Ihnen mal eine kleine Probe meines schauspielerischen Talents vorstellen? Ich beginne: Finster war die Nacht, finster! Ach nein, es war heller Tag! Ich gehe auf einer Wiese spazieren, die

Sonne brennt auf mich herab, ich halt es nicht mehr aus! Ich gehe weiter, ich pflücke Blumen, um mein Haupt zu schmücken. Ach, ah, was sehe ich da! Mein Mann, der mich verlassen hat! Archibald, du Schurke! Gib mir meine sieben Kinder zurück, wenn nicht, erschlage ich dich.«[32]

Das Programm der Fischli-Bühne ist eine Mischung aus Operette, Kabarett und Tanzeinlagen. Doch das Ganze ist ein heikler Balanceakt: Direktor Fischli muss zwischen dem linksliberalen Geist der Emigrantentruppe und dem Geschmack des deutschtümelnden, zunehmend von der Propaganda der Nazis beeinflussten Publikums lavieren. Besonders seit dem Anschluss Österreichs am 13. März 1938 ist die Begeisterung der Sudetendeutschen kaum mehr zu bremsen. Viele hoffen, dass nun auch das Sudetenland »heim ins Reich« geholt wird. Die Sudetendeutsche Partei hat enormen Zulauf, ihre Mitgliederzahl steigt innerhalb weniger Wochen von 760.000 auf über eine Million, im Mai dann sogar auf 1,3 Millionen. Damit ist schließlich jeder dritte Sudetendeutsche Mitglied der SdP. In Dörfern und Städten finden Massenkundgebungen statt, bei denen Hitler und die Nazis gefeiert werden. Und zunehmend mischen sich auch antisemitische Töne in die Anschlusspropaganda.[33]

In dieser Situation kann man mit offener Kritik am »Dritten Reich« keine Punkte machen. Im Gegenteil: Man liefe Gefahr, aus den Dörfern gejagt zu werden. Also werden eher unverfängliche Stücke auf die Bühne gebracht. Gespielt werden moderne Operetten von Franz Lehár, »Der Zarewitsch« und »Land des Lächelns«. Die Libretti stammen von jüdischen Künstlern, denen nach dem »Anschluss« Österreichs Schlimmstes droht. »Land des Lächelns« wurde von Ludwig Herzer und Fritz Löhner-Beda bearbeitet. Nur knapp kann sich Herzer vor den Nazis in die Schweiz retten. Fritz Löhner-Beda dagegen wird am 13. März 1938 verhaftet und wenig später mit dem ersten »Prominententransport« ins Konzentrationslager Dachau gebracht. Später wird er nach Buchenwald deportiert, wo er gemeinsam mit Hermann Leopoldi das »Buchenwaldlied« verfasst.[34]

Von all dem wird Hermann Fischli nichts wissen, als er das Stück im Frühjahr 1938 ins Programm nimmt. Dass die jüdischen Kollegen in Bedrängnis sind, kann er sich aber an fünf Fingern abzählen. Schon seit Monaten sind österreichische Juden ins Sudetenland geflüchtet. Und auch einige Zeitungen wie die jüdische *Selbstwehr* berichten über die prekäre Lage in Österreich.[35] Indem Fischli eine Operette verfolgter Kollegen auf die Bühne bringt, setzt er ein Zeichen: Er bietet gute Unterhaltung, ohne die eigene Herkunft zu verleugnen. Und zumindest die Eingeweihten erkennen die Geste der Solidarität. Doch das Ganze bleibt ein Spiel mit dem Feuer. Denn die Stimmung heizt sich immer weiter auf. Auf dem Karlsbader Parteitag der SdP bekennt sich Konrad Henlein im April offen zur »deutschen Weltanschauung« des Nationalsozialismus. Gleichzeitig wird ein Arierparagraph verabschiedet, der es Juden verbietet, Mitglied der Sudetendeutschen Partei zu werden. Damit sind alle Dämme gebrochen: Der Antisemitismus bricht sich nun ungehindert Bahn. Die jüdische Bevölkerung, die in der Tschechoslowakei als nationale Minderheit anerkannt ist, wird jetzt ganz offen ausgegrenzt. Viele sudetendeutsche Vereine führen eigene Arierparagraphen ein. Schüler weigern sich, am Unterricht jüdischer Lehrer teilzunehmen. Mit der Parole »Deutsche, kauft nicht bei Juden« werden jüdische Geschäfte boykottiert. Wie schon am 1. April 1933 in Deutschland stehen nun Posten der Sudetendeutschen Partei vor den Läden und fotografieren alle Besucher. Ende April kommt es in Theusing und Marienbad zu antisemitischen Ausschreitungen: Nach einem nächtlichen Fackelzug werfen SdP-Anhänger die Fenster jüdischer Geschäfte und der Synagoge ein.[36]

Trotz allem zieht die Fischli-Bühne weiter über die Dörfer. Um die aufgehetzten Massen mit Musik und Tanz zu erfreuen. Und in der verzweifelten Hoffnung, zwischen den Zeilen vielleicht doch ein bisschen Einfluss zu nehmen. Denn viele Sudetendeutsche wissen gar nicht, wie es im »Dritten Reich« zugeht, und halten die Berichte über Terror, Folter und Konzentrationslager für »Greuelpropaganda«. Und natürlich gibt es da auch noch das andere Sudetenland: Juden und Homosexuelle, Sozialdemokraten und Kommunisten, Emigranten, Tschechen und alteingesessene Deutsche, denen Angst und Bange wird angesichts der Anschlusspropaganda. Auch sie sind in diesen schlechten Zeiten dankbar für jede Ablenkung, für ein paar Stunden leichter Unterhaltung. »Immer nur lächeln«, ein Stück aus dem »Land des Lächelns«, empfinden viele als sarkastisches und treffendes Motto in dieser Zeit: »Immer nur lächeln und immer vergnügt, immer zufrieden, wie's immer sich fügt. Lächeln trotz Weh und tausend Schmerzen, doch wie's da drin aussieht, geht niemand etwas an.«[37]

Mancher macht sich noch Illusionen. Doch immer mehr Juden, Emigranten und Oppositionelle beginnen, sich auf den schlimmsten Fall vorzubereiten: Sie planen ihre Flucht. Spätestens seit den Gemeindewahlen, die Ende Mai stattfinden und bei denen die SdP 90 Prozent der Stimmen bekommt, ist auch den Letzten klar, wie gefährlich die Situation geworden ist. Die Sudetendeutschen radikalisieren sich immer mehr. Die tschechische Polizei findet in einigen Orten »schwarze Listen«, auf denen Tschechen und Juden verzeichnet sind, die nach einem deutschen Einmarsch verhaftet werden sollen. Schon am 29. März war in einer Radiosendung des deutschen Auslandsprogramms angekündigt worden, dass Juden, Marxisten und Tschechen im Falle einer Autonomie des Sudetenlandes »evakuiert« werden sollten. Die ersten beginnen nun, die Tschechoslowakei zu verlassen, in Richtung England oder Kanada.[38]

Auch Hermann Fischli plant die Flucht. Er setzt sich mit »Canadian Pacific« in Verbindung, einem Unternehmen, das eine Schifffahrtslinie von Liverpool nach Quebec betreibt und nebenbei als kanadische Einwanderungsbehörde fungiert. Rudolf jedoch entscheidet sich zu bleiben. Nicht schon wieder möchte er flüchten. Und wohin sollte er auch gehen? Er spricht ja noch nicht einmal Englisch. Genug Geld für ein Visum und die weite Reise über England nach Kanada hat er auch nicht. Und natürlich ist er auch nicht so gefährdet wie die jüdischen Kollegen. Was soll ihm schon passieren, wenn die Deutschen kommen? Seine Strafe hat er abgesessen. Wie es unter den Nazis zugeht, weiß er. Er darf sich eben nicht nochmal erwischen lassen. Und im Notfall kann er als tschechoslowakischer Staatsbürger ja noch in die innere Tschechei gehen.

Eine Flucht ins Ausland wird im Laufe des Sommers ohnehin immer schwieriger. Ein Visum ist schwer zu bekommen. Und den eigenen Besitz, soweit man welchen hat, bekommt man auch nicht mehr verkauft. Zu viele Juden versuchen, ihr Hab und Gut für ein paar Kronen loszuwerden. Die Immobilienpreise sinken rapide. In der Krise wollen auch die Deutschen kein Geld investieren. Der Boykott jüdischer Geschäfte führt zu einem wirtschaftlichen Niedergang, unter dem das ganze Sudetenland leidet. Die wohlhabenden, häufig ebenfalls jüdischen Kurgäste bleiben aus, Hoteliers und Wirte stehen am Abgrund.

Auch Hermann Fischli hat große Probleme, die erhofften Visa für Kanada zu bekommen. Immer wieder wird er vertröstet. Tatsächlich hat Kanada kein großes Interesse an jüdischen Einwanderern: »None Is Too

Many« ist die Devise, mit der die kanadische Regierung die Aufnahme jüdischer Flüchtlinge zu verhindern sucht.³⁹ Irgendwann im Sommer 1938 verliert Rudolfs Freund Bruno die Geduld. Er geht nach Prag, dort will er versuchen, einen Flug nach England oder eine Schiffspassage nach Palästina zu ergattern. Rudolf hingegen bleibt bei der Fischli-Bühne. Doch auch ihm ist klar, dass sein Traum von der großen Freiheit bald ausgeträumt ist. Jetzt geht es darum, sich an ein sicheres Ufer zu retten.

Ende August 1938 gastiert die Fischli-Bühne in Sodau, fünf Kilometer nördlich von Karlsbad. Es ist ein schöner Spätsommerabend, die Aufführung ist bereits vorbei, wieder einmal hat man das »Land des Lächelns« gegeben. Rudolf ist gerade auf der Toilette, als plötzlich ein junger Mann hereinkommt. Es ist der Gehilfe des Friseurs, der die Haare der Schauspieler in Form bringt: »Der Toni hatte Verbindung mit der Theatergruppe, weil er gerne frisiert hat, und der hat mich gesehen, wir kamen zufällig auf einem Pissoir zusammen. Ich hatte zu diesem Zeitpunkt keinen Kamerad gehabt, der war schon wieder weg, ich war allein gewesen.«⁴⁰

Toni heißt eigentlich Anton Hartl, ist drei Jahre jünger als Rudolf und Sohn eines sudetendeutschen Konditors aus Schönbach, einem Ort nahe der sächsischen Grenze. Er erzählt Rudolf, dass er bald Geburtstag habe, und der lädt ihn spontan zu einem Ausflug nach Aich ein.⁴¹ Am folgenden Sonntag fahren die beiden mit dem Zug dorthin, sie spazieren an der Eger entlang, am Schloss vorbei zum Theater. Rudolf hat Karten für den »Rosenkavalier« besorgt. Nach der Vorstellung revanchiert sich Toni mit einer Einladung ins noble Restaurant »St. Leonhard«, wo sie mit Wein und Sekt in den Geburtstag hineinfeiern. Später, als die beiden durch den Stadtwald zurücklaufen, greift Rudolf nach Tonis Hand: »Einmal sind wir draußen gewesen, es war finster, auf einmal, weil ich gesehen habe er steht auf mich, habe ich ihn in' Arm genommen und geküsst. Seitdem war der Feuer und Flamme für mich.«⁴² Rudolf und Toni kehren vollkommen übermüdet nach Sodau zurück. Fortan sind sie unzertrennlich. Toni umwirbt Rudolf, lädt ihn ein zu Ausflügen nach Schönbach und Karlsbad und überrascht ihn mit kleinen Aufmerksamkeiten. Einmal schenkt er ihm eine goldene Halskette mit einem Kreuz daran. Rudolf freut sich darüber sehr. Er ist zwar nicht mehr in der Kirche, zweifelt auch, ob Gott existiert. Doch er hat sich einen ganz privaten Glauben bewahrt. Manchmal, wenn etwas gut geht, bekreuzigt er sich aus Dankbarkeit. Das goldene Kruzifix gefällt ihm, er trägt die Kette nun

Toni Hartl und Rudolf Brazda in den Kuranlagen von Karlsbad

jeden Tag. Auch Anton gefällt ihm. Doch Liebe und Leidenschaft sind es nicht, die er für ihn empfindet. Ihm geht es eher um den sicheren Halt in unsicheren Zeiten.

Tatsächlich wird die Lage immer beunruhigender: Am 12. September 1938 hält Hitler zum Abschluss des Nürnberger Reichsparteitages eine Brandrede, in der er droht, er werde der angeblichen Unterdrückung der »deutschen Volksgenossen« in der Tschechoslowakei nicht länger tatenlos zusehen. Gleichzeitig zetteln Funktionäre der Sudetendeutschen Partei einen Aufstand an. Nach antitschechischen Kundgebungen kommt es zu gewalttätigen Ausschreitungen. Am 13. September erreichen die Krawalle einen vorläufigen Höhepunkt, in Aussig, Winterberg und Karlsbad werden die Scheiben der tschechischen und jüdischen Geschäfte eingeschlagen, in Lauterbach werden sogar einige Läden in Brand gesteckt, die Feuerwehr hindert man an den Löscharbeiten. Die tschechoslowakische Regierung verhängt im Bezirk Karlsbad und einigen anderen Gebieten das Standrecht. Am 16. September wird die Sudetendeutsche Partei verboten. Konrad Henlein und viele andere Parteifunktionäre haben sich zu diesem Zeitpunkt bereits ins Reichsgebiet abgesetzt, wo sie nun beginnen, ein »Sudetendeutsches Freikorps« aufzustellen. Kurzfristig beruhigt sich die Lage, doch allen ist klar, dass es nur die Ruhe vor dem Sturm ist.[43]

Bei der Fischli-Truppe schwankt man zwischen Angst, Wut und der verzweifelten Hoffnung auf eine Rettung ins Ausland. Rudolf und Toni beschließen, vorläufig nach Karlsbad zu gehen:»Es war gut für mich gewesen. Der Toni hatte eine schöne Wohnung gehabt, noch von seinen Eltern, er hat mich mitgenommen und auf einmal habe ich denn beim Toni gewohnt.«[44] Doch das»Weltbad Karlsbad« bietet in diesen Tagen ein Bild des Jammers. Vom Unteren Bahnhof laufen die beiden durch ganze Straßenzüge mit aufgerissenen und zerschlagenen Fenstern. Rudolf erinnert sich, dass fast alle Geschäfte der großen Einkaufsstraßen zerstört, ausgeräumt oder geplündert waren. Inzwischen hat eine Massenflucht eingesetzt, die jüdischen und tschechischen Bewohner ziehen mit allem, was sie kurzfristig mitnehmen können, in das Innere der Tschechoslowakei. Ein zynischer Bericht der *Egerer Zeitung* beschreibt die Lage am 17. September folgendermaßen:

»Das Bild der Straßen Karlsbads hat sich in den vergangenen Tagen gründlich verändert: waren schon in den letzten Wochen zahlreiche bekannte Firmentafeln verschwunden, so hat nach dem historischen Montag dieser Woche [13. September] die Wandlung des Stadtbildes ein rasendes Tempo anzunehmen begonnen: der Dienstag und der Mittwoch diente einer sehr erheblichen Anzahl von Geschäftsinhabern zur völligen Räumung ihrer Geschäftslokalitäten und ihrer Lagerräumlichkeiten, die heute mit teilweise zertrümmerten Fenstern die Passanten angähnen.«[45]

Mit Direktor Fischli haben Rudolf und Toni verabredet, dass man sich in dem elf Kilometer nördlich von Karlsbad gelegenen Lichtenstadt, dem Ort des nächsten Gastspiels, wiedertrifft. Doch die beiden sind unsicher, ob sie fahren sollen. Die politischen Ereignisse überschlagen sich, die Lage wird immer unübersichtlicher. Konrad Henleins Sudetendeutsches Freikorps verübt Brandanschläge und Überfälle auf tschechoslowakische Polizei-, Grenz- und Zollstationen. Schließlich werden sogar die grenznahen Orte Asch, Eger und Franzensbad besetzt. Wäre es jetzt nicht besser, in Karlsbad zu bleiben? Immerhin hat Toni eine Tante in Lichtenstadt, bei der die beiden zur Not wohnen können. Und mit Tonis Bruder Karl wollen sie auch nicht länger zusammenleben. Denn auch der ist inzwischen bei der Sudetendeutschen Partei, ein verblendeter Dummkopf, der Rudolf und Toni das Leben schwer macht. Und so entschließen sich die beiden, zur Fischli-Truppe zurückzukehren.

Die Ankunft in Lichtenstadt ist gespenstisch, kaum ein Mensch ist auf der Straße. Trotz des Verbots patrouillieren auf dem Marktplatz Uniformierte des »Freiwilligen deutschen Schutzdienstes«, einer nach dem Vorbild der SA organisierten Miliz der Sudetendeutschen Partei. Es sind junge Bengel, fast noch Kinder, stolz auf ihre naziähnlichen Uniformen. Ganz »fanatisch« seien die gewesen, erinnert sich Rudolf mit Grausen. Rudolf und Toni müssen an ihnen vorbei, um zu ihrem Quartier im örtlichen Gasthof zu kommen. Dort sollen auch die Aufführungen der Fischli-Bühne stattfinden.

Trotz allem bereitet sich die Theatertruppe auf ihren Auftritt vor. Noch einmal wird der Zarewitsch gegeben. Doch die Truppe spielt vor einem halbleeren Haus. Der »Freiwillige Schutzdienst« steht vor der Tür, um die Bürger abzuschrecken. Viele Deutsche haben nicht mehr den Mut, sich die Aufführung eines jüdischen Volkstheaters anzuschauen. Am nächsten Tag ist nicht der Zarewitsch das Stadtgespräch, sondern ein Treffen des britischen Premierministers Chamberlain mit Hitler. Obwohl die Tschechoslowakei inzwischen bereit ist, die sudetendeutschen Gebiete abzutreten, lehnt Hitler Chamberlains Vorschläge ab. Er will das Land komplett zerschlagen und stellt nun ein Ultimatum bis zum 1. Oktober. Auch dem Letzten wird in diesen Tagen klar, dass nicht nur das Sudetenland verloren ist, sondern die Existenz der gesamten Tschechoslowakei auf dem Spiel steht. Die Zeit für eine Flucht wird immer knapper. Direktor Fischli versucht noch immer, die Papiere für eine Ausreise nach Kanada zu bekommen. Eine Flucht ins Innere der Tschechoslowakei, wie sie inzwischen so viele angetreten haben, scheint er nicht in Erwägung zu ziehen.

Eine Woche später heulen plötzlich die Sirenen. Aus den Bergen ist das donnernde Geräusch von Panzerketten zu hören – die deutschen Truppen nähern sich Lichtenstadt. Die tschechoslowakische Armee hat nach der Unterzeichnung des »Münchner Abkommens« sofort mit dem Rückzug begonnen, auch die letzten tschechischen Beamten haben die Stadt verlassen. Anders als Hermann Fischli und ein großer Teil der Schauspieler, die noch immer da sind: »Wir waren in Lichtenstadt, da war das Fischltheater, da waren wir alle. Und weil wir da wenige Wohnungen bekommen haben, haben wir auf der Bühne, wo wir Theater gespielt haben, auf Luftmatratzen geschlafen. Und da ging die Sirene los, als das Militär in das Dorf gekommen ist.« Für kurze Zeit sind selbst die

Sudetendeutschen verunsichert. Und die Wehrmacht übt sich in psychologischer Kriegsführung:»Auf dem Dorfmarktplatz haben sie mit Butter geworfen und haben gesagt: ›Wir Deutschen bringen euch Lebensmittel.‹« Doch den Großteil der Bevölkerung muss man nicht milde stimmen. Die meisten empfangen die deutschen Soldaten mit frenetischem Jubel:»Verrückt! Die waren alle fanatisch deutsch gewesen. Es gab schon Tschechen in der Gemeinde, aber ansonsten waren die meisten fanatisch deutsch.«[46]

Vielerorts gehen mit dem Einmarsch pogromartige Ausschreitungen einher. Oppositionelle und Emigranten, Tschechen und Juden gelten nun als»Freiwild«. Zu den ersten Übergriffen kommt es in der Phase zwischen dem Abzug der tschechoslowakischen und dem Einmarsch der deutschen Armee. Doch auch nach der Besetzung wüten die Angehörigen des Sudetendeutschen Freikorps, denen Hitler angeblich drei Tage »Jagdfreiheit« zugesagt hat. Mit der Wehrmacht kommen zudem die sogenannten Einsatzkommandos des Sicherheitsdienstes SD. Der Himmler unterstellte Sicherheitsdienst hat schon Wochen vor dem Einmarsch Karteien zusammengestellt, Listen aller bekannten Gegner und Ortskarteien für jeden Bezirk der Tschechoslowakei. Mit dem SD übernimmt nun der organisierte Terror die Kontrolle über das Sudetenland. Schon in den ersten Tagen kommt es zu Massenverhaftungen, viele Oppositionelle und Juden werden entweder ins KZ Dachau oder in die örtlichen Gefängnisse gesperrt.[47]

Auch die Fischli-Truppe ist plötzlich verschwunden. Als Rudolf eines Abends in den Gasthof kommt, wird ihm mitgeteilt, die Volksbühne sei »aufgelöst«, die Schauspieler verhaftet worden:[48] »Als die Deutschen einmarschiert sind, haben sie die gefangengenommen. Sie waren schon bereit und hatten die Fahrscheine nach Kanada. Aber dann sind sie noch abgeschnappt worden und konnten nicht gehen.« Rudolf gerät nun ebenfalls in Bedrängnis, auch ihn will man festnehmen:»Aber mich konnten sie nicht verhaften, weil ich ein tschechoslowakischer Staatsbürger war. Ich war kein Jude, obwohl sie das geglaubt hatten – ich war ja auch bei dem Theater.«[49]

Wie die Verhaftung der Fischli-Truppe vor sich ging, bekommt Rudolf schließlich vom Gastwirt erzählt:»Auf einmal sind sie mit einem Auto gekommen und haben sie einfach mitgenommen. Ich bin irgendwo anders gewesen in dem Moment. Es war am Tag gewesen, ich brauchte erst am Abend ins Theater kommen.«[50] Rudolf weiß bis heute nicht, was aus Hermann Fischli und den anderen Schauspielern geworden ist. Er glaubt, sie seien in ein Konzentrationslager verschleppt worden und später »bestimmt nach Auschwitz gekommen«.[51] Ein Teil der Schauspieler scheint zunächst aber wieder freigekommen zu sein. Ob ihnen schließlich doch noch die Flucht gelang, oder ob sie tatsächlich nach Auschwitz deportiert wurden, wird sich wohl nicht mehr klären lassen.[52]

4.3 Heim im Reich? Leben im »Reichsgau Sudetenland«

Nach der Verhaftung der Fischli-Truppe bleiben Rudolf und Toni zunächst in Lichtenstadt. Rudolf ist froh, dass sie bei Tonis Tante Rosa unterkommen können.[53] Es ist ein niedriges Haus direkt am Ufer des Flüsschens, das sich durch die Kleinstadt schlängelt. Und das Haus ist ein sicherer Hafen, besonders für Rudolf, der als Tscheche nun nicht mehr gern gesehen ist im Sudetenland. Rosa ist eine gute und liebvolle Gastgeberin. Fürs Erste bleiben die beiden bei ihr – bis sich die Lage beruhigt hat, dann wollen sie zurück nach Karlsbad.

Doch die Lage beruhigt sich nicht. Anfang November zetteln die Nazis die nächsten Pogrome an, dieses Mal brennen die Synagogen. Die antisemtischen Ausschreitungen im Sudetenland stehen denen im »Altreich« in nichts nach. Hunderte, wenn nicht tausende Juden werden verhaftet und in Konzentrationslager verschleppt, nach Dachau oder Sachsenhausen. Andere, vor allem Alte und Kranke, kommen in die »wilden Lager« im Sudetenland: In Espenthor, einem Vorort von Karlsbad, wird ein provisorisches Lager eingerichtet, in dem etwa 300 Menschen zusammengepfercht werden. Ziel des Terrors ist es, die noch verbliebenen Juden zur Ausreise zu zwingen. Wer sich dazu verpflichtet, Deutschland zu verlassen, wird nach einigen Wochen wieder freigelassen. Kaum einer, der jetzt noch bleiben möchte. In den Augen der Nazis ist die Aktion »erfolgreich«. Nach und nach melden immer mehr Orte, »judenfrei« zu sein. So berichtet die *Marienbader Zeitung* in stolzem Ton: »Der 16. November 1938 wird in der Entwicklung und Geschichte Marienbads als denkwürdiges Datum genannt werden, denn die in den letzten Jahren gefährlich zunehmende Verjudung der Kurstadt hat ein ebenso rasches wie unabänderliches Ende genommen.«[54] Tatsächlich verlassen bis Dezember 1938 etwa die Hälfte der im Sudetenland ansässigen Juden ihre Heimatorte. In der Rest-Tschechoslowakei werden damals 15.186 aus dem abgetretenen Grenzgebiet geflüchtete »Israeliten« gezählt.[55] Im 34.000 Einwohner zählenden Landkreis Karlsbad, zu dem auch Lichtenstadt gehört, wohnen 1939 nur noch zwölf jüdische Bürger. In Karlsbad selbst sind es noch 28. Die nun noch 52.465 Einwohner zählende Stadt verliert gegenüber 1930 mehr als 2.000 ihrer Mitbürger.[56] Ihr Hab und Gut haben die Geflüchteten größtenteils zurücklassen müssen – es fällt nun der »Arisierung« anheim. Die Bevölkerung reißt sich um Möbel und Wohnungen. Doch der Verlust, den die Vertreibung für die lokale Wirtschaft bedeutet, ist auch mit der räuberischen »Arisierung« nicht auszugleichen. Allein in Karlsbad werden im Februar 1939 rund 60 Hotels und Kurhäuser aus jüdischem Besitz zum Verkauf angeboten.[57] Die NS-Führung versucht das darniederliegende Hotel- und Gaststättengewerbe schließlich mit einer »Sonderaktion für die Fremdenverkehrsbetriebe« in Schwung zu bringen.[58]

Die Ausschreitungen vom November 1938 richten sich jedoch nicht nur gegen die jüdische Bevölkerung. Auch Tschechen sind immer wieder Opfer von Übergriffen. Neben jüdischen Geschäften werden in vielen Orten auch die tschechischen beschädigt und geplündert. »Erst die Juden, dann die Tschechen« lautet eine der Parolen. Zur Begründung heißt es, dass »die Tschechen zusammen mit den Juden gegen das Dritte Reich arbeiteten«. Es beginnt ein Massenexodus der tschechischen Bevölkerung. Insgesamt sind es zwischen 150.000 und 200.000 Tschechen, die nach dem »Münchner Abkommen« in die innere Tschechoslowakei flüchten.[59]

Im November 1938 findet Toni schließlich eine neue Stelle in Karlsbad. Doch ein Umzug kommt zunächst nicht in Frage. In die Wohnung der Eltern wollen die beiden nicht zurück, lieber überlassen sie sie Tonis Bruder, dem fanatischen Nazi, der dort mit seiner Verlobten wohnt und sich über Tonis merkwürdiges Verhältnis zu einem arbeitslosen Tschechen echauffiert. Die ersten Wochen pendelt Toni mit dem Zug von Lichtenstadt. Einmal kommt auch Rudolf mit. Was mag er gedacht haben, als er die verwaiste Stadt wiedersah? Wie wird er sich gefühlt haben, heim in einem »Dritten Reich«, das ihm kein Heim sein wollte? Hat er bereits geahnt, dass ihm ein ähnliches Schicksal bevorsteht wie vielen seiner ehemaligen Nachbarn? Rudolf wäre nicht Rudolf, wenn er an solche Fragen nicht pragmatisch heranginge. Er ist froh, dass er jetzt Toni hat und mit ihm, wieder einmal, ein neues Leben beginnen kann. Ende November kehren Rudolf und Toni schließlich nach Karlsbad zurück. Sie beziehen ein bescheidenes Zimmer im Haus Friedeck. Doch wie lange das gut geht, ist unklar. Denn nach dem »Anschluss« ist Rudolfs rechtliche Situation vollkommen ungesichert. Erst wenige Tage vorher, am 20. November 1938, hat das Deutsche Reich mit der Tschechoslowakei einen Vertrag geschlossen, demzufolge tschechoslowakische Staatsangehörige binnen dreier Monate aus den sudetendeutschen Gebieten ausgewiesen werden können.[60] Rudolf muss nun damit rechnen, ein zweites Mal »des Reiches verwiesen« zu werden – wenn nicht sogar die »Reichsverweisung« vom Dezember 1937 von neuem greift. Jederzeit kann man ihn also dazu auffordern, seine zweite Heimat Karlsbad zu verlassen.

In dieser prekären Situation versucht Rudolf, Arbeit zu finden. Dass seine Tanz- und Bühnenkünste im »Dritten Reich« nicht gefragt sind, ist ihm klar. Er geht zum Arbeitsamt und bemüht sich um eine Stelle als Dachdecker. Doch die Arbeitslosigkeit ist hoch und einen Tschechen will kaum einer einstellen. Zunächst bleibt Rudolf ohne Arbeit und Lohn.[61] Wäre da nicht Toni, wer weiß, was aus ihm geworden wäre:

»Toni hatte eine gute Arbeit, deshalb konnte ich gut leben. Ich brauchte nur am Geschäft vorbeigehen, Toni ist denn rausgekommen und hat mir Geld in die Hand gegeben. Denn er bekam viel Trinkgeld, das Geld hat er mir dann gegeben. Ich bin davon ins Kino gegangen und Kaffee trinken. Ich habe ein schönes Leben gehabt, warum sollte ich das nicht genießen und vielleicht auf der Straße betteln gehen?«[62]

Doch die wirtschaftliche Lage in Karlsbad ist desaströs. Nach einigen Wochen verliert auch Toni seinen Job als Friseurgehilfe. Und vor Beginn der nächsten Kursaison ist keine neue Stelle zu bekommen. Toni entschließt sich, wie tausende andere Sudetendeutsche ins »Altreich« zu gehen, wo händeringend Arbeitskräfte gesucht werden.[63] Er bekommt eine kurzfristige Aushilfstätigkeit bei einem Friseur in Thalheim, einer Kleinstadt im Erzgebirge, 15 Kilometer südlich von Chemnitz.[64] Rudolf entscheidet sich, Toni zu begleiten. Im Februar 1939 fahren die beiden mit dem Zug ins »Altreich«. Rudolf, den man erst 14 Monate vorher aus dem »Dritten Reich« ausgewiesen hatte, begibt sich damit freilich auf äußerst unsicheres Terrain. Grenzkontrollen gibt es jetzt zwar nicht mehr. Aber was passiert, wenn man ihn auf der Straße anhält und kontrolliert? Als tschechoslowakischer Staatsbürger fühlt sich Rudolf damals jedoch noch sicher:»Ja natürlich, da du deinen Wohnsitz im Ausland hattest, haben sie sich ja gar nicht mehr darum gekümmert. In die Pässe wurde ja nicht reingeschaut. Die haben einen in Ruhe gelassen im Fremdenverkehr.« Vor einer erneuten Verhaftung hat er keine große Angst: »Die haben sich da schon ganz andere Gedanken gemacht, da waren die Homosexuellen vergessen. Die haben ja schon langsam an Krieg gedacht und haben aufgerüstet.«[65]

Mit dieser Einschätzung liegt Rudolf allerdings vollkommen falsch. Denn die Jagd auf Homosexuelle geht unvermindert weiter. Im Jahr 1938 erreicht die Verfolgungswelle mit 8.177 Verurteilungen nach den Paragraphen 175 und 175a einen neuen Höchststand. Und auch 1939 hält sich die Verfolgungsintensität mit 7.271 Urteilen auf sehr hohem Niveau. Hinzu kommt, dass das Instrumentarium der Verfolgungsmaßnahmen inzwischen deutlich ausgeweitet wurde. So werden Homosexuelle nach Verbüßung einer Haftstrafe immer öfter in Konzentrationslager eingeliefert. Nach einer Richtlinie vom 4. April 1938 sollen sie je nach Herkunftsregion in die Konzentrationslager Sachsenhausen, Buchenwald und Dachau eingewiesen werden.[66] Von diesen Anordnungen sind in den folgenden Jahren mehrere tausend homosexuelle Männer betroffen. Oft überstellt man sie direkt aus dem Gefängnis ins Konzentrationslager. In anderen Fällen werden sie zunächst entlassen und kurz darauf durch die Gestapo in sogenannte »Schutzhaft« genommen, was ebenfalls die Einlieferung ins KZ bedeutet. Vereinzelt kommen Homosexuelle auch ohne vorheriges Gerichtsverfahren ins Konzentrationslager.[67]

Rudolf und Toni wiegen sich also in falscher Sicherheit, als sie im Februar 1939 ins »Altreich« gehen. In Thalheim beziehen die beiden ein kleines Zimmer im Haus des Friseurs, bei dem Toni arbeitet. An den Wochenenden fahren sie gemeinsam nach Chemnitz oder Dresden, besichtigen den Zwinger und gehen in die Oper. Sie besuchen Rudolfs Mutter, die am 30. März ihren 61. Geburtstag feiert. Und einmal geht es auch nach Limbach: »Einmal hat uns der Werner eingeladen, zur Ria.« Werner Bilz, dessen Militärzeit inzwischen beendet ist, wohnt wieder bei seiner Mutter in Limbach. Im Haus von Ria und Helmut, die immer noch ein Paar sind, findet eine kleine Feier statt, zu der nun auch Rudolf und Toni kommen sollen. Doch für Rudolf ist das Wiedersehen eine große Herausforderung. Denn die alte Liebe ist noch in ihm. Und Toni ahnt das: »Ja, das war eine Eifersuchtstragödie! Der war so eifersüchtig der Toni, oh schrecklich. Der hat Angst gehabt, dass ich mich wieder an den Werner ranmache. Aber das war nicht der Fall gewesen.« Denn Werner zeigt kein großes Interesse: »Werner war anständig gewesen und hatte auch schon wieder einen neuen Freund. Das war so ein ruhiger Kerl, der hat nicht getanzt, hat nur gesessen und geschaut. Und ich habe ab und zu mit dem Werner getanzt. Toni ist immer dazwischengegangen.« Rudolf ist wütend. Auf Toni und auf Werner. Er trauert der alten Liebe hinterher: »Ich wär wieder mit ihm zusammen gegangen. Aber er, der Werner, hat die Liebesgefühle nicht gezeigt, er hat mich nicht gedrückt oder geküsst beim Tanzen. Da war die Kälte schon eingestellt.«[68]

Die Begegnung mit Werner macht Rudolf bewusst, wie sehr sich sein Leben verändert hat – und wie wenig er Toni eigentlich liebt: »Ich habe mit ihm zusammen gewohnt, bin anständig gegenüber ihm gewesen. Ich habe nicht nach anderen Männern geschaut, weil ich wusste, dass Toni wahnsinnig eifersüchtig war. Er war sehr komisch, aber doch hab ich mit ihm gelebt. Aber nur, weil ich musste, denn wenn ich ihn nicht gehabt hätte, dann hätte ich auf der Straße gestanden.«[69]

Wie abhängig Rudolf von Toni ist, macht ihm noch ein anderes Ereignis klar: Am 15. März 1939 marschiert die deutsche Wehrmacht in die Tschechoslowakei ein. Die Slowakei wird zu einem faschistischen Satellitenstaat des »Dritten Reiches«, der tschechische Teil des Landes wird dem »Großdeutschen Reich« einverleibt: als »Protektorat Böhmen und Mähren«. Rudolf ist damit quasi staatenlos, in den Augen der Nazis gilt er fortan als »Protektoratsangehöriger tschechischer Volkszugehörigkeit«. Sein Aufenthaltsrecht im Reichsgebiet ist damit in Frage gestellt. Denn Protektoratsangehörige »genießen […] auch im Großdeutschen Reich außerhalb des Protektorats nicht immer Inländerbehandlung«, sondern werden im Gegenteil »regelmäßig wie Ausländer behandelt«.[70]

Ökonomisch ist Rudolf von Toni abhängig und sein rechtlicher Status ist vollkommen ungewiss. Ihm ist klar, dass sich daran etwas ändern muss. Anfang April bekommt Toni eine neue Stelle in Karlsbad, in einem schicken Salon in der Sprudelstraße, direkt in der Innenstadt. Es ist ein richtiger Karriereschritt, die Besitzerin macht Toni gleich zum Geschäftsführer. Rudolf kommt mit zurück nach Karlsbad – in der festen Absicht,

sich so schnell wie möglich eigene Arbeit zu suchen und damit auch eine
Aufenthaltserlaubnis zu sichern.

Tatsächlich gelingt es nun auch Rudolf, eine Stelle zu finden. Bei
Dachdeckermeister Schieche im Stadtteil Drahowitz. Damit beginnt für
ihn ein etwas geregelteres Leben – zumindest hängt jetzt nicht mehr das
Damoklesschwert der Ausweisung über ihm.[71] Ganz in der Nähe, in der
Mattonistraße 47, findet Toni eine Wohnung für die beiden. Sie liegt in
einem niedrigen, einstöckigen Haus, nahe am Ufer der Eger. Toni hat
zum Vermieter Anton Hubl einen guten Draht: »Der hatte sich mit ihm
gut verstanden und der hatte viel Verständnis für uns.« Hubls Frau Albine ist eine geborene Hartl, möglicherweise ist das große »Verständnis«
also auch verwandtschaftlich begründet.[72] Das Ehepaar Hubl wohnt im
ersten Stock. Rudolf und Toni mieten die zwei Dachkammern, die sich
gegenüberliegen. Den Flur können die beiden ebenfalls nutzen, so dass
sie fast eine kleine Wohnung für sich haben: »Ein großes Zimmer, ein
kleineres Zimmer und eine Küche. Das große Wohnzimmer, da haben
wir uns aufgehalten und in der Küche wurde gekocht, in dem kleinen
Zimmer haben wir geschlafen.«[73] Bei der Polizei melden sich Rudolf und
Toni aber getrennt an. Toni bezieht seine Dachkammer offiziell am

Toni und Rudolf 1939

5. April 1939, Rudolf meldet sich erst eine Woche später an.[74] Es liegt nahe, dass die beiden so den Eindruck vermeiden wollen, sie wohnten zusammen. Ein Männerpaar in einer Wohnung, das würde jetzt auch in Karlsbad Verdacht erregen und zu polizeilichen Ermittlungen führen. Und auch die Nachbarschaft kann zur Gefahr werden, das ist den beiden bewusst. Entsprechend vorsichtig verhalten sie sich:»Also, ich kann nichts sagen, es ist nicht gesprochen worden. Wenn sie dumm gewesen sind, wenn sie sich nicht um so Sachen gekümmert haben im Leben und dergleichen, haben sie das nicht gemerkt, bestimmt nicht. Aber wenn einer schlau ist?! Da haben ja zwei Burschen gelebt!«[75]

Tatsächlich ist das Leben im Nazireich eine große Umstellung. Karlsbad hat sich verändert, die wilden Zeiten sind nicht nur für Rudolf vorbei. Die Bevölkerung ist plötzlich sehr vorsichtig, geradezu ängstlich. Nach der Anfangseuphorie merken nun viele, was es bedeutet, in einer Diktatur zu leben. Das betrifft besonders die Homosexuellen. Denn der Paragraph 175 gilt seit dem »Anschluss« auch im Sudetenland.[76] Und Verstöße werden schon bald mit aller Härte verfolgt. Im Frühjahr und Sommer 1939 werden weitere Funktionäre der Sudetendeutschen Partei verhaftet und nach Paragraph 175 angeklagt. Auch bei diesen Prozessen scheinen innerparteiliche Auseinandersetzungen eine Rolle zu spielen. Doch das Thema Homosexualität ist jetzt auf der Tagesordnung. Und die Verfolgungsmaßnahmen treffen auch politisch unbedeutende Homosexuelle.[77]

Die Verhaftungen sprechen sich unter den Karlsbader Homosexuellen schnell herum. Der Druck, sich anzupassen, bloß nicht aufzufallen oder anzuecken, steigt. Besonders unter ehemaligen SdP-Mitgliedern ist die Unruhe groß. Tatsächlich war auch eine ganze Reihe Homosexueller unter den 1,3 Millionen Parteimitgliedern. Heinz Rutha hatte für einige schwule Männer offenbar eine ähnliche Anziehungskraft entwickelt wie Anfang der dreißiger Jahre bereits Ernst Röhm. Auch der Heilige Josef behauptet später gegenüber der Polizei, Mitglied der Sudetendeutschen Partei gewesen zu sein. Der angebliche Termin seines Beitritts lässt diese Angabe aber sehr fragwürdig erscheinen. Denn am 28. März 1939 war die SdP schon längst in der NSDAP aufgegangen.[78] Nawrockis Behauptung muss man wohl eher als den vergeblichen Versuch interpretieren, sich als staatstreuen Deutschen darzustellen – vielleicht auch, weil er hier als Sohn eines Tschechen und einer Deutschen seinen wunden Punkt sah.

Sein Schlendrian und seine schrillen Auftritte am Mühlbrunnen passten jedenfalls nicht zum Konzept der Sudetendeutschen Partei. Rudolf trifft den Heiligen Josef jetzt wieder regelmäßig bei Anna Kaptor, wo die beiden zu Mittag essen. Bei Anna versammelt sich jeden Tag eine Runde schwuler Männer, um den neuesten Klatsch und Tratsch auszutauschen. Die Mittagsrunde hat eine wichtige Funktion, denn es gibt nicht mehr viele Möglichkeiten der Kommunikation. Die schwulen Kneipen sind nach dem »Anschluss« geschlossen worden. Und auf dem

Rudolf Brazda in Karlsbad

»Strich« muss man jetzt auch mit Zivilpolizisten rechnen.

Die Lage ist gefährlicher geworden, das spürt man überall. Wenn Rudolf morgens Brötchen holen geht, bei Bäckermeister Franz Parth, gleich um die Ecke von seiner neuen Wohnung, dann schaut er in zwei ängstlich-verhuschte Augen: »Da hab ich das Brot geholt. Aber da hab ich gleich im ersten Augenblick, wo ich ihn gesehen habe, gewusst, das ist ein Homo. Seine Manieren, seine frauenhaften Manieren.« Doch der Bäcker würde niemals zugeben, dass er Gefallen an jungen Männern findet, er führt ein Doppelleben: »Verheiratet und zwei Mädels, und doch war er homo. Meistens ist es ja so, dass sie einfach mit Gewalt heiraten, wegen der Leute oder wegen dem Geschäft oder so.« Parth ist nicht der einzige Homosexuelle, der sich in eine Scheinehe flüchtet. Viele suchen nun die Nähe zu Frauen. Es ist eine Atmosphäre von Angst und Misstrauen, die sich allmählich unter den Karlsbader Schwulen breitmacht.

Dass auch Rudolf im Sommer 1939 versucht, mit einer jungen Frau anzubändeln, wäre ohne die zunehmende Homosexuellenverfolgung wohl undenkbar. Rudolf lernt die fast gleichaltrige Erika Tillich auf der Straße in Drahowitz kennen.[79] Seither trifft er sich regelmäßig mit der jungen Frau, die als medizinisch-technische Assistentin beim Karlsbader Gesundheitsamt arbeitet. Rudolf umwirbt Erika – und er versucht auch, ihr körperlich näherzukommen.[80] Dass sich Erika dabei sehr ziert und darauf besteht, derartiges komme vor der Ehe nicht in Frage, ist Rudolf letztlich ganz recht. Erika ist zwar ein nettes Mädchen, heterosexuell wird er aber auch durch die Bekanntschaft mit ihr nicht. Sie ist vielmehr ein Versuch der Tarnung, ähnlich wie bei Bäckermeister Parth, über den er rückblickend so streng urteilt.

All das ändert nichts an Rudolfs Beziehung zu Toni, mit dem er sich nun immer besser arrangiert. Auch wenn es noch immer keine Liebe ist, so empfindet er das Verhältnis doch als eine wichtige und verlässliche Freundschaft, die er in diesen gefährlichen Zeiten dringend braucht. Rudolf genießt Tonis Großzügigkeit. An den Wochenenden lässt er sich in die nobelsten Karlsbader Hotels ausführen, ins Grand Hotel Pupp, ins Richmond oder ins Imperial, das hoch oben auf einem Berg über der Tepl sitzt. In hellen Anzügen ziehen die beiden dann los, um sich unter die Kurgäste zu mischen: »Da sind ja viele Hotels gewesen und wir sind da hingegangen, extra, des Morgens, so um neun, sauber angelegt mit weißer Krawatte und allem sind wir frühstücken gegangen. Nicht immer, aber samstags und sonntags. Das hat mir so gefallen, die Kaffeegläser, so hoch wie Weingläser. Und belegte Brötchen.« Irgendwann im Sommer 1939, nach einem solchen Nobel-Frühstück, bummeln sie durch die Ladenpassage des Hotels Richmond. Ein Juwelier reiht sich hier an den nächsten. Herrlicher Schmuck, besetzt mit Granat und Bernstein, wird feilgeboten. Ein Stück hat es Rudolf besonders angetan: Ein breiter silberner Ring mit schlichter quadratischer Fassung, auf der ein dicker Bernstein thront. »Da waren ja so viele Bernsteinfiguren und aus aller Welt Schmuck, so viel Schmuck und Ketten und mir hat der Ring so gut gefallen, da hab ich gesagt, also das ist ja jetzt ein wunderbarer Ring. Schau dir mal den Stein an.« Rudolf ist hin und weg – und Toni wird schwach: Wild entschlossen betritt er das Geschäft und kauft den Ring, für seinen Freund ist ihm kein Geschenk zu teuer. »Und wie wir den Stein gekauft haben, haben die Verkäuferinnen gesagt, da ist eine Spinne drin.« Tatsächlich: Mitten im honiggelben Stein sitzt eine kleine Spinne, eingeschlossen vor vielen Millionen Jahren. Als Toni ihm den Ring ansteckt, fühlt sich Rudolf plötzlich wie die im Harz gefangene Spinne. Das Geschenk verschwindet bald in einer Schublade: »Den hab ich nicht oft angelegt.«[81]

Im Sommer 1939 kommt auch Rudolfs Mutter zu Besuch. Anna Brazda wohnt inzwischen in Mumsdorf, noch immer arbeitet sie als Putzhilfe in den Büroräumen der Brikettfabrik. Rudolf ist stolz, der Mutter vorzuführen, wie mondän das Leben in Karlsbad ist – auch wenn es lange nicht mehr so mondän ist wie vor der deutschen Besetzung. Gemeinsam spazieren sie zum Grand Hotel Pupp, wo Rudolf zu Kaffee und Kuchen lädt. Anna Brazda erzählt von den Geschwistern, von Rudolfs Bruder, der sich naturalisieren lässt, um ein guter Deutscher zu werden. Und sie berichtet vom Familientratsch

Rudolf Brazda mit seiner Mutter (li.) 1939 im »Weltbad Karlsbad«

über ihren Jüngsten, den heimatlosen Gesellen, der ohne feste Bleibe und Arbeit sei. Doch Rudolf kümmert das nicht. »Sie wissen es eben nicht besser«, sagt er seiner Mutter. Damit ist das Thema für ihn erledigt.

Rudolf und Toni genießen den Sommer – so weit das noch möglich ist. Die Karlsbader Kurpromenade wird inzwischen von Uniformträgern dominiert. SA-, SS- und Wehrmachtsangehörige prägen das Stadtbild. Im Frisiersalon kommt Toni mit den neuen Machthabern nun immer öfter in Kontakt. Er ist ein guter und erfolgreicher Friseur: »In seinem Wesen zart und langsam, und doch, er ist immer beliebt gewesen.« Die lokalen Nazigrößen gehen in seinem Salon ein und aus. Und wenn Prominente nach Karlsbad kommen, dann ruft man Anton Hartl. Eines Tages wird ihm von der Friseurinnung ein besonderer Auftrag anvertraut: »Der wurde ausgesucht als ein, gut, woll'n wir sagen, neutral Denkender, in der Politik neutral. Die konnten ja nicht jeden nehmen für den Heß. Kannst dir denken, wegen Sabotage oder irgendetwas. Also ist er für das ausgewählt worden, in der Friseur-Clique.« Auch Tonis Chefin ist an der Entscheidung beteiligt, einen schwulen Friseur zum Stellvertreter des Führers zu schicken. Und sie trifft diese Entscheidung bewusst, denn sie weiß Bescheid über Toni und Rudolf: »Die Frau habe ich sehr gut ge-

kannt, sie hat auch gewusst, dass wir ein Verhältnis haben.« Toni muss
also rauf zum Hotel Imperial, wo Rudolf Heß nach einer neuen Frisur
verlangt. Später erzählt er Rudolf, wie mulmig es ihm war, als er zu Heß'
Suite geführt wurde: »Da war überall Geheimpolizei, eine Kette, so viele
Leute, Burschen oder Kerle, die herumstehen, da und dort. In dem Ap-
partement, wo er war, ist auch ein Haufen Geheimpolizei gestanden, sagt
er.«[82] Doch als er mit der Arbeit begann, sei Toni ganz ruhig geworden
und habe sehr professionell frisiert und parliert.

Wenn Rudolf die Naziuniformen auf den Karlsbader Promenaden
sieht, muss er immer wieder an Direktor Fischli und die Schauspieltruppe
denken. Was aus ihnen geworden ist? Nur zu zwei Mitgliedern der Fischli-Bühne hat er noch Kontakt, zu der Soubrette Christel und der Schauspielerin Dora. Zu seiner großen Überraschung hat er sie irgendwann in
Karlsbad wiedergetroffen. Rudolf hatte gedacht, die beiden seien gemeinsam mit den anderen Schauspielern verhaftet worden. Die Gründe, warum sie entkommen sind, kennt er ebenso wenig wie ihr weiteres Schicksal. Doch er hat noch ein Foto, das eines ihrer Treffen im Sommer 1939
dokumentiert, aufgenommen am Goetheweg im »Weltbad Karlsbad«.

Rudolf Brazda 1939 in Karlsbad mit Christel (li) und Dora (re) von der Fischli-Bühne

Man muss in diesen Wochen kein Prophet sein, um zu bemerken, dass alles auf einen Krieg zusteuert. Schon im Oktober 1938 hatte Deutschland von der polnischen Regierung die »Lösung« aller strittigen Fragen verlangt, insbesondere die Wiedereingliederung der Freien Stadt Danzig in das Deutsche Reich. Ende März 1939 wies Polen die deutschen Forderungen endgültig zurück, woraufhin Hitler den deutsch-polnischen Nichtangriffspakt kündigte. Bis August 1939 gibt es zwar noch Verhandlungen, Hitler jedoch will keinen Kompromiss. Am 28. August 1939 werden schließlich Lebensmittelmarken und Bezugsscheine für Benzin ausgegeben, ein untrügliches Zeichen, dass der Krieg unmittelbar bevorsteht. Vier Tage später, am 1. September, ist Rudolf mit dem Fahrrad unterwegs, um für Anna Kaptor Lebensmittel zu besorgen, als plötzlich die Sirenen losheulen: »Ich erinnere mich noch, ich bin mit dem Fahrrad aufs Dorf gefahren, wo die Frau herstammt. Das war ein Bauerngut und dort habe ich Butter und Milch geholt. Einmal, als ich dort war, gingen die Sirenen los, überall. Es ist der Krieg ausgebrochen, daran kann ich mich noch erinnern. Ich habe ja nicht gewusst, was das bedeutet, und habe nachgefragt. Der Hitler ist in Polen eingezogen.«[83]

Vom Krieg bekommen Rudolf und Toni in den ersten Monaten nicht mehr mit als die schnellen Siegesmeldungen des »Polenfeldzuges«, der bereits Anfang Oktober beendet ist. Polen existiert nicht mehr, Deutschland und die Sowjetunion haben das Land aufgeteilt. Frankreich und England erklären Deutschland Anfang September zwar den Krieg, an der Westfront tut sich jedoch nichts. Im Winter 1939/40 verläuft das Leben also fast so wie zu Friedenszeiten. Doch Rudolf und Toni ist klar, dass das nicht von Dauer sein wird. Im März 1940 bekommt Toni schließlich seinen Musterungsbefehl. Er wird für tauglich befunden und zum 15. Juni einberufen. Rudolf dagegen will niemand zum Militär einziehen. Und weil er eine Stelle als Dachdecker hat, entgeht er auch dem Schicksal anderer »Protektoratsangehöriger«, die man als Zwangsarbeiter in Rüstungsfabriken schickt.

Am 10. Mai 1940 startet Hitler schließlich seinen Westfeldzug. Zunächst überfällt die Wehrmacht die neutralen Niederlande, Belgien und Luxemburg, am 6. Juni marschiert sie in Frankreich ein. Als Toni seine vierwöchige Grundausbildung in Bad Kissingen antritt, ist Paris bereits gefallen. Deutschland ist wie im Rausch, dem Führer traut man nun jeden Sieg zu: »Das war wie verrückt, der Hitler war verrückt und die

Leute sind auch verrückt geworden. Die Besetzungen da, mein Lieber, die Länder alle besetzt.«[84] Nun ist nicht nur Rudolfs zweite Heimat Karlsbad besetzt, auch in Paris, der Stadt seiner Träume, haben Wehrmacht und SS das Regiment übernommen. Josephine Baker, sein großes Vorbild, ist nach Südfrankreich geflüchtet. Sie schließt sich der Résistance an, tritt vor französischen Truppen auf, macht den Pilotenschein und wird schließlich Leutnant der französischen Armee. Davon erfährt man in Karlsbad natürlich nichts. Die deutschen Zeitungen sind gefüllt mit Jubelberichten – Rudolf versucht, den Siegestaumel zu ignorieren. Er genießt die Zeit ohne Toni, die Freiheit von dem eifersüchtigen Freund. In einer lauen Sommernacht trifft er in den Kuranlagen einen jungen Mann, auch ein Soldat. Gemeinsam sitzen sie auf einer Parkbank, schauen über die prächtigen Kurhotels hinunter ins Tal der Tepl – und kommen sich immer näher. Rudolf gerät noch heute ins Schwärmen, wenn er von dieser Begegnung erzählt. Der junge Mann ist groß und kräftig, ganz nach seinem Geschmack. Und so flüchtig dieses Abenteuer auch ist, denn Rudolf sieht den Soldaten nie wieder, so schön und erregend bleibt es ihm doch in Erinnerung.

Doch Toni bleibt nicht lange weg: Schon am 18. Juli ist er zurück aus Bad Kissingen, zur Ausbildung in einem »Kurlazarett«. Karlsbad verwandelt sich in diesen Monaten vom eleganten Kurort in ein Erholungszentrum der Wehrmacht. Und Toni hat das Glück, seinen Militärdienst hier ableisten zu können. Abends kann sich der Sanitätsanwärter Anton Hartl jetzt wieder mit seinem Freund Rudolf treffen. Soweit er denn Ausgang bekommt. Dann holt ihn Rudolf vom Dienst ab und die beiden bummeln durch Karlsbad, gehen ins Kino oder machen sich ein paar schöne Stunden zuhause in der Mattonistraße. Doch pünktlich um 22 Uhr muss Toni wieder in der Kaserne sein – und darüber ist Rudolf eigentlich ganz froh. So hat er auch nach Tonis Rückkehr noch viel Zeit für sich.

Eines Mittags im Sommer 1940, als Rudolf mal wieder bei Anna Kaptor isst, sitzt ein unbekannter Mann am Tisch. Der Heilige Josef hat ihn in der Eishalle Schöner aufgegabelt und mit zu Anna geschleppt. Richard Mörike heißt er, ist 35 Jahre alt und stammt aus Komotau – eine schmächtige Gestalt mit dünnen Ärmchen und viel zu breitem Becken.[85] Mörike hat ein rotes, schuppiges Gesicht, vor allem aber hat er einen scheuen und falschen Blick. Rudolf ist der Typ sofort unsympathisch: »Uah, so ein ekelhafter Mensch! Ich weiß nicht, warum ich mich mit dem abgegeben hab. Ich weiß es nicht warum. Der hat mir gar nicht gefallen.« Mörike hält große Reden über die Schönheit des deutschen Mannes, kantig, arisch, geradlinig. Diesem Ideal müsse die deutsche Jugend nacheifern. Mangels eigener Schönheit hat Mörike versucht, seinem deutschen Ideal näherzukommen, indem er erst der Sudetendeutschen Partei und schließlich der SA beitrat – zumindest behauptet er das später gegenüber der Polizei.[86] Gedankt hat man es ihm nicht. Als er im August 1939 in Verdacht gerät, homosexuell zu sein, wird auch er festgenommen. Nach acht Monaten Untersuchungshaft verurteilt ihn das Landgericht Brüx im April 1940 zu sechs Monaten Gefängnis. Erst seit Mitte Juni ist er wieder auf freiem Fuß.

Kurz vor seiner Verhaftung hatte Mörike noch geheiratet, genützt hat ihm dieser Schachzug nichts.[87] Bei Rudolf stößt er damit nur auf Unverständnis: »Warum muss der sich an eine Frau binden? Es gibt so verrückte Tunten, die müssen alles machen. Glänzen und: ›Ich habe eine Frau.‹ Und dabei sind sie hundert Prozent homo.«[88] Nach seiner Entlassung ist Mörike nach Karlsbad gezogen, nach Fischern, in die Nähe der Eishalle, wo er schließlich den Heiligen Josef kennenlernte. Er arbeitet als kaufmännischer Angestellter bei einer Warengenossenschaft. Seine Frau hat er in Komotau zurückgelassen.

Entgegen seinem Ideal ist Mörike sehr wehleidig, er klagt über die Schwierigkeiten, in Karlsbad Anschluss zu finden. Auch bei Rudolf würde er gerne Anschluss finden, der gefällt ihm auf den ersten Blick: »Der hat mir keine Ruhe gelassen. So hinter mir her gewesen ist der, dass ich gesagt habe, jeh, was ist jetzt. Wenn der schön gewesen wäre, tät ich mich an ihn erinnern, aber ich erinnere mich an einen, den ich gar nicht gemocht habe, und der keine Ruh gelassen hat.«[89] Mörike erweist sich als eine in jeglicher Hinsicht tragische und verhängnisvolle Figur. Von den Gefahren, die das schwule Leben im Nazireich mit sich bringt, hat er offenbar wenig Ahnung. Obwohl er fast ein Jahr im Gefängnis verbracht hat, benimmt er sich vollkommen naiv und unvorsichtig. Kaum in Karlsbad angekommen, gibt er am 3. August in der *Deutschen Tageszeitung* ein Inserat auf, mit dem er einen »braven, intelligenten Wandergefährten« sucht. Zuschriften sollen unter dem Stichwort »Kamerad« an die Zeitung geschickt werden. Weil sich daraufhin nur zwei Damen melden, die offenbar nicht zu Mörikes Zielgruppe gehören, gibt er fünf Tage später eine weitere Anzeige auf. Dieses Mal wird er deutlicher: Er sucht einen »braven, intell. Freund und Wandergefährten. Damenwelt ausgeschlossen«. Statt der Damenwelt interessiert sich dieses Mal die Karlsbader Polizei für Mörikes Anzeige. Am 10. August erscheint Kriminalsekretär Beyer beim Betriebsführer der *Deutschen Tageszeitung* und erkundigt sich nach der Identität des Inserenten. Auch die Gestapo schöpft Verdacht und nimmt ihrerseits Ermittlungen auf.[90]

Von all dem weiß Rudolf nichts, als er Mörike im August 1940 kennenlernt. Und auch Mörike ahnt in seiner Naivität nicht, dass er schon wieder ins Visier der Polizei geraten ist. Doch Kriminalsekretär Beyer ist bereits eifrig bei der Sache: Die Ortspolizei in Komotau bittet er um »vertrauliche Ermittlungen«, insbesondere will er wissen, ob »dort Strafen über ihn [Mörike] bekannt« sind. Als diese Ende August antwortet, Mörike sei bereits einmal »wegen Unzucht mit Männern zur Anzeige gebracht« worden, legt Beyer richtig los.[91] Am 4. September befragt er Mörikes Vermieterin und Frau Albers erweist sich als sehr mitteilsam: Mit Mörike habe sie sich gar nicht verstanden, deswegen sei er auch Ende August ausgezogen. Verdächtig sei ihr der Mann erschienen. So habe er einmal zwei Männer zu Besuch gehabt, die »ein sonderbares Benehmen zur Schau« trugen, kindisch lachten und »sich gegenseitig mit den Bäuchen anstießen«. Beyer vermerkt in seinem Bericht: »Durch dieses sonderbare Betragen aufmerksam geworden, fasste Frau Albers Verdacht, dass Mörike homosexuell ist und es kam zu einer Auseinandersetzung.« Und noch von einer anderen Begebenheit weiß Frau Albers zu berichten. Kürzlich hätte sie zwei deutsche Soldaten zu Gast gehabt. Zum Abschied habe sie die jungen Männer aufgefordert, beim nächsten Besuch einen weiteren Kameraden mitzubringen, damit auch ihre zweite Tochter Gesellschaft hätte. Daraufhin habe Mörike dem einen Unteroffizier unter das Kinn gefasst und gesagt: »Nicht wahr, Sie bringen mir einen kleinen Freund mit.«[92]

Für Kriminalsekretär Beyer ist die Sache klar: Mörike ist homosexuell. Nun geht es darum, ihm strafbare Handlungen nachzuweisen. Erfolglos versucht er, den von der Vermieterin genannten Unteroffizier zu ermitteln. Auch die Identität von Mörikes Besuchern kann er zunächst nicht klären. Mehr Erfolg hat er bei der Suche nach Mörike selbst. Der ist Anfang September in die Mattonistraße 5 gezogen, in dieselbe Straße, in der auch Rudolf und Toni wohnen. Am 18. September fährt Beyer zu Mörikes neuer Wohnung, ein Zimmer im Parterre, das er zur Untermiete bewohnt. Der Kripobeamte spricht mit dem Vermieter, Herrn Swidek, der damit einverstanden ist, dass er Mörikes Zimmer »unauffällig durchsucht«. Doch die Durchsuchung bleibt ohne Erfolg: »Verdächtige Schriften«, die Mörikes Homosexualität beweisen könnten, sind nicht zu finden. Beyer bittet Herrn Swidek, »hier Nachricht zu geben«, wenn Mörike »Männerbesuche empfängt«. Mehr kann er fürs Erste nicht machen.[93] Mörike ist weiterhin vollkommen arglos. Er ist froh, mit dem Heiligen Josef Anschluss an die Karlsbader Homosexuellenszene gefunden zu haben. In den folgenden Wochen treffen sich die beiden oft, Mörike besucht Josef regelmäßig in seiner neuen Wohnung in der Kunststraße.[94] Wenn man denn von einer Wohnung sprechen möchte, denn eigentlich handelt es sich um ein kleines Zimmer in einem einstöckigen Haus, die Toilette muss sich Josef mit fünf anderen Mietern teilen. Mörike kommt nach Feierabend vorbei, hilft Josef bei seiner Steuererklärung, dieser revanchiert sich mit Kaffee, Kuchen oder einem Abendessen. Einmal bringt Mörike dem Heiligen Josef einen Blumenstock mit, eine wunderschöne Zimmerazalee.[95] Ob die beiden ein Verhältnis haben, erinnert Rudolf nicht mehr, er glaubt aber schon.

Mittags bei Anna Kaptor macht Mörike Rudolf immer eindeutigere Avancen und bedrängt ihn, dass er »so gern mal mit ihm ausginge«.[96] An Rudolfs Einstellung hat sich jedoch nichts geändert, für diesen Verehrer ist er einfach nicht zu begeistern: »Ich wollte von ihm nichts wissen, keine Spur. Um dem Josef zu gefallen, hab ich gedacht, damit ich meine Ruhe habe.«[97] Damit er seine Ruhe hat, verspricht er Mörike, etwas mit ihm zu unternehmen – irgendwann einmal. Doch der lässt jetzt erst recht nicht mehr locker: »Eines Tages fragte er mich beim Essen wieder, ob ich denn nicht doch einmal mit ihm fortginge. Bisher hatte ich ihm das zwar wiederholt versprochen, war ihm aber immer ausgewichen, weil ich ahnte, dass er mit mir etwas vorhabe.«[98] Mörikes stetiges Werben hat schließlich Erfolg: Anfang November bietet ihm Rudolf an, abends gemeinsam ins Passage-Kino zu gehen; er werde Mörike am Nachmittag abholen.

Doch als es so weit ist, bricht sich seine ganze Abscheu Bahn: Rudolf kann sich einfach nicht durchringen zum Rendezvous mit dem unangenehmen Verehrer. Er geht alleine ins Kino und genießt es doppelt, für sich zu sein. Später jedoch, im Café Löser, plagen ihn plötzlich Gewissensbisse. Hätte er die Verabredung nicht doch einhalten müssen? Auf dem Heimweg klopft Rudolf bei Mörike: »Darauf schaute er zum Fenster heraus. Ich sagte zu ihm, dass ich mich wegen meines Fernbleibens entschuldigen wolle.«[99] Mörike bittet Rudolf herein. Er bietet ihm Stollen an – und wird zudringlich. Rudolf weiß nicht, wie er reagieren soll. Erst lässt er sich die Übergriffe gefallen, dann steht er auf und verlässt die Wohnung. »Ich habe noch zu ihm gesagt: ›Du weißt doch, dass ich einen Freund habe. Ich bin gern mit dir als Freund zusammen, nicht aber mit solchen Sachen.‹ Darauf hat er nichts gesagt.«[100]

Rudolf Brazda und Richard Mörike scheinen noch einmal Glück zu haben: Kriminalsekretär Beyer hatte seit Ende September andere dienstliche Verpflichtungen. Erst Mitte November übernimmt er den Fall Mörike wieder. In der Zwischenzeit sind die Ermittlungen nicht wirklich vorangekommen. Auch von Mörikes Vermieter, Herrn Swidek, erhält Beyer »noch keine Mitteilungen«, wie er am 15. November notiert. Als er am 15. Dezember noch immer nichts von Swidek gehört hat, vermerkt Beyer, Mörike »dürfte in dieser Wohnung auch sehr vorsichtig sein, weil er mit der Familie Swidek auf einem Korridor wohnt«.[101]

Rudolf meidet Mörike fortan. Weihnachten verbringt er mit Toni, der ein paar Tage frei bekommen hat. Von Mörikes Annäherungsversuchen erzählt er seinem eifersüchtigen Freund nichts. Silvester feiern die beiden zuhause, in trauter Zweisamkeit. Mit einer Flasche Sekt begrüßen sie das neue Jahr, stoßen an auf eine gemeinsame Zukunft, die plötzlich so ungewiss und unsicher erscheint. Der Krieg, der ein Jahr zuvor noch weit entfernt war, hat ihr Leben inzwischen völlig verändert. Von den Bombenangriffen, die die Royal Air Force seit einigen Monaten fliegt, ist Karlsbad bislang zwar verschont geblieben. Doch beide machen sich Sorgen darüber, was das nächste Jahr für sie bringen wird: Ob Toni an die Front geschickt wird? Ob Rudolf seine Stelle behalten und in Karlsbad bleiben kann? Vor allem aber ist es die Gewissheit, als schwules Paar, das auch noch zusammen wohnt, ständig mit einem Bein im Gefängnis zu stehen, die ihre Silvesterlaune dämpft.

Anmerkungen

1 Zinn: *Brazda 4. Dezember 2008.* S. 23.
2 Zinn: *Brazda 5. Dezember 2008.* S. 3.

3 Zinn: *Brazda 10. Oktober 2009.* S. 1.
4 Zinn: *Brazda 5. Dezember 2008.* S. 3.
5 Zinn: *Brazda 4. Dezember 2008.* S. 23.
6 Zinn: *Brazda 4. Dezember 2008.* S. 43.
7 Zinn: *Brazda 4. Dezember 2008.* S. 23.
8 Zinn: *Brazda 10. Oktober 2009.* S. 1.
9 Der Name wurde vom Autor aus Rücksicht auf die Privatsphäre geändert. Auch in Zitaten wurde der richtige Name durch das Pseudonym ersetzt.
10 Zinn: *Brazda 4. Dezember 2008.* S. 43.
11 Zinn: *Brazda 10. Oktober 2009.* S. 4.
12 Aussage Julius Lohwasser vom 11. Januar 1941. Akte 4 Kms 5/41, Bd. I, Bl. 3. SoavP.
13 »Schmuzal« ist südmährischer Dialekt und bedeutet »Prise«. Der Spitzname bezog sich wahrscheinlich auf Brazdas geringe Körpergröße. Erwähnt wird der Name (in etwas anderer Schreibweise) in den Vernehmungsprotokollen Kaptors vom 31. März (Schmuzahl) und Brazdas vom 1. April 1941 (Schnuzahl). Akte 4 Kms 5/41, Bd. I, Bl. 30R-31. SoavP.
14 Zinn: *Brazda 10. Oktober 2009.* S. 4.
15 Zinn: *Brazda 4. Dezember 2008.* S. 24.
16 Zinn: *Brazda 10. Oktober 2009.* S. 4.
17 Zinn: *Brazda 10. Oktober 2009.* S. 5.
18 Zinn: *Brazda 5. Dezember 2008.* S. 3.
19 Tatsächlich interessiert sich die tschechoslowakische Geheimpolizei laut Brazda nur dafür, »wie es dort in Altenburg, in der neuen Flugzeugfabrik, zugeht«. Zinn: *Brazda 4. Dezember 2008.* S. 24.
20 Zur strafrechtlichen Situation in der Tschechoslowakei vgl. Kapitel 2, Anmerkung 146.
21 Vgl. Gebel: *»Heim ins Reich!«* S. 54 f.
22 Mannesliebe, Mannschaftserziehung, Faschismus. In: *Rote Fahne* vom 23. Oktober 1937. Zitiert nach Sator: Die Sexualdenunziation. S. 408.
23 Vgl. Zinn: *Die soziale Konstruktion.*
24 Ein ernstes Wort an alle Eltern. *Altenburger Zeitung* vom 17./18. Juli 1937. Zu den Altenburger Sittlichkeitsverbrechen. Mahnung an alle Eltern. *Altenburger Landeszeitung* vom 17./18. Juli 1937.
25 Rutha-Prozeß Ende November? *Rote Fahne* vom 28. Oktober 1937. Zitiert nach Sator: Die Sexualdenunziation. S. 409.
26 Mannesliebe, Mannschaftserziehung, Faschismus. In: *Rote Fahne* vom 23. Oktober 1937. Zitiert nach Sator: Die Sexualdenunziation. S. 409.
27 Zinn: *Brazda 4. Dezember 2008.* S. 16.
28 Zinn: *Brazda 4. Dezember 2008.* S. 24.
29 Zinn: *Brazda 4. Dezember 2008.* S. 24.
30 Zinn: *Brazda 4. Dezember 2008.* S. 25.
31 Zinn: *Brazda 4. Dezember 2008.* S. 25.
32 Zinn: *Brazda 4. Dezember 2008.* S. 14–15.
33 Vgl. Osterloh: *Judenverfolgung.* S. 136–140 und S. 150.

34 Fritz Löhner-Beda wird schließlich nach Auschwitz deportiert, wo man ihn am 4. Dezember 1942 umbringt. Franz Lehár setzt sich nicht für seinen Kollegen ein. Vgl. Schwarberg: *Dein ist mein ganzes Herz.* S. 12, 125, 183.

35 Vgl. Osterloh: *Judenverfolgung.* S. 144.

36 Vgl. Osterloh: *Judenverfolgung.* S. 144–149.

37 Den Text des Stückes »Immer nur lächeln und immer vergnügt« schrieb Ottilie Léon, bevor die Operette 1923 erstmals unter dem Titel »Die gelbe Jacke« aufgeführt wurde. Vgl. Marischka: *Immer nur lächeln.* S. 77–80.

38 Vgl. Osterloh: *Judenverfolgung.* S. 143 und 149–161.

39 Vgl. Abella/Troper: *None Is Too Many.*

40 Zinn: *Brazda 4. Dezember 2008.* S. 42.

41 Aussage Brazdas vom 3. April 1941. Akte 4 Kms 5/41, Bd. I, Bl. 35. SoavP.

42 Zinn: *Brazda 4. Dezember 2008.* S. 25.

43 Osterloh: *Judenverfolgung.* S. 168–176.

44 Zinn: *Brazda 4. Dezember 2008.* S. 25.

45 Jäher Ausgang der Karlsbader Saison. *Egerer Zeitung* vom 17. September 1938. S. 5. Zitiert nach: Osterloh: *Judenverfolgung.* S. 180.

46 Zinn: *Brazda 4. Dezember 2008.* S. 44.

47 Osterloh: *Judenverfolgung.* S. 185–203.

48 1941 erklärt Rudolf Brazda, er sei mit der Volksbühne »bis zu deren Auflösung nach dem Umsturz« umhergezogen. »In Lichtenstadt wurde die Volksbühne aufgelöst, das Unternehmen war jüdisch.« Vgl. Aussage Brazdas vom 3. April 1941. Akte 4 Kms 5/41, Bd. I, Bl. 35. SoavP.

49 Zinn: *Brazda 4. Dezember 2008.* S. 16.

50 Zinn: *Brazda 4. Dezember 2008.* S. 45.

51 Zinn: *Brazda 4. Dezember 2008.* S. 44.

52 Das Schicksal von Hermann Fischli ließ sich nicht aufklären. Anfragen beim ITS und den KZ-Gedenkstätten Dachau, Buchenwald und Sachsenhausen blieben ohne Ergebnis.

53 Tonis Tante Rosa Zuhr wohnt in Lichtenstadt 179. Akte 4 Kms 5/41, Bd. II, Akte Hartl, Bl. 11. SoavP.

54 Marienbad judenfrei. *Marienbader Zeitung* vom 16. November 1938. S. 1. Zitiert nach: Osterloh: *Judenverfolgung.* S. 231.

55 Osterloh: *Judenverfolgung.* S. 224–232. Die Zahl der im Sudetenland verhafteten Juden ist nicht genau zu ermitteln.

56 Vgl. Rademacher: *Verwaltungsgeschichte. http://www.verwaltungsgeschichte.de/sud_karlsbad.html*

57 Jüdische Hotels zum Verkauf angeboten. *Die Zeit* vom 18. Februar 1939. S. 15. Zitiert nach: Osterloh: *Judenverfolgung.* S. 433.

58 Die »Sonderaktion« wird am 27. Februar 1939 beschlossen und sieht Kredite für die größtenteils überschuldeten Hotels und Gaststätten von Marienbad, Franzensbad und Karlsbad vor. Osterloh: *Judenverfolgung.* S. 432.

59 Deutschland-Berichte der Sopade 1938. Zitiert nach Gebel: *Heim ins Reich!* S. 283. Zu den Flüchtlingszahlen vgl. Gebel: S. 279, Anmerkung 627.

60 Die Regelung gilt für Personen nichtdeutscher Volkszugehörigkeit, die – wie auch Rudolf Brazda – seit 1910 in das Sudetenland gezogen sind. Tschechoslowakische Staatsangehörige, die vor 1910 im Sudetenland geboren wurden und ihre Abkömmlinge werden dagegen deutsche Staatsangehörige. Doch Rudolfs Eltern stammen nicht aus dem Sudetenland, deswegen kommt er nicht in den Genuss dieser Regelung. Vgl. Globke: Protektoratsangehörigkeit. S. 451f. Gebel: *Heim ins Reich!* S. 277. Gosewinkel: *Einbürgern.* S. 402.

61 Am 1. April 1941 sagt Rudolf Brazda aus, er habe sich beim »Arbeitsamt gemeldet« und sei »von diesem wieder zur Dachdeckerei vermittelt« worden. Am 3. April 1941 erklärt er, er sei dann »erst eine zeitlang erwerbslos« gewesen. Vgl. Akte 4 Kms 5/41, Bd. I, Bl. 31 und 35. SoavP.

62 Zinn: *Brazda 4. Dezember 2008.* S. 25.

63 Zwischen Oktober 1938 und Dezember 1939 ziehen etwa 100.000 Arbeitskräfte ins Altreich. Vgl. Gebel: *Heim ins Reich!* S. 247.

64 Aussage Hartl vom 7. Mai 1941. Akte 4 Kms 5/41, Bd. I, Bl. 77 f. SoavP.

65 Zinn: *Brazda 4. Dezember 2008.* S. 36–37.

66 Vgl.: Vorbeugende Verbrechensbekämpfung durch die Polizei. Erlass vom 14. Dezember 1937. Sowie: Richtlinien vom 4. April 1938. Grau: *Homosexualität.* S. 181–191.

67 Ein allgemeingültiges Verfahren gibt es zunächst nicht. Erst mit Erlass vom 12. Juli 1940 stellt das RSHA klar, dass »in Zukunft alle Homosexuellen, die mehr als einen Partner verführt haben, nach ihrer Entlassung aus dem Gefängnis in polizeiliche Vorbeugungshaft zu nehmen« sind. Grau: *Homosexualität.* S. 311.

68 Zinn: *Brazda 4. Dezember 2008.* S. 35–36.

69 Zinn: *Brazda 4. Dezember 2008.* S. 36.

70 Der Rechtsstatus der Protektoratsangehörigen ist kompliziert. Einerseits sind sie »als Ausländer im Sinne des § 17 des Reichs- und Staatsangehörigkeitsgesetzes anzusehen«, der Ausländerpolizeiverordnung unterliegen sie aber »grundsätzlich [...] nicht«. Globke: Protektoratsangehörigkeit. S. 456–457. Vgl. auch Gosewinkel: *Einbürgern.* S. 402. Anmerkung 98.

71 Rudolfs Situation bleibt jedoch unsicher. Einerseits werden seit 1940 auch im Sudetengau dringend Arbeitskräfte benötigt, was sogar zu einem Zuzug von Tschechen führt. Dennoch veranlasst Henlein immer wieder Ausweisungen ins Protektorat, was bei Heydrich großes Missfallen auslöst. Vgl. Gebel: *Heim ins Reich!* S. 276–280 und S. 290–291.

72 Gegenüber der Polizei bestreitet Albine Hubl später allerdings, mit Toni verwandt zu sein. Akte 4 Kms 5/41, Bd. I, Bl. 38R. SoavP.

73 Zinn: *Brazda 4. Dezember 2008.* S. 38.

74 Akte 4 Kms 5/41, Bd. I, Bl. 38. SoavP. Tatsächlich war Brazda aber wohl noch vor Hartl eingezogen. Vgl. Aussage Hartl vom 7. Mai 1941. Bd. I, Bl. 77 f.

75 Zinn: *Brazda 10. Oktober 2009.* S. 3.

76 Im »Protektorat Böhmen und Mähren« gilt der Paragraph 175 dagegen zunächst nur für Volksdeutsche, die »deutscher Gerichtsbarkeit« unterstehen. Später wird er aber auch auf Protektoratsangehörige angewandt. Vgl. Verordnung vom 2. Oktober 1942. Grau: *Homosexualität.* S. 261–262.

77 Seit Ende April 1939 werden etwa 50 Funktionäre der Sudetendeutschen Partei verhaftet. Gebel geht davon aus, dass »der Verdacht der Homosexualität nicht unbegründet« ist, meint jedoch, dass er im Grunde »nur vorgeschoben« wird, um innerparteiliche Gegner auszuschalten. Die SS-Zeitschrift *Das Schwarze Korps* vom 18. Januar 1940 sieht den Hintergrund der Verhaftungen dagegen in Ruthas Idee »einen ›homoerotischen Männerbund als staatstragende Organisation‹ zu schaffen« und bezeichnet die verhafteten Homosexuellen als »Staatsfeinde«, die nun »ausgemerzt« würden. Dass die Kripo 1939 auch gegen politisch unbedeutende Homosexuelle aktiv wird, zeigt der Fall des einfachen SdP-Mitglieds R. M. aus Komotau, der im August 1939 verhaftet und am 8. April 1940 vom Landgericht Brüx zu 6 Monaten Gefängnis verurteilt wird. Vgl. Akte 4 Kms 5/41, Bd. II, Bl. 4 und 26R. SoavP. Sowie: Gebel: *»Heim ins Reich!«* S. 166 und S. 169. Grau: *Homosexualität.* S. 279–283.

78 Die SdP wurde am 5. November 1938 in die NSDAP überführt. Dabei wurden die SdP-Mitglieder nicht einfach übernommen, vielmehr mussten sie einen Aufnahmeantrag stellen. Hintergrund waren Bedenken hinsichtlich ihrer weltanschaulichen Zuverlässigkeit. Vgl. Gebel: *»Heim ins Reich!«* S. 128–136. Nawrocki ist laut Vernehmungsprotokoll vom 8. März 1941 kein NSDAP-Mitglied. Ob es sich bei seinem angeblichen Beitrittsdatum zur SdP um einen Schreibfehler des Kriminalbeamten oder um eine Erfindung von Nawrocki handelt, bleibt offen. Vgl. Akte 4 Kms 5/41, Bd. I, Bl. 6. SoavP.

79 Der Name wurde vom Autor aus Rücksicht auf die Privatsphäre geändert. Auch in Zitaten wurde der richtige Name durch das Pseudonym ersetzt.

80 Akte 4 Kms 5/41, Bd. I, Bl. 32–32R. SoavP.

81 Zinn: *Brazda 10. Oktober 2009.* S. 4.

82 Zinn: *Brazda 10. Oktober 2009.* S. 3.

83 Zinn: *Brazda 4. Dezember 2008.* S. 44.

84 Zinn: *Brazda 10. Oktober 2009.* S. 3.

85 Der Name wurde vom Autor aus Rücksicht auf die Privatsphäre geändert. Auch in Zitaten wurde der richtige Name durch das Pseudonym ersetzt.

86 Am 10. März 1941 gibt Mörike gegenüber der Polizei an, 1937 der SdP und 1938 der SA beigetreten zu sein. Dagegen teilt der SA-Führer der Gruppe Sudeten der Staatsanwaltschaft Eger am 10. September 1941 mit, dass Mörike »bei einer SA-Einheit im Bereiche der Standarten Karlsbad, Falkenau und Komotau nicht gemeldet erscheint«. Akte 4 Kms 5/41, Bd. I, Bl. 26 und Bd. II, ohne Blattnummer. SoavP.

87 Mörike heiratet nach eigener Aussage am 8. Juli 1939. Akte 4 Kms 5/41, Bd. I, Bl. 26R. SoavP.

88 Zinn: *Brazda 10. Oktober 2009.* S. 1.

89 Zinn: *Brazda 10. Oktober 2009.* S. 1.

90 Akte 4 Kms 5/41, Bd. I, Bl. 14 und 18R. SoavP.

91 Akte 4 Kms 5/41, Bd. I, Bl. 17. SoavP.

92 Akte 4 Kms 5/41, Bd. I, Bl. 19. SoavP.

93 Akte 4 Kms 5/41, Bd. I, Bl. 19R. SoavP.

94 Unklar ist, seit wann Nawrocki in der Kunststraße 1 wohnt. Offenbar hat er dort bereits gemeinsam mit seiner Mutter gelebt, die am 7. September 1939 verstirbt. Vgl.

Akte 4 Kms 5/41, Bd. I, Bl. 6R. SoavP. Nach Brazdas Erinnerung wohnte Nawrocki, als er Ende 1937 nach Karlsbad kam, aber noch bei Anna Kaptor. Zinn: *Brazda 10. Oktober 2009*. S. 4.

95 Akte 4 Kms 5/41, Bd. I, Bl. 4 und 8. SoavP.
96 Akte 4 Kms 5/41, Bd. I, Bl. 31R. SoavP.
97 Zinn: *Brazda 10. Oktober 2009*. S. 1.
98 Aussage Brazdas vom 3. April 1941. Akte 4 Kms 5/41, Bd. I, Bl. 35R. SoavP.
99 Aussage Brazdas vom 3. April 1941. Akte 4 Kms 5/41, Bd. I, Bl. 35R f. SoavP.
100 Aussage Brazdas vom 3. April 1941. Akte 4 Kms 5/41, Bd. I, Bl. 36. SoavP.
101 Akte 4 Kms 5/41, Bd. I, Bl. 19R und 21R. SoavP.

5. Verhaftung, Prozess und Gefängnis in Eger

5.1 Die Verhaftung von Parth, Nawrocki und Mörike

Rudolfs Sorgen sind nicht unberechtigt. Denn die Karlsbader Kriminalpolizei hat inzwischen einen Hinweis bekommen, der sich schon bald als Schlüssel für die weiteren Ermittlungen erweist. Am 31. Dezember 1940 geht bei Kriminalsekretär Beyer ein handgeschriebener Brief ein, der eine weitere Person aus Rudolfs Umfeld ins Blickfeld der Polizei rückt: »Ich möchte Sie aufmerksam machen, dass bei uns im Hause Reichsadler ein Warmer Bruder namens Josef Nawrocki wohnt und nur immer Herrenbesuche empfängt und auch frech mit den Hauseinwohnern ist. Bitte einmal dem Herrn seine Schnauze putzen. Heil Hitler. Julius Lohwasser.«[1]

Kriminalsekretär Beyer hat die Identität von Nawrocki, der bisher »weder in krimineller noch sonst in homosexueller Beziehung bekannt geworden« sei, schnell geklärt. Auch die Identität des Briefschreibers scheint klar: Bei Julius Lohwasser handelt sich um einen städtischen Angestellten, der im selben Haus wohnt wie Nawrocki. Lohwasser wird am 11. Januar auf das Polizeirevier bestellt. Doch er bestreitet, den Brief geschrieben zu haben und erklärt, es liege »ein Missbrauch meines Namens vor«. Tatsächlich hat Lohwasser eine andere Schrift, die Identität des Denunzianten ist nicht zu klären.[2] Rudolf jedoch hat eine Vermutung, wer hinter dem Brief gesteckt haben könnte: »Eigentlich meine ich, dass seine [Mörikes] Frau schuld ist, dass ich wieder ins Gefängnis gekommen bin. Durch den und seine Frau. Die war eifersüchtig. Sie hat sogar gesagt, ich hätte ihn verführt.«[3] Tatsächlich ist Mörikes Frau an den Wochenenden regelmäßig zu Besuch in Karlsbad. Dass ihr Mann erneut homosexuelle Bekanntschaften geknüpft hat, wird ihr nicht entgangen sein. Ob sie den

Brief tatsächlich geschrieben hat, bleibt aber offen. Ebenso gut kann es ein anderer Nachbar von Nawrocki gewesen sein. Julius Lohwasser jedenfalls bestreitet, der Urheber des Briefes zu sein. Doch er hält nicht hinterm Berg mit seiner Meinung über Nawrocki: »Im Haus hat es schon wiederholt Auseinandersetzungen gegeben, weil er nicht arbeitet und immer angibt, er sei krank. Er war auch zur Wehrmacht eingerückt, ist aber wieder entlassen worden. Meiner Ansicht nach könnte er aber arbeiten.« Über Nawrockis sexuelle Veranlagung äußert sich Lohwasser dagegen zurückhaltend: »Er ist nicht verheiratet. Was er eigentlich treibt, kann ich nicht sagen [...] Während der Tschechenzeit hat er sich im Sommer immer am Mühlbrunnen herumgetrieben und so weit mir bekannt ist, auch von der Polizei ein Verbot erhalten, dass er sich dort nicht mehr aufhalten darf. Nach dem Umsturz hat man nichts gesehen, dass er Männer in seiner Wohnung empfängt oder mitbringt.«[4]

Nach Mörike wird nun also auch gegen den Heiligen Josef ermittelt. Noch wird die Untersuchung geheim gehalten, damit Nawrocki »nicht vorzeitig Kenntnis erhält«. Lohwasser wird »angewiesen«, wegen »dieser Angelegenheit gegen jedermann zu schweigen. Falls jedoch Nawrocki Männer in seiner Wohnung empfängt, soll er sofort die Kriminalpolizei verständigen.«[5]

In diesem Fall jedoch vertraut Kriminalsekretär Beyer nicht mehr allein auf den Nachbarn, den er zum verdeckten Ermittler bestellt. Vielmehr ordnet er an, dass »das Wohngrundstück Kunststraße Nr. 1 [...] zu verschiedenen Tageszeiten beobachtet« wird.[6] Ein Vorgang, der viel aussagt, sowohl über den Verfolgungseifer Beyers wie auch über die Prioritäten, die die Karlsbader Kriminalpolizei noch im zweiten Kriegsjahr setzen kann. Dabei spielt es sicher eine Rolle, dass Nawrocki neben der Homosexualität auch verdächtigt wird, »arbeitsscheu« zu sein, wie es im Nazi-Jargon heißt. Tatsächlich hat sich Josef Nawrocki am 23. September 1940 krankschreiben lassen und ist auch nach Ablauf der Krankschreibung nicht mehr zur Arbeit erschienen. Da er von der Wehrmacht Anfang Juli für »arbeitsverwendungsfähig in der Heimat« erklärt wurde, ist er aber zur Arbeit an der »Heimatfront« verpflichtet. In den Augen der Nazis muss Nawrockis Verhalten an Sabotage grenzen.[7] Doch das Hauptinteresse der Kriminalpolizei sind die Herrenbesuche Nawrockis. Die Beobachtung der Wohnung verläuft in dieser Hinsicht erfolglos. Am 16. Januar notiert Beyer in schönstem Bürokratendeutsch, dass »verdächtige

Feststellungen nicht getroffen werden« konnten. Auch Lohwasser habe »bisher noch keinerlei Wahrnehmungen nach hier gemeldet«. Die Observierung der Wohnung wird dennoch fortgesetzt.

Doch nicht nur gegen Mörike und Nawrocki wird in diesen Wochen ermittelt. Auch andere Homosexuelle geraten in das Visier der Karlsbader Kripo. Als Rudolf an einem Morgen Ende Februar frische Brötchen holen will, steht Bäckermeister Parth nicht mehr hinter dem Tresen. Man hat ihn verhaftet.[8] Die Leute auf der Straße tuscheln, er habe den Lehrjungen unsittlich berührt: »Und er hatte den Lehrburschen vielleicht so getätschelt. Das ist ja ganz strafbar, ein Meister, ein Vorgesetzter, seinen Lehrjungen verführen, das ist ja schon fast Zuchthaus, so wird das angesehen.«[9] Rudolf beunruhigt diese Geschichte sehr. Aus Altenburg erinnert er noch zu gut, wie nach und nach immer mehr Homosexuelle zur Polizei bestellt und schließlich verhaftet wurden. Von der Beobachtung des Heiligen Josefs ahnt er dagegen nichts.

Tatsächlich wird Nawrockis Wohnung immer noch observiert. Doch weiterhin ohne Erfolg: Am 7. März notiert Beyer, dass »auch die weiteren Beobachtungen keine Beweise erbringen konnten«.[10] Der Kriminalsekretär entschließt sich zu einem Strategiewechsel. Er fährt zu Nawrocki, um eine Hausdurchsuchung durchzuführen. Doch der ist nicht zuhause. Beyer nutzt die Gelegenheit, um bei Nachbarn zu klingeln. Julius Lohwassers Ehefrau Hermine ist sehr gesprächig. Anders als ihr Mann ist sie sich sicher, dass Nawrocki »anormal veranlagt sein muss«. So habe sie beobachtet, dass »wiederholt zu ihm Männer in die Wohnung gekommen sind«. Das bestätigt auch Josefine Raab, eine andere Nachbarin. Doch Hermine Lohwasser weiß noch mehr: Im vergangenen Herbst sei »sogar ein Mann gekommen, der Blumen brachte«.[11]

Kriminalsekretär Beyer ist sich nun ganz sicher, dass er auf der richtigen Spur ist. Am nächsten Morgen um 7.45 Uhr klingelt er erneut bei Nawrocki. Und dieses Mal ist Josef zuhause. Der Kripobeamte erklärt ihm, dass er seine Wohnung durchsuchen müsse. Er drängt sich durch die Tür, das kleine, schäbige Zimmer hat Beyer schnell erfasst. Zielsicher steuert er auf einen Blumenstock zu, der auf dem Küchentisch steht: »Von wem haben Sie diesen Stock?« Es ist die Azalee von Mörike. Josef antwortet etwas verunsichert: »Den habe ich mir selbst gekauft«.[12] Beyer schaut sich um, zu durchsuchen gibt es hier nicht viel: »Wo verwahren Sie denn Ihren Briefverkehr?« Nawrocki zögert, öffnet schließlich eine

Schublade des Tisches. Angeblich »mit seinem Einverständnis« sieht Beyer Josefs Briefe durch. Und endlich findet er, was er sucht. Keine Beweise zwar, aber immerhin Indizien: »Dabei fiel mir auf, dass er eine ganze Reihe Photoaufnahmen von Männern – 12 Stück – und auch Briefe und Karten hatte, auf denen stand ›Dein Sepp‹ oder ›Dein getr. esch‹.« Beyer fragt, um wen es sich dabei handelt. Josef sagt angeblich, »das wisse er nicht, obwohl die Karte am 27.12.40 geschrieben« ist.[13]

Beyer beschlagnahmt Fotos und Briefe, Josef nimmt er mit aufs Polizeirevier. Dort findet ein Verhör statt, bei dem Nawrocki sich immer mehr in Widersprüche verstrickt. Er leugnet zwar beständig, sich »jemals mit einem Mann eingelassen oder gar mit einem widernatürliche Unzucht getrieben zu haben«. Vielmehr habe er regelmäßig Verkehr mit Frauen gehabt. An die Namen der Frauen kann er sich aber nicht erinnern. Auf die Frage, von wem der Blumenstock sei, antwortet er nun, den habe er »von einem Herrn, den ich namentlich auch nicht kenne. Er arbeitet in Fischern in der ehemaligen tschechischen Schule.« Beyer konfrontiert ihn mit dem Widerspruch zu seiner Aussage vom selben Morgen. Josef windet sich: »Ich habe gedacht, Sie meinen einen anderen Stock und zwar den, der am Fenster steht.« Der Kripobeamte treibt Josef immer weiter in die Enge. Er will wissen, wer ihm den Blumenstock geschenkt hat. Josef behauptet steif und fest, den Namen nicht zu kennen. Als Beyer verlangt, er solle »diesen Mann näher beschreiben«, antwortet er: »Er ist etwa 1,60 m groß. Er hatte immer einen grauen Pullover an. Näher kann ich ihn nicht beschreiben. Er sagte mir, er sei verheiratet und sei aus Komotau.«[14]

Die Vernehmung verläuft nicht gut für den Heiligen Josef. Zwar ist es taktisch klug, seine Homosexualität zu leugnen und die Namen von Freunden zu verschweigen. Josef geht dabei aber so ungeschickt vor, dass er schließlich umso verdächtiger erscheint. Nach dem Verhör, am 8. März 1941 um 12.35 Uhr, wird Josef Nawrocki vorläufig festgenommen und ins Polizeigefängnis von Karlsbad eingeliefert.

Der Heilige Josef macht es Kriminalsekretär Beyer nicht schwer. Er muss nur noch eins und eins zusammenzählen, um den Mann, der Josef die Azalee schenkte, zu identifizieren. Viele verheiratete Herren, die von Komotau nach Karlsbad-Fischern gezogen sind und seither die Nähe anderer Männer suchen, wird es nicht geben. Beyer ist zumindest einer bekannt: Richard Mörike. Auch dessen Wohnung wird bereits seit Wochen observiert. Bislang konnte aber nur festgestellt werden, dass Mörike sonntags regelmäßig Besuch von seiner Frau bekommt. Doch als Beyer am 3. März bei Mörike vorbeischaut, ist dieser weggezogen. Und nicht nur das erfährt der Kripobeamte bei seinem Besuch in der Mattonistraße: »Vertraulich wurde mir nun noch mitgeteilt, dass Mörike etwa Anfang November 1940 mal abends in der 22. Stunde, es könne auch noch etwas später gewesen sein, ein [sic!] Mann zum Hause hinausgelassen habe. Mörike sei dabei im Schlafanzug gewesen. Der andere Mann konnte nicht näher beschrieben werden. [...] Auf Grund dieser vertraulichen Mitteilung kann angenommen werden, dass Mörike doch hier Beziehungen zu Männern unterhält.«[15] Die »vertrauliche Mitteilung« ist nicht nur für Mörike verhängnisvoll. Auch Rudolf Brazda gerät damit ins Visier der Kriminalpolizei. Denn der ominöse Besucher vom November 1940 war er.

Die Zeit der verdeckten Ermittlungen ist nun endgültig vorbei. Kriminalsekretär Beyer glaubt, genug in der Hand zu haben, um nun auch Richard Mörike zu überführen. Am 10. März um 7 Uhr früh steht er vor dessen neuer Wohnung. Doch Mörike ist nicht zuhause. Auch mittags trifft Beyer ihn dort nicht an. Der Kripobeamte hält die Sache für so dringlich, dass er gegen 15 Uhr zur Warengenossenschaft nach Fischern fährt, bei der Mörike arbeitet. Dort findet er den Gesuchten schließlich und nimmt ihn mit zum Verhör. Beyer konfrontiert Mörike zunächst mit dessen Inseraten in der *Deutschen Tageszeitung*. Doch Mörike bestreitet jeden »homosexuellen Hintergedanken«: »Ich bin nicht homosexuell veranlagt und habe bisher auch mit keinem Mann derartigen Verkehr unterhalten.«[16] Der Kripobeamte fragt, warum er so oft bei Nawrocki gewesen sei. Mörike erklärt, er sei eingeladen worden: »Da ich niemand hatte und er mir sagte, dass er auch alleine sei, bin ich auch gegangen.« Etwa viermal habe er Nawrocki besucht und ihm auch bei seiner Steuererklärung geholfen. Einmal sei es spät geworden, da habe er bei ihm übernachtet. Doch Mörike bestreitet erneut, »widernatürliche Unzucht getrieben« zu haben. Den Blumenstock habe er Nawrocki zum Geburtstag geschenkt.[17]

Mörike verhält sich wesentlich geschickter als der Heilige Josef. Weder verstrickt er sich in Widersprüche, noch erscheinen seine Erklärungen so unglaubwürdig wie die Nawrockis. Doch als Beyer nach dem nächtlichen Besucher vom November 1940 fragt, bestätigt Mörike die

Geschichte. Er versucht zwar, die Identität seines Gastes zu verschleiern. Dennoch gibt er Beyer wichtige Hinweise: »Den Namen des Mannes kann ich nicht genau angeben, er heißt aber wohl Schmuzahl oder Schnuzahl. Er isst auch bei der Frau Kaptor in der Felix-Dahn-Straße.« Mörike betont zwar, auch »mit diesem Schmuzahl weder an diesem Abend noch zu einer anderen Zeit widernatürliche Unzucht getrieben« zu haben.[18] Doch die Angaben reichen Beyer, um mit seinen Ermittlungen weiterzukommen. Auch wenn er den richtigen Namen des nächtlichen Besuchers noch nicht kennt: Er hält nun ein wichtiges Puzzleteil in der Hand, um Rudolf Brazdas Identität aufzuklären.

Beyer lässt auch Mörike verhaften und ins Polizeigefängnis einliefern. Zur Begründung notiert er in seiner gestelzten Ausdrucksweise: »Da sich noch weitere Ermittlungen notwendig machen«, unter anderem die »Ermittlung und Vernehmung des Schnu- oder Schmuzahl […], macht sich die Inhaftierung des Mörike notwendig«.[19] Doch die »weiteren Ermittlungen« ziehen sich hin. Und auch im NS-Staat muss ein Untersuchungsgefangener irgendwann einem Amtsrichter vorgeführt werden. Kriminalsekretär Beyer sieht hier zu Recht ein Problem. Denn weder gegen Nawrocki noch gegen Mörike hat er Beweise, die einer richterlichen Überprüfung standhielten. Deswegen wendet sich die Karlsbader Kripo mit dem »Problem« an die Gestapo. Ganz unverblümt schreibt Beyers Vorgesetzter am 13. März an die Staatspolizeistelle Karlsbad: »Da die Voraussetzungen zum Erlass eines Haftbefehls noch nicht gegeben sind und bei einer Zuführung zum Amtsgericht Karlsbad damit zu rechnen wäre, dass sie entlassen würden, wird gebeten, gegen Nawrocki und Mörike vom 9.3. bzw. 11.3.41 auf 21 Tage Schutzhaft zu verhängen.«[20]

Die Schutzhaft ist ein typisches Instrument der NS-Diktatur, um die Verfolgungsmaßnahmen der Gestapo einer Kontrolle durch die reguläre Justiz zu entziehen. Direkt nach dem Reichstagsbrand 1933 eingeführt, wird sie eingesetzt, um politische Gegner zu verhaften und ohne richterliches Urteil in Gestapo-Gefängnissen und Konzentrationslagern festzuhalten. Im Jahr 1939 ist die Kriminalpolizei als Bestandteil der Heydrich unterstehenden Sicherheitspolizei bereits so weit »gleichgeschaltet«, dass sie sich auch bei der »regulären« Strafverfolgung der rechtsstaatswidrigen »Vorteile« der Schutzhaft bedient.[21] Dass die Schutzhaft gegen Homosexuelle verhängt wird, macht aber auch deutlich, dass Homosexualität von den Nationalsozialisten über eine gewöhnliche Straftat hinaus als staatsfeindliches und -gefährdendes Verhalten betrachtet wird.

Tatsächlich hält man die Verfolgung der mutmaßlichen Homosexuellen Nawrocki und Mörike bei der Karlsbader Gestapo für so bedeutsam, dass man am 20. März »beim Reichssicherheitshauptamt in Berlin die Schutzhaft nicht nur für 21 Tage, sondern bis zum Abschluss der Ermittlungen beantragt«.[22] Kriminalsekretär Beyer nimmt Nawrocki und Mörike prompt »bis zum Abschluss der Ermittlungen in Schutzhaft« und lässt sie ins Karlsbader Polizeigefängnis einliefern.[23]

5.2 Die zweite Verhaftung von Rudolf Brazda

Rudolf und Toni werden von den Verhaftungen schon bald gehört haben. Dass Mörike und der Heilige Josef vom Mittagessen bei Anna Kaptor plötzlich »ganz wegbleiben«, muss Rudolf verdächtig erscheinen.[24] Es liegt nahe, dass er sich bei Freunden oder den Vermietern erkundigt, wo die beiden abgeblieben sind. Und zumindest die Vermieter wissen, dass Nawrocki und Mörike von der Polizei abgeholt wurden.

Rudolf erinnert sich nicht mehr an Details aus diesen Wochen. Doch er weiß noch, dass er und Toni in der ständigen Angst lebten, frühmorgens von der Polizei abgeholt zu werden. Schon lange hatte er sich vor einer neuen Verhaftung gefürchtet. Doch bislang war diese Furcht abstrakt, es gab keine Anhaltspunkte dafür, dass er oder Toni von der Polizei verdächtigt würden. Nun jedoch ist die Bedrohung ganz konkret. Wie schon einmal, vier Jahre zuvor, werden erst Rudolfs Freunde verhaftet, und dann … Während Toni noch zweckoptimistisch ist, ist sich Rudolf ziemlich sicher, dass es bald auch ihn treffen wird.

Zu allem Überfluss wird Toni in dieser unsicheren Situation nach Bayern versetzt. Seine Ausbildung zum Sanitäter endet am 20. März.[25] Wenige Tage später muss er sich bei der Sanitätsstelle in Regensburg zum Dienst melden. Rudolf fällt der Abschied dieses Mal sehr schwer. Zu zweit kann man sich noch Mut machen. Alleine jedoch wird die Angst unerträglich. Auch Anna Kaptor muss ahnen, was für Ängste Rudolf aussteht. Ob die beiden darüber sprechen, wissen wir nicht. Doch es ist sehr wahrscheinlich. Zu eng und vertraut ist ihr Verhältnis inzwischen. Anna

Kaptor hat nicht nur den gleichen Vornamen wie Rudolfs Mutter, sie ist ihm auch zu einer zweiten Mutter geworden.

Unterdessen treibt Kriminalsekretär Beyer seine Ermittlungen mit großem Eifer voran. Am 13. März, drei Tage nach der Vernehmung Mörikes, weiß er allerdings noch nicht, wer sich hinter »Schmuzahl« verbirgt. Enttäuscht notiert er, der »Zeuge Schmuzahl konnte bisher noch nicht ermittelt werden«.[26] Tatsächlich versucht Beyer lange Zeit vergeblich, Anna Kaptor zu befragen. Immer wieder schaut er in der Felix-Dahn-Straße vorbei. Doch nie öffnet dort jemand die Tür. Versucht Anna Kaptor, Schmuzal zu beschützen? Öffnet sie, obwohl sie zuhause ist, einfach nicht die Tür? Ist sie vielleicht sogar aufs Land gefahren, um sich der drohenden Befragung zu entziehen? Oder ist sie einfach nur so beschäftigt, dass Beyer sie nicht erwischt? Es ist jedenfalls sehr auffällig, dass Beyer sie erst zweieinhalb Wochen später, »nach wiederholten Versuchen endlich« antrifft. Am 31. März 1941 öffnet die inzwischen 71-jährige Witwe dem Kriminalsekretär schließlich doch die Tür.

Beyer kommt schnell zur Sache. Erst befragt er Anna nach Mörike. Doch sie erklärt, sie könne »ihm nichts Schlechtes nachsagen«. Dann fragt Beyer nach »Schmuzahl«. Und Anna gibt die ehrliche Antwort, dass es sich um den »Dachdecker Rudolf Brazda aus Karlsbad Drahowitz« handelt: »Ich nenne ihn ›Schmuzahl‹. Ich habe noch nichts gemerkt, dass Brazda und Mörike freundschaftlich verkehren.«[27]

Noch am selben Tag wird Brazda zur Vernehmung vorgeladen: »Auf einmal bekam ich die Order, ich soll dort hinkommen, wo die deutsche Besatzung ist, ich sollte mich melden. Ich dachte, was ist denn da schon wieder los. Ich bin denn dort hingegangen, die haben mich dann gefragt, ob ich den und den kenne. Ich sagte: ›Kenn ich nicht, ich kenn den Mann einfach nicht. Hat der vielleicht meine Adresse angegeben?‹ Darauf haben sie mir keine Antwort gegeben.«[28] Tatsächlich kommt Kriminalsekretär Beyer schnell auf den »Gegenstand der Vernehmung« zu sprechen, auf Richard Mörike. Rudolf erzählt, dass er Mörike nur vom Essen bei Anna Kaptor kennt. Und er macht einen großen Fehler. In der Hoffnung, seinen Kopf aus der Schlinge ziehen zu können, bestreitet er, was der Kriminalsekretär nicht nur aus »vertraulicher« Quelle weiß, sondern inzwischen auch von Mörike selbst bestätigt bekommen hat. Er bestreitet, dass er sich mit Mörike getroffen hat: »Mit diesem Mann bin ich nicht ein einziges Mal zusammengekommen und bin auch niemals in seiner Wohnung gewesen.« Beyer insistiert, doch Rudolf bleibt bei seiner Version. Auch als ihn der Kripobeamte mit Mörikes Aussage konfrontiert, streitet Rudolf alles ab. Schließlich weiß er nicht, ob Mörike noch mehr erzählt, ob er womöglich auch seinen sexuellen Annäherungsversuch gestanden hat. Leugnen muss Rudolf deswegen als die vielversprechendste Strategie erscheinen. Doch dieses Verhalten erschüttert seine Glaubwürdigkeit. Da nützt es nur noch wenig, dass Rudolf beteuert, »normal veranlagt« zu sein und »richtigen Geschlechtsverkehr mit meiner Freundin Erika Tillich« zu unterhalten.

Auf Dauer ist Rudolfs Strategie des Leugnens nicht durchzuhalten. Beyer ist sich sicher, dass er lügt. Er lässt Mörike zu einer Gegenüberstellung holen. Und dieser wiederholt seine Aussage, dass Rudolf einmal an seinem Fenster »geklopft und ich ihn noch in die Wohnung gelassen habe«. Gleichzeitig betont er noch einmal, »widernatürliche Unzucht habe« er »mit ihm aber nicht getrieben«.[29] Rudolf gibt sich geschlagen: »Ich entsinne mich jetzt, dass ich eines Abends […] bei Mörike am Fenster geklopft habe.« Wie Mörike setzt er aber hinzu: »In geschlechtlicher Hinsicht habe ich weder an diesem noch an einem anderen Abend mit ihm etwas zu tun gehabt. Ich bin nicht homosexuell veranlagt.«

Rudolfs Glaubwürdigkeit wird durch diesen plötzlichen Kurswechsel weiter erschüttert. Beyer ist jetzt überzeugt, dass Rudolf auch an anderen Punkten nicht ganz bei der Wahrheit geblieben ist. Doch dafür gibt es keinen Beweis. Eigentlich hat Beyer gar nichts in der Hand, so lange Rudolf und Mörike erklären, keinen sexuellen Kontakt gehabt zu haben. Trotz dieser miserablen Beweislage lässt er Rudolf verhaften. Denn schon Rudolfs mangelnde Glaubwürdigkeit ist in seinen Augen ein hinreichender Grund, ihn einzusperren: »Brazda hat außerdem angegeben, dass er nicht homosexuell veranlagt sei. Das erscheint jedoch nicht glaubwürdig, da er ganz den Eindruck eines solchen Menschen macht. Es macht sich deshalb zunächst seine Inhaftierung notwendig.« Beyers Sichtweise ist tatsächlich bemerkenswert – mit rechtsstaatlichen Prinzipien hat sie nichts mehr zu tun. Eine strafbare Handlung kann er nicht nachweisen, auch ein »dringender Tatverdacht«, notwendige Voraussetzung für eine Verhaftung, ließe sich nur mit Mühe konstruieren. Doch Beyer reicht schon sein »Eindruck«, dass es sich bei Rudolf um einen »solchen«, also homosexuellen, »Menschen« handelt, um ihn zu festzunehmen.[30]

Am 1. April 1941, um 16.30 Uhr, wird Rudolf also zum zweiten Mal in seinem Leben verhaftet, weil man ihn für einen Homosexuellen hält. Auch er wird ins Polizeigefängnis von Karlsbad gebracht. »Einwendungen erhob er nicht«, heißt es in Beyers Protokoll. Doch wie wird sich Rudolf gefühlt haben? Offenbar hat er kaum noch Hoffnung, aus der Sache heil herauszukommen. Das weitere Geschehen lässt er nahezu schicksalsergeben über sich ergehen. Hatte er bei seiner ersten Verhaftung noch über Wochen um seine Freiheit gekämpft, so reagiert er dieses Mal eher lethargisch. Als er am folgenden Tag zu einer weiteren Vernehmung geholt wird, ist Rudolf bereits vollkommen demoralisiert. Vertrauensselig erzählt er Kriminalsekretär Beyer, dass er bereits 1937 »in Altenburg/Thür. wegen homosexuellen Verkehrs mit Männern mit 6 Monaten Gefängnis bestraft worden sei«. Zwar erklärt er, »in der Folgezeit habe er das jedoch nicht wieder getan«. Doch Beyer sieht seinen Verdacht abermals bestätigt.[31]

Das Tragische ist: Mit dieser Aussage vereitelt Rudolf seine Freilassung, denn eigentlich »war beabsichtigt, Brazda wieder zu entlassen«. Nun jedoch wird er ins Polizeigefängnis zurückgebracht. Und auch die weiteren Ermittlungen entwickeln sich nicht günstig. Erika Tillich, Rudolfs angebliche Freundin, gibt zwar an, mit ihm »oft zusammengewesen« zu sein, »doch zum Geschlechtsverkehr« sei es »zwischen uns bisher noch nie gekommen. Die Versuche dazu hat er zwar wiederholt gemacht, ich habe ihm aber immer gesagt, dass er das bleiben lassen solle, da ich das vor der Ehe nicht möchte.«[32]

Als Beyer Rudolf mit dieser Aussage konfrontiert, lässt dieser offenbar jede Hoffnung fahren. Nach zwei Nächten im Karlsbader Polizeigefängnis ist er zu einem Geständnis bereit: »Ich gebe jetzt zu, dass ich mit Erika Tillich keinen Geschlechtsverkehr hatte. Ich hatte das nur angegeben, damit der Verdacht von mir wegkommt, dass ich homosexuell veranlagt bin. Ich wollte meine Ruhe haben.« Tatsächlich gesteht Rudolf nun, »in den letzten Jahren doch noch mit verschiedenen Männern homosexuellen Verkehr gehabt« zu haben.[33] So hoffnungslos Rudolf ist, sein überraschendes Geständnis ist wohl keine geplante, sondern eine impulsive Reaktion. Er ist die ständigen Verhöre leid und möchte tatsächlich seine »Ruhe haben«. Doch wohl ist ihm bei der Sache nicht: Rudolf wird es plötzlich schlecht, die Vernehmung muss abgebrochen werden.

Nachmittags um 14 Uhr wird er erneut zur Vernehmung geholt. Er unternimmt keinen Versuch, einen Rückzieher zu machen. Nein, Rudolf legt nun eine ganze Lebensbeichte ab, schildert seine Entwicklung von Kindestagen an, seine Beziehung zu Werner und die erste Verhaftung. Schließlich erzählt er auch davon, was er seit seiner Ausweisung in Karlsbad erlebt hat: von der Fischli-Bühne, von seiner Beziehung zu Toni und von seinem Seitensprung mit Mörike.[34] Was treibt Rudolf zu diesem Geständnis? Ist ihm nicht klar, was er anrichtet? Dass er damit quasi sein eigenes Urteil fällt und dass er auch Toni und Mörike schwer belastet?

Rudolfs Geständnis hat noch einen anderen Hintergrund, der im Vernehmungsprotokoll nur in einer vordergründig unscheinbaren Formulierung anklingt. Demnach erklärt Rudolf gegenüber Kriminalsekretär Beyer, er »sehe aber ein, dass es besser ist, die Wahrheit zu sagen, um dann doch einmal Gelegenheit zu haben, ein anderes Leben beginnen zu können«.[35] Es ist die verzweifelte Hoffnung auf ein neues Leben nach der unabwendbar erscheinenden Gefängnisstrafe, die Rudolf zu dem Geständnis treibt. Und diese Hoffnung wird von Beyer auf eine perfide Art und Weise genährt: Offenbar stellt ihn der Kripobeamte vor die Alternative, entweder alles zu gestehen, um später eine zweite Chance zu bekommen, oder – sofort in ein Konzentrationslager eingeliefert zu werden. Das jedenfalls erklärt Rudolf drei Monate später gegenüber dem zuständigen Oberstaatsanwalt: »Schließlich habe ich jedoch über Drängen des vernehmenden Kripobeamten einen Unzuchtsverkehr zugegeben, weil mir vorgehalten wurde, dass ich als Protektoratsangehöriger auf 2 Jahre in ein Konzentrationslager kommen kann, wenn ich hartnäckig leugne.«[36] Obgleich Rudolf mit dieser späteren Aussage versucht, sein Geständnis zu widerrufen, sie also auch taktisch motiviert ist, kann es kaum Zweifel geben, dass sie den Tatsachen entspricht und es zu den »Ermittlungsmethoden« Beyers gehört, mit der Einweisung in ein Konzentrationslager zu drohen. Zumindest wäre diese Drohung eine plausible Erklärung für Rudolfs schnelles und angesichts der schlechten Beweislage doch sehr überraschendes Geständnis.

Bei diesem betreibt Rudolf immerhin noch etwas Schadensbegrenzung. Denn vollständig ist seine Lebensbeichte nicht. So gesteht er nur das ein, was in seinen Augen dauerhaft sowieso nicht zu leugnen ist: die Beziehung zu Toni und das Abenteuer mit Mörike. Dagegen betont er, »mit anderen Männern« habe er »nichts zu tun gehabt«. Sein Verhältnis mit Bruno verschweigt er ebenso wie die sexuellen Abenteuer, die er nebenbei hatte. Dass er »mit verschiedenen unbekannten Männern widernatürliche Unzucht getrieben habe«, habe er am Vormittag nur deswegen gesagt, weil er die »Namen von Hartl und Mörike nicht preisgeben und nicht als Verräter erscheinen« wollte.[37]

Kriminalsekretär Beyer hat mit seiner Strategie letztlich Erfolg. Rudolf belastet sich, Toni und Mörike – Beyer hat endlich den lange gesuchten »Beweis«. Doch der Kriminalsekretär will mehr, er setzt darauf, nun auch Mörike und Nawrocki zu Geständnissen zu bewegen. Nach einer weiteren Gegenüberstellung mit Rudolf gesteht Mörike tatsächlich seinen sexuellen Annäherungsversuch. Mehr noch: Er räumt auch sexuelle Handlungen mit Nawrocki ein. Daraufhin holt Beyer den Heiligen Josef und dieser erklärt: »Die von Mörike gemachten Angaben sind richtig«.[38] Der Kriminalsekretär ist am Ziel. Mit der Rudolf abgepressten Aussage hat er eine Kettenreaktion der Geständnisse ausgelöst, die ihm die ansonsten kaum mögliche Beweisführung erspart. Die ganze Sache erscheint nun »gerichtsfest«, so dass er den Fall an die Staatsanwaltschaft beim Landgericht Eger übergeben kann. Am folgenden Tag werden »die Festgenommenen«, die Beyer in seinem Ermittlungsbericht »als haltlose Menschen« beschreibt, ins Amtsgerichtsgefängnis Karlsbad überstellt, um sie dem Haftrichter vorzuführen. An das Reichskriminalpolizeiamt in Berlin schickt Beyer die »Vordrucke B« zur Erfassung der drei in der zentralen Homosexuellenkartei.[39] Dies macht deutlich, wie exzessiv viele Kriminalpolizeistellen inzwischen an die Reichszentrale zur Bekämpfung der Homosexualität melden. Denn allenfalls Mörike fällt aufgrund seiner angeblichen SA-Mitgliedschaft unter die Meldekriterien.[40]

Am 5. April 1941 wird Rudolf Brazda Amtsgerichtsrat Dr. Gednorozec vorgeführt, vor dem er seine Aussagen nochmals bestätigt. Gednorozec erlässt daraufhin Haftbefehl. Rudolf erinnert sich an all das nur noch dunkel: »Sie sagten nur: ›Wir wissen Bescheid über dich, du bist ja in Deutschland sechs Monate eingesperrt gewesen.‹ Und ich fragte: ›Was ist jetzt weiter?‹ Sie sagten: ›Sie werden schon sehen, was passiert.‹«[41]

Wegen angeblich bestehender »Verdunkelungsgefahr und damit er seine Tat nicht wiederholen könne« wird Rudolf in Untersuchungshaft genommen – eine bemerkenswerte Begründung nach einem Geständnis.[42] Rudolfs Arbeitgeber, Dachdeckermeister Schieche, setzt sich noch für ihn ein. Doch es hilft alles nichts, Rudolf bleibt im Gefängnis: »Mein

Meister, mein Patron vom Geschäft, er war zufrieden mit mir, denn wie ich dann verhaftet worden war ist der überall hin. Aber er hat mich nicht freibekommen.«[43]

Als Rudolfs Mutter von der Verhaftung ihres Sohnes hört, fährt sie sofort nach Karlsbad. Doch auch sie kann nichts für ihn tun, außer seine Wohnung aufzulösen, Rudolfs wenige Habseligkeiten zusammenzupacken und mit zu sich nach Hause zu nehmen. In einer Schublade findet sie den Bernsteinring, den Toni ihrem Sohn geschenkt hat:»Meine Mutter hat ihn dann gehabt. Die war ja zwei Mal bei mir gewesen auch. Wahrscheinlich ist sie nach der Verhaftung in die Wohnung und hat das Zeug zusammengeräumt, die persönlichen Utensilien.«[44]

5.3 Prozess in Eger

Der Prozess gegen Rudolf und seine Freunde soll vor dem Landgericht in Eger stattfinden. Dort bekommt Staatsanwalt Dr. jur. Karl Panenka den Ermittlungsbericht der Karlsbader Kriminalpolizei auf den Tisch. Der 34-jährige Panenka ist ein glühender Nazi. Schon seit Oktober 1933 ist er in der Sudetendeutschen Partei, mit der Mitgliedsnummer 230 gehört er zu den Kämpfern der ersten Stunde. Deswegen wird Panenka schon kurz nach dem»Anschluss« zum 1. November 1938 in die NSDAP aufgenommen. Auch der SA-Standarte Eger gehört er an. Und sein politisches Engagement zahlt sich nun auch beruflich aus. Im Januar 1939 wird der bislang als Rechtsanwalt tätige Panenka zur»einstweiligen Wahrnehmung staatsanwaltschaftlicher Geschäfte« nach Eger berufen. Da man keinen Zweifel hat,»dass er jederzeit rückhaltlos für den nationalsozialist. Staat eintreten wird«, wird Panenka zum 1. April 1939 zum Staatsanwalt beim Landgericht Eger ernannt. Bei der Nazi-Führung in Berlin genießt Panenka»als eines der ältesten Mitglieder der SdP« hohes Ansehen, auch gilt er als»fraglos der tüchtigste StA. von Eger«, wie in seiner Personalakte im November 1940 vermerkt wird.[45]

Von Panenka können Rudolf, Toni, Josef und Mörike keine Gnade erwarten. Der junge Staatsanwalt verfolgt die Verfahren mit Nachdruck. Am 22. April fordert er Rudolfs Akten aus Altenburg an. Am nächsten Tag informiert er das Militärgericht Regensburg über den Verdacht gegen

Anton Hartl. Am 7. Mai wird Toni erstmals vernommen. Er leugnet alles und erklärt: »Die Angaben des Brazda sind erlogen.« Doch auch Toni wird sofort festgenommen, »weil die Aufrechterhaltung der militärischen Zucht und Ordnung dies erfordert«.[46] Zunächst inhaftiert man ihn bei seiner Division in Regensburg, später wird er in die Haftanstalt von Eger gebracht. Dort trifft er auf Rudolf, Josef und Mörike, die bereits Ende Mai nach Eger überstellt wurden.[47]

Die Haftanstalt von Eger grenzt direkt an das Landgericht. Wie eine Burg umschließt der düstere Gefängnisbau einen kleinen Innenhof hinter dem repräsentativen Gerichtsgebäude. Staatsanwalt Panenka hat es nicht weit, als er sich am 3. Juli ins Gefängnis begibt, um alle vier »Verdächtigen« noch einmal persönlich anzuhören. Als ersten lässt er sich Rudolf »vorführen«. Und Rudolf nutzt die Gelegenheit, seine Aussage zumindest teilweise zu revidieren. So erklärt er nun, er habe sich mit Mörike »lediglich über belanglose Dinge« unterhalten, dabei sei es »zu keinem Unzuchtsverkehr« gekommen. Gegenüber Kriminalsekretär Beyer habe er diesen nur angegeben, weil Beyer ihm gedroht habe, ansonsten »auf 2 Jahre in ein Konzentrationslager« zu kommen. Sein Verhältnis mit Toni bestätigt Rudolf dagegen, obwohl dieser ihre langjährige Beziehung leugnet: »Wenn mir vorgehalten wird, dass Hartl den Unzuchtsverkehr mit mir abstreitet, so muss ich doch bei meinen Angaben bleiben, da sie der vollen Wahrheit entsprechen.«[48]

Bemerkenswert ist, dass Rudolfs doch ganz gravierender Anschuldigung, er habe eine falsche Aussage gemacht, weil ihm mit Konzentrationslager gedroht wurde, weder von Staatsanwalt Panenka noch vom Gericht Bedeutung beigemessen wird. Sie spielt im gesamten weiteren Verfahren keine Rolle mehr. Weder wird ihr nachgegangen, noch wird sie zum Anlass genommen, Rudolfs ursprüngliches Geständnis in Frage zu stellen. Auch die Tatsache, dass Mörike den sexuellen Kontakt mit Rudolf nun ebenfalls leugnet, ändert nichts daran, dass beide für dieses Delikt angeklagt werden.

Doch was veranlasst Rudolf dazu, seine Aussage teilweise zurückzunehmen? Will er Mörike einen Gefallen tun? Oder geht es ihm darum, seine eigene Strafe zu mildern? Beides wird wohl eine Rolle gespielt haben. Mörike hat sich inzwischen einen Anwalt genommen: Dr. Josef Pfannerer hat ihn über die Rechtslage aufgeklärt und so weiß Mörike nun, dass jeder zusätzliche Partner, mit dem es zu »Unzuchtshandlungen« gekommen ist, die drohende Strafe empfindlich erhöht. Möglicherweise hatten Rudolf und Mörike im Gefängnis die Gelegenheit abzusprechen, dass sie ihre sexuelle Begegnung bei den folgenden Vernehmungen leugnen. Für Rudolf könnte aber auch noch eine andere Überlegung eine Rolle gespielt haben. Denn als homosexueller Protektoratsangehöriger ist er tatsächlich besonders gefährdet, in ein Konzentrationslager zu kommen. Das hat ihm nicht nur Kriminalsekretär Beyer ins Gesicht gesagt. Entsprechende Gerüchte wird es auch unter den Häftlingen geben. Denn seit 12. Juli 1940 gibt es die Regelung, dass »alle Homosexuellen, die mehr als einen Partner verführt haben, nach ihrer Entlassung aus dem Gefängnis in polizeiliche Vorbeugungshaft zu nehmen« sind, was die Einweisung in ein Konzentrationslager bedeutet.[49]

Für die Frage, ob Rudolf nach der zu erwartenden Gefängnisstrafe auch noch die Einweisung in ein Konzentrationslager droht, ist es also von großer Bedeutung, ob er in den Augen des Richters »mehr als einen Partner verführt« hat. Insoweit ist es taktisch klug, dass er versucht, die Anklage des Staatsanwalts auf einen Partner zu reduzieren – auch wenn er ohnehin in das Raster des Reichssicherheitshauptamtes fällt, weil er mit Werner ja bereits 1937 »einen Partner verführt« hat.

Der heute merkwürdig anmutende Begriff der »Verführung« spielt damals auch für das Strafmaß eine wichtige Rolle. Nach der im »Dritten Reich« gängigen Auffassung sind homosexuelle Männer in zwei Gruppen zu unterteilen, in die »Verführten« und die »Verführer«. So hatte Josef Meisinger, der Leiter der Reichszentrale zur Bekämpfung der Homosexualität, bereits 1937 erklärt, »dass es sich nur bei einem verschwindend kleinen Teil der Homosexuellen um wirklich homosexuelle Veranlagung handelt«, die meisten hätten sich »zu irgendeinem Zeitpunkt sehr normal betätigt und dann lediglich aus Übersättigung« zur Homosexualität verführen lassen.[50] Die SS-Zeitschrift Das Schwarze Korps schätzte die Zahl der »Verführer« auf nur zwei Prozent aller Homosexuellen: »Ihre Gefährlichkeit übersteigt jede Vorstellungskraft. Vierzigtausend Anormale, die man sehr wohl aus der Volksgemeinschaft ausscheiden könnte, sind, wenn man es ihnen zulässt, imstande, zwei Millionen zu vergiften.«[51] Während man glaubt, die »Verführten« in der Regel über die normale Strafverfolgung auf den »rechten Weg« bringen zu können, werden die »Verführer« besonders hart bestraft und dauerhaft »aus der Volksgemeinschaft ausgeschieden«, indem man sie nach Verbüßung ihrer Haftstrafe in ein Konzentrationslager einweist.

Es ist also von großer Bedeutung, ob man als »Verführer« oder »Verführter« gilt. Das sieht auch Staatsanwalt Panenka so. In der Anklageschrift führt er auch Rudolfs »Unzuchtsverkehr« mit Mörike auf, seinen Widerruf hält er für unglaubwürdig: »Das nunmehrige teilweise Leugnen Brazdas kann nur als ein Versuch gewertet werden, seinen Unzuchtsverkehr nur auf einen gleichveranlagten Partner einzuschränken, um darzutun, dass er die Seuche der widernatürlichen Unzucht nur in geringem Maße weiterverbreitet hat.«[52] Es klingt fast so, als nehme Panenka hier direkten Bezug auf den Erlass vom 12. Juli 1940.

Panenka bezeichnet Rudolf zwar nicht ausdrücklich als »Verführer«, die Typisierung ist aber klar, wenn er betont, dass ihn seine erste Bestrafung 1937 nicht davon abhalten konnte, »weiterhin seinem Laster zu fröhnen [sic!]«.[53] Der nach einer Gegenüberstellung inzwischen geständige Anton Hartl erscheint dem Staatsanwalt dagegen als das Opfer. In seinen Augen hat sich Toni »zur Unzucht missbrauchen lassen, indem er mit dem Dachdecker Rudolf Brazda ein regelrechtes Liebesverhältnis unterhielt«. Panenka folgt damit der Darstellung Hartls, der in seinem Geständnis betont, dass er »von Jugend auf etwas schüchtern erzogen worden« sei: »So ist es gekommen, dass ich mich schließlich mit Brazda eingelassen habe.« Auch Tonis Erklärung, Rudolf Brazda sei »bestimmt der erste Mann, mit dem ich einen derartigen Verkehr hatte«, passt zu dieser Selbstinszenierung als »Verführter«.[54]

Anton Hartl versucht sich auch zu entlasten, indem er darauf verweist, »zur Tschechenzeit« habe man »derartige Delikte nicht so streng verfolgt«. Das allerdings lässt Staatsanwalt Panenka kalt. Er klagt auch Toni an, »mit einem anderen Mann Unzucht getrieben« zu haben. Die Anklageschrift wird Rudolf, Toni, Josef und Mörike Mitte Juli 1941 zugestellt.[55] Der Prozess soll am 5. September stattfinden, Tonis 25. Geburtstag.[56] Nach Mörike entschließen sich nun auch Rudolf, Toni und Josef, einen Rechtsanwalt zu beauftragen. Rudolf und Toni wenden sich ebenfalls an Josef Pfannerer, Nawrocki beauftragt einen anderen Anwalt.[57] Und das ist eine kluge Entscheidung. Denn Pfannerer, der für Mörike immerhin noch einen Antrag auf Haftentlassung aus gesundheitlichen Gründen stellt, scheint für Rudolf und Toni gar nichts zu tun. In den überlieferten Strafakten ist kein einziges Schriftstück zur Verteidigung der beiden überliefert. Und auch Rudolf meint, dass der Rechtsanwalt »gar nichts getan« habe.[58]

Am 5. September um 9 Uhr morgens wird Rudolf aus seiner Zelle geholt und ins Landgericht gebracht. Er ist ganz ruhig, die ganze Angelegenheit erinnert ihn zu sehr an seinen ersten Prozess vor vier Jahren in Altenburg. Im Gerichtssaal trifft er auf Toni und die anderen beiden Schicksalsgenossen, die bereits auf der Anklagebank sitzen. Staatsanwalt Panenka ist nicht da, er lässt sich von einem Kollegen namens Güntner vertreten.[59] Dr. Güntner betritt den Saal gemeinsam mit den beiden Rechtsanwälten, Rudolf kommt es so vor, als steckten sie alle unter einer Decke. Schließlich kommen die Richter herein, Dr. Ernst Egermann, der Vorsitzende der zweiten Strafkammer, und die beiden Beisitzer, Landgerichtsrat Nowoczek und Assessor Messerschmied. Der wohlgenährte, breites Wienerisch sprechende Egermann ist bereits 55 Jahre alt, nach dem »Anschluss« des Sudetenlandes wurde er sofort ans Landgericht von Eger berufen, 1939 beförderte man ihn zum Landgerichtsrat, 1940 schließlich zum Landgerichtsdirektor. Und das nicht ohne Grund: Seit Herbst 1938 ist Egermann Mitglied von SA und NSDAP. Nach der Besetzung der Tschechoslowakei wurde er für zwei Monate an das Landgericht Prag abgeordnet, der dortige Landgerichtspräsident beurteilte ihn durchweg positiv: »An seiner Verbundenheit mit dem nationalsozialistischen Staat habe ich nicht die geringsten Zweifel.«[60]

Egermann lässt seinerseits keinen Zweifel daran, wie widerlich ihm die Angeklagten und ihre Taten sind. Besonders Rudolf ist ihm ein Dorn im Auge. Ein Tscheche, ein »Protektoratsangehöriger«, der vorbestraft ist und nun erneut vor Gericht steht, kann bei ihm auf keine Gnade hoffen. Milder betrachtet er Richard Mörike, der zwar ebenfalls einschlägig vorbestraft ist, als Volksdeutscher mit Parteibuch der SdP aber zumindest die richtige »Rasse« und Gesinnung vorzuweisen hat. Das schlägt sich schließlich auch im Urteil nieder. Rudolf erhält die härteste Strafe der vier Angeklagten: 14 Monate Gefängnis. Mörike kommt etwas glimpflicher davon, doch auch er muss für zwölf Monate hinter Gitter. Josef wird zu zehn und Toni zu acht Monaten Gefängnis verurteilt.

Rudolf erhält die höchste Strafe, weil man in ihm den »Verführer« sieht, den auch seine Vorstrafe nicht davon abhalten konnte, »weiterhin seinem Laster zu fröhnen [sic!]« – das Gericht übernimmt die Argumentation der Staatsanwaltschaft wörtlich. Rudolf wird vorgehalten, »dass er den Hartl verführt hat«. Toni wird hingegen als strafmildernd zugutege-halten, »dass er von Brazda verführt wurde«.[61] Auch für den Sexualkon-takt mit Mörike wird Rudolf bestraft – denn beide legen in der Verhand-lung ein »reumütiges Geständnis« ab. Das Gericht sieht hier nun ebenfalls Rudolf als den Schuldigen. War er von der Staatsanwaltschaft noch als der passive Teil geschildert worden, wird Rudolf im Urteil zum »Verfüh-rer« stilisiert: »Brazda besuchte anfangs November 1940 am späten Abend den Richard Mörike in seiner Wohnung in Karlsbad und es gelang ihm, diesen [zum Geschlechtsverkehr] zu bewegen.«[62]

Noch heute erregt es Rudolf, dass er damals als »Verführer« Mörikes verurteilt wurde. Auch dafür macht er dessen Frau verantwortlich: »Sie hat sogar gesagt, ich hätte ihn verführt. Pah! Die hat gewusst, dass der Heilige Josef und wir uns manchmal treffen und da hat sie sich erkundigt nach mir und hat eine Anzeige gemacht. Und hat gesagt, ich habe ihren Mann verführt. Dabei war es umgekehrt.«[63] Rudolf meint sogar zu erin-nern, dass Mörikes Frau vor Gericht als Zeugin aufgetreten sei. Hinweise darauf finden sich in den Akten allerdings nicht.

Rudolf wird in dem Prozess zum großen Unhold stilisiert, der die »Seuche der Homosexualität« besonders schamlos verbreitet. Damit hat er in den Augen der NS-Juristen nicht nur die härteste Strafe verdient. Er wird auch zum ersten Kandidaten für eine Einlieferung ins Konzentrati-onslager.

5.4 Haft in Eger und Zwickau

Seine Haftstrafe muss Rudolf zunächst in der Haftanstalt von Eger absit-zen. Die Verhältnisse sind katastrophal. Die Versorgung ist infolge des Krieges noch schlechter als sonst. Auch der bauliche Zustand des Ge-fängnisses ist erbärmlich. Hinzu kommt, dass es vollkommen überbelegt ist: »Mit den Kollegen, drei, vier manchmal, hatte ich in einer Zelle ge-lebt, die Strafe verbüßt. Es waren auch Kommunisten dabei. Da war ein gemeiner Kerl, der war von Natur aus gemein, ein Zuhälter. Daran kann ich mich erinnern: Wir waren beim Essen am Tisch, ich sitze hier am Tisch und der gemeine Kerl davor, und der kriegte nie genug vom Essen. Und ich wollte mir ein Stück Wurst nehmen, da sticht er mir mit dem

Messer in die Hand: ›Lass Deine Wichsgriffel von der Wurst‹, hat er gesagt.«[64]

Gewalttätige Übergriffe sind in der Männergesellschaft des Gefängnisses an der Tagesordnung. Freundschaften mit anderen Häftlingen und gute Beziehungen zu den Wärtern sind das A und O, um den rauen Alltag zu überstehen. Und hier liegt Rudolf Stärke: Er ist kommunikativ, charmant und schließt auch in dieser harten Welt schnell überlebenswichtige Freundschaften:»Da war noch ein verheirateter schöner Mann gewesen, der hat mit mir getuschelt, der war immer anständig zu mir. Wenn ich ihn gesehen habe, habe ich ihm immer einen Kuss gegeben.«[65]

Und noch ein anderer Umstand erleichtert Rudolf seine Haftstrafe. Toni, der jetzt ebenfalls in Eger inhaftiert ist, hat gute Kontakte zum Gefängnispersonal:»Er hatte es gut, weil seine Nichte, eine von denen hatte einen Kerl und der war Aufseher in dem Gefängnis. Und der hat den machen lassen, was er hat wollen, den Toni.« Rudolf profitiert von Tonis guten Beziehungen:»Ich wurde dann, wo ich verurteilt war, eingesetzt als Arbeiter, als Dachdecker.« Er muss das Gefängnisdach reparieren – und wie Toni kann er sich innerhalb der Haftanstalt schon bald relativ frei bewegen:»Ja natürlich. Ich bin doch einmal mit dem Toni zusammengekommen. Er war Friseur und konnte im Gefängnis mit dem Kasten da herumlaufen. Und da ist er einmal auch hoch auf den Boden gekommen zu mir, wo ich gearbeitet hatte. Und da, da haben wir also Liebe gemacht, es war kein Aufseher da.«[66]

Rudolf bekommt schließlich noch mehr Freiheiten. Infolge des Krieges herrscht überall Arbeitskräftemangel, Handwerker werden nicht nur im Gefängnis gebraucht. Ein Dachdeckermeister aus Eger fragt deswegen beim Gefängnisdirektor nach, ob man ihm einen Häftling zur Verfügung stellen könne:»Weil ich Dacharbeiten gemacht habe, bei einem Unternehmer, kam ich aus dem Gefängnis heraus, der hatte mich abgeholt zur Arbeit.« Jeden Morgen darf Rudolf nun das Gefängnistor passieren, um zur Arbeit zu gehen und die Dächer der alten Reichsstadt Eger zu flicken. Der Dachdeckermeister ist mit ihm zufrieden, er hat kein Interesse, den Häftling zu kontrollieren:»Ich habe dann Freiheit gehabt, ich konnte weggehen, der hat sich um mich nicht gekümmert. Ich habe meine Arbeit gemacht und in der Mittagspause bin ich durch Eger gelaufen.«

Nach Feierabend kehrt Rudolf brav zurück ins Gefängnis. An Flucht denkt er nicht. Wohin auch sollte er fliehen? Inzwischen ist fast ganz Europa von den Deutschen besetzt. Und es sieht nicht so aus, als würde sich daran etwas ändern. Im Gegenteil: Ende Juni ist die Wehrmacht in der Sowjetunion einmarschiert und auch hier reiht sich ein Sieg an den nächsten. Am 10. Oktober verkündet das Oberkommando der Wehrmacht, dass der Feldzug im Osten gewonnen sei. An der »Heimatfront« steigert sich die Euphorie ins Unermessliche: Viele glauben, dass die deutschen Soldaten noch vor dem Winter zuhause sind. Rudolf stellt sich darauf ein, auch künftig ein Leben im »Dritten Reich« führen zu müssen. Und er versucht, das Beste aus seiner Situation zu machen. Doch die Lage ändert sich schon bald. Ende November ist Toni plötzlich verschwunden. Man hat ihn ins Wehrmachtsgefängnis Torgau/Brückenkopf überführt. Nach Tonis Verlegung ist Rudolf nun ganz auf sich alleine gestellt. Denn auch Josef Nawrocki und Richard Mörike sind nicht mehr in Eger, bereits Anfang Oktober wurden sie in andere Gefängnisse überführt.[67]

Rudolf sucht nun noch stärker den Anschluss bei anderen Gefangenen. Und tatsächlich findet er einen jungen Mann, mit dem sich sogar mehr als eine Freundschaft entwickelt: »In dem Gefängnis, da war noch ein junger Schöner, auch homo, mit dem hatte ich ein Techtelmechtel. Weil so viele in der Zelle waren, wir haben immer zu zweit geschlafen, da hat er sich neben mich gelegt und hat mir von seinen Abenteuern erzählt. Wir haben heimlich miteinander getuschelt, ja, geschmust. Und der war dann so eifersüchtig, wenn mal ein anderer bei mir geschlafen hat.« Eifersüchtig sind auch andere Gefangene. Denn Rudolf ist ein ausgesprochen hübscher und attraktiver junger Mann, dem viele gerne näherkommen würden. Und mancher nutzt die Machtverhältnisse im Gefängnis aus, um seinen Wünschen Nachdruck zu verleihen: »Die Einteilung der Zelle ist von dem Stubenältesten gemacht worden, und da hat er mich mit sich zusammengelegt. Ich hatte aber kein Interesse an ihm, ich habe nur an den Jungen gedacht.«[68]

Inwieweit es damals zu sexuellen Übergriffen kommt, bleibt unklar – Rudolf redet darüber nur in Andeutungen. Das ganze Thema ist für ihn offenbar mit ambivalenten Gefühlen verknüpft. Die Angst, erwischt und erneut vor Gericht gestellt zu werden, wird damals ebenso eine Rolle gespielt haben wie der Wunsch nach Liebe, möglicherweise aber auch die

Hoffnung, sich über Gefälligkeiten gegenüber anderen Gefangenen Vorteile zu verschaffen. Unbeschwerte und selbstbestimmte Sexualität war unter diesen Bedingungen jedenfalls unmöglich. Rudolf sagt:»Nein, ich habe mich nicht getraut, mit den Männern irgendwie was anzufangen.«[69]

Noch ist Rudolf in der glücklichen Situation, dem Gefängnisalltag zumindest tagsüber nicht ausgesetzt zu sein. Er arbeitet weiterhin bei dem Dachdeckerbetrieb in Eger und genießt die kleinen Freiheiten, die diese Situation mit sich bringt. Doch irgendwann im Winter 1941/42 passiert etwas, was Rudolfs Lage vollkommen verändert. Als er eines Mittags wieder einmal in Eger unterwegs ist, kommt es zu einer unerfreulichen Begegnung:»Mensch, auf einmal kommt der Gefängnisdirektor mir entgegen, Jesses! ›Sie werden was erleben‹, sagt er zu mir und ich sage: ›Wieso, ich bin doch rausgekommen, ich bin doch in Freiheit, weil ich arbeite, ich bin doch angestellt.‹ Das hat er ja auch gewusst, aber er meinte, ich bleibe bei meiner Arbeit sitzen und geh nicht durch die Stadt. Als der mich in Freiheit gesehen hatte, da ist er fast wahnsinnig geworden.« Der Gefängnisdirektor hat Rudolf ohnehin auf dem Kieker:»Der hat mich gehasst, das war ein richtiger Nazi. Er hatte gehört, dass ich in der kommunistischen Jugend war und der hat Kommunisten gehasst.« Rudolfs angeblich regelwidriges Verhalten ist dem Direktor ein willkommener Anlass, um ihn zu bestrafen. Und dafür wählt er eine ganz perfide Form der psychologischen Einschüchterung:»Der hat mich in eine Einzelzelle gesteckt. Die Einzelzelle war eigentlich für die, die zum Tode verurteilt waren. Nackig war ich in der kalten Zelle.« Wie lange Rudolf in der Todeszelle eingesperrt ist, erinnert er nicht mehr. Nackt, frierend und in der Ungewissheit, was auf ihn zukommt, verliert er jedes Gefühl für Raum und Zeit:»Neben mir war einer, der zum Tode verurteilt war, der ist in seiner Zelle rumgelaufen und hat geschrien.« Rudolf befürchtet, dass man nun auch ihn hinrichten wird:»Ja, so bin ich mir vorgekommen, mein Herz hat sich ganz zusammengezogen vor Aufregung und Angst.«[70]

Rudolf ist tatsächlich auf alles gefasst. Zu unberechenbar erscheint ihm der Gefängnisdirektor. Und in der dunklen, kalten Zelle sinnt er erstmals in seinem Leben auf Rache:»Das hat der gemacht, damit ich Angst bekomme. Ich hatte so eine Wut gegen ihn und habe gedacht, wenn ich jetzt freikomme, gehe ich zu ihm nach Eibenstock. Wenn die

Nazis niedergemacht sind, gehe ich zu ihm da rauf und schlage ihm ins Gesicht oder knüppel ihm das Gesicht, das habe ich gedacht. So sehr habe ich ihn gehasst.«[71]

Während man Rudolf derartig schikaniert, werden Josef und Toni bereits freigelassen. Der Heilige Josef hatte Ende November ein Gnadengesuch eingereicht, das zunächst abgelehnt wurde. Seinem zweiten Gnadengesuch vom 14. Dezember wird dann schließlich stattgegeben. Allerdings ist die Gnade nicht sehr groß, die man ihm erweist: Ganze drei Wochen vor Ablauf seiner 10-monatigen Haftstrafe entlässt man ihn aus der Haftanstalt Bautzen. Rudolfs Freund Toni muss seine Strafe hingegen bis zum Ende absitzen. Er wird am 5. Februar aus dem Wehrmachtsgefängnis von Torgau/Brückenkopf entlassen und zu seinem Truppenteil nach Bad Kissingen »in Marsch gesetzt«.[72] Nun muss er für Deutschland in den Krieg ziehen. Doch er hat Glück: Im Gegensatz zu anderen vorbestraften Homosexuellen, die in die Sonderabteilungen oder Himmelfahrtskommandos gesteckt werden, kann er als Truppenfriseur hinter der Front arbeiten.[73]

Rudolf hingegen hat noch weitere vier Monate Gefängnis vor sich. Doch die soll er an einem anderen Ort verbüßen. Weil das Gefängnis in Eger überholt wird, werden die Häftlinge auf andere Haftanstalten verteilt. Rudolf ist froh, aus Eger wegzukommen, egal wohin, Hauptsache weg von dem tyrannischen Direktor. Am 9. Februar 1942, einem bitterkalten Tag, abends gegen 19 Uhr, wird eine Kolonne zusammengestellt: Mit Handschellen aneinander gefesselt müssen die Häftlinge zum Bahnhof laufen. Dort wartet der Gefangenenwagen 62c.[74] Um 20.36 Uhr setzt sich der Gefangenentransport der Reichsbahn in Bewegung: »Ja wir sind dann mit dem Zug bis nach Zwickau gekommen und dort bin ich mit vielen anderen wieder ins Gefängnis gekommen.«[75]

Im Zwickauer Gefängnis trifft Rudolf einen alten Bekannten wieder: Richard Mörike, der bereits im Oktober hierher verlegt wurde. Rudolf ist froh, dass er wenigstens nicht in derselben Zelle landet. Zwei Monate später ist Mörike verschwunden, er hat seine Haftstrafe verbüßt. Rudolf geht davon aus, dass man ihn entlassen hat. Er ahnt nicht, dass Mörike zurück nach Karlsbad gebracht wird, ins dortige Polizeigefängnis.[76] Denn die Karlsbader Kriminalpolizei will gegen ihn »gemäß des Runderlasses vom 14.12.1937 (nicht veröffentlicht) polizeiliche Vorbeugungsmaßnahmen« ergreifen.[77] Besagter Erlass zur »vorbeugenden Verbrechensbekämpfung« ermöglicht es der Kriminalpolizei, eine »planmäßige Überwachung« anzuordnen, zum Beispiel Meldeauflagen, Kontakt- sowie Aufenthaltsverbote an bestimmten Orten. Zudem kann »polizeiliche Vorbeugungshaft« angeordnet werden, also die Einweisung in ein Straf- oder Konzentrationslager. Normalerweise können diese Maßnahmen nur gegen »Berufs- oder Gewohnheitsverbrecher« verhängt werden, die »mindestens 3mal entweder zu Zuchthaus oder zu Gefängnis von mindestens 3 Monaten rechtskräftig verurteilt worden« sind.[78] Bei Homosexuellen reicht es seit dem Erlass vom 12. Juli 1940 aber bereits aus, dass sie »mehr als einen Partner verführt haben«.[79] Da Richard Mörike bereits vom Landgericht Brüx wegen homosexueller Kontakte verurteilt worden war, kann die Karlsbader Kriminalpolizei nicht nur tätig werden, nach dem Erlass des Reichssicherheitshauptamtes muss sie es sogar. Bis Ende Mai wird die Angelegenheit geprüft. Dann scheint Mörike irgendwann freizukommen, denn seit 25. Januar 1943 soll er »beim Landesschützen Baon. [Bataillon] Nr. 4 in Glauchau« sein.[80] Vorbeugungshaft scheint die Kripo also nicht anzuordnen. Ob sie Überwachungsmaßnahmen verhängt, bleibt offen.[81]

Rudolf weiß von all dem nichts. Er bleibt bis Anfang Juni 1942 im Gefängnis von Zwickau inhaftiert. Erinnerungen daran hat er kaum noch. Ihm erscheint die ganze Zeit verschwommen, die vielen Gefängnisse und Transporte verschmelzen in seinem Gedächtnis. Und auch an das Ende seiner Haftstrafe erinnert er sich nicht mehr genau. Teilweise lassen sich die damaligen Ereignisse jedoch anhand seiner Strafakte rekonstruieren.

5.5 Schutzhaft in Karlsbad

Als Rudolfs 14-monatige Haftstrafe am 5. Juni 1942 endet, ergeht es ihm wie dem ungeliebten Schicksalsgenossen Richard Mörike. Auch er wird nicht freigelassen, sondern der »Kriminalpolizeistelle Karlsbad zugeführt«.[82] Wahrscheinlich wird er am Nachmittag des 6. Juni mit dem Gefangenentransport 68b der Reichsbahn nach Plauen und von dort am nächsten Morgen um 5.50 Uhr mit dem Gefangenenwagen 62b nach Karlsbad gebracht:[83] »Sie haben mich wieder entlassen, aber anschließend in ein Gefängnis gesperrt, in Karlsbad. Einfach festgehalten, das war wahrscheinlich bei der Gestapo schon so ausgemacht, dass wir in Deutschland ins Konzentrationslager kommen.«[84]

Tatsächlich prüft die Karlsbader Kriminalpolizei jetzt auch in Rudolfs Fall »polizeiliche Vorbeugungsmaßnahmen«. Auf Rudolfs Gefangenenkarteikarte findet sich der kryptische Hinweis: »Bei Entlassung oder Rückführung Blatt 3 d. A. beachten«.[85] Aus Blatt 3 der Akte ergibt sich, dass Rudolf seine erste Strafe »nicht abhalten« konnte, »weiterhin seinem Laster zu fröhnen [sic!]«.[86] Der Hinweis ist klar: Rudolf ist ein Wiederholungstäter, der »mehr als einen Partner verführt« hat – nach dem Erlass vom 12. Juli 1940 ist gegen ihn Vorbeugungshaft zu verhängen. Doch die Karlsbader Kripo benötigt keinen Hinweis von außen. Sie ist, wie der Fall Mörike gezeigt hat, selbst sehr engagiert auf dem Fachgebiet »polizeilicher Vorbeugungsmaßnahmen«. Am Tag seines offiziellen Haftendes verhängt sie gegen Rudolf die »Schutzhaft«.[87] Was in den folgenden zwei Monaten mit ihm geschieht, bleibt jedoch im Dunkeln. Die überlieferten Akten geben über seinen Verbleib keine Auskunft.

Wie muss sich Rudolf gefühlt haben, was wird er für Ängste ausgestanden haben in diesen Wochen? Dass er in ein KZ kommt, ahnt er nun bereits. Doch was das eigentlich heißt, Konzentrationslager, das weiß er nur gerüchteweise:»Nein, man hat nur von weitem so etwas gehört, dass die Politischen, Asozialen, alle, die schon dreimal vorbestraft waren, die kamen alle ins Lager.«[88] Die Existenz der Konzentrationslager ist kein Geheimnis – im Gegenteil, sie sind ein »öffentlich bekannter Ort«, über den auch die gleichgeschalteten Zeitungen berichten.[89] Die SS-Zeitung *Das Schwarze Korps* veröffentlicht 1941 sogar Fotos von Häftlingen aus Buchenwald, mit der zynischen Bildunterschrift, dass diese »in puncto Arbeit« nunmehr »tatsächlich nutzbringend verwertet werden«.[90] Die deutsche Exilpresse, die man in der Tschechoslowakei bis 1938 lesen kann, berichtet dagegen sehr detailliert über Folter und Terror in den Lagern. So veröffentlicht Kurt Hiller, bis 1933 zweiter Vorsitzender des Wissenschaftlich-humanitären Komitees, nach seiner Flucht 1934 in der Prager *Neuen Weltbühne* eine ganze Artikelserie über seine Erlebnisse in den Konzentrationslagern Kolumbiahaus, Brandenburg und Oranienburg.[91]

Auch wenn solche Berichte damals oft als »Greuelpropaganda« diffamiert werden: Vor dem Anschluss des Sudetenlandes ist es möglich, sich ein recht genaues Bild von den Zuständen in den deutschen Konzentrationslagern zu machen. Und auch im Reichsgebiet hört man nicht nur die offizielle Version von Arbeits- und Umerziehungslagern, sondern ebenso von Folter und Mord. Entlassene KZ-Häftlinge berichten Familie und Freunden über die Zustände in den Lagern. Und nicht selten entstehen daraus »Legenden des Schreckens, die die Wirklichkeit in den Lagern noch übertrafen«.[92] All dies ist wohlkalkuliert, dient es doch auch der Einschüchterung der Bevölkerung. Rudolf hat damals also mit Sicherheit eine ungefähre Vorstellung von dem Grauen, das einen in den Konzentrationslagern erwartet. Doch wie reagiert man, wenn man weiß, dass einem ein derartiges Schicksal droht? Wie so viele andere wird Rudolf die Hoffnung nicht aufgegeben, wird auch er sich Illusionen gemacht haben, dass die Gerüchte über Folter und Mord übertrieben sind, dass es vielleicht doch nicht ganz so schlimm kommt.

Zwei Monate verbringt er in der Ungewissheit über sein weiteres Schicksal. Bis Anfang August bleibt Rudolf in der »Obhut« der Karlsbader Kripo, wahrscheinlich im Karlsbader Polizeigefängnis: »Sie haben mich so lange festgehalten, bis ein Transport fertiggestellt wurde. Auf einmal wurde ich rausgeholt und da wurde eine Kolonne zusammengestellt, von verschiedenen Leuten, alte und junge Menschen, die wurden an Handschellen festgebunden, immer vier Mann aneinander. Wir waren so 30 bis 40 Personen, so viel müssten es in etwa gewesen sein, und dann sind wir losgezogen.«[93]

Anmerkungen

1 Akte 4 Kms 5/41, Bd. I, Bl. 1. SoavP.
2 Akte 4 Kms 5/41, Bd. I, Bl. 3. SoavP.
3 Zinn: *Brazda 10. Oktober 2009.* S. 1.
4 Akte 4 Kms 5/41, Bd. I, Bl. 3–3R. SoavP.
5 Akte 4 Kms 5/41, Bd. I, Bl. 3R. SoavP.
6 Akte 4 Kms 5/41, Bd. I, Bl. 3R. SoavP.
7 Akte 4 Kms 5/41, Bd. I, Bl. 7. SoavP.
8 Franz Parth, geb. am 8. März 1884, wird um den 26. Februar 1941 verhaftet. Später wird er vom Landgericht Eger zu drei Jahren Zuchthaus verurteilt, die am 26. Februar 1944 verbüßt sind. Im Anschluss verschleppt man ihn ins Konzentrationslager Buchenwald. Vgl. Doc. No. 11863119#1. ITS. Vgl. auch Anmerkung 720.
9 Zinn: *Brazda 10. Oktober 2009.* S. 2–3.

10 Akte 4 Kms 5/41, Bd. I, Bl. 3R-4. SoavP.
11 Akte 4 Kms 5/41, Bd. I, Bl. 4. SoavP.
12 Akte 4 Kms 5/41, Bd. I, Bl. 8–8R. SoavP.
13 Akte 4 Kms 5/41, Bd. I, Bl. 4R. SoavP.
14 Akte 4 Kms 5/41, Bd. I, Bl. 5–8R. SoavP.
15 Akte 4 Kms 5/41, Bd. I, Bl. 24. SoavP.
16 Akte 4 Kms 5/41, Bd. I, Bl. 26R-27. SoavP.
17 Akte 4 Kms 5/41, Bd. I, Bl. 9–9R. SoavP.
18 Rudolfs Spitzname Schmuzal wird von Beyer mit einem h wie bei »Zahl« notiert. Vgl. Kapitel 4, Anmerkung 13 und Akte 4 Kms 5/41, Bd. I, Bl. 27R. SoavP.
19 Akte 4 Kms 5/41, Bd. I, Bl. 27R-28. SoavP.
20 Akte 4 Kms 5/41, Bd. I, Bl. 12R. SoavP.
21 Zur Entwicklung der Schutzhaft und Auseinandersetzungen mit der Justiz vgl. Gruchmann: Justiz im Dritten Reich. S. 583–627.
22 Akte 4 Kms 5/41, Bd. I, Bl. 13. SoavP.
23 Akte 4 Kms 5/41, Bd. I, Bl. 30. SoavP.
24 Am 1. April 1941 erklärt Brazda der Polizei, dass Mörike vom Essen bei Kaptor »seit einigen Wochen […] ganz weggeblieben« sei. Akte 4 Kms 5/41, Bd. I, Bl. 31. SoavP.
25 Akte 4 Kms 5/41, Bd. I, Bl. 38. SoavP.
26 Akte 4 Kms 5/41, Bd. I, Bl. 28. SoavP.
27 Akte 4 Kms 5/41, Bd. I, Bl. 30R. SoavP.
28 Zinn: Brazda 4. Dezember 2008. S. 26.
29 Unklar bleibt, ob Mörike auch diese letzte Aussage in Anwesenheit Rudolfs machen kann. Dann wüsste Rudolf, dass Mörike nichts strafrechtlich Relevantes eingestanden hat. Vgl. Akte 4 Kms 5/41, Bd. I, Bl. 32. SoavP.
30 Akte 4 Kms 5/41, Bd. I, Bl. 32. SoavP.
31 Akte 4 Kms 5/41, Bd. I, Bl. 32. SoavP.
32 Akte 4 Kms 5/41, Bd. I, Bl. 32–32R. SoavP.
33 Akte 4 Kms 5/41, Bd. I, Bl. 32R. SoavP.
34 Vernehmungsprotokoll Brazdas vom 3. April 1941. Akte 4 Kms 5/41, Bd. I, Bl. 33–36. SoavP.
35 Akte 4 Kms 5/41, Bd. I, Bl. 36. SoavP.
36 Akte 4 Kms 5/41, Bd. I, Bl. 85. SoavP.
37 Akte 4 Kms 5/41, Bd. I, Bl. 36. SoavP.
38 Akte 4 Kms 5/41, Bd. I, Bl. 37. SoavP.
39 Akte 4 Kms 5/41, Bd. I, Bl. 48R. SoavP.
40 Vgl. Kapitel 3.1.
41 Zinn: Brazda 4. Dezember 2008. S. 26.
42 Akte 4 Kms 5/41, Bd. I, Bl. 60. SoavP.
43 Zinn: Brazda 4. Dezember 2008. S. 45.
44 Zinn: Brazda 10. Oktober 2009. S. 4.
45 Personalakte des RMdJ, R 3001–70291. BArch. Zur Übernahme verdienter SdP-Mitglieder in die NSDAP vgl. Gebel: Heim ins Reich! S. 134.
46 Akte 4 Kms 5/41, Bd. I, Bl. 77–77R. SoavP.

47 Brazda, Nawrocki und Mörike werden am 26. Mai 1941 vom Gerichtsgefängnis Karlsbad nach Eger überstellt. Akte 4 Kms 5/41, Bd. I, Bl. 80–82. SoavP.

48 Akte 4 Kms 5/41, Bd. I, Bl. 85. SoavP.

49 Runderlass des RSHA vom 12. Juli 1940. Grau: *Homosexualität*. S. 311.

50 Vortrag Josef Meisingers vom 5./6. April 1937. Grau: *Homosexualität*. S. 147–153.

51 Das sind Staatsfeinde. *Das Schwarze Korps* vom 4. März 1937.

52 Akte 4 Kms 5/41, Bd. I, Bl. 94. SoavP.

53 Akte 4 Kms 5/41, Bd. I, Bl. 93. SoavP.

54 Akte 4 Kms 5/41, Bd. II, Strafsache Hartl, Bl. 15 und 17. SoavP.

55 Brazda, Nawrocki und Mörike wird die Anklageschrift am 17. Juli 1941 zugestellt, Hartl erhält sie am 21. Juli 1941. Vgl. Akte 4 Kms 5/41, Bd. I, Bl. 97–99 und Bd. II, Strafsache Hartl, Bl. 20. SoavP.

56 Der Beschluss zur Eröffnung der Hauptverhandlung ergeht am 8. August 1941, am 11. August wird die Terminierung auf den 5. September verfügt. Akte 4 Kms 5/41, Bd. I, Bl. 114–115. SoavP.

57 Brazda beauftragt Pfannerer am 7. August 1941, Hartl bevollmächtigt ihn einen Tag später. Vgl. Akte 4 Kms 5/41, Bd. I, Bl. 105–106 und Bd. II, Strafsache Hartl, Bl. 22–23. SoavP.

58 Zinn: *Brazda 4. Dezember 2008*. S. 27.

59 Möglicherweise hängt Panenkas Abwesenheit auch damit zusammen, dass er am 9. Mai 1941 zu einem Verfahren nach Berlin abgeordnet wurde. Personalakte des RMdJ, R 3001–70291. BArch.

60 Personalakte des RMdJ, R 3001–54873. BArch.

61 Urteil vom 5. September 1941. Akte 4 Kms 5/41, Bd. II, Handakte Hartl, Bl. 26 und 29. SoavP.

62 Urteil vom 5. September 1941. Akte 4 Kms 5/41, Bd. II, Handakte Hartl, Bl. 26 R. SoavP.

63 Zinn: *Brazda 10. Oktober 2009*. S. 1.

64 Zinn: *Brazda 4. Dezember 2008*. S. 40.

65 Zinn: *Brazda 4. Dezember 2008*. S. 40.

66 Zinn: *Brazda 10. Oktober 2009*. S. 2.

67 Nawrocki wird am 6. Oktober 1941 nach Bautzen verlegt, Mörike am selben Tag nach Zwickau. Akte 4 Kms 5/41, Bd. II, Strafvollstreckungsheft J.N., Bl. 5 sowie Strafvollstreckungsheft R.M., Bl. 5. Zur Verlegung von Hartl vgl. Akte 4 Kms 5/41, Bd. II, Strafvollstreckungsheft Hartl, Bl. 11–12. SoavP.

68 Zinn: *Brazda 4. Dezember 2008*. S. 41.

69 Zinn: *Brazda 4. Dezember 2008*. S. 41.

70 Zinn: *Brazda 4. Dezember 2008*. S. 41–42.

71 Eibenstock im Erzgebirge ist nach Rudolfs Erinnerung der Ort, aus dem der Gefängnisdirektor stammt. Vgl. Zinn: *Brazda 4. Dezember 2008*. S. 42.

72 Akte 4 Kms 5/41, Bd. II, Strafvollstreckungsheft J.N., Bl. 9–10 sowie Strafvollstreckungsheft Hartl, Bl. 14R f. SoavP.

73 Zu den Sonderabteilungen der Wehrmacht vgl. Kapitel 3, Anmerkung 127.

74 Die Verlegung wird von der Generalstaatsanwaltschaft in Leitmeritz »wegen Überholung der Anstalt« verfügt. Brazda wird am 9. Februar 1942 um 19 Uhr überführt.

Akte 4 Kms 5/41, Bd. II, Strafvollstreckungsheft Brazda, Bl. 15. SoavP. Zum Gefangenentransport der Reichsbahn vgl. Deutsche Reichsbahn: *Kursbuch vom 6. Oktober 1941*. S. 125–126.

75 Zinn: *Brazda 5. Dezember 2008*. S. 4–5.

76 Akte 4 Kms 5/41, Bd. II, Strafvollstreckungsheft R.M., Bl. 7. SoavP.

77 Akte 4 Kms 5/41, Bd. II, Akte Hartl, Bl. 43. SoavP.

78 Vorbeugende Verbrechensbekämpfung durch die Polizei. Erlass vom 14. Dezember 1937. Grau: *Homosexualität*. S. 181–188.

79 Runderlass des RSHA vom 12. Juli 1940. Grau: *Homosexualität*. S. 311.

80 Akte 4 Kms 5/41, Bd. I. Bl. 125. SoavP.

81 In den überlieferten Akten finden sich dazu keine weiteren Hinweise. Vgl. Akte 4 Kms 5/41, Bd. II, Akte Hartl, Bl. 43–47. SoavP.

82 Vgl. Gefangenenkarte der Haftanstalt Zwickau. Sowie: Mitteilung des Abganges eines Gefangenen. Akte 4 Kms 5/41, Bd. II, Strafvollstreckungsheft Brazda, Bl. 16–17. SoavP. Auch die Gefangenenkarte der Haftanstalt Eger deutet auf eine Überführung zur Kripo Karlsbad hin. Vgl. Archivbestand der Okkupationsgefangenenakten, NACR. Dagegen vermittelt die Häftlingskarteikarte des Konzentrationslagers Buchenwald den Eindruck, dass die gegen Brazda angeordnete Schutzhaft im Zwickauer Gefängnis vollstreckt wurde. Vgl. Doc. No. 5607284#1. ITS. Es ist möglich, dass die »Zuführung« Brazdas zur Kriminalpolizeistelle Karlsbad nur den Wechsel der bürokratischen Zuständigkeit beschrieb, aber keine Verlegung nach sich zog. Plausibler erscheint es aber, dass er – wie zuvor bereits Mörike – nach Karlsbad überführt wurde.

83 Deutsche Reichsbahn: *Kursbuch vom 4. Mai 1942*. S. 125–126.

84 Zinn: *Brazda 4. Dezember 2008*. S. 27.

85 Akte 4 Kms 5/41, Bd. II, Strafvollstreckungsheft Brazda, Bl. 16. SoavP.

86 Akte 4 Kms 5/41, Bd. II, Strafvollstreckungsheft Hartl, Bl. 3. SoavP. Das Strafvollstreckungsheft Hartls ist das erste im Bd. II der Akte. Im Strafvollstreckungsheft Brazdas befindet sich das Zitat, das auf Seite 3 des Urteils steht, dagegen auf Blatt 2. Wenn auf Brazdas Strafvollstreckungsheft Bezug genommen würde, müsste man also von einer Verwechslung der Blatt- und Seitennummerierung ausgehen.

87 Häftlingskarteikarte des Konzentrationslagers Buchenwald. Doc. No. 5607284#1. ITS.

88 Zinn: *Brazda 5. Dezember 2008*. S. 15.

89 Sofsky: *Die Ordnung des Terrors*. S. 46.

90 *Das Schwarze Korps* vom 26. Juni 1941. Zitiert nach: Gedenkstätte: *Konzentrationslager*. S. 83.

91 Kurt Hiller: Schutzhäftling 231.

92 Sofsky: *Die Ordnung des Terrors*. S. 46.

93 Zinn: *Brazda 4. Dezember 2008*. S. 27.

6. Konzentrationslager Buchenwald

6.1 Über Zwickau und Weimar auf den Ettersberg

Anfang August 1942 geht Rudolf erneut auf »Transport«. Gemeinsam mit etwa drei Dutzend anderen Gefangenen wird er zum Oberen Bahnhof getrieben, wo die Gefangenenwagen der Reichsbahn abfahren. Immer zu viert aneinandergekettet, müssen sie durch Karlsbad laufen: »Die waren alle mit Handschellen gefesselt. Ich war auch mit Handschellen gefesselt und da sagte mir ein junger Bursche, dass er zum Tode verurteilt wurde, weil er desertiert sei. Ja, der hat geweint und lief hinter mir und sagte, er komme jetzt zur Verurteilung und wüsste nicht, ob er noch nach Buchenwald kommt oder sofort erschossen werde. Ich konnte dazu ja auch weiter nichts sagen.«[1]

Unklar ist, auf welchem Weg die Gefangenen transportiert werden. Wahrscheinlich ist es ein Sondertransport, der zunächst nach Zwickau und von dort direkt nach Weimar geht. Denn die regulären Gefangenentransporte der Reichsbahn fahren eine umständliche und zeitraubende Strecke über Plauen, Leipzig und Halle, auf der die Häftlinge dreimal umsteigen und übernachten müssten.[2] Rudolf erinnert sich, dass sie teilweise marschiert seien, auch mit Bussen habe man sie transportiert. Mindestens eine Nacht verbringen die Männer in einer provisorischen Unterkunft: »Als wir in Zwickau angekommen waren, haben sie uns in ein großes Zimmer eingesperrt und liegenlassen. Neben mir lag der junge Bursche, der weinte.«[3] Rudolf tröstet den jungen Deserteur – und die beiden verbringen eine Liebesnacht: »Als wir gelegen haben, wurden uns die Handschellen abgenommen – und da ist es passiert. Ja, er hat sich das gefallen lassen. Weil ich lieb zu ihm war, hat er wohl Gefühle bekommen.«[4] Danach sieht Rudolf den Deserteur nie wieder:[5] »Am nächsten Tag war wieder ein anderer neben mir an der Kette.«[6]

Von Zwickau geht es schließlich weiter nach Weimar. An die Ankunft am dortigen Bahnhof erinnert sich Rudolf noch sehr gut: »Am nächsten Tag sind wir dann weiter, wir wurden in einen Zug gebracht, der Zug fuhr bis nach Weimar. Dort wurden wir wieder raus drapiert, dann in einen Lastwagen gestoßen.«[7] Es ist der 8. August 1942. Insgesamt sind es 50 Männer, die zu diesem Transport gehören. Die meisten kommen aus Osteuropa, viele Russen sind darunter. Vielleicht sind es sowjetische Kriegsgefangene, die in Buchenwald erschossen werden sollen. Oder es sind nach Deutschland verschleppte Zwangsarbeiter, die wegen eines Fluchtversuches ins Konzentrationslager kommen.[8] Auch vier Polen, ein paar deutsche, wahrscheinlich politische »Schutzhäftlinge«, und vier Kriminelle, von den Nazis als »Berufsverbrecher« tituliert, gehören zu dem Transport. Und drei weitere Homosexuelle sind mit dabei: Josef Hilbert, Arthur Preiß und Arthur Schmidt.[9] Doch Rudolf bemerkt damals nicht, dass noch andere schwule Männer unter den Gefangenen sind: »Die haben es wahrscheinlich nicht zu erkennen gegeben, weil sie so verzweifelt waren.«[10]

Am Bahnhof werden sie von SS-Männern mit Maschinengewehren, Knüppeln und Wachhunden in Empfang genommen. Unter den Augen der Weimarer Bevölkerung treibt man die Gefangenen zu dem wartenden Lastwagen: »Wenn wir da gelaufen sind, 30 oder 40 Personen, dann haben die Leute geschaut, wie verrückt, und mit dem Kopf geschüttelt. Obwohl ich mir gedacht habe, dass in dieser Gegend da, in Weimar, wo das nach Buchenwald hochgeht, wohl immer ein Betrieb sein muss.«[11] Rudolf hat das Gefühl, dass die Bevölkerung genau weiß, was mit ihnen passiert: »Diesen Leuten war das doch schon bekannt, die haben das alle Tage gesehen. Es ging jeden Tag ein Transport nach Buchenwald.«[12]

Tatsächlich sind die Weimarer Bürger die Transporte seit langem gewohnt. Das Konzentrationslager Buchenwald besteht bereits seit Juli 1937. Es wurde am der Stadt abgewandten Nordhang des nahegelegenen Ettersberges errichtet. Widerstand hatte damals nur ausgelöst, dass das Lager ursprünglich auch nach dem 478 Meter hohen Berg benannt werden sollte. Die »NS-Kulturgemeinde« erhob dagegen »Einspruch, […] weil Ettersberg mit dem Leben des Dichters Goethe in Zusammenhang steht«.[13] Goethe war oft auf dem Berg gewesen und hatte ihn in seinen Gedichten erwähnt. SS-Führer Heinrich Himmler entscheidet schließlich, dem neuen Lager den Namen »K. L. Buchenwald, Post Weimar« zu geben. Doch die Verbindung zu dem deutschen Nationalschriftsteller will die SS nicht ganz kappen: Eine Eiche, unter der Goethe einst gesessen haben soll, lässt man bei den Rodungsarbeiten stehen. Ein letzter Baum, mitten im Schutzhaftlager. Von den Häftlingen wird er schon bald »Goethe-Eiche« genannt.

Seit 1937 sind tausende Gefangene in Weimar angekommen und auf den Ettersberg getrieben worden. Die Bevölkerung sieht das nicht nur mit an. Kaufleute und andere Gewerbetreibende profitieren auch von Handelsbeziehungen, Lager und Wachmannschaften müssen schließlich mit Lebensmitteln und Brennstoffen versorgt werden. Auch bringt die neue »SS-Stadt«, die schon bald ein Stadtteil von Weimar wird, zusätzliche Kaufkraft, bei Kommandantur und Wachdienst sind schon Anfang 1938 1.377 Personen beschäftigt, bis 1945 steigt die Stärke der KZ-Personals auf 6.297. Ein Teil der SS- und Wachleute hat Frau und Kinder, die in einer SS-Führersiedlung neben dem Schutzhaftlager oder in Weimar wohnen. Besonders an den Gelagen der hohen SS-Führer lässt sich gut verdienen. Und auch sonst gibt es zahlreiche Kontakte zwischen Stadt und Konzentrationslager. Die Bevölkerung kann den SS-Falkenhof besuchen, ein als Geschenk für Hermann Göring angelegtes Gelände mit Jagdhalle und Falknerhaus im »altgermanischen Stil«, nur wenige hundert Meter entfernt vom Schutzhaftlager. Selbst das Deutsche Nationaltheater Weimar tritt mehrfach vor SS-Leuten in Buchenwald auf.[14]

Gleichwohl werden viele Weimarer Bürger eher Beklemmungen gehabt haben, wenn ihnen die Gefangenen begegneten. Rudolf zumindest erinnert es so: »Die Leute haben mit dem Kopf geschüttelt und wahrscheinlich gesagt, da sind wieder so arme Schweine, die da ins Lager geschickt werden. Dass sie feindselig geschaut haben, kann ich nicht sagen. Irgendwie verblüfft haben die einen angeschaut. Ich kann auch nicht sagen, dass sie irgendwie bösartig gewesen sind.«[15] Rudolf selbst erlebt die Begegnung mit der Bevölkerung eher distanziert: »Ich weiß nicht, ich kann es nicht sagen – gleichgültig, mir ist viel gleichgültig gewesen. Ich hatte keine Angst in mir, ich dachte mir, du musst noch mehr erleben, was hat das für einen Zweck, mir Gedanken zu machen. Ich hab gedacht, was kommt, kommt. Was kommt, wird gefressen.«[16]

6.2 Ankunft in Buchenwald

Mit dem Lastwagen werden die Häftlinge die zehn Kilometer auf den Ettersberg hinaufgefahren. Der Wagen hält, SS-Leute stoßen die 50 Männer von der Ladefläche und treiben sie auf eine lange Straße, die sie den »Carachoweg« nennen. Im Laufschritt geht es zu einem breiten Torgebäude, auf dem ein mächtiger hölzerner Wachturm sitzt. Dort wartet ein Spalier von Wachleuten, die die Gefangenen mit Knüppeln und Gewehrkolben verprügeln. Den Schlägen entgeht kaum einer, viele haben blutverschmierte Gesichter und Platzwunden am Kopf. Auch bei der Registrierung der persönlichen Daten durch die Politische Abteilung, die Lager-Gestapo, werden die »Zugänge«, wie die Gefangenen von den brüllenden SS-Männern genannt werden, mit Faustschlägen, Stockhieben und Fußtritten ins Gesicht traktiert. Jeder SS-Mann hat dabei eine besondere Häftlingsgruppe im Visier. Hauptscharführer Stolberg, der Büroleiter der Politischen Abteilung, hat es besonders auf die Homosexuellen abgesehen.[17] Rudolf weiß nicht, wie ihm geschieht. Ob er verletzt wurde, erinnert er nicht mehr.

»Desinfektion« der Häftlinge in Buchenwald 1939
Quelle: JDC

Plötzlich steht Rudolf auf einem riesigen Schotterplatz – wie er später erfahren wird, handelt es sich um den »Appellplatz«. Die Häftlinge müssen sich in Reih und Glied aufstellen, die Arme im Nacken verschränkt zum sogenannten »Sachsengruß«. Hinter ihnen liegt das Torgebäude, auf der Gittertür prangt die zynische Inschrift »Jedem das Seine«, von innen zu lesen, damit die Gefangenen sie jederzeit vor Augen haben. Rechts und links davon erstreckt sich ein langer Zaun aus Stacheldraht, drei Meter hoch und mit 380 Volt elektrisch geladen. Das Gelände vor ihnen ist abschüssig, terrassenförmig hat man an dem Hang lange Holzbaracken gebaut, dicht an dicht, in sechs Reihen nebeneinander. Rudolf kommt es so vor, als stünden sie eine Ewigkeit auf dem Schotterplatz. Schließlich geht es weiter, wieder im Laufschritt, zwischen den Holzbaracken hindurch zu einem flachen Steingebäude. Es handelt sich um die sogenannte »Desinfektion«.[18] Unter dem unablässigen Gebrüll der SS-Männer müssen sich die neuen Häftlinge ausziehen, ihr persönliches Hab und Gut wird eingesammelt. Rudolf besitzt nicht mehr als die Sachen, die er am Leib hat: Mütze und Jacke, Hemd und Hose, Unterwäsche, Strümpfe und Schuhe gibt er einem bereitstehenden Häftling, der den Empfang quittiert.[19] Die meisten Arbeiten werden hier von Häftlingen verrichtet, die schon länger in Buchenwald sind, von sogenannten »Funktionshäftlingen«. Sie sind es auch, die den nackten Männern sämtliche Haare vom Körper rasieren, in den entwürdigendsten Körperhaltungen werden Kopf-, Achsel- und Schamhaare entfernt. Die SS-Männer stehen brüllend oder lachend daneben, sie überwachen die Prozedur, die auf die Entmenschlichung der Häftlinge angelegt ist. Rudolf hat bei dieser »Desinfektion« ein Erlebnis, das er sein Lebtag nicht vergessen wird:

»Als wir in Buchenwald angekommen sind, mussten wir in eine ›Badeanstalt‹. Das war ein großer Raum und da war eine große Tonne. In dieser Tonne war Wasser und Desinfektionsmittel, wir mussten uns ausziehen und in den Kessel reinspringen. Mich hat ein SS-Mann am Kopf gepackt und mich unter das Wasser gedrückt. Vor lauter Schreck habe ich mich verschluckt, und mir wurde übel. Wie ich wieder rauf bin, hat der SS-Mann meine Goldkette, die ich von meinem Freund bekommen habe – da war ein Kreuz dran –, mir vom Leib gerissen, und hat gesagt: ›Ja bist du ein Pfaffenkittel?‹ Ich habe ihm keine Antwort gegeben. Er hat mich dann in Ruhe gelassen.«[20]

Die Kette, die ihm einst Toni schenkte, sieht Rudolf nie wieder. Auf der Quittung seiner persönlichen Sachen ist sie nicht registriert. Das entspricht den Gepflogenheiten in Buchenwald. Wertgegenstände der Häftlinge, Uhren oder Ringe, die eigentlich verwahrt werden müssten, verschwinden oft.

Nach dieser »Begrüßungszeremonie« geht es weiter in die Kleiderkammer, nackt und bloß werden die Häftlinge in das Gebäude getrieben. Dort stehen hohe Regale, in denen sich Uniformen, Unterwäsche, Stiefel und Holzpantinen stapeln. Auch hier arbeiten Häftlinge, meistens politische, und sie haben großen Einfluss. Sie teilen die Neuankömmlinge auf, nach den von der SS vorgegebenen Häftlingskategorien, die über das weitere Schicksal entscheiden. Jeder Gefangene bekommt einen Stoffwinkel in die Hand gedrückt:

»Ja, einen Winkel. Wir wurden doch eingekleidet mit einem gestreiften Sträflingsanzug, mit blauen und weißen Streifen und jeder, der irgendwie Politischer, Krimineller, Arbeitsscheuer, Asozialer, Bibelforscher war, alle, jeder bekam einen anderen Winkel angehängt. Die Bibelforscher bekamen lila Winkel, die Vorbestraften hatten grüne Winkel, die Politischen rote Winkel, und die Asozialen bekamen schwarze Winkel. Es wurden solche Menschen als asozial benannt, die Faulenzer, Herumtreiber, und vor allem Zuhälter waren. Es gab einen Zuhälter, der war aus Berlin, den haben sie auch eingesperrt, weil er die Dirnen ausgenommen hat.«[21]

Die Einteilung der Häftlinge in verschiedene Kategorien gab es schon in den frühen Konzentrationslagern, aber erst seit dem Winter 1937/38 gibt es für alle Lager einheitliche Winkelfarben. Sie dienen dazu, unter den Gefangenen ein hierarchisches System zu etablieren, man will die »Häftlinge in Teilgruppen spalten«.[22] Nach der Devise »teile und herrsche« werden die Lager mit Hilfe einzelner, privilegierter Häftlingsgruppen unter Kontrolle gehalten. Schon bei der Ausgabe der Kleidung wird differenziert, je nachdem, ob man zu einer bevorzugten Häftlingskategorie zählt – oder zu den anderen. Walter Poller, ein politischer Häftling, schildert seine Ankunft in Buchenwald später so:

»Von fast jedem Häftling hinter dem Ausgabeschalter werde ich zunächst gefragt, welche Farbe ich habe. Neben mir steht ein ›Schwarzer‹. Er bekommt offensichtlich schlechtere Kleidung als ich. Bei der Stiefelausgabe erhalte ich zunächst ein paar ausgetretene ›Latschen‹. Als der Häftling sie mir aushändigen will, fragt er: ›Politisch?‹ und als ich bejahe, holt er mir ein paar bessere Stiefel. Nur wir Politischen werden gefragt, ob wir einen Pullover oder eine Wolljacke mitgebracht hätten. Wer es nicht hat, bekommt ein solches Kleidungsstück, alle anderen Häftlinge nicht.«[23]

Die politischen Häftlinge haben nicht nur in der Kleiderkammer das Sagen. Die meiste Zeit dominieren sie die gesamte »Häftlingsverwaltung« von Buchenwald. Diese besteht aus dem »Lagerältesten«, den »Blockältesten«, den »Kapos« und anderen Funktionshäftlingen, denen die SS administrative Aufgaben übertragen hat, sei es in den Schreibstuben der Verwaltung, im Krankenrevier oder in der Häftlingsküche. Jeder Funktionshäftling ist einem SS-Mann direkt unterstellt, gleichzeitig ist er dem Lagerältesten gegenüber verantwortlich. Die Funktionshäftlinge sind durch spezielle Armbinden gekennzeichnet und bilden eine Art »Lagerprominenz«. Und es ist tatsächlich ein großes Privileg, eine solche Position zugeteilt zu bekommen: Zum einen hat man mehr Schutz vor den Übergriffen der SS, zum anderen einen besseren Zugang zu lebenswichtigen Gütern wie Essen und Kleidung. Positionen in der »Häftlingsverwaltung« sind begehrt und umkämpft, besonders Kommunisten und Kriminelle ringen hier immer wieder um die Vorherrschaft. Die Lagerältesten, die die Funktionshäftlinge vorschlagen dürfen, sorgen dafür, dass die einflussreichen Posten meist nur an ihresgleichen gehen. Dieses System ist »ein zentrales Herrschaftsinstrument, da die Funktionshäftlinge nicht die KZ-Insassen gegenüber der SS« vertreten, sondern im Gegenteil »die SS gegenüber den Mitgefangenen«. Wohl kaum eine andere Maßnahme der SS ist »perfider, als ihr Versuch, die Ausführung von Terror und Gewalt an die Opfer zu delegieren«.[24]

Rudolf Höß, Kommandant des Konzentrationslagers Auschwitz, hat das Funktionsprinzip der Lager später folgendermaßen beschrieben:

»Im KL wurden die Gegensätze von der Führung eifrigst aufrechterhalten und geschürt, um so ein festes Zusammenschließen aller Häftlinge zu verhindern. Nicht nur die politischen, auch besonders die farbigen Gegensätze spielten dabei eine große Rolle. Keiner noch so starken Lagerführung wäre es sonst möglich, Tausende von Häftlingen im Zügel zu halten, zu lenken, wenn diese Gegensätze nicht dazu helfen würden. Je zahlreicher die Gegnerschaften und je heftiger die Machtkämpfe unter ihnen, um so leichter lässt sich das Lager führen. Divide et impera! – ist nicht nur in der hohen Politik, sondern auch im Leben eines KL ein wichtiger, nicht zu unterschätzender Faktor.«[25]

Von einem Funktionshäftling der Geräte- und Wäschekammer bekommt Rudolf die Ausstattung für sein neues Leben: Sträflingsanzüge gibt es inzwischen keine mehr, stattdessen bekommt er die Kleidung eines in den Vernichtungslagern ermordeten Juden. An den Füßen muss er Holzpantinen tragen. Darüber hinaus erhält Rudolf noch ein Handtuch, ein »Wischtuch«, womit eine Serviette gemeint ist, eine Essschüssel aus Aluminium, einen Trinkbecher und einen Löffel.[26] Außerdem bekommt er eine Erkennungsmarke aus Blech, die er künftig um den Hals tragen muss – Rudolf hat nun keinen Namen mehr, er ist nur noch Nummer 7952. Von SS und Kapos werden die Häftlinge mit ihrer Nummer angesprochen, ansonsten nennt man sie »Vögel«. Rudolf erinnert sich mit Grausen, wie vom Wachturm der Ruf ertönte: »Vogel Nummer 7952 sofort zum Lagertor«. Das bedeutete selten Gutes. Und wenn der Häftling nicht schnell genug war, donnerte es über die Lautsprecheranlage: »Warum ist der Vogel noch nicht an der Pforte angekommen?« Dann waren ihm Tritte und Schläge sicher.[27]

Rudolf ist nicht der erste, der Nummer 7952 bekommt, vor ihm hatten sie bereits fünf andere Häftlinge.[28] Denn wenn Häftlinge sterben oder in andere Lager deportiert werden, werden ihre Nummern erneut vergeben. Die Häftlingsnummer steht auch auf zwei Stoffstreifen, die er sich an Hose und Jacke nähen muss. Außerdem bekommt Rudolf einen Winkel: »Ich habe einen rosa Winkel bekommen, die Homosexuellen haben einen rosa Winkel bekommen, die wurden in Höhe der Brust angenäht.«[29] Rudolfs Winkel hat ein T in der Mitte, das steht für »Tscheche«.[30] Neben deutschen Homosexuellen genießen nur »Protektoratsangehörige« das zweifelhafte »Privileg«, mit dem rosa Winkel gekennzeichnet zu werden.[31] Dagegen bekommen ausländische Häftlinge grundsätzlich den roten Winkel, Juden zusätzlich einen gelben. In den besetzten Ländern Osteuropas, so zum Beispiel in Polen, wird Homosexualität »aus volkstumspolitischen Erwägungen« oft auch gar nicht verfolgt.[32] Die Nationalsozialisten glauben, die in ihren Augen »minderwertigen Völker« so zu schwächen.

Rudolf wird in Block Nr. 2 eingewiesen, eine 53 Meter lange und etwa acht Meter breite Holzbaracke.[33] Der Eingang befindet sich in der Mitte, dort sind auch primitive Toiletten und Waschgelegenheiten. Rechts und links folgen jeweils ein Tages- und ein Schlafraum: »Wir mussten uns dann wieder anziehen und sind dann in eine große Blockhütte, es hat ›Mannschaftsblock‹ geheißen, dort sind wir einquartiert worden. Das war dann für mich meine Unterkunft für alle Zeit. Dort war ein sehr großer Aufenthaltsraum mit vielen Tischen und Bänken. Und es gab einen großen Raum, wo wir geschlafen haben. Darin waren zweistöckige Betten aus Eisen, vier Stück aneinander, links und rechts festgebunden. Ich bekam so ein Bett auf der obersten Reihe.«[34] Für jeweils 85 Männer sind die schlecht isolierten Holzbaracken ausgelegt. Infolge des rasanten Wachstums der Häftlingszahlen, bis 1945 verzehnfacht sich ihre Zahl auf über 80.000, sind die Baracken bald vollkommen überfüllt. Im Sommer 1942 hat immerhin noch jeder Häftling sein eigenes Bett.

Als eine der ersten Handlungen näht Rudolf den rosa Winkel an seine Kleidung. Damit dokumentiert er seine Zugehörigkeit zu einer Gruppe, die am unteren Ende der Lagerhierarchie steht. Neben den jüdischen Häftlingen und den Sinti und Roma haben die Homosexuellen in den Konzentrationslagern den schlechtesten Status. Ihre Behandlung durch die SS-Mannschaften ist oft besonders grausam. Und auf Solidarität ihrer Mitgefangenen können sie am wenigsten hoffen. Aufgrund der Homosexuellenfeindlichkeit, die auch unter den Häftlingen weit verbreitet ist. Und aus Egoismus, den die meisten Häftlingsgruppen pflegen. Die zahlenmäßig wenigen Homosexuellen bleiben »in der Lagergesellschaft vereinzelt, ausgestoßen und isoliert« und »verbringen den größten Teil ihrer Haftzeit in Strafabteilungen«.[35] Als Rudolf Brazda am 8. August 1942 nach Buchenwald kommt, sind unter den 9.141 Häftlingen nur etwa hundert Homosexuelle.[36] Rudolf trifft zwar einige von ihnen, doch den Zusammenhalt, den es bei politischen oder religiösen Häftlingen infolge ihrer Weltanschauung gibt, erlebt er bei den Homosexuellen nicht: »Die waren alle so verzweifelt gewesen. Wahrscheinlich haben sich gar nicht alle Homosexuellen getroffen in Buchenwald, wir waren gar nicht richtig verbunden. Vielleicht haben wir auch ein paar Worte geredet. Es waren ja viele andere Häftlinge dort, die nicht homosexuell waren, es war alles durcheinander. Da hat jeder verzweifelt rumgesessen.«[37]

Ein großer Teil der homosexuellen Häftlinge ist dennoch gemeinsam untergebracht. So wie in Sachsenhausen, wo die Rosa-Winkel-Häftlinge in einem Straflager isoliert werden, werden sie in Buchenwald im Block der Strafkompanie konzentriert, der mit einem Stacheldrahtzaun vom restlichen Lager getrennt ist.[38] Fast alle Homosexuellen müssen im Steinbruch arbeiten, der der »Vernichtung durch Arbeit« dient. Wie ein Bericht des politischen Häftlings Ferdinand Römhild aus dem Jahr 1945 konstatiert, ist die Überlebenschance der Männer mit dem rosa Winkel dort sehr gering:

»Bis zum Herbst 1938 waren die Homosexuellen in Buchenwald auf die politischen Blocks aufgeteilt, wo sie ein ziemlich unbeachtetes Leben führten. Im Oktober 1938 kamen sie geschlossen in die Strafkompanie und mussten im Steinbruch arbeiten, während ihnen vorher alle anderen Kommandos offen standen. Während bis auf wenige aktenmäßig Zugeteilte jeder Angehörige der Strafkompanie die Aussicht hatte, nach einer gewissen Zeit in einen normalen Block verlegt und dadurch in bedeutend bessere Lebens- und Arbeitsbedingungen versetzt zu werden, bestand für die Homosexuellen diese Möglichkeit nie. Sie waren somit gerade in den schwersten Jahren die niedrigste Kaste des Lagers. Bei Transporten in ausgesprochene Vernichtungslager wie Mauthausen, Natzweiler und Groß Rosen stellten sie im Verhältnis zu ihrer Anzahl den höchsten Prozentsatz, da das Lager immer die verständliche Tendenz hatte, weniger wichtige und wertvolle, oder als nicht wertvoll angesehene Teile abzuschieben.«[39]

Wie wird sich Rudolf gefühlt haben, als er in Block 2 saß und den rosa Winkel an die Jacke nähte? Hilflos, verängstigt, hoffnungslos? Es ist schwer, sich an Gefühle zu erinnern. Aus heutiger Perspektive schildert er seinen damaligen Zustand so: »Richtig genommen, wenn ich es so sagen soll, ich war nur baff gewesen und sprachlos. Auf alle Fälle habe ich gewusst, dass das Hitlerreich uns alle vernichten wollte. Wegen dem haben sie die Konzentrationslager gebaut, um Schwerstarbeiten zu leisten. In Buchenwald waren es Steinbrüche.«[40]

6.3 Strafkompanie Steinbruch

Nach seiner Ankunft lernt Rudolf den militärisch durchorganisierten Lageralltag von Buchenwald kennen. Im Morgengrauen werden die Häftlinge vom Blockältesten geweckt, einem Funktionshäftling, der seinerseits von einem Blockführer der SS überwacht wird: »Gegen morgen, da wurden wir mit einer Trillerpfeife rausgepfiffen. Der Blockälteste von uns bekam eine Trillerpfeife und ›lockte‹ uns damit aus den Betten. Wir haben uns dann in den Gemeinschaftsraum auf die Bänke gesetzt, wir bekamen dann ein Stück Brot, vielleicht 150g Brot, etwas Margarine und Marmelade und dann noch einen Topf Kaffee dazu, das mussten wir dann nehmen.« Im Anschluss marschieren die Häftlinge des gesamten Blocks in Achterreihen auf den großen Schotterplatz, zum Morgenappell: »Wir wurden wieder rausgepfiffen, auf dem Appellplatz mussten wir uns aufstellen und wurden eingeteilt zu Arbeitskommandos. Zum Beispiel wir, die zuletzt nach Buchenwald eingeliefert worden sind: Es wurde so eingeteilt, dass die erste Begegnung mit Arbeit der Steinbruch war.«[41] Der Morgenappell, bei dem alle Häftlinge gezählt werden, dauert in der Regel eine Stunde. Danach brüllt der Rapportführer über Lautsprecher den Befehl:»Mützen ab! Mützen auf!« So müssen die Häftlinge den Lagerführer»grüßen«. Wenn die Mützen nicht von allen gleichzeitig und zackig genug vom Kopf genommen werden, muss der»Gruß« unter wüsten Beschimpfungen über die Lautsprecheranlage wiederholt werden, so lange, bis Rapport- und Lagerführer zufrieden sind. Danach folgt der sogenannte»Aufruf«: Einzelne Häftlingsnummern werden verlesen, die Betroffenen müssen sich am Lagertor vor einem Schild aufstellen. Während die Arbeitskommandos durchs Lagertor zu ihren Einsatzorten marschieren, müssen die Aufgerufenen, in vollkommener Ungewissheit, was sie erwartet, oft Stunden vor den ihnen zugewiesenen Schildern stehen, bis sie von der SS abgeholt werden. In der Zwischenzeit sind sie ein willkommenes Opfer für herumstreunende SS-Männer, die die wartenden Häftlinge dafür bestrafen, dass ihnen der Grund ihres»Aufrufs« nicht bekannt ist.

Rudolfs erster richtiger Tag in Buchenwald ist ein Sonntag. Die meisten Häftlinge müssen an diesem Tag nicht arbeiten, sie können sich von der Schinderei der Woche erholen, vom kräftezehrenden Straßenbau oder der Rüstungsproduktion in den von der SS betriebenen»Deutschen Ausrüstungswerken«. Sonntags stehen die Häftlinge in Gruppen zwischen den Baracken, spielen oder musizieren, spazieren im Lager auf und ab und beobachten das Treiben hinter dem Elektrozaun. Dort befindet sich ein kleiner Zoo, zum Vergnügen der SS und zur Demütigung der Häftlinge. Sonntags kommen die SS-Führer mit ihren Familien, um das Nashorn und die fünf Affen vor den Augen der hungrigen Häftlinge mit Honig und Marmelade, Milch und Kartoffelbrei zu füttern. Und natürlich die vier Bären, die man verhafteten Zigeunern abgenommen und für die man einen richtigen Zwinger hat errichten lassen. Unter dem ersten Lagerkommandanten Koch werden ihnen sogar Häftlinge zum Fraß vorgeworfen. Verendet hingegen eines der Tiere, dann müssen es die jüdischen Häftlinge mittels einer»freiwilligen Geldspende« ersetzen.[42]

Rudolf jedoch kommt noch nicht einmal in den»Genuss« dieses Sonntagstreibens. Gemeinsam mit Josef Hilbert, Arthur Preiß und Arthur Schmidt, den anderen homosexuellen Häftlingen seines Transportes, wird er der Strafkompanie zugeteilt.[43] Als er nach dem Morgenappell vor den Arbeitsdienstführer tritt, ist sein rosa Winkel Anlass genug, ihn für die schwerste Arbeit einzuteilen: »Und für uns haben sie sich ausgedacht: ›Die können wir gut in den Steinbruch schicken.‹«[44] Steinbruch, das bedeutet, auch sonntags arbeiten zu müssen. Damit jeder weiß, dass Rudolf jetzt zur Strafkompanie gehört, muss er zusätzlich zu rosa Winkel und Häftlingsnummer große gelbe Punkte auf den Knien und den Rückseiten der Hosenbeine tragen.

Ob Rudolf an diesem Sonntag tatsächlich schon in den Steinbruch muss, ist indes unklar. Denn die ersten Tage werden die Häftlinge in Buchenwald meist durch die Politische Abteilung in Beschlag genommen. Sie werden verhört, geschlagen und gefoltert, nicht selten versucht man so auch Spitzeldienste zu erpressen. Durch homosexuelle Häftlinge fühlen sich viele SS-Leute zu besonderer Brutalität herausgefordert. Wie es Rudolf dabei ergeht, wissen wir nicht. Er erinnert sich nicht mehr und Dokumente sind dazu nicht erhalten. Was wir aus den wenigen erhaltenen Karteikarten über Rudolfs zweiten Tag wissen, ist, dass er aufs Krankenrevier muss. Dort wird er gegen Typhus und Ruhr geimpft.[45]

Der Steinbruch des Konzentrationslagers Buchenwald 1943
Quelle: MRD

Spätestens an einem der folgenden Tage lernt Rudolf den Steinbruch aber kennen. Nach dem Morgenappell zieht er mit seinen Leidensgenossen, von SS-Männern bewacht, durch das Lagertor, dabei müssen alle noch einmal die Mützen zum »Gruß« lüften. In einer langen Kolonne marschieren die 400 Männer der Strafkompanie zu dem 500 Meter entfernten Steinbruch. Unter ihnen sind auch zwei alte Bekannte von Rudolf: Der Altenburger Kellner Karl Rauschenbach und der kaufmännische Angestellte Helmut John. Rauschenbach ist schon seit dem 3. April 1941 auf dem Ettersberg, John hat man erst am 5. Juni 1942 eingeliefert.[46] Doch Rudolf kann sich nicht erinnern, einen der beiden getroffen zu haben.

Der Steinbruch liegt am Südhang des Ettersberges. Hier wird Kalkstein abgebaut, der für die in der Gauhauptstadt Weimar geplanten Monumentalbauten gedacht war, wegen seiner schlechten Qualität aber nur für den Straßenbau verwendet werden kann. Oberhalb des Geländes hat die SS Kasernengebäude errichten lassen, nach unten führen schmale Schienen für die Loren, in denen der Kalkstein transportiert wird. Das ganze Gelände wird von einer engen Postenkette der SS bewacht. Bei klarem Wetter hat man von hier einen guten Blick über das Weimarer Land, den Blick, den Goethe so bewundert hat. Doch die Aussicht kann hier keiner der Häftlinge genießen, für sie ist der Steinbruch die Hölle: Der Kalkstein wird vom Hang abgesprengt. Die großen Brocken müssen dann von Hand zerkleinert und auf die Loren verladen werden. Das ist nun Rudolfs Aufgabe: »Ich bekam eine Schaufel in die Hand gedrückt, ich musste da die geschlagenen Steine mit der Schaufel zusammenraffen und dann in die Lore schaufeln.«[47] Anschließend müssen die gefüllten Loren den Hang hinaufgeschoben werden: »Das wurde alles von den Häftlingen getan, da waren immer so sechs bis sieben Personen dran an so einer Lore. Die wurden dann auf einer kleinen Anhöhe ausgeschüttet. Die, die Loren schoben, waren meistens Juden und die wurden dann von den Leuten mit den grünen Winkeln, wenn sie nicht mehr konnten, in die Waden geschlagen. Da ist manchmal einer zusammengebrochen, einfach liegengeblieben und die anderen sind über ihn getrampelt. So eine grausame Methode war das mit den Loren.«[48] Es sind wieder Funktionshäftlinge, die sogenannten »Kapos« und die Vorarbeiter, die die anderen bewachen und zur Arbeit antreiben. Als Vorarbeiter werden häufig Kriminelle eingesetzt, die als besonders brutal gelten. Die Kapos werden oft aus den Reihen der politischen Häftlinge rekrutiert. Teilweise sind es ehemalige SA- und SS-Leute oder Fremdenlegionäre, aber auch viele Kommunisten sind unter ihnen. Wer Kapo und wer Vorarbeiter wird, ist eine taktische Entscheidung der SS, an der aber auch der Lagerälteste mitwirkt. Rudolf erinnert sich daran, dass im Steinbruch besonders viele Kriminelle als Vorarbeiter eingesetzt waren: »Die SS hat die Vorbestraften mit dem grünen Winkel angestellt, die haben Ruten in der Hand gehabt und haben den Leuten, die nicht schnell genug waren bei der Arbeit, in die Beine geschlagen.«[49]

Als besonders brutal gilt der Kapo des Steinbruchs: Alfred Müller, ein politischer Häftling. Als ehemaliges KPD-Mitglied hat man ihn zu Kriegsbeginn am 1. September 1939 als »Wehrunwürdigen« in Schutzhaft genommen und nach Buchenwald verschleppt.[50] Müller, der von den Mithäftlingen auch »Waldmüller« genannt wird, hat es besonders auf jüdische Häftlinge und auf Intellektuelle abgesehen. Mit einem jüdischen Neuzugang, der ihm von SS-Scharführer Höber »anvertraut« wird, treibt er ein besonders grausames Spiel: »Diesem machte es anscheinend Spaß, einmal ein gutgenährtes Opfer aus einer höheren Gesellschaftsschicht in Händen zu haben. Nach fürchterlichen Quälereien zwang Müller den Mann, sich an seinen eigenen Hosenträgern aufzuhängen. Als der Hosenträger riss, brachte er den inzwischen besinnungslos Gewordenen wieder zum Bewusstsein, veranlasste ihn, den Hosenträger gründlich zusammenzuknüpfen und sich erneut aufzuhängen.«[51] Nachdem der Tod »endlich eingetreten war, öffnete Müller dem Toten die Hose, um die letzte Erektion festzustellen, und zeigte das Kuriosum unter schmutzigen Reden den neugierig herzudrängenden Posten«.[52]

Überwacht wird Müllers Treiben von der SS, die sich immer wieder an den Ausschreitungen beteiligt. So heißt es in einem Bericht des Internationalen Lagerkomitees aus dem Jahr 1945:

»Weiter war Hauptscharführer Hinkelmann eine wichtige Figur in diesem blutigen Schauspiel. Er lief dauernd besoffen herum, hatte eine hysterische Weiberstimme und machte die übelsten Geschäfte und Schiebereien mit den Häftlingen. Auf sein Konto ist der Tod vieler hunderter Menschen, die den ganzen Tag hindurch Steine im Laufschritt tragen mussten, zurückzuführen. Einer seiner beliebtesten höhnischen Aussprüche war, den Abgehetzten, blutig Geschlagenen gegenüber grinsend zu sagen: ›Lauft doch schneller, dann seid Ihr schneller am Ziel.‹«[53]

Doch die »schmutzige Arbeit« überlässt die SS meist den Kapos und Vorarbeitern. Rudolf erinnert sich daran mit Zynismus: »Also wegen der Behandlung könnte ich eigentlich nix sagen, wir wurden alle gleich frech und gemein behandelt. Angeschrien oder wieder mal einen Tritt zwischen die Beine bekommen von der SS. Natürlich sind wir nicht mehr so viel mit den SS-Leuten zusammengekommen, es waren mehr Häftlinge gewesen, die das übertragen bekommen haben von der SS, das alles auszuführen. Zum Beispiel – es war eine Frechheit – mit einer Rute oder Peitsche zu schlagen, das waren welche mit dem grünen Winkel, die Vorbestraften, die haben das vielleicht gerne gemacht, ihre Kameraden zu peinigen. Ich kann nicht sagen, dass sie mich schlecht behandelt haben, ganz normal.«[54]

Ziel der Strafbataillone ist die sogenannte »Vernichtung durch Arbeit«. Bei den homosexuellen Häftlingen spielt aber auch der Gedanke der »Umerziehung« eine Rolle. Vorrangig soll die homosexuelle Veranlagung »ausgemerzt« werden, wenn dies nicht gelingt, dann ist die »Vernichtung« des homosexuellen Menschen das Ziel. Auschwitz-Kommandant Rudolf Höß erklärte dazu später:

»Während die zur Abkehr Willigen, die den festen Willen dazu hatten, auch die härteste Arbeit durchstanden, gingen die anderen langsam, je nach Konstitution, physisch zu Grunde. Da sie von ihrem Laster nicht lassen konnten oder nicht wollten, wussten sie, dass sie nicht mehr frei werden würden. Dieser stärkst wirksame psychische Druck bei diesen meist zart besaiteten Naturen beschleunigte den physischen Verfall. Kam dazu noch etwa der Verlust des ›Freundes‹ durch Krankheit oder gar durch Tod, so konnte man den Exitus voraussehen. Viele begingen Selbstmord. Der ›Freund‹ bedeutete diesen Naturen in dieser Lage alles. Es kam mehrere Male vor, dass zwei Freunde zusammen in den Tod gingen.«[55]

Eine besonders perfide Form des Terrors im Steinbruch ist es, einem Häftling die Mütze wegzunehmen und diese über die Postenkette der SS zu werfen. Denn das ist ein Todesurteil. Rudolf erlebt dies einmal mit:

»Da war ein großer starker Kerl, wie ich gehört habe, war das ein Jude gewesen. Dem hat so ein Kapo die Mütze abgenommen und hat sie über die Postenkette geworfen. Das mit der Postenkette war so: Sie bestand aus SS, Leute mit Maschinengewehren und wer über die Postenkette gelaufen ist, der wurde erschossen. Und wie ich gesehen habe, wollte der Jude seine Mütze holen und wurde deshalb erschossen.«[56]

Das Prinzip dieser Mordmethode ist psychologische Zermürbungstaktik: Ohne die Häftlingsmütze darf sich im Lager niemand sehen lassen. Wenn die Strafkompanie abends zurückmarschiert, jeder Häftling mit einem schweren Steinbrocken auf dem Rücken, dann müssen alle wieder das Haupttor passieren. Dort warten SS-Schergen, die nur nach einem Anlass suchen, Häftlinge aus der Kolonne herauszuzerren und in die Räume der Wachmannschaften zu schleppen. Ohne Mütze ist man ihr erstes Opfer: »Denn jeder, der keine Mütze auf dem Kopf hatte, konnte nicht ins Lager einmarschieren. Der wurde dann herausgezogen und wurde ausgepeitscht, irgendwie auf dem Bock festgebunden und auf den nackigen Hintern, wurde darauf mit der Peitsche geschlagen. Das habe ich auch gesehen, wie einer reinmarschieren wollte, ohne Mütze auf dem Kopf.«[57] Die Prügelstrafe ist gefürchtet in Buchenwald. Oft wird sie sogar öffentlich vollzogen, vor den anderen Häftlingen. Für den geringsten Verstoß gegen die Lagerordnung gibt es 25 Hiebe mit Stock, Peitsche oder Ochsenziemer. Die meisten Opfer müssen danach im Krankenrevier behandelt werden. Noch grausamer ist jedoch das sogenannte Baumhängen. Dabei wird der Häftling an seinen auf den Rücken gebundenen Armen an einen Pfahl gehängt, so dass seine Füße in der Luft baumeln. In dieser Position muss er bis zu vier Stunden ausharren, oft wird er zusätzlich gestoßen, geschlagen und mit kaltem Wasser überschüttet. Die Arme sind schon bald ausgekugelt, die Verletzungen oft so schwerwiegend, dass sich das Opfer sein Leben lang nicht mehr erholt. Weil man nach dem »Baumhängen« meist arbeitsunfähig ist, werden viele der Opfer später aufs Krankenrevier bestellt, wo man sie exekutiert.

Wem die Mütze weggenommen wird, der hat also die Wahl, sich abends auspeitschen zu lassen – oder einen schnellen Tod in den Salven der Maschinengewehre zu suchen. Nicht wenige Häftlinge sind durch den Terror von SS, Kapos und Vorarbeitern so zermürbt, dass sie sich für das Letztere entscheiden.

Ihre erschossenen Kameraden müssen die anderen Häftlinge dann abends ins Lager zurücktragen. Denn beim Abendappell dürfen auch die Toten nicht fehlen. In Reih und Glied werden sie neben der Strafkompanie auf den Boden des Appellplatzes gelegt – damit man sie mitzählen kann. Erst wenn alle Häftlinge vollständig angetreten und ohne Fehler durchgezählt sind, werden die Toten schließlich ins Krematorium gebracht. Der Abendappell dauert in der Regel anderthalb Stunden. Doch wenn Häftlinge fehlen, müssen die anderen so lange auf dem Appellplatz stehen, bis die Flüchtigen gefunden sind. Manchmal dauert das Stunden, manchmal sogar die ganze Nacht. Auch bei diesen Zählappellen sterben viele Häftlinge – an Entkräftung, oder sie erfrieren.

Die Methode, Häftlinge in die Postenkette der SS zu jagen, ist in allen nationalsozialistischen Konzentrationslagern üblich. Auf dem Totenschein heißt es dann: »Auf der Flucht erschossen.« Die SS-Männer bekommen für jeden erschossenen Häftling eine Prämie und Sonderurlaub. Und in vielen Fällen ist der Tod des Häftlings bereits beschlossene Sache: »Schon morgens wurde zwischen Posten und Vorarbeitern vereinbart, wer ›drankommt‹ und wann es geschehen solle.«[58] Als Rudolf im Sommer 1942 in den Steinbruch kommt, häufen sich diese Morde. Denn der zweite SS-Lagerführer Gust und der Kapo Alfred Müller haben aus der Mordmethode »Erschießen auf der Flucht« ein Geschäft gemacht. Gust überbringt Müller täglich Zigaretten, gestohlene Pakete – und die Anweisung, welcher Häftling dran ist. Meist handelt es sich um Neuzugänge, deren Liquidierung von der Politischen Abteilung angewiesen wird. Läuft der auserkorene Häftling dann nicht freiwillig in die Postenkette, wird er von Müller mit Gewalt hineingetrieben. Tag für Tag kommt so ein Häftling ums Leben, manchmal sind es auch zwei.[59] Im Jahr 1942 werden auf diese Weise insgesamt 72 Männer ermordet, darunter 25 Kriminelle, 22 jüdische Häftlinge und vier Homosexuelle.[60]

Auch Rudolf macht bald die Bekanntschaft von Alfred Müller. Doch für ihn erweist sich die Begegnung mit dem Steinbruch-Kapo als Glücksfall: »Einmal, ich weiß nicht warum, kam der Kapo, der Legionär, vom Arbeitskommando, der kam zu mir und sagte: ›Du, lass mal deine Schaufel liegen, ich will dir einen anderen Posten geben zum Arbeiten.‹ Er hat mich in eine Sanitätsbude eingeteilt. Dort wurden Leute, die sich verletzt hatten, verbunden. Dort habe ich mitgeholfen, die Binden zusammenzulegen oder auch selbst zu verbinden. Ich dachte nur, warum habe ich jetzt so einen Posten bekommen, das hat mich irgendwie gewundert.«[61]

Es ist paradox, aber ausgerechnet Rudolfs rosa Winkel ist es, der diese bevorzugte Behandlung durch Alfred Müller auslöst. Und das im Steinbruch, in dem man die homosexuellen Häftlinge besonders schindet! Doch ganz offensichtlich ist der Kapo an Rudolf interessiert:

»Einmal kommt der Kapo in die Sanitätsstube und sagt: ›Du, komm mal her. Ich will mal mit dir reden. Warum hast du den rosa Winkel an dir?‹ Ich sagte: ›Weil ich vielleicht homosexuell bin. Das wird wohl die Einteilung für die Homosexuellen sein – vorbestraft.‹ Da hat er gelacht und mich auf die Stirn geküsst. Und da hab ich mir gedacht, was das wohl für eine Bedeutung hat! Und da hat er meine Hand genommen und hat sie gedrückt.«[62]

Rudolf ist sofort klar, dass er keine Chance hat, sich dem Begehren des brutalen Kapos zu entziehen. Wenn er sich verweigert, dann wird er seinen Posten in der Sanitätsbude verlieren. Dann muss er zurück in den Steinbruch und das bedeutet auf die Dauer den sicheren Tod. Oder der Kapo macht kurzen Prozess und jagt ihn gleich in die Postenkette. Also gibt er dem Drängen Müllers nach: »Ja. Eines schönen Tages bin ich allein in der Sanitätsbude gewesen, als es klopfte und der Kapo hereinkam, der Legionär. Er kam auf mich zu, nahm mich in den Arm und hat mich geküsst – und hat an mir herumgefummelt. Ich muss drüber lachen. Ich habe mir das natürlich gefallen lassen, weil ich gewusst habe, dass es besser ist, wenn er an mir machen kann, was er will. Dass er irgendwie ein besseres Leben hatte als die anderen draußen, die schwer arbeiten mussten. Da habe ich mir das gefallen lassen.«[63] Rudolf ist bewusst, dass er einen Pakt mit dem Teufel eingeht. Doch er hat keine andere Wahl, als sich dem Willen des Kapos zu beugen: »Auf der einen Seite war er gut für uns [die Homosexuellen], aber auf der anderen Seite, für die Juden und andere, die hat er drangsaliert.«[64]

Rudolf ist anscheinend nicht der einzige Homosexuelle, der von Müller protegiert wird. Doch die meisten homosexuellen Häftlinge, die im Steinbruch sind, haben nicht das Glück, zu einer leichteren Arbeit eingeteilt zu werden. Im Gegenteil: Wie das Internationale Lagerkomitee 1949 resümiert, ist der Steinbruch vor allem für sie eine Todesstätte: »Ungeheure Opfer zahlte die Strafkompanie, die zeitweise alle Steinbrucharbeiten zu verrichten hatte. Ihre Angehörigen wohnten in geschlossenen Blocks, wurden zur Nachtarbeit herangezogen und waren auch sonst die Prügelknaben für das ganze Lager. Ein Buch ergäbe die Geschichte ihrer Leiden, ihrer Quälereien, der hunderte scheußlicher Mordtaten und Erpressungen, der Ausrottung ganzer Häftlingskategorien wie der Homosexuellen usw.«[65]

6.4 Sexualität und Macht im Konzentrationslager

Die Begegnung mit Müller ist für Rudolf die erste Erfahrung dieser Art. Zwar hatte er auch schon in den Gefängnissen von Eger und Zwickau »Techtelmechtel«. Nur am Rande ging es dabei jedoch um die kleinen Vorteile, die man sich durch sexuelle Gefälligkeiten im Gefängnisalltag verschaffen kann. Unerwünschten Avancen konnte er sich in der Regel ganz gut entziehen. Im Konzentrationslager jedoch ist die Welt eine andere. Hier regieren Terror und Gewalt. Wer sich dem Willen von SS und Kapos nicht beugt, der ist verloren.

Sexualität spielt in der Männergesellschaft von Buchenwald eine wichtige Rolle. Zumindest bei den Häftlingen, die noch so kräftig und gesund sind, dass ihr sexuelles Verlangen nicht vollkommen erloschen ist. Und das ist insbesondere bei den Funktionshäftlingen der Fall: »Ja, das war so gewesen, das war allgemein in den KZ, der Sex lief auch ganz gut. Diese Kapos waren schon jahrelang Häftlinge in den KZ gewesen und hatten auch noch sexuelle Gefühle, die waren nicht drangsaliert worden und hatten besseres Essen gehabt.«[66]

Die Funktionshäftlinge haben aufgrund ihres privilegierten Status auch mehr Möglichkeiten, ihre sexuellen Bedürfnisse zu realisieren. Sie haben meist das Recht, sich auf dem Lagergelände frei zu bewegen, und damit auch Zugang zu Orten, an denen ein ungestörter Sexualkontakt möglich ist. Und sie haben Zugang zu Gütern, mit denen man sexuelle Gefälligkeiten »entlohnen« kann. Was sie jedoch nicht haben, ist der Zugang zu Frauen. Zumindest bis zum Juli 1943, als auf Weisung Heinrich Himmlers ein Lagerbordell eingerichtet wird – als »Antriebsmittel für höhere Leistungen«. Doch auch das Lagerbordell bleibt eine exklusive Angelegenheit, den Insassen des Kleinen Lagers, Juden, Sinti und Roma und Russen, ist der Besuch sogar verboten.[67] Um sexuelle Bedürfnisse zu befriedigen, sind die meisten Häftlinge weiterhin auf ihre Geschlechtsgenossen angewiesen.

Es sind besonders junge Männer, Jugendliche, manchmal halbe Kinder, die das sexuelle Interesse vieler Funktionshäftlinge wecken. Als nach dem Überfall auf Polen 1939 eine ganze Reihe junger Polen nach Buchenwald verschleppt wird, entwickeln sich zwischen ihnen und einigen Funktionshäftlingen regelrechte Beziehungen, wie es Fritz Lettow später beschreibt:

»Wie das immer so ist in den Lagern, wo jahrelange Abgeschlossenheit und das Fernsein von Weib und Kind die härtesten Männer bedrückt, so wurden nun diese Kinder und Jugendlichen besonders protegiert. Die Küche gab ihnen mehr Essen, die Kammern bessere Kleidung, einige Kapos und andere interessierten sich für diesen oder jenen Jugendlichen. Die ersten Freundschaften begannen. Vieles war harmlos. Aber die ersten Anzeichen des erwachenden Eros standen am Horizont. Das Lager hatte ein scharfes und wachsames Auge für diese Dinge. [...] Bei vielen äußerte es sich in harmlosen, aber festen Freundschaften. Eifersuchtsszenen kamen auch mitunter vor. [...] Es gab allerdings auch andere, bei welchen diese Harmlosigkeit durchbrochen wurde. Man hörte hier und da auch von derb körperlichen Handgreiflichkeiten.«[68]

Was der jüdische Häftlingsarzt Lettow hier eher zurückhaltend schildert, ist tatsächlich weit verbreitet. Teilweise sind es kriminelle Kapos, aber auch viele Kommunisten sind unter denen, die sich aus der Not heraus homosexuell betätigen. Meistens suchen sie sich dafür junge und attraktive Partner, Jünglinge, die etwas Feminines an sich haben. Mit Geschenken, aber auch mit Gewalt machen sie sich diese gefügig. Und nicht selten entwickeln sich regelrechte Beziehungen zu diesen »Puppenjungen«, wie man sie im Lagerjargon nennt. Auch junge und gutaussehende homosexuelle Häftlinge haben die Chance, eine solche »Karriere« zu machen.

Von einvernehmlicher und gleichberechtigter Sexualität kann unter diesen Bedingungen allerdings keine Rede sein. Denn in vielen Fällen werden Abhängigkeitsverhältnisse ausgenutzt. Und auch von Homosexualität kann man nicht ohne weiteres sprechen. Denn die meisten Funktionshäftlinge, die sich »Puppenjungen« halten, sind keineswegs homosexuell. Im Gegenteil: Viele von ihnen sind ausgesprochen homosexuellenfeindlich eingestellt. Und ihre Vorurteile legen sie auch nicht ab, nur weil sie sich unter den Bedingungen des Konzentrationslagers selbst homosexuell betätigen.

Als besonders problematisch erweisen sich in dieser Beziehung die kommunistischen Häftlinge. Die meisten haben zwar nicht vergessen, dass die KPD noch in den zwanziger Jahren vehement für die Abschaffung des Paragraphen 175 kämpfte. Dem einzelnen Homosexuellen bringen sie deswegen auch oft Mitgefühl entgegen. Gleichzeitig jedoch sind gerade die kommunistischen Häftlinge stark geprägt von homosexuellenfeindlichen Vorurteilen. Es ist die antifaschistische Propaganda der vergangenen zehn Jahre, die sich in ihre Köpfe eingebrannt hat: Nach der

Lesart der Kommunisten gehen Homosexualität und Faschismus Hand in Hand. Seit der »Röhm-Affäre« 1931 ist das Propagandaklischee vom »schwulen Nazi« ein ständiger Wegbegleiter der kommunistischen Politik. Und mit den Jahren hat sich der antifaschistische Kampf gegen die angeblich homosexuellen Nazis in immer absurdere Wahnvorstellungen gesteigert, bis hin zu der Idee, dass die »NSDAP geradezu zur Bewegung der Homosexuellen geworden« sei.[69] Ein trauriger Gipfelpunkt dieser Propagandaschlacht ist sicherlich das 1934 von Maxim Gorki in Umlauf gebrachte »sarkastische Sprichwort«: »Rottet die Homosexuellen aus – und der Faschismus verschwindet.«[70]

Auch im Konzentrationslager spielt das Propagandaklischee vom »schwulen Nazi« eine große Rolle. Immer wieder werden SS-Männer homosexueller Neigungen bezichtigt. Und es sind meist die besonders brutalen und »sadistischen« KZ-Schergen, die man glaubt, als Homosexuelle identifizieren zu können. So wie auch später im Bericht des Internationalen Lagerkomitees: »Der SS-Hauptscharführer Greuel war ein homosexueller Sadist. Er pflegte sich gleich morgens einen Häftling in seine Bude zu bestellen, ihm 25 Stockhiebe zu geben und dann zu sagen: ›jetzt schmeckt der Kaffee besser.‹ Am 22. August 1942 prügelte er eigenhändig einen Häftling in die Postenkette. Der Posten Nief erschoss ihn noch drei Meter vor der Postenkette.«[71] Bemerkenswert an diesem Bericht ist, dass die Homosexualität Greuels aus seinen gewalttätigen Übergriffen abgeleitet wird. Das ist typisch für die antifaschistische Sichtweise, dass im »Dritten Reich« Männerbund, Homosexualität und Terror eine unheilvolle Symbiose eingegangen seien. Derartige Geschichten werden nicht erst nach der Befreiung kolportiert, schon vorher sind sie unter den Häftlingen ein präsentes Gesprächsthema. Auch Rudolf erinnert sich, dass ihn andere Häftlinge eines Tages auf einen SS-Mann hinweisen, der angeblich beim öffentlichen Vollzug der Prügelstrafe unter seiner Uniformhose masturbiert.[72]

In dieses Bild passt es, dass Homosexualität bei der SS angeblich geduldet sei und sexuelle Übergriffe auf Häftlinge vertuscht würden: »Der SS-Oberscharführer Zöllner war homosexuell und hatte den Spitznamen ›Tante Anna‹. Im Jahre 1942 ging er mit einem jungen, hübschen Häftling in den Waschraum des Blocks 13 und sperrte sich dort ein. Am nächsten Tag äußerte der Häftling, er habe jetzt keine Angst mehr vor Zöllner, er könne ihm jetzt nichts mehr tun. Diese Äußerung hörte SS-

Oberscharführer Beyerlein, worauf der Junge am nächsten Tag ins Kommando Daasdorf gesteckt und sofort ›auf der Flucht erschossen‹ wurde.«[73]

Ist die SS also eine verschworene Gemeinschaft Homosexueller, die sich über das offizielle Verbot der Homosexualität beständig hinwegsetzt, sich dabei gegenseitig deckt und ihre Taten vertuscht, indem sie ihre Opfer liquidieren lässt? Es ist nicht auszuschließen, dass Fälle wie der beschriebene vereinzelt vorkommen. Es ist aber vollkommen absurd, anzunehmen, derartiges würde von der NS-Führung geduldet oder gar protegiert. Noch phantastischer ist die Vorstellung, Homosexualität sei das geheime Organisationsprinzip des NS-Staates. Das Gegenteil ist der Fall: Homosexualität wird in NS-Organisationen auf das Schärfste verfolgt. So hat Adolf Hitler erst wenige Monate zuvor in seinem Erlass »zur Reinhaltung von SS und Polizei vom 15. November 1941« die Todesstrafe für alle SS- und Polizeiangehörigen eingeführt, die »mit einem anderen Mann Unzucht« treiben oder »sich von ihm zur Unzucht missbrauchen« lassen.[74] Auch vorher wurden homosexuelle SS-Männer hart bestraft und nicht selten selbst in Konzentrationslager eingewiesen.[75] Homosexuelle KZ-Schergen, die es zweifellos gibt, wenngleich die SS sicherlich nicht zu den von Homosexuellen bevorzugten Arbeitgebern gehört, müssen im Übrigen mit einer Denunziation durch die Häftlingsverwaltung rechnen. Das motiviert sicherlich nicht dazu, die eigene Veranlagung durch sexuelle Übergriffe auf Häftlingen auszuleben.

Die angebliche Verbindung von SS, Sadismus und Homosexualität hat tatsächlich nur wenig mit der Realität zu tun. Viel mehr hat sie mit dem bequemen Propagandaklischee vom »schwulen Nazi« zu tun, von dem sich viele Antifaschisten auch im Konzentrationslager nicht trennen können. Und dafür gibt es »gute« Gründe. Denn die Denunziation des politischen Gegners als Homosexueller erfüllt zweifellos den angestrebten Zweck, diesen zu diskreditieren. Und diese altbewährte Strategie wendet man nicht nur gegen Nazis an. Politisch unliebsame Funktionshäftlinge, besonders die brutalen Kapos, werden von den Mithäftlingen gerne zu Homosexuellen stilisiert. Auch dabei wird oft eine Verbindung von roher Gewalt, Sadismus und Homosexualität hergestellt. Das schlägt sich besonders in den Darstellungen nach der Befreiung nieder. So wie bei Johann Herzog, bis Dezember 1941 Kapo des Steinbruchs, den man später zu einem Homosexuellen erklärt:[76] »Der Kapo namens Herzog war ein früherer Fremdenlegionär, äußerst brutal, anscheinend homosexuell sadistisch und hatte eine unheimliche Neigung zu Blutrausch.«[77] Das gleiche gilt für einen anderen Steinbruch-Kapo namens Vogel, der ebenfalls als »ein sadistischer Homosexueller« beschrieben wird.[78]

In der Lagergesellschaft ist die sexuelle Denunziation ein beliebtes Kampfmittel zur Eroberung und Verteidigung von Machtpositionen der Häftlingsverwaltung. Kaum etwas in Buchenwald ist schlimmer, als als Homosexueller gebrandmarkt zu werden. Das freilich korrespondiert nur wenig mit der sexuellen Praxis vieler Funktionshäftlinge. So verbreitet die homosexuellen Kontakte zu »Puppenjungen« und anderen Häftlingen sind, so angreifbar ist auch ein großer Teil der »Lagerprominenz«. Denn mit dem Vorwurf tatsächlicher oder vermeintlicher Homosexualität kann man jeden von seinem mühsam eroberten Posten wegfegen. Und von der Möglichkeit, andere Häftlinge gegenüber der SS als homosexuell zu denunzieren, wird nicht selten Gebrauch gemacht.

Besonders die kommunistischen Häftlinge sind nicht zimperlich, wenn es darum geht, die eigene Machtposition zu sichern. Als Rudolf im Sommer 1942 in Buchenwald eingeliefert wird, tobt gerade ein Machtkampf zwischen politischen und kriminellen Häftlingen. Und die Kommunisten haben soeben einen kleinen Sieg errungen. Am 7. Juni 1942 wird der bisherige Lagerälteste, Josef Ohles, ein »BVer«, also Berufsverbrecher, von einem politischen Häftling bei der SS als homosexuell denunziert. Am nächsten Tag ist Ohles tot, er fällt einem Fememord anderer Häftlinge zum Opfer. Damit ist eine erste Entscheidung gefallen in einem Kampf, der seit Ohles Ernennung zum Lagerältesten im Herbst 1941 erbittert geführt wurde. Auch Ohles hatte dabei nicht zimperlich agiert: So hatte er dafür gesorgt, dass 48 politische Blockälteste und Kapos im März 1942 in ein Sonderkommando der Strafkompanie versetzt wurden.[79]

Nach Ohles Absetzung wird das Sonderkommando am 30. Juni 1942 aufgelöst, die kommunistischen Blockältesten und Kapos werden wieder in ihre alten Funktionen eingesetzt. Und von den kriminellen Funktionshäftlingen wandert nun »einer nach dem anderen selbst in die Strafkompanie, wo ihrem raschen Untergang nachgeholfen« wird, wie der politische Häftling Eugen Kogon später berichtet.[80] Sie kommen in den Steinbruch und werden dort im Laufe des Sommers »auf der Flucht erschossen«. So erklärt sich der 1942 mit 25 Toten recht hohe Anteil Krimineller unter den Opfern dieser Mordmethode.[81]

Noch ist die Schlacht für die Kommunisten aber nicht gewonnen. Denn zu Ohles Nachfolger wird Fritz Wolff bestimmt, ein politischer Häftling zwar, aber ein ehemaliger Reichswehroffizier, Stahlhelmmann und zutiefst konservativer Gegner der Kommunisten. Deswegen steht nun auch Wolff ganz oben auf der Abschussliste der kommunistischen Häftlinge. Zunächst werden jedoch die alten Anhänger Ohles ausgeschaltet. Und auch in den eigenen Reihen führen die Kommunisten »Säuberungen« durch, denen unter anderem der zweite Lagerälteste Hans Bechert zum Opfer fällt. Bechert stirbt am 2. März 1943 unter ungeklärten Umständen im Häftlingskrankenbau. Es spricht vieles dafür, dass er ermordet wird.[82]

Eugen Kogon hat den heldenhaften Kampf der Kommunisten gegen Wolff später in seinem Buch »Der SS-Staat« geschildert. Darin behauptet er, man habe diesem schließlich gedroht, die SS darüber zu unterrichten, »dass Wolff Päderastie betreibe«. Letztendlich habe man ihn aber mit der Behauptung denunziert, »es sei unter Wolffs Führung ein polnisches Komplott in Gang, um einen Aufstand hervorzurufen«.[83] Tatsächlich scheint bei der Denunziation Wolffs im Juni 1943 aber auch der Vorwurf der Homosexualität eine wichtige Rolle zu spielen.

Die SS setzt nach der Denunziation umfangreiche Ermittlungen in Gang. Entgegen den Gepflogenheiten werden die Beschuldigten nicht von der Politischen Abteilung (Lager-Gestapo), sondern vom SS-Arzt Dr. Waldemar Hoven vernommen, einem »Experten« bei der Bekämpfung der Homosexualität.[84] Dabei spielen auch die homosexuellen Kontakte Wolffs eine Rolle. Insgesamt werden drei polnische Häftlinge befragt, zwei von ihnen gestehen sexuelle Handlungen. Zumindest bei einem Häftling wird das Geständnis wahrscheinlich mit Folter erzwungen, denn in der Niederschrift tauchen Formulierungen auf, mit denen die Gestapo ihre handfesten Vernehmungsmethoden gerne bemäntelt: »auf stärkeres Eindringen«, »auf starkes Eindringen« und »auf eindringliche Ermahnung«. Dieser Häftling erklärt schließlich, unter seinen Landsleuten seien illegale Aktivitäten wie die Beschaffung von Waffen erörtert worden. Damit ist der angebliche Aufstandsversuch bewiesen. Die drei polnischen Häftlinge und einige andere Landsleute werden kurz nach den Vernehmungen als »verstorben« registriert.[85] Laut Kogon werden sie »von Dr.

Hoven ›abgespritzt‹«, das heißt mit einer Giftspritze ermordet.[86] Fritz Wolff wird am 15. Juni 1943 in die Heeresversuchsanstalt nach Peene-münde verlegt, wo er wenige Wochen später bei einem Luftangriff der Alliierten ums Leben kommt.[87]

Mit der zweifachen Denunziation angeblich homosexueller Lageräl-tester gewinnen die Kommunisten schließlich den Kampf um die Macht in der Häftlingsverwaltung. In den folgenden Jahren stellen sie fast alle Funktionshäftlinge in Buchenwald. Die Häftlingsverwaltung wird von der illegalen und gegen Abweichler aus den eigenen Reihen unerbittli-chen Parteiorganisation der KPD geführt. Sogar einen eigenen »Lager-schutz« kann sie gegenüber der SS durchsetzen, eine Art Hilfspolizei, der schließlich 51 Männer angehören und die die SS teilweise aus dem Lager-inneren verdrängt. Damit kann der SS-Terror reduziert werden, doch auch der Lagerschutz geht oft gewaltsam vor.[88]

Die Lagerführung der SS arrangiert sich schließlich mit der Häftlings-verwaltung durch die Kommunisten. Die Politische Abteilung hatte sie zwar lange bekämpft. Doch SS-Oberscharführer Hermann Pister, der seit Januar 1942 Lagerkommandant ist, legt Wert auf ein reibungslos funkti-onierendes Lagerregime. Ihm ist die Unterstützung der Kriegswirtschaft durch eine effektive Rüstungsproduktion wichtiger als die Vernichtung der Kommunisten.

Der Kampf um die Machtpositionen der Häftlingsverwaltung wird mit allen zur Verfügung stehenden Mitteln geführt. Es ist der nackte Kampf ums Überleben, den die Häftlingsgruppen untereinander austra-gen – ganz im Sinne der SS. Und die homosexuellen Beziehungen, die gerade unter den Funktionshäftlingen weit verbreitet sind, werden dabei als geeignetes Kampfmittel erkannt und genutzt. Man muss nicht tiefen-psychologische Studien betreiben, um zu erkennen, dass hier auch laten-ter Selbsthass, den die verbreitete Not-Homosexualität bei so manchem ausgelöst haben wird, eine Rolle spielt. Eine Mischung aus der eigenen Sehnsucht nach Liebe und tiefsitzenden Vorurteilen, die auf Dritte proji-ziert werden, denen man eine homosexuelle Veranlagung andichtet, um sie dann bei der SS zu denunzieren.

Die Situation der wirklich homosexuellen Häftlinge, der Männer mit dem rosa Winkel, macht all das umso prekärer. Sie sitzen zwischen allen Stühlen: Nicht nur, dass sie zu den ersten Opfern der SS zählen, auch in den Augen der »Lagerprominenz« sind und bleiben sie dubiose Subjekte:

Heimlich begehrt zwar als Sexualpartner, sieht man sie doch als unsichere Kantonisten, Kriminelle, latente Nazis, kurz »weniger wichtige und wertvolle« Häftlinge, die man am besten in andere Lager abschiebt.[89] Auch Eugen Kogon ist von solchen Vorurteilen nicht frei, wenn er von einer »sehr verschiedenrangigen Zusammensetzung dieser Gruppe« spricht, in der sich »neben wertvollen Menschen eine Menge ausgesprochen krimineller und erpresserischer Existenzen« befunden habe.[90] Gleichwohl bringt Kogon die prekäre Situation der Homosexuellen auf den Punkt: »Im KL genügte schon der Verdacht, um einen Gefangenen als Homosexuellen zu deklarieren und ihn so der Verunglimpfung, dem allgemeinen Misstrauen und besonderen Lebensgefahren preiszugeben. Bei dieser Gelegenheit muss gesagt werden, dass die homosexuelle Praxis in den Lagern sehr verbreitet war; die Häftlinge taten aber nur jene in Acht und Bann, die von der SS mit dem rosa Winkel markiert waren.«[91]

Für die Rosa-Winkel-Häftlinge besteht unter diesen Bedingungen die nahezu einzige Überlebenschance darin, sich mit den herrschenden Machtverhältnissen zu arrangieren, zum Beispiel, indem man sich als »Puppenjunge« verdingt. Dazu noch einmal Eugen Kogon: »Ihr Schicksal in den KL kann man nur als entsetzlich bezeichnen; wenn sie etwas möglicherweise zu retten vermochte, so die Aufnahme gleich zweifelhafter Beziehungen im Lager selbst, was ihr Leben ebenso erleichtern wie gefährden konnte. Wem aber war das gegeben? Sie sind fast alle zugrundegegangen.«[92] Tatsächlich muss man dafür nicht nur eine robuste psychische Konstitution mitbringen, sondern auch jung und attraktiv genug sein. So wie Rudolf, der mit seinen 29 Jahren und noch recht weichen Gesichtszügen ein auch in Buchenwald begehrter Typ ist. Und Rudolf schlägt diese Chance nicht aus:

»Der Sex unter den Männern in Buchenwald war stark gewesen. Nun haben sie den rosa Winkel gesehen und gedacht: ›Ah!‹ Mein Benehmen war irgendwie feminin und wahrscheinlich hat das die Männer angezogen. Und wo ich hingegangen bin, dort bin ich freundlich empfangen worden. Da war der Kapo, der Blockwart, der Arbeitskapo und der aus dem Schweinestall, wenn ich zu dem gekommen bin, habe ich immer gutes Essen bekommen. Und alle anderen haben mir was zugesteckt. Natürlich hat das die SS nicht wissen dürfen, das ist alles heimlich gegangen, auch was wir miteinander getrieben haben. Das war so Mode und Sitte in Buchenwald, dass Männer untereinander auch geschlechtlichen Verkehr hatten.«[93]

Diese »Sitte« ist tatsächlich äußerst gefährlich – nicht nur, weil sie in den Machtkämpfen der Häftlinge instrumentalisiert wird. Auch aus dem ganz banalen Grund, dass Homosexualität selbstverständlich auch im Lager verboten ist, kommt es immer wieder zu Denunziationen bei der SS. So zum Beispiel im August 1942, als der polnische Häftling Johann G. dem Schutzhaftlagerführer »zur Bestrafung« gemeldet wird. Demnach soll der 30-Jährige versucht haben, »an jugendlichen Polen seines Blocks unzüchtige Handlungen vorzunehmen«. Die Betroffenen »brachten dies pflichtgemäß zur Meldung«. Da G. »seine Verfehlungen nicht eingestanden«, sondern diese »hart abgeleugnet« habe, wird der Schutzhaftlagerführer um seine »Einweisung in die Strafkompanie« gebeten.[94]

6.5 Alltag und Karriere im KZ

Rudolf arbeitet nun also in der Verbandsbude des Steinbruchs. Notdürftig muss er die Verletzten verpflegen, die das dortige Terrorregime Tag für Tag produziert. Besonders die Arbeit an den Loren fordert zahlreiche Opfer, wie der tschechische Häftling Jaroslav Bartl erinnert: »In einer halben Stunde mussten wir die Lore fünfhundert Meter den Hang hinaufziehen, dann fünfhundert Meter zurücklaufen und dabei den schweren Wagen halten, der durch sein Eigengewicht bergab sauste. Wenn die Lore aus den Gleisen heraussprang, und das geschah nicht selten, war die Hölle los. Dabei fuhr der nächste Wagen oft mitten unter die Häftlinge und verursachte schwere Verletzungen. Oft musste ein Häftling, dem eine Lore das Bein überfahren hatte, weggetragen werden.«

Bei schweren Verletzungen sind Rudolf und die anderen Häftlingssanitäter machtlos. Nicht nur, dass sie weder die richtige Ausbildung noch das richtige Material haben, um zu helfen. In der Logik des Lagersystems ist die Versorgung von Schwerverletzten gar nicht erst vorgesehen: »So einer war erledigt, er kam aufs Revier und niemand sah ihn jemals wieder. Im Revier gab ihm ein SS-Arzt die tödliche Injektion – was konnte man auch im Konzentrationslager mit einem beinlosen Häftling anfangen?«[95]

Die Strafkompanie ist die Hölle von Buchenwald. Rudolf trifft es vergleichsweise gut durch seine Arbeit in der »geschützten« Verbandsbude.

Dort ist er zumindest nicht permanent der Kontrolle und dem Terror von SS, Kapo und Vorarbeitern ausgeliefert. Und ein Dach über dem Kopf zu haben, ist auf dem oft eisigen Ettersberg ein großes Privileg. Doch von den verschärften Lebensbedingungen der Strafkompanie ist auch Rudolf betroffen: Die Häftlinge haben längere Arbeitszeiten und verkürzte Pausen. Sie sind vom restlichen Lager isoliert, permanenten Schikanen und grausamen Misshandlungen ausgesetzt. Nach der Arbeit müssen sie wie die anderen Häftlinge stundenlang strammstehen beim abendlichen Zählappell. Und wenn sie Pech haben, müssen sie danach noch unter Aufsicht des Schutzhaftlagerführers strafexerzieren.

Auch die Verpflegung ist schlecht. Offiziell bekommen die Häftlinge der Konzentrationslager seit Mai 1942 wöchentlich 2.450 Gramm Brot, 280 Gramm Fleisch und 170 Gramm Fett. Die tatsächlichen Rationen liegen meist deutlich darunter. Es gibt eine dünne, fleischarme Suppe, zum Beispiel Kartoffel- oder Steckrübensuppe. Rudolf erinnert die Verpflegung so: »Da hast du immer nur Eintopf, Kartoffelsuppe bekommen und dergleichen und ich habe da, im Traum habe ich immer gedacht, jeh, ich habe von Streuselkuchen geträumt und habe ihn gegessen. Das war doch ein guter Traum gewesen, das muss ich sagen.«[96] Ein großer Teil der Häftlinge ist unterernährt. Wer keine Lebensmittelpakete von außen bekommt, der ist verloren. Doch solche Hilfe ist den Häftlingen der Strafkompanie verboten. Und nicht nur das! Sie bekommen ohnehin weniger zu essen als die übrigen Häftlinge.

Viele halten das nicht lange durch, sie sind schon bald vollkommen entkräftet, psychisch zugrunde gerichtet und verlieren jeglichen Überlebenswillen. Es sind besonders die Intellektuellen, die in der Strafkompanie schnell zugrunde gehen, denn sie sind körperliche Arbeit nicht gewohnt und bei Kapos wie Alfred Müller besonders verhasst: »Da wurden sie so umgebracht, mit schwerer Arbeit. Die Intelligenten, die früher nicht schwer arbeiten mussten. Ich hätte schon eher was vertragen können, weil ich doch einen schwereren Beruf hatte wie die Intelligenten, Schullehrer und dergleichen.«[97] Doch auch Rudolf setzt die Strafkompanie zu. Wenige Wochen nach seiner Einlieferung erkrankt er an einem Magen-Darmkatarrh. Anfang September ist er für zwei Tage im Krankenrevier, laut Karteikarte wiegt er damals mit Kleidern nur noch 51 Kilogramm.[98]

Im Herbst 1942 lässt zumindest der Terror im Steinbruch etwas nach. Denn Mitte September meldet sich der Kapo Alfred Müller freiwillig zur

»SS-Baubrigade« nach Köln, dem ersten Außenkommando Buchenwalds.[99] Sein Weggang trägt dazu bei, dass die Morde an der Postenkette nachlassen. Doch schon wegen der harten Arbeitsbedingungen bleibt der Steinbruch ein Todeskommando. Rudolf hat Glück: Er behält seinen Posten in der Verbandsbude, als Müller nach Köln geht. Doch aus dem Steinbruch jemals wegzukommen, erscheint vollkommen aussichtslos. Das Arbeitskommando zu wechseln, ist in Buchenwald so gut wie unmöglich. Und die Strafkompanie verlässt man allenfalls, wenn man in ein Vernichtungslager deportiert oder in ein Himmelfahrtskommando verlegt wird. So wie Karl Rauschenbach, der am 12. Oktober 1942 ebenfalls zur »SS-Baubrigade« nach Köln abkommandiert wird. Aufgabe dieses Kommandos ist die Beseitigung von Trümmern und Blindgängern in bombengeschädigten Städten. Für die lebensgefährliche Arbeit hat Himmler den Einsatz »von Insassen der Konzentrationslager und von Strafgefangenen aller Art« angeordnet.[100] Karl Rauschenbach hat das »Glück«, Anfang Januar ins KZ Neuengamme verlegt zu werden.[101] Alfred Müller überlebt das Kölner Himmelfahrtskommando dagegen nicht lange. Allerdings kommt er nicht bei der Trümmerbeseitigung ums Leben. Laut Kogon wird er »von seinen eigenen Spießgesellen aufgehängt«.[102]

Wie lange Rudolf in der Strafkompanie bleibt, ist nicht mehr zu rekonstruieren. Er erinnert sich nicht genau und aussagekräftige Unterlagen sind nicht erhalten. Vielleicht sorgt Alfred Müller noch dafür, dass Rudolf die vollkommen ungewöhnliche Chance bekommt, in ein anderes Arbeitskommando zu wechseln. Wahrscheinlich ist Rudolf aber noch einige Wochen oder Monate im Steinbruch.[103] Eines Tages jedoch kommt der Kapo eines anderen Kommandos in den Verbandsraum und fragt, ob er für ihn arbeiten wolle:

»Einmal war ich in der Verbandsbude und da kommt einer zu mir rein. Das ist wahrscheinlich auch ein Kapo gewesen. Und der fragte mich, ob ich der Brazda, der Dachdecker bin. Und ich sagte ja. Und da hat er gesagt: ›Ja willst du vielleicht als Dachdecker arbeiten? Ich könnte unbedingt Arbeiter gebrauchen, die etwas von der Dachdeckerei verstehen.‹ Und da meinte ich: ›Natürlich, vielleicht. Ich geh da mal mit und werde es versuchen.‹ Und da bin ich mit ihm gegangen. Der hat mich mitgenommen in sein Kommando.«[104]

Der Kapo heißt Gustav Wilms und leitet das Dachdeckerkommando des Bauhofes.[105] Warum er Rudolf aus der Strafkompanie holt, ist nicht ganz klar. Wahrscheinlich spielt Rudolfs Ausbildung als Dachdecker eine wichtige Rolle. Denn seit Juli 1942 lässt die SS die »Gustloff-Werke« errichten, eine Rüstungsproduktionsanlage nur wenige hundert Meter vom Schutzhaftlager entfernt. Und dafür werden Arbeitskräfte gebraucht, vor allem gut ausgebildete Handwerker. Doch in der Regel zählt die Ausbildung in der Lagergesellschaft wenig im Vergleich zur Haftgruppe.[106] Und der rosa Winkel ist normalerweise nicht hilfreich für einen Karriereschritt in der Lagerhierarchie. Gibt es also noch andere Gründe für Rudolfs ungewöhnlichen Aufstieg? Spielen dabei erneut sexuelle Wünsche eines Kapos eine Rolle? Vielleicht. Doch es gibt noch einen weiteren wichtigen Punkt, der für Rudolf spricht: seine kommunistische Vergangenheit. Gustav Wilms ist ein alter Kommunist aus Essen – schon seit 1938 ist er in Buchenwald, auch deswegen hat er inzwischen eine privilegierte Position in der Häftlingsverwaltung. Vielleicht hat er von Rudolfs Mitgliedschaft in der kommunistischen Jugend gehört. Wahrscheinlich hat Rudolf diese Information bereits gezielt in Umlauf gebracht, indem er sie an vertrauenswürdige Häftlinge weitergab. Denn dass man als Kommunist in Buchenwald bessere Karten hat als andere Häftlinge, das bekommt hier jeder schnell mit. Und noch ein weiterer Aspekt könnte eine Rolle gespielt haben: Gustav Wilms hat offenbar Beziehungen in Rudolfs Heimatstadt Meuselwitz.[107] Möglicherweise ist es also nicht nur politische, sondern auch regionale Solidarität, die zu Rudolfs Rettung aus dem Steinbruch beiträgt.

Ein Wechsel des Arbeitskommandos ist in Buchenwald jedenfalls vollkommen ungewöhnlich. Ohne Bestechungsgelder für Kapos und Kommandoführer der SS und ohne gute Beziehungen zu den Funktionshäftlingen der »Arbeitsstatistik«, die für den Einsatz der Häftlinge zuständig sind, ist er eigentlich undenkbar.[108] Doch Rudolf gelingt dieser »Karriereschritt«. Er kommt zu Gustav Wilms in das Kommando Bauhof, spätestens im April 1943 wechselt er dorthin.[109] Und diese Verlegung erweist sich als Rudolfs Rettung. Denn im Gegensatz zu Alfred Müller ist Gustav Wilms ein äußerst rücksichtsvoller Kapo, der keine Gewalt anwendet und darum bemüht ist, seine Leute vor den Übergriffen der SS zu schützen. Rudolf erzählt, dass Wilms einen Häftling, dem die SS beim sogenannten »Baumhängen« die Arme ausgekugelt hat, über Wochen und Monate vor den KZ-Schergen versteckt habe. Wenn der Arbeitsunfähige in die Fänge der SS geraten wäre, hätte man ihn ins Revier gebracht, zum »Abspritzen«.[110]

Wilms hat Rudolf schnell ins Herz geschlossen – und das, obwohl er eigentlich eine Abneigung hat gegenüber Homosexuellen. In seiner Jugend zumindest, so vertraut er Rudolf an, habe er einmal eine tote Katze in eine Schwulenkneipe geworfen. Nun jedoch verschafft er Rudolf eine ausgesprochen gute Position im Baukommando: »Dort war auch eine Baracke aufgestellt, für Dachdeckermaterial. Da drinnen war ich mit dem Material, das kannte ich. Das musste ich dann aufnehmen und ausgeben.« Es ist ein privilegierter Job in der Verwaltung, den Rudolf bekommt. Er notiert die Mengen des Materials, die verbraucht werden, aber auch, welche Häftlinge im Einsatz sind: »Die Personen, jeden Tag sind andere Personen eingeschrieben worden, die Juden, die ab und zu für die Heizung arbeiten mussten, von denen musste ich die Nummern aufschreiben. Es hatte ja jeder seine Nummer gehabt. Den Namen musste ich nicht aufschreiben, nur die Nummer.« Wenn Not am Mann ist, muss auch Rudolf mit aufs Dach, doch meistens ist er in der Baubude: »Und dann hat er mich wieder mal geholt zu einer Dacharbeit, um Dachteile auf die Baracken zu kleben. Wenn das fertig war, bin ich dann wieder in die Baubude gekommen.«[111]

Für Rudolf bringt der neue Job viele Vorteile. Der wichtigste ist zweifellos die bessere Verpflegung, die sogenannte »Arbeitszulage«, die die Häftlinge im Bauhof bekommen. Und noch andere Privilegien sind mit Rudolfs Karriere in der Lagerhierarchie verbunden. Zwar gehört er in seiner neuen Position bei weitem nicht zur »Lagerprominenz«. Doch er ist jetzt Teil der »Mittelschicht«, die sich aus kleinen Funktionshäftlingen zusammensetzt und gegenüber den einfachen Häftlingen oft entscheidende Vorteile genießt. Dazu gehört es, sich während der Arbeitszeit relativ frei auf dem Lagergelände bewegen zu können. Außerdem kann nun auch Rudolf auf Hafterleichterungen hoffen, die langjährigen Häftlingen und Funktionshäftlingen gewährt werden: das Recht, sich die Haare wachsen zu lassen, ein bevorzugter Einkauf in der Häftlingskantine und die Aufhebung der Brieflimitierung. Rudolf erhält solche Hafterleichterungen allerdings nie, dazu ist seine Funktion letztlich doch zu unbedeutend.[112]

Gerade der Außenkontakt über Briefe und Pakete ist eine wichtige psychische und physische Unterstützung und fast notwendige Voraussetzung, um Buchenwald zu überleben. Ein Teil der Lagerinsassen wird von Verwandten mit Geld, Lebensmitteln, Zigaretten und Kleidung versorgt.

Seit 1942 gibt es für ausländische Häftlinge auch Hilfspakete von internationalen Organisationen, insbesondere vom Roten Kreuz. Viele Homosexuelle können auf solche Hilfe nicht hoffen, weil sie von Eltern und Geschwistern oft als »schwarzes Schaf« der Familie betrachtet werden. Doch Rudolf kann auf seine Mutter zählen: »Alle 14 Tage konntest du schreiben, denn sie konnten ja auch Pakete schicken. Meine Mutter hat mir ja auch Pakete geschickt. Mehr Kuchenzeug, weil es ja keinen Kuchen gab. Streuselkuchen und tschechischen Kuchen und wie sie alle heißen, der ganze Kram.«[113] Allerdings dürfen die Häftlinge nur so viel Lebensmittel geschickt bekommen, wie sie an einem Tag essen können. Wie viel das genau ist, entscheiden die Kontrolleure der SS, die den Rest einkassieren und meist für die eigene Versorgung abzweigen.[114]

Wahrscheinlich schickt Rudolfs Mutter ihm auch Geld. Denn seit 19. September 1942 verfügt er über 62,15 Reichsmark.[115] Mit dem Geld kann er in der Häftlingskantine, einer Art »Intershop« zugunsten der SS-Kasse, Lebensmittel kaufen, die im normalen »Speiseplan« des Konzentrationslagers nicht vorkommen. Aber auch zum Handel untereinander und zur Bestechung von Kapos und SS-Leuten setzen die Häftlinge ihr Geld oft ein. Rudolf braucht sein Geld innerhalb eines halben Jahres auf, mit vier Abhebungen bei der Häftlingsgeldstelle bis zum 16. Mai 1943. Im Herbst 1943 sperrt die SS die Auszahlung des Geldes an die Häftlinge und führt stattdessen »Lagergeld« ein, das nur im Konzentrationslager gültig ist und in Form von Prämien für besondere Arbeitsleistungen an die einzelnen Kommandos verteilt wird. Das Vermögen der Häftlinge reißt sich die SS unter den Nagel. Rudolf kommt diese Umverteilung aber zugute, weil er seit Mai kein eigenes Geld mehr hat und nun über das Baukommando in den Genuss der Prämienauszahlungen kommt.[116]

Der Briefverkehr unterliegt natürlich der Zensur, die SS liest mit: »Kann man sich denken, dass die gelesen wurden, die Briefe waren ja offen. Die musste man offen abliefern.« Damit seine Briefe von den Zensoren überhaupt angenommen werden, muss Rudolf erstmal eine neue Schrift erlernen. Bislang kann er nur Sütterlin schreiben, die 1935 von den Nazis für alle deutschen Schulen eingeführte, 1941 aber schon wieder verbotene Schreibschrift: »Sie haben das nicht angenommen. Die Buchstabenschrift die ich jetzt schreibe, habe ich im Lager lernen müssen – umlernen!« Inhaltlich kann man nur Belanglosigkeiten schreiben, von den tatsächlichen Zuständen in Buchenwald, von Folter und Mord, soll

die Außenwelt nichts erfahren:»Dazu kann ich nur sagen: ein Schwindel!
›Mir geht's gut‹, was anderes hättest du ja nicht schreiben können! Was
willst du da noch?! Höchstens Jammern: ›Wenn ich nur draußen wäre.‹
Oder so. Aber sonst nichts!«[117]
Dennoch schreibt Rudolf viele Briefe an die Mutter. Auch wenn er
der Zensur unterliegt, ist der Kontakt zur Außenwelt ein wichtiger seeli-
scher Rettungsanker. Ebenso wie es die geheimen Träume und Wünsche
der Häftlinge sind. Wie viele andere macht sich Rudolf Hoffnungen auf
ein Leben nach dem Konzentrationslager. Viele Gerüchte sind darüber
im Umlauf. Und wer würde nicht gerne daran glauben, dass man die
Häftlinge in den in Afrika eroberten Ländern ansiedeln wolle? Die Hoffnung stirbt bekanntlich zuletzt.
Durch seine neue Position lernt Rudolf das»Schutzhaftlager« nun erst
richtig kennen. Nicht nur, dass er sich auf dem Gelände frei bewegen
kann. Er kommt jetzt oft auf die Dächer der Baracken, von denen man
einen guten Überblick hat. So armselig und überfüllt das Gelände ist, so
ist es doch ein Mikrokosmos für sich, fast wie eine Stadt. Um sich die
wenige Freizeit zu vertreiben, gibt es auch einige kulturelle Aktivitäten,
eine Bücherei, Theateraufführungen und Konzerte. Es gibt sogar eine
Kinobaracke, die aber nicht nur als Filmtheater dient, sondern auch
Schauplatz der Prügelexzesse der SS ist.
Auch einen Freund findet Rudolf schließlich. Einen Franzosen, nur
ein Jahr älter als er, der aus Mülhausen im Elsass stammt:»In dem Dachdeckerkommando hatte ich einen Arbeitskollegen, mit dem habe ich eine
gute Freundschaft geschlossen. Der war so alt wie ich ungefähr, der Fern-
and. Nandi, Nandi habe ich ihn genannt.«[118] Nach der deutschen Besetzung Frankreichs hat man Ferdinand Beinert zunächst im Elsass inhaftiert, im»Sicherungs- und Erziehungslager« Schirmeck-Vorbruck. Man
wirft ihm»staatsabträgliches Verhalten« vor, weil er im spanischen Bür-
gerkrieg von 1936 bis 1938 mit den Internationalen Brigaden für die Republik gekämpft hat.[119] Rudolf findet schnell Gefallen an Nandi. Und
dieser lässt es sich gefallen. Doch Fernand ist eigentlich heterosexuell.
Liebe ist es nicht, die die beiden verbindet:»Nicht direkt, eigentlich gar
nicht so, nur der Sex. Er war anständig und ich bin froh gewesen, dass ich
jemand gefunden hatte.«[120]
Immer wieder kann Rudolf jetzt das Schutzhaftlager verlassen. Denn
Dachreparaturen sind auch auf den Gebäuden der SS nötig, die außer-

halb des Elektrozauns liegen. Gemeinsam mit Fernand passiert Rudolf dann das Lagertor, um solche Reparaturen durchzuführen. Dabei lernen die beiden die Welt der SS kennen: die Kommandantur und den Hundezwinger. Die im Halbrund angeordneten SS-Kasernen, wo die Wachmannschaften wohnen. Und die kleine Siedlung, in der die SS-Führer mit ihren Familien leben. Auch die »Sonderhaftstätten« bekommen Rudolf und Fernand zu sehen – hier sind prominente Häftlinge untergebracht, Politiker und Adlige. Zum Beispiel das »Sonderlager Fichtenhain« und die benachbarte »Isolierbaracke«, die mitten im Halbrund der SS-Kasernen stehen. Dort wird Rudolf Breitscheid, der einstige Vorsitzende der SPD-Reichstagsfraktion, festgehalten. Oder das Falknerhaus, wo seit 1943 französische Spitzenpolitiker inhaftiert sind. Fernand hat davon gehört, dass dort auch Léon Blum eingesperrt sein soll, der Ministerpräsident der französischen Volksfrontregierung. Und tatsächlich: Als die beiden einmal nahe dem Falknerhaus arbeiten, glaubt Fernand, Léon Blum zu erkennen.

Nach dem Terror der Strafkompanie kommt es Rudolf jetzt fast so vor, als sei er wieder in Freiheit: »Wir waren ja frei, es war ja niemand bei uns. Jeder hat sich unterhalten können wie er wollte. Das war nicht wie im Gefängnis, wo es verboten ist. Das war alles frei, ein großes Lager. Die SS war dort nur nachts, oben an der Postenhütte, sonst waren wir überall nur Häftlinge.«[121]

Doch die vermeintliche Freiheit gilt eben nicht für alle, sondern nur für einen Teil der Häftlinge. Und die Kluft zwischen den privilegierten Funktionshäftlingen und den restlichen Gefangenen wird immer größer. Denn das Lager wächst unaufhörlich, oder besser gesagt: die Anzahl der Häftlinge. Sind es Ende 1942 noch 9.517 Insassen, so zählen Ende 1943 bereits 37.319 und Ende 1944 sogar 63.048 Häftlinge zum Konzentrationslager Buchenwald. Kurz vor der Befreiung Ende März 1945 sind es schließlich 80.436 Menschen. Viele von ihnen sind in den zahlreichen Außenlagern inhaftiert. Doch auch die Belegung des »Stammlagers« steigt unaufhörlich – und die Zustände werden immer unerträglicher. Viele Baracken sind hoffnungslos überfüllt, die Häftlinge sind zunehmend unterernährt, Krankheiten breiten sich aus und raffen Tausende dahin.

Die »Lagerprominenz« kann sich vor den Auswirkungen dieser Überbelegung zwar schützen. Doch das funktioniert nur, indem die von der

SS gewünschte Lagerhierarchie weiter verfestigt wird. Als – wenn auch nur kleiner – Funktionshäftling ist auch Rudolf in der prekären Lage, Teil dieses Systems zu sein. Besonders im Verhältnis zu den jüdischen Häftlingen werden die Unterschiede von Status und Macht deutlich:

»Wir haben ein Dach gemacht, mit Asphaltklebemasse, die war in großen Kesseln, die mit Holz beheizt wurden. Die Heizer waren alles Juden, die sie auch in Buchenwald einquartiert hatten. Einmal kam ein Jude zu mir und sagte: ›Herr Rudi, wenn wir mal aus dem Lager kommen miteinander, dann kommst du zu mir und machst Ferien. Nach Brüssel, wo ich wohne, ich habe da ein großes Geschäft.‹ Und da habe ich geantwortet: ›Ja, wenn wir lebendig rauskommen, dann komm ich mal zu dir!‹ Insgeheim habe ich gedacht: ›Ja, ja. Wer weiß, was euch passiert.‹ Und es ist dann irgendwie auch so gekommen: Die Juden wurden dann zusammengestellt und kamen, wie ich gehört habe, auf den Transport nach Auschwitz.«[122]

Was in Auschwitz passiert, das weiß in Buchenwald jeder: »Ja natürlich. Wir in Buchenwald, wir Häftlinge haben gewusst, was da los war. Aber auch die Juden haben es gewusst. Aber was konnten sie machen? Wenn sich einer geweigert hat, haben sie ihn an die Wand gestellt und haben ihn erschossen.«[123] Tatsächlich wird im Frühjahr 1942 ein Drittel der jüdischen Häftlinge in der »Euthanasie«-Tötungsanstalt Bernburg ermordet. Die meisten anderen Häftlinge werden am 16. Oktober 1942 nach Auschwitz deportiert. In Buchenwald verbleiben nur 234 Häftlinge, in der »Bauleitung Juden«, die am Bau der Gustloff-Werke beteiligt ist.[124] Doch auch hier sind sie ihres Lebens nicht sicher, denn die SS-Führer erproben an ihnen die grausamsten Mordmethoden. So im Frühjahr 1944, als eine Kolonne jüdischer und polnischer Häftlinge unter persönlicher Aufsicht des SS-Bauführers Schachtarbeiten durchführen muss. Der SS-Mann befiehlt einem Polen, zwei entkräftete jüdische Häftlinge bei lebendigem Leib zu begraben. Zuerst weigert sich der polnische Häftling. Nachdem man ihn selbst zur Strafe bis zum Kopf eingegraben hat, erfüllt er den Mordauftrag schließlich: »Nun müssen sich die beiden Juden in die Grube legen, und Strzaska erhält erneut den Befehl, sie mit Erde zuzuschütten. Langsam füllt sich die Grube. Als sie endlich voll ist, trampelt der Bauführer lachend selber die Erde über den beiden Opfern fest. Alle anderen Häftlinge arbeiten währenddessen ununterbrochen wie toll weiter, um der Bestie nur um Gotteswillen in keiner Weise ›aufzufallen‹.«[125]

Seit 1944, als die Vernichtungslager wegen der vorrückenden Front aufgelöst werden, kommen wieder mehr jüdische Häftlinge nach Buchenwald. Dort werden sie im sogenannten Kleinen Lager untergebracht, dem Quarantäneblock, der wegen der Überfüllung zu einem Dauerquartier mutiert: ein vom restlichen Lager mit Stacheldraht getrennter Bereich, wo die Häftlinge in Pferdeställen der Wehrmacht hausen müssen, bis zu 1.900 Menschen in einem für 50 Pferde konzipierten fensterlosen Holzverschlag. Die ambivalente Situation, in der sich die Funktionshäftlinge befinden, tritt im Kleinen Lager besonders deutlich zutage. Der ehemalige Häftling Leo Kok, der im Januar 1944 nach Buchenwald kam, schreibt dazu:»Wir wurden überall angebrüllt und es hat tagelang gedauert, ehe wir wussten, dass Bademeister, Stubendienst, Lagerschutz usw. Häftlinge waren wie wir und nicht etwa mit der SS arbeiteten. Es gab günstige Ausnahmen.«[126]

Doch auch für Funktionshäftlinge ist die vermeintliche Freiheit im Lager äußerst fragil. Wenn sie ins Visier der SS geraten, dann hilft nur noch Glück und »Vitamin B«. Rudolf macht diese Erfahrung einige Monate nach seinem »Aufstieg« ins Baukommando:»Da war ich in der Baubude und bin am Schreiben, auf einmal ruft einer von draußen:›Was ist das für eine Baubude, wem gehört die Baubude?‹ Da hab ich gesagt:›Schau doch dort auf das Schild, steht da draußen auf dem Schild angeschrieben, dass das das Baukommando Dachdecker ist.‹« Rudolf rechnet nicht damit, dass es ein SS-Mann sein könnte, der vor der Tür steht:»Auf einmal kommt der herein und gibt mir einen Tritt, von dem Stuhl bin ich gefallen und dann hat er noch mal nach mir getreten, hat mich aufgehoben und hat mir mit der Faust ins Gesicht geschlagen. Er hat mir die Zähne eingeschlagen, drei Zähne habe ich verloren. Ich habe nicht gewusst, was mit mir geschieht, er hat mir noch zur Antwort gegeben:›Du wirst schon sehen, was dir morgen passiert, du kommst auf den Transport.‹«[127]

Dass Rudolf drei Zähne verliert, ist noch das Harmloseste an diesem Vorfall. Wirklich bedrohlich ist die Ankündigung, ihn auf einen Transport zu schicken. Transport, das ist in der Regel ein Todesurteil. Denn es bedeutet meist, in eines der berüchtigten Außenlager verlegt zu werden, zum Beispiel in die Stollen von Dora. Rudolf ist klar, wie brenzlig seine Situation ist. Sofort erzählt er Gustav Wilms von dem Vorfall:

»Als mein Kapo gekommen ist, hat er mich gefragt, was sie mit mir gemacht haben, er hat mich bedauert. Ich sagte: ›Hör mal, der hat noch zu mir gesagt, mit mir passiert morgen etwas.‹ Er sagte zu mir: ›Ah, ich weiß, der Transport geht nach Dora, da wird unterirdisch Salz abgebaut. Die Häftlinge müssen dort Salz abhacken und in Loren schütten.‹«[128]

Seit August 1943 gehen Transporte nach Dora. In der Mehrzahl sind es Russen, Polen und Franzosen, die hierher verschleppt werden. »Bis auf ganz wenige Ausnahmen« werden im Januar 1944 aber auch die Homosexuellen aus dem Stammlager Buchenwald nach Dora deportiert, »wo viele von ihnen den Tod« finden.[129] Am 22. Januar 1944 geht ein Transport mit 77 Homosexuellen, am 16. Februar werden weitere fünf nach Dora gebracht. Das ist fast die Hälfte aller 169 Rosa-Winkel-Häftlinge, die Ende 1943 im Konzentrationslager Buchenwald und seinen Außenlagern inhaftiert sind.[130] Wahrscheinlich kommen auch viele aus anderen Lagern nach Dora, denn bis zur Befreiung 1945 werden dort mindestens 419 homosexuelle Häftlinge eingeliefert.[131] Der vergleichsweise hohe Anteil von Rosa-Winkel-Häftlingen und die Tatsache, dass sie im Gegensatz zu den überwiegend ausländischen Häftlingen deutsch sprechen, führt schließlich sogar dazu, dass viele Homosexuelle als Kapos und sonstige Funktionshäftlinge eingesetzt werden.[132]

In Dora müssen die Häftlinge die Stollen ausbauen, in denen später eine unterirdische Rüstungsfabrik zur Raketenproduktion eingerichtet werden soll. Die Arbeitsbedingungen sind katastrophal. Die Häftlinge müssen sogar in den Stollen schlafen. Dora gilt zu Recht als ein Todeslager, wer dorthin geht, der kommt allenfalls als Leiche zurück – um im Krematorium von Buchenwald verbrannt zu werden. Ein Viertel der homosexuellen Häftlinge, die mit dem Transport am 22. Januar kommen, stirbt innerhalb von zwei Monaten. Ein weiteres Viertel wird arbeitsunfähig und in Liquidierungstransporten abgeschoben. Doch so grauenhaft diese Zahlen sind: Die Todesrate der homosexuellen Häftlinge ist damit sogar geringer als die der meisten anderen Häftlingsgruppen, denn die durchschnittliche Sterblichkeit liegt bei 70 Prozent.[133] Im Herbst und Winter 1943/44 werden in Dora 2.900 Menschen zu Tode geschunden, weitere 3.000 Sterbende werden im Frühjahr 1944 in die Konzentrationslager Lublin-Majdanek und Bergen-Belsen deportiert.[134]

Auch ein Altenburger Bekannter von Rudolf kommt in Dora ums Leben. Es ist Leopold Kretzschmar, der Arbeitskollege von Reinhold

Winter, der als einer der ersten Homosexuellen 1937 verhaftet und zu fünf Jahren Zuchthaus verurteilt worden war. Nachdem er seine Haftstrafe in verschiedenen Straflagern im Emsland verbüßt hat, wird er am 30. September 1943 nach Buchenwald eingewiesen. Am 1. Dezember wird er vom Lagerarzt »untersucht und für transport- und vollarbeitsfähig befunden«. Am 4. Dezember geht er mit 49 anderen Häftlingen, darunter drei weiteren Homosexuellen, auf Transport nach Dora. Schon drei Wochen später, am 25. Dezember 1943, kommt er dort ums Leben. Als Todesursache wird auf seiner Karteikarte »Herzschwäche« angegeben.[135]

Was Leopold Kretzschmar passiert, bekommt Rudolf damals nicht mit. Ohnehin weiß kaum einer in Buchenwald, was genau in Dora geschieht. Was man aber weiß, ist, dass aus Dora noch keiner lebend zurückgekommen ist. Rudolf steht Todesängste aus. Sein Kapo hat ihm zwar versprochen, sich für ihn einzusetzen. Ob das aber hilft oder nicht sogar das Gegenteil bewirkt, ist bei den SS-Führern nie absehbar. Doch wieder einmal hat Rudolf Glück. Tatsächlich gelingt es Gustav Wilms, ihn vor dem Transport zu bewahren: »Mein Kapo ist zu dem Lagerführer gegangen und hat ihm gesagt, dass ich eine gute Arbeitskraft bin. Er kann mich nicht entbehren, es geht doch nicht, er hat doch nix weiter gemacht, als dass er gesagt hat, dass es ein Schild vor der Baubude gibt, wo draufsteht, was es für ein Kommando sei. Und da hat der Lagerführer Genehmigung gegeben, dass ich von der Liste gestrichen werde und nicht zu dem Kommando nach Dora komme.«[136]

Rudolf ist noch einmal davongekommen. Kurze Zeit später geht jedoch ein guter Freund von ihm auf »Transport«: Fritz, ein ehemaliger SS-Mann, der wegen krummer Geschäfte selbst im KZ gelandet ist, ist in den Augen der meisten Häftlinge eine windige Gestalt. Die Kommunisten bringen ihm nur Verachtung entgegen – und sie sorgen wahrscheinlich auch dafür, dass er schließlich nach Dora kommt. Doch Rudolf hat eine andere Seite von Fritz kennengelernt. Eine zutiefst menschliche: seine Sehnsucht nach Liebe. Über einige Wochen haben die beiden ein Techtelmechtel – bis Fritz plötzlich verschwindet.

Einige Zeit später, als Rudolf einmal auf dem Dach des Krematoriums zu tun hat, muss er mitansehen, wie ein Lastwagen einen Haufen Leichen abkippt. Es ist ein Transport aus Dora, der die zu Tode Geschundenen zurückbringt – zur spurlosen Beseitigung ihrer sterblichen Überreste. Rudolf krabbelt an die Kante des Daches, fast rutscht er ab, vor Schreck. Oben auf dem Leichenberg liegt nackt und abgemagert: Fritz. Auch in der folgenden Nacht brennen die Öfen des Krematoriums. 1943 werden hier Tag für Tag zehn Leichen abgeliefert, 1944 steigt die Zahl der Toten auf durchschnittlich 25. Doch das Massensterben setzt erst Anfang 1945 ein, als kurz vor der Befreiung noch tausende Menschen ums Leben kommen. Nie wird Rudolf das vergessen: Den Geruch der Rauchschwaden, die vom Krematorium über das Schutzhaftlager ziehen. Diesen süßlichen Geruch von verbranntem Menschenfleisch.

6.6 Homosexuelle in Buchenwald: Terror, Mord und Menschenversuche

Rudolf hat das große Glück, schon bald in das Baukommando zu kommen – und damit dem normalen Schicksal der Homosexuellen zu entgehen. Von den anderen Schwulen, die in Buchenwald inhaftiert sind, bekommt er nicht mehr viel mit:»Ich war nicht der Einzige, aber ich bin nicht mit vielen zusammengekommen.«[137] Es sind zu wenige Häftlinge, als dass man sich ständig über den Weg liefe. Und ein großer Teil von ihnen ist entweder in der Strafkompanie oder in den Außenlagern. Die meisten Homosexuellen trifft Rudolf am Anfang seiner Haftzeit, im Steinbruch. Schnell wird ihm dort klar, was es heißt, Rosa-Winkel-Häftling zu sein. Rudolf erlebt nicht nur den Terror des Steinbruchs. Er wird auch Zeuge einer gezielten Mordaktion an den homosexuellen Häftlingen:

»Einmal bringen sie da einen jungen Burschen. Der musste neben mir, wo das Bett war, sich hinlegen. Ich sah ihn an: Er war so ein schöner Junge, junger Bursch gewesen und weinte. Und ich fragte ihn:›Warum weinst du?‹ Da sagte er:›Ja, ich bin wegen Homosexualität nach Buchenwald geschickt worden. Unterwegs hab ich Angst bekommen und ich hatte einen Blaustift.‹ Da hat er sich gedacht: Wenn ich das jetzt in meine Augen drücke, werde ich blind und da werden sie mit mir nicht mehr viel machen können.«[138]

Tatsächlich schmiert sich der junge Mann die giftige Farbe eines Kopierstiftes in die Augen. So hofft er, dem Terror im Lager zu entgehen, vielleicht sogar, wegen Arbeitsunfähigkeit entlassen zu werden. Doch entlassen wird aus Buchenwald seit Kriegsbeginn fast keiner mehr, schon gar nicht, wenn er sich selbst verstümmelt hat. Stattdessen bestellt man den jungen Mann aufs Krankenrevier. Rudolf ahnt, was auf seinen Bettnachbarn zukommt:

»Da sagt er zu mir: ›Ich bin ins Revier bestellt worden für morgen. Ich werde untersucht.‹ Und ich habe mir gleich denken können, was mit dem passiert. Ich habe ja schon oft gehört, dass Leute, die sie ins Revier rufen, nicht mehr zurückkommen. Und dann hab ich auch gehört, wie sie sie umbringen. Und den Jungen habe ich dann auch nicht mehr gesehen. Dem haben sie bestimmt auch irgendwie eine Spritze gegeben und haben ihn getötet.«[139]

Als Rudolf am 8. August 1942 nach Buchenwald kommt, erreicht die Mordaktion an den homosexuellen Häftlingen gerade ihren Höhepunkt. Zwischen dem 25. Juni und 20. August werden 42 schwule Männer getötet. Sie werden aufs Revier bestellt, in den Häftlingskrankenbau. Dort wird ihnen von den SS-Ärzten Hoven und Plaza eine tödliche Spritze verabreicht. Die meisten Morde geschehen vor Rudolfs Ankunft. Doch auch danach erhalten noch neun Homosexuelle die Todesspritze.[140]

Eines der Opfer ist der Berliner Schriftsteller Eitel-Fitz Daehnke.[141] Fritz Römhild beschreibt später, wie es zu seiner Ermordung kommt:

»Ein Berliner Schriftsteller Dähnke kam im Frühjahr 1942 als Homosexueller in das Lager. Der Hauptgrund seiner Einlieferung waren aber politische Äußerungen, durch die er die Aufmerksamkeit der Gestapo auf sich gezogen hatte. Nachdem er einige Monate im Steinbruch gearbeitet hatte, wurde er eines Morgens von einem Stubendienst in das Revier gebracht und dem Lagerarzt als Tbc-Kranker vorgestellt. Tatsächlich litt er unter Brustbeschwerden. Der Lagerarzt wollte ihn zunächst in die Tbc-Abteilung zur Behandlung aufnehmen, als aber D. in Unkenntnis der Lager davon sprach, er sei eigentlich aus politischen Gründen hier, wurde der Arzt aufmerksam, merkte, dass er einen Homosexuellen vor sich hatte und ließ ihn in den Saal aufnehmen, der für die Todeskandidaten reserviert war. Zwei Tage später erhielt er die tödliche Spritze.«[142]

Die Praxis, Häftlinge mit Giftinjektionen zu ermorden, gibt es schon seit 1938. Doch erst unter SS-Arzt Dr. Hanns Eisele wird sie 1941 zu einer systematischen Liquidierungsmethode. Die ersten Opfer sind kranke Häftlinge, bei denen keine Hoffnung mehr besteht, dass sie in absehbarer Zeit kuriert und zu in den Augen der SS »nutzbringender Arbeit« eingesetzt werden könnten. So berichtet der tschechische Häftling Jaroslaw Bartl, der als Schreiber im Revier beschäftigt war:

»Nachmittags – manchmal täglich, manchmal jeden zweiten Tag – kamen Dr. Hoven und Dr. Plaza, bisweilen auch der Sanitäter Wilhelm, stets in weißem Mantel, nach OP II. Sie setzten sich auf einen Stuhl im Operationssaal und ließen sich einige Häftlinge vorführen, die sie bei der Visite ausgesucht hatten. Meistenteils waren dies Häftlinge, die so krank waren, dass ihre Behandlung lange Zeit in Anspruch genommen hätte: Häftlinge mit Phlegmonen am Bein und großen Geschwüren an den Schienbeinen, mit aufgetriebenen Füßen oder solche, die von Hunger und Krankheit so geschwächt waren, dass sie längere Zeit nicht arbeitsfähig gewesen wären. Sie wurden einer nach dem anderen vor den SS-Mann gerufen und bekamen 20 ccm Phenol in die Vene. Das bedeutete den sofortigen Tod.«

Auch aus anderen Gründen unliebsame Häftlinge bekommen von den SS-Ärzten die Giftspritze: »Durch Injektionen wurden nicht nur kranke Häftlinge liquidiert. Vielfach waren es Häftlinge, die der Lagerführer zur Liquidierung ins Revier brachte, Häftlinge, die mit dem Vermerk ›Rückkehr unerwünscht‹ in das Konzentrationslager geschickt worden waren.«[143] Dazu zählen vor allem pädophile Männer, die nach Paragraph 176 verurteilt wurden, wegen Unzucht mit Kindern.

Zu den Häftlingen die in Buchenwald regelmäßig aufs Revier bestellt werden, gehören aber auch die Homosexuellen. Zu den Opfern zählt zum Beispiel Rudolfs Altenburger Bekannter Helmut John. Kurz nach Rudolfs Ankunft in Buchenwald kommt John Mitte August 1942 vom Steinbruch in den Häftlingskrankenbau. Vielleicht wird er bei der Arbeit verletzt, vielleicht wird er einfach so aufs Revier bestellt. Am 14. August wird vom SS-Sanitätsdienstgrad und SS-Scharführer Friedrich Wilhelm sein Tod gemeldet.[144] Offiziell stirbt Helmut John um 11.35 Uhr an »rechtss. Lungenentzündung«.[145]

Von Helmut Johns Tod bekommt Rudolf damals nichts mit. Doch in einer ganzen Reihe anderer Fälle erlebt er, dass Homosexuelle aufs Revier bestellt werden – und danach nie wieder auftauchen. Vom 2. bis 4. September 1942 ist Rudolf sogar selbst im Häftlingskrankenbau, wegen eines »fieberhaften Magen- und Darmkatarrhs«.[146] Natürlich schwebt er dabei in der akuten Gefahr, von Dr. Hoven oder Dr. Plaza wegen seiner Winkelfarbe oder seiner Erkrankung als »lebensunwert« eingestuft und liquidiert zu werden. Denn die Morde im Häftlingskrankenbau gehen auch nach dem 20. August weiter.

Ein besonders grausamer Fall, an den sich Rudolf erinnert, ist der eines Erfurters: »Da war ein Homosexueller gewesen, der war aus Erfurt, ein richtiger ›Hui‹, aber ein Lieber, eine liebe Tunte. Und der hat in einer

Bar getanzt, so als Frau verkleidet und den haben sie auch in das Lager gebracht, ins KZ.« Dem Transvestiten wird eine besonders undankbare Aufgabe zugewiesen, er muss den Zwinger der SS-Wachhunde saubermachen. Rudolf ist gerade in der Nähe und wird unfreiwilliger Zeuge der Szene:

»Da kommt ein SS-Mann und erkennt ihn an seinem rosa Winkel, dass er ein Homo ist. Der SS packt ihn am Kragen und sagt zu ihm: ›Willst du mit den Hunden vögeln?‹ und hat ihn genommen und seinen Kopf in eine große Tonne mit Wasser untergetaucht, ziemlich lange. Als er wieder mit dem Kopf draußen war, ist er zusammengebrochen und hat neben der Tonne gelegen. Da wurde er aufgeschrieben, ich weiß nicht warum. Eines schönen Tages hat er zu mir gesagt: Er ist auf das Revier bestellt worden.«[147]

Bei dem Erfurter Homosexuellen handelt es sich wahrscheinlich um den Büffetgehilfen Heinrich Richardt, der am 1. Mai 1942 in Buchenwald eingeliefert wird und am 23. November 1942 im Häftlingskrankenbau ums Leben kommt. Auch in seinem Fall ist es SS-Scharführer Friedrich Wilhelm, der den Tod registriert. Offiziell stirbt Richardt an »inf. Magen- und Darmkatarrh«.[148]

Gespritzt wird von den SS-Ärzten häufig einfach Luft, wodurch Luftembolie eintritt. Aber auch Barbitursäurepräparate wie Evipan, Strychnin, Morphium und »Karbolsäure, deren typischer Geruch bei Öffnung der Leichen leicht festzustellen war«, wie Gustav Wegerer, Kapo in der Pathologie, berichtet: »Manchmal kamen am Tag bis zu 30 und mehr Leichen an.«[149]

Über die Hintergründe der Morde an den homosexuellen Häftlingen im Sommer 1942 kann man nur spekulieren. Auffällig ist allerdings, dass es zur selben Zeit auch im Konzentrationslager Sachsenhausen zu einer Mordaktion kommt, der fast alle dort inhaftierten Homosexuellen zum Opfer fallen. Nachdem man die Rosa-Winkel-Häftlinge von der Isolierung ins Außenlager Klinkerwerk verlegt hat, werden von Juli bis September 1942 mindestens 200 schwule Männer getötet.[150] Und auch im Konzentrationslager Ravensbrück, wo im März ein Transport mit 33 Homosexuellen aus Buchenwald eintrifft, kommen 1942 auffällig viele Homosexuelle ums Leben. Von 78 Rosa-Winkel-Häftlingen sind am Ende des Jahres 32 tot. Weitere 21 Homosexuelle werden auf sogenannte Krankentransporte nach Dachau geschickt, die nur wenige überleben.[151] Handelt es sich also um eine reichsweit koordinierte und von der SS-

Führung angeordnete Tötung homosexueller KZ-Häftlinge? Außer der zeitlichen Korrelation der beiden Tötungsaktionen in Buchenwald und Sachsenhausen gibt es darauf keinen Hinweis. Dokumente der SS- und KZ-Führung, die mögliche Hintergründe der Morde aufklären könnten, sind nicht überliefert. Und auch aus anderen Konzentrationslagern ist bislang nichts bekannt über ähnliche Mordaktionen.

Allerdings kommt es zu den Morden nicht lange nach einem Befehl Heinrich Himmlers zur Einführung der Todesstrafe für homosexuelle Handlungen von Angehörigen der SS und der Polizei. So ordnet Himmler am 7. März 1942 an, dass Hitlers entsprechender Erlass vom 15. November 1941 »*allen* Angehörigen der SS und Polizei mündlich« bekanntgegeben werden solle. Er sei vom nächsten Disziplinarvorgesetzten »vorzulesen und zu besprechen«. Bei der mündlichen Bekanntgabe sei »darauf hinzuweisen, dass alle Angehörigen der SS und Polizei Vorkämpfer im Kampfe um die Ausrottung der Homosexualität im deutschen Volke sein müssen«. Eine darüber hinausgehende Veröffentlichung des Führererlasses unterbleibe, »da sie zu Missdeutungen Anlass geben könnte«.[152]

Die Frage, die sich hier aufdrängt, ist die, ob nicht gerade Himmlers Befehl und die ausschließlich mündliche Bekanntgabe des Führererlasses dazu geeignet sind, »zu Missdeutungen Anlass« zu geben? Irritierend ist jedenfalls, dass die Angehörigen der SS nach dieser Anweisung nicht etwa ein Vorbild sein sollen – was als Rechtfertigung der Todesstrafe plausibel gewesen wäre –, sondern »Vorkämpfer«. Ist es möglich, dass KZ-Kommandanten und SS-Ärzte diese sprachliche Ungenauigkeit als Aufforderung verstehen, mit der »Ausrottung der Homosexualität im deutschen Volke« nunmehr auch in ihrem Dienstbereich zu beginnen? Können sie den Führererlass in Zusammenhang mit Himmlers Befehl so interpretieren, dass das, was nun für Polizei- und SS-Angehörige gilt, nämlich die Todesstrafe für Homosexualität, erst recht für »minderwertige Subjekte« wie homosexuelle KZ-Insassen zu gelten habe?[153] Auch wenn der Wortlaut des Himmler-Befehls eine solche Deutung nicht hergibt, lädt er doch zu Missinterpretationen ein. Die doppeldeutigen Formulierungen des Befehls können von SS-Ärzten und KZ-Kommandanten durchaus als Aufforderung verstanden worden sein, im eigenen Machtbereich aktiv zu werden. Und gerade die klandestine Form der Bekanntgabe und die ausdrückliche Warnung vor »Missdeutungen« der Öffentlichkeit kann als versteckter Hinweis verstanden worden sein, bei der Anwendung der Todesstrafe über den im Führererlass definierten Personenkreis von SS- und Polizeiangehörigen hinauszugehen.[154] Denn auf versteckte Hinweise versteht man sich bei der SS. Ist kein klarer Befehl vorhanden, so handelt man »im Geiste des Reichführers-SS«. Eugen Kogon beschreibt dieses Prinzip folgendermaßen: »Wurde befohlen, so wurde auch blind gehorcht: mangels Befehls wurde jedoch ›sinngemäß‹ gehandelt.«[155]

In Buchenwald gibt es zudem eine deutliche zeitliche Korrelation der Morde mit dem Himmler-Befehl. Kommen 1941 »nur« 13 Rosa-Winkel-Häftlinge ums Leben, so sind es 1942 plötzlich 75 Tote. Bedenkt man, dass Ende 1941 gerade einmal 51 Homosexuelle in Buchenwald inhaftiert sind, ist das eine bemerkenswerte Todesrate. Noch deutlicher erscheint der zeitliche Zusammenhang, wenn man den Verlauf des Jahres 1942 genauer betrachtet. Denn die Todesfälle setzen erst im März ein, kurz nach Verkündung des Himmler-Befehls.[156] Von März bis Juni kommen monatlich jeweils sechs Homosexuelle ums Leben, bevor es im Juli und August zu der beschriebenen Mordwelle im Krankenrevier kommt. Seit September sinkt die Todesrate dann auf etwa drei pro Monat, ein Niveau, auf dem sie sich auch 1943 und 1944 hält.

Was auch immer der Hintergrund ist: Tatsache ist, dass es im Sommer 1942 zu einer auffälligen Häufung von Morden an Homosexuellen kommt. Überdies werden in diesem Zeitraum zahlreiche Homosexuelle aus Buchenwald in andere Lager deportiert. So werden auf dem Höhepunkt der Mordaktion am 6. Juli insgesamt 17 Homosexuelle nach Dachau gebracht. Und kurz nach Abflauen der Mordwelle kommt es zu einem größeren Transport homosexueller Häftlinge in das Konzentrationslager Groß Rosen, das wegen der harten Arbeitsbedingungen in den dortigen Steinbrüchen als Todeslager gilt. Am 15. September 1942 werden 18 Homosexuelle in dieses Lager deportiert.[157] Unter ihnen sind auch zwei der zusammen mit Rudolf eingelieferten Rosa-Winkel-Häftlinge: Josef Hilbert und Arthur Schmidt. Schmidt überlebt den Transport nicht lange, am 10. Oktober 1942 stirbt er in Groß Rosen, angeblich an »Kreislaufschwäche«.[158] Innerhalb von drei Monaten werden von 107 Rosa-Winkel-Häftlingen, die sich am 20. Juni 1942 in Buchenwald befinden, 80 Häftlinge entweder getötet oder deportiert.[159] Ende 1942 weist die Lagerstatistik von Buchenwald dennoch wieder 74 homosexuelle Häftlinge aus.[160]

Auch fünf Mönche werden Opfer der Morde im Krankenrevier. Rudolf erinnert sich, sie hätten aus einem Kloster in Westfalen gestammt: »Dort hätten die irgendwie Homosexualität getrieben. Die haben sie alle fünf genommen und haben sie nach Buchenwald geschickt, zur Vernichtung.« Möglicherweise handelt es sich um katholische Ordensangehörige, die im Zuge der sogenannten Sittlichkeitsprozesse 1936 und 1937 verurteilt wurden.[161] Rudolf trifft die Mönche in einer Baracke und spricht sie an: »Wir müssen ins Revier gehen, haben sie gesagt. Aber sie hatten keine Ahnung, warum. Ich habe es sofort gewusst und auch dann später nichts mehr von den Leuten gehört. Da haben sie sie auch umgebracht, mit Giftspritzen!«[162]

Die Morde dauern mindestens bis September 1943 an. Laut Gustav Wegerer kommen bis zu diesem Zeitpunkt fast täglich Leichen aus dem Arrest und dem Häftlingsrevier in die Pathologie, »die mit Einspritzungsmerkmalen in der linken und rechten Armvene versehen« sind.[163] Homosexuelle gehören weiterhin zu den Opfern, auch wenn die meisten Morde an Rosa-Winkel-Häftlingen im Sommer 1942 geschehen.

Aufs Revier bestellt wird schließlich noch ein anderer Bekannter von Rudolf. Im Herbst 1944 trifft er auf dem Appellplatz den Bäckermeister Franz Parth aus Karlsbad-Drahowitz, der wegen Verführung seines Lehrlings verhaftet worden war:

»Und den Mann habe ich angetroffen und habe mit ihm gesprochen. Er hat mir ein bisschen was erzählt. Draußen haben wir uns aber nicht als Homos gekannt. Vielleicht konnte er sich das denken und ich habe das auch gedacht. Er war sehr freundlich zu mir. Der hat zu mir gesagt, er hätte eine Order bekommen, ins Revier. Was das bedeutet, hat er mich gefragt. Ich sagte ihm, das ist eine Untersuchung. Ich habe mir gleich gedacht, dass sie dem eine Spritze gegeben haben. Den haben sie auch getötet.«[164]

In diesem Fall jedoch irrt Rudolf. Denn der 60-jährige Bäckermeister Parth wird nicht ermordet, sondern Opfer eines medizinischen Experiments.[165] Auch dabei geht es um die »Ausrottung der Homosexualität«. Schon kurz nach Errichtung Buchenwalds wurden einige homosexuelle Häftlinge einer zwangsweisen Sterilisation oder Kastration unterzogen. Andere Häftlinge meldeten sich freiwillig in der trügerischen Hoffnung, so dem Lager zu entkommen.[166] Seit September 1944 führt der dänische Arzt und SS-Sturmbannführer Dr. Carl Værnet Versuche mit Hormonimplantaten durch. Ziel ist es, die homosexuelle Veranlagung der Häftlinge zu beseitigen. Værnet behauptet, bei Homosexuellen werde »das männliche Sexualhormon in zu geringer Menge produziert«. Mit seiner »Sexualhormon-Therapie« könne er Homosexuelle »von einem kranken Schicksal, Zuchthäusern u. a.« befreien und sie »zu wirksamen und wertvollen Mitgliedern der Allgemeinheit« machen.[167] Heinrich Himmler ordnet die Versuchsreihe am 15. November 1943 persönlich an und verlangt, Dr. Værnet »absolut großzügig zu behandeln. Ich selbst möchte monatlich einen 3–4 Seiten langen Bericht, da ich mich für die Dinge sehr interessiere.«[168]

Im September 1944 hat der SS-Standortarzt der Waffen-SS, Dr. Gerhard Schiedlausky, alles vorbereitet für Værnets Experimente. Fünf Häftlinge sind als Versuchspersonen ausgesucht, darunter vier Rosa-Winkel-Häftlinge und ein »Sittlichkeitsverbrecher«. Zwei dieser menschlichen Versuchskaninchen sind schon kastriert, ein weiterer ist bereits sterilisiert. Wie die Rekrutierung der Versuchspersonen vor sich geht, beschreibt der ehemalige Rosa-Winkel-Häftling Gerhard Sonntag: »Es war bei einem Abendappell nach der Arbeit im Steinbruch. Ich glaube, wir waren insgesamt 16, denen befohlen wurde, am nächsten Morgen in die Krankenbaracke zu gehen. Niemand ist je freiwillig zu Versuchen gegangen, denn man hatte selten gesehen, dass jemand da lebend rausgekommen war.« Am 13. September 1944 implantiert Værnet fünf homosexuellen Häftlingen eine von ihm entwickelte »künstliche männliche Sexualdrüse«. Die künstliche Drüse soll das männliche Sexualhormon Testosteron abgeben und die Versuchspersonen dadurch in heterosexuelle Männer verwandeln. Gerhard Sonntag erinnert sich: »Ich wurde betäubt und habe nichts gefühlt, als Dr. Værnet die Drüse in meine Leiste implantierte. Danach habe ich keine Wirkung – weder eine positive noch negative – gespürt. Das war wie ein Schlag in den Wind.«[169]

In seinem Bericht, den Værnet am 30. Oktober 1944 für Heinrich Himmler verfasst, erklärt er hingegen, er habe »bei den Patienten 1, 2 und 3 die gewünschten Resultate erzielt – *eine Umstimmung von homosexuell zur [sic!] normalen Sexualtrieb*«.[170] Die Möglichkeit, dass die Häftlinge Værnet die von ihm gewünschten »Heilungssymptome« geschildert haben könnten, weil sie auf eine Entlassung aus dem Konzentrationslager hofften, erörtert Værnet nicht. Vielmehr nimmt er den angeblichen Erfolg zum Anlass, seine Menschenversuche im Dezember 1944 fortzusetzen. Für die zweite Versuchsreihe werden weitere zehn Häftlinge ausgewählt. Darunter ist auch der Karlsbader Bäcker Parth. Am 8. Dezember 1944 setzt Værnet ihm und sechs weiteren Häftlingen die künstlichen Hormondrüsen ein. Am 21. Dezember stirbt einer der Häftlinge, laut Dr. Schiedlausky angeblich »an Herzversagen bei infektiösem Darmkatarrh und allgemeiner Körperschwäche«.[171] Gerhard Sonntag und Franz Parth überleben die Hormonversuche und müssen danach wieder im Steinbruch arbeiten.[172] Beide erleben auch die Befreiung. Doch Sonntag ist für sein Leben gezeichnet.[173] Und Parth stirbt 1947 unter ungeklärten Umständen.[174]

Seit 1942 werden in Buchenwald überdies Fleckfieberversuche durchgeführt. Betroffen hiervon sind überwiegend jüdische Häftlinge, aber auch »junge Homosexuelle [werden] mit Vorliebe als Versuchstiere verwandt«. Unter den Opfern ist der kaufmännische Angestellte Helmut Dollinger, der im November 1941 nach dreieinhalbjähriger Haftstrafe nach Buchenwald kommt. Am 4. Januar 1942 wird er in die neu eingerichtete Fleckfieberversuchsstation eingeliefert. Dort bekommt er Impfstoffe gespritzt, die die Behringwerke Marburg/Lahn entwickelt, aber noch nicht einmal an Tieren getestet haben. Der 27-Jährige hat Glück, denn er überlebt die Versuche. Allerdings leidet er in der Folge unter Herzbeschwerden. Am 15. Juli 1942 wird er schließlich aus der Versuchsstation entlassen. Doch damit ist sein Martyrium nicht zu Ende. Wie die meisten anderen Homosexuellen kommt er nun in die Strafkompanie Steinbruch, immerhin mit der Maßgabe, dort »leichtere Arbeiten« zu leisten.[175]

Im Januar 1943 werden acht Homosexuelle aus der Strafkompanie Opfer der Fleckfieber-Versuchsreihe. Mindestens einer stirbt im Mai an den Folgen.[176] Bei einem Menschenversuch mit den Präparaten Akridin-Granulat und Rutenol der Firma Hoechst sterben schließlich sogar 21 von 39 Häftlingen. Die eingezäunte, massive Baracke der Versuchsstation gilt unter den Häftlingen schon bald als Ort des Todes. Häftlinge, die sie lebend verlassen, sind meist schwer krank, verlieren Haare und Zähne und werden später oft ermordet, um für die Auftraggeber der SS medizinisches Vergleichsmaterial zu gewinnen.[177]

Die Leichen der im Krankenbau Getöteten werden in der Regel sofort eingeäschert – um jeden Beweis zu vernichten. Die Asche der meisten ausländischen Häftlinge wird seit 1943 wie Abfall verkippt. Für Reichsdeutsche, Norweger und Dänen gibt es noch Urnen. Die Familien der

Ermordeten werden mit lapidaren Todesnachrichten informiert, auf denen erfundene Krankengeschichten stehen. Im Fall des Rosa-Winkel-Häftlings Karl Willy Angermann, der am 24. November 1943 im Krankenbau ums Leben kommt, wird eine »eitrige Rippenfellentzündung« angegeben. Seiner Frau Martha wird mitgeteilt, eine »Überführung der Leiche oder Erdbestattung« könne »z.Zt. nicht stattfinden. Eine Besichtigung der Leiche ist auf Anordnung des Lagerarztes aus hygienischen Gründen nicht möglich.«

Viele Familienangehörige der homosexuellen Häftlinge legen allerdings ohnehin keinen Wert darauf, die sterblichen Überreste ihrer Söhne, Männer oder Väter zugeschickt zu bekommen. Als zu groß empfinden sie die Schande, einen Homosexuellen in der Familie zu haben. So wohl auch Martha Angermann, die »keinen Antrag auf Überführung der Urne« stellt.[178]

6.7 Hoffnung und Befreiung: Das letzte Jahr in Buchenwald

Im Laufe des Jahres 1944 ändert sich die Situation in Buchenwald dramatisch. Einerseits steigt die Zahl der Häftlinge unaufhörlich an, im Laufe des Jahres verdoppelt sie sich fast von 37.000 auf 63.000, bis Februar 1945 steigt sie weiter auf über 86.000. Infolgedessen verschlechtern sich die Lebensbedingungen für die meisten eklatant. Die Häftlingsverwaltung versucht gegenzusteuern, so gut es eben geht. Meist reicht es aber nur dazu, die eigene Machtposition zu verteidigen und Ausbrüche offener Gewalt zwischen den verschiedenen Gruppen und Nationalitäten zu verhindern.

Schon im Juli 1943 war es zu einem illegalen Treffen von Vertretern verschiedener kommunistischer Parteien gekommen. 1944 folgen weitere Treffen, an denen schließlich auch politische Häftlinge anderer Nationalität teilnehmen. Dieser sich als »Internationales Lagerkomitee« verstehende Personenkreis versucht Differenzen zwischen den Gruppen zu klären und Hilfsaktionen für bedrohte Häftlinge zu organisieren. Die deutschen Kommunisten, inzwischen eine verschwindend kleine Minderheit, können so ihre Vormachtstellung verteidigen und eigene Leute retten. Nicht zuletzt kann der eigene »privilegierte« Lebensstandard aufrechterhalten werden, eine wesentliche Voraussetzung für das Überleben in diesen letzten Monaten.

Auch Rudolf rettet die Vormachtstellung der Kommunisten letztlich wohl das Leben. Unter dem Schutz von Gustav Wilms hat sich seine Situation immer weiter verbessert. Inzwischen ist Rudolf zur rechten Hand des Kapos avanciert. Er unterstützt ihn bei Verwaltungsarbeiten, teilweise unterschreibt er sogar Veränderungsmeldungen des Kommandos in Vertretung von Wilms.[179] Auch Rudolfs Unterbringung ist jetzt besser: Seit 24. Januar 1944 ist er in Block 32, einem der wenigen massiven Steingebäude, die wesentlich mehr Schutz vor der rauen Witterung auf dem Ettersberg bieten als die einfachen Holzbaracken.[180] Trotz der katastrophalen Überbelegung des Lagers verfügt Rudolf dort weiterhin über ein eigenes Bett. Und auch unter Hunger leidet er nicht. Glaubt man den allerdings mit Vorsicht zu genießenden Angaben auf der Karteikarte des Krankenreviers, so nimmt er im Laufe des Jahres 1944 sogar ganz erheblich zu, von 56 auf 76 Kilogramm.[181]

Tatsächlich hat Rudolf im »Organisieren«, wie man die Beschaffung von Lebensmitteln im Lagerjargon nennt, inzwischen großes Talent entwickelt. Als er einmal mit Fernand auf dem Dach der Küchenbaus arbeitet, lassen sie durch den Schornstein einen Korb hinunter. Wie verabredet füllen ihn die Kollegen aus der Häftlingsküche mit einer Extra-Ration, die die beiden sofort verzehren. Von großer Bedeutung sind auch Rudolfs gute Kontakte zum Schweinestall. Dort werden je 500 Schweine, Gänse, Enten und Hühner gehalten, um die üppigen Gelage der hohen SS-Führer zu ermöglichen. Rudolf gelingt es, den Kapo des Schweinstalls für sich einzunehmen. Und so fällt für ihn regelmäßig etwas ab. Mit den durch »Vitamin B« ergatterten, im Tauschhandel oder in der Kantine erworbenen Lebensmitteln, aber auch mit Essensresten aus der Häftlingsküche kocht Rudolf regelmäßig leckere Suppen. Später sorgt auch die Häftlingskantinenverwaltung dafür, dass den einzelnen Arbeitskommandos Sonderrationen nahrhafter Suppen zugeteilt werden. In seiner Baubude kümmert sich Rudolf um die Zubereitung und Verteilung an die anderen Häftlinge. In einem improvisierten Ofen backt er sogar einen Kuchen. Seine Kameraden sind begeistert.[182]

Für Rudolf und die anderen Häftlinge ist 1944 das Jahr zunehmender Hoffnung auf Befreiung. Dass es mit dem Nazireich zu Ende geht, daran gibt es inzwischen keinen Zweifel mehr. Im Sommer 1944 häufen sich die Ereignisse, die Anlass zur Hoffnung geben. Am 20. Juli 1944 verüben Wehrmachtsoffiziere um Claus Schenk Graf von Stauffenberg ein Attentat auf Adolf Hitler. Der Anschlag scheitert zwar, doch es ist ein nicht zu übersehendes Zeichen des Niederganges, dass jetzt auch Teile der Wehrmacht beginnen, sich von der NS-Führung abzusetzen.

In Buchenwald erfährt man von dem Anschlag schon bald. Denn als Reaktion auf das gescheiterte Attentat werden im August 1944 zahlreiche Oppositionelle verhaftet und auf den Ettersberg verschleppt. Meist sind es alte Männer, zum Beispiel ehemalige Abgeordnete der SPD, die schon seit Jahren nicht mehr politisch aktiv sind. Die Gestapo reagiert geradezu hysterisch. Unter den Codewörtern »Gitter« und »Gewitter« werden Hunderte ehemaliger Mitglieder der Linksparteien und Gewerkschaften der Weimarer Republik verhaftet. Vom 22. bis 24. August werden insgesamt 742 der Verhafteten in Buchenwald eingeliefert.[183] Rudolf trifft einen der Verhafteten auf dem Appellplatz. Es ist sein Schwager Kurt Lautenschläger, der Mann seiner Schwester Emma. Kurt war früher einmal Mitglied der SPD, deswegen hat ihn die Gestapo Weimar verhaftet und am 23. August nach Buchenwald gebracht.[184] Und noch einen weiteren Bekannten sieht Rudolf in diesen Wochen wieder. Es ist der Musiker Friedrich aus dem Tanzlokal Weinberg. Auch er ist nun in die Fänge der Gestapo geraten.

Doch die Verhaftungsaktion entpuppt sich als ein Misserfolg. Bei der Bevölkerung stößt sie auf Ablehnung. Zum einen, weil viele der Verhafteten in fortgeschrittenem Alter sind, aber auch, weil man ihnen nichts weiter vorwerfen kann als die lange zurückliegende Mitgliedschaft in sozialdemokratischen oder kommunistischen Organisationen. Die meisten werden deswegen nach kurzer Zeit wieder freigelassen. So wie Rudolfs Schwager Kurt, der am 1. September 1944 entlassen wird.

Auch die Entwicklung des Krieges macht den Häftlingen Hoffnung. Das illegale Lagerkomitee erhält ständig neue Informationen über den Frontverlauf, die sich in Windeseile verbreiten. Wie sehr die Alliierten in der Offensive sind, zeigt schließlich auch ein Bombenangriff auf Buchenwald. Am 24. August 1944 fliegt die US-Luftwaffe einen Angriff auf das Gustloff-Werk. Mehrere Sprengbomben zerstören große Teile der Produktionsanlagen. Dabei spielen sich dramatische Szenen ab, weil die Häftlinge von der SS-Postenkette daran gehindert werden, sich vor den Bomben in Sicherheit zu bringen. 388 Häftlinge kommen ums Leben. Darunter ist auch der SPD-Politiker Rudolf Breitscheid, der bei einem Treffer des Sonderlagers Fichtenhain stirbt. Doch auch mehr als hundert SS-Angehörige werden getötet. Der Angriff trifft nicht nur die Gustloff-Werke, auch Krematorium, Wäscherei, Desinfektion und Häuser der SS-Führersiedlung werden beschädigt. Ebenso wird der Bauhof, Rudolfs Arbeitsstelle, zerstört. Helle Begeisterung löst es bei den Häftlingen aus, dass auch die Verwaltungsbaracken der SS am Carachoweg von Brandbomben getroffen werden. Die Unterlagen der politischen Abteilung und das Fotoarchiv gehen dabei in Flammen auf.[185]

Für Rudolf hat der Luftangriff noch eine andere Bedeutung. Außer dem Konzentrationslager haben die amerikanischen Bomber auch einige Straßen in Weimar zerstört. Schon wenige Tage später fordert die Stadt bei KZ-Kommandant Hermann Pister Häftlinge für Trümmerbeseitigung und Reparaturarbeiten an. Gemeinsam mit Gustav und Fernand wird auch Rudolf dafür eingeteilt. Erstmals seit zwei Jahren kann er den Ettersberg verlassen. Unter den Augen der Weimarer Bevölkerung, bewacht von SS-Männern mit Maschinengewehren und Wachhunden, reparieren am 30. August 1944 insgesamt 106 Häftlinge die Schäden des alliierten Luftangriffs.[186] Die Weimarer Bürger wirken niedergeschlagen. Doch Rudolf und Fernand sind an dem Tag optimistisch wie schon lange nicht mehr.

Und ihr Optimismus ist berechtigt. Denn der amerikanische Luftangriff beschleunigt den Machtverlust der SS. Eugen Kogon beschreibt die damalige Entwicklung folgendermaßen: »Die Kraft der SS, das System der KL in der alten Weise aufrechtzuerhalten, durch die Gesamtentwicklung bereits schwer beeinträchtigt, erlitt durch die Bombardierung vollends den Gnadenstoß. Was sich während der letzten dreiviertel Jahre in den Konzentrationslagern noch abspielte, war der – freilich entsetzliche – Zusammenbruch der Institution unter Begleitumständen, denen die SS in keiner Weise mehr gewachsen war.«[187]

Die Hoffnungen auf eine baldige Befreiung beflügeln schließlich auch die Kooperation unter den politischen Häftlingen. Im Gegensatz zu anderen nationalen Häftlingsgruppen hatte es unter den Deutschen lange keine Zusammenarbeit gegeben. Die Kommunisten dominierten Häftlingsverwaltung und illegale Aktivitäten, Häftlinge anderer Couleur wurden ferngehalten. Charakteristisch für die Kommunisten, so der ehemalige Häftling Benedikt Kautsky, war ihr »Hass gegen die Sozialdemokratie, der beinahe ebenso stark war wie der gegen die Nazi, denn sie gaben der Sozialdemokratie Schuld an dem Zusammenbruch des Jahres 1933, und mancher von ihnen vertrug sich mit den Unpolitischen besser als mit Sozialdemokraten«.[188] Im Sommer 1944 ändert sich das zumindest ein wenig. Unter dem Sozialdemokraten Hermann Brill kommt es schließlich zu einer Kooperation über die Parteigrenzen hinweg.

Das Internationale Lagerkomitee fängt nun an, militärische Gruppen zu bilden. Ziel ist es, nach der zu erwartenden militärischen Niederlage Deutschlands der SS schnell die Kontrolle über das Lager zu entreißen und so ein finales Massaker an den Häftlingen zu verhindern. Am Tag des Luftangriffs gelingt es in dem allgemeinen Chaos, Waffen der SS zu erbeuten: 91 Karabiner, ein Maschinengewehr, 20 Pistolen und 16 Stielhandgranaten. 60 bis 70 weitere Handgranaten werden von den Häftlingen selbst hergestellt.[189]

Innerhalb des Lagers übernehmen die Häftlinge nun nahezu komplett die Kontrolle. Der alltägliche SS-Terror kann dadurch zwar reduziert werden. Doch viele Greuel werden – unter Beteiligung der Häftlingsverwaltung – fortgesetzt. Der SS-Arzt Dr. Carl Værnet beginnt mit seinen teilweise tödlichen Hormonversuchen an Homosexuellen sogar erst im Herbst 1944.

Ein besonders grausames Ereignis, das Rudolf erinnert, ist die öffentliche Hinrichtung von mehreren Polen, die einen Fluchtversuch begangen haben:»Ich erinnere mich an einen Abend, wir waren schon zu Bett, da ging die Sirene an und das war immer eine laute Sirene, das war das Zeichen, dass die ganzen Blöcke sich auf dem Appellplatz versammeln müssen, die Häftlinge. Und da haben sie erkannt, bei der Abzählung, dass Leute fehlen. Da sind wieder welche geflüchtet, das waren so sechs Polen gewesen.« Während Rudolf und die anderen auf dem Appellplatz ausharren müssen, beginnt die SS, das Lager zu durchsuchen:

»Und mit ihren Spürhunden haben sie die ja dann auch gefunden. Die haben sie losgeschickt und die Hunde haben da gebellt an den Baracken. Da waren die Löcher, wo die Polen reingekrochen waren. Die sechs Häftlinge wurden auf der Stelle aufgehängt, einer nach dem anderen. Alle sechs sind an einem großen Balken aufgehängt worden. Das war die Strafe dafür, dass sie flüchten wollten. Wie elendig das war, wir haben noch zuschauen müssen. Ich habe gedacht, was soll man noch erwarten von diesen Verbrechern? Sie waren die Verbrecher und haben uns unschuldige Menschen als Verbrecher hingestellt.«[190]

Ob bei dieser Hinrichtung tatsächlich mehrere Polen erhängt werden, wie Rudolf erinnert, bleibt unklar. Denn bei der einzigen bislang bekannten öffentlichen Hinrichtung im September 1944 wurde nur ein Pole gehängt.[191]

Durch die gestärkte Stellung der Häftlingsverwaltung und die Aktivitäten des illegalen Lagerkomitees gelingt es zwar, den SS-Terror einzudämmen und das Leben Einzelner zu retten. An den von Monat zu Monat katastrophaleren Zuständen in Buchenwald können Funktionshäftlinge und Widerständler aber nichts ändern. Vor allem im Kleinen Lager wird die Situation immer schlimmer. Denn die Zahl der Häftlinge wächst unaufhörlich. Um die Menschenmassen aufzufangen, werden zeitweise provisorische Lager eingerichtet. Rudolf erinnert sich, dass es auf dem Appellplatz einmal ein »Sonderlager« für weibliche Häftlinge aus Jugoslawien gegeben habe. Dafür habe man einfach einen Teil des Geländes mit Stacheldraht eingezäunt:

»Einmal wurden wir aus unseren Projekten gepfiffen. Wir mussten auf den Appellplatz, da wurde uns etwas gezeigt. Da war noch ein großer Platz, der war mit Stacheldraht eingezäunt, ein Gefängnis im Gefängnis. Und da war so ein Loch gelassen, damit die Leute irgendwie reinkriechen konnten. Wir waren erstaunt darüber, denn das waren alles Frauen, die da reinkriechen mussten, sie waren ganz zusammengekauert und schauten ängstlich. Die SS haben zu uns gesagt: ›Schaut jetzt, was mit denen passiert. Das sind alles Frauen, die dem jugoslawischen Kommunisten Tito geholfen haben. Die haben wir geschnappt und jetzt kommen sie in ein Konzentrationslager. Die werden schon sehen, was ihnen passiert.‹«[192]

Unklar bleibt, wann und wo der von Rudolf Brazda beschriebene Stacheldrahtverhau eingerichtet wird. Buchenwald ist eigentlich ein Lager für männliche Häftlinge. Ab und an kommen zwar auch fehlgeleitete Frauentransporte an, sie werden in der Regel aber sofort weitergeschickt. Im Herbst 1943 kommt allerdings ein Transport mit Ukrainerinnen, die etwas länger im Lager sind.[193] Im Sommer 1944 wird auch innerhalb des Kleinen Lagers ein mit Stacheldraht eingezäuntes Sonderlager eingerichtet. Ohne jeden Schutz vor Wind und Wetter müssen hier 2.000 männliche Häftlinge ausharren. Erst nach zwei Tagen stellt die SS fünf Zelte für etwa tausend Personen zur Verfügung.[194]

Als sich die Rote Armee Ende 1944 dem Reichsgebiet nähert, wird die Situation noch dramatischer. Denn nun beginnt die SS, die Konzentrationslager Auschwitz und Groß Rosen zu räumen. Über weite Strecken werden die Häftlinge zu Fuß durch den Winter getrieben. Viele verhungern und erfrieren auf diesen Todesmärschen. Mehr als zehntausend völlig erschöpfte und entkräftete Häftlinge kommen schließlich in Buchenwald an, wo sie in das Kleine Lager gesperrt und in Reitställen untergebracht werden. Über Sachsenhausen, wo die Verhältnisse nicht besser sind, berichtet der ehemalige Häftling Odd Nansen: »In jedem Bett lagen drei bis vier, ja auch fünf oder sechs Mann. Es klingt unglaublich, aber ich habe es selbst gesehen. Sie lagen allerdings aufeinander. Die meisten waren Skelette und brauchten nicht viel Platz«.[195] Die massive Überbelegung und die vollkommen unzureichende Versorgung mit Lebensmitteln und Kleidung führen zu einem Massensterben. Von Januar bis März 1945 kommen mehr als 13.000 Menschen ums Leben. Seit März können die Leichen nicht mehr verbrannt werden, weil die Brennstofflieferungen für das Krematorium ausbleiben. Dort türmen sich nun Leichenberge. Mit Genehmigung Himmlers werden die Toten in Massengräbern am Südhang des Ettersberges verscharrt.

Für die Häftlingsverwaltung ist die Lage prekärer als jemals zuvor. Nahezu ohnmächtig müssen die Funktionshäftlinge dem Sterben zusehen – und ihren »privilegierten« Lebensstandard verteidigen, um wenigstens das eigene Überleben zu sichern. Letztlich zählt in der Wolfsgesellschaft des Lagers nur die eigene Gruppe. Auch Rudolf ist machtlos angesichts der katastrophalen Zustände im Kleinen Lager. Er kann eigentlich nur glücklich sein, dass er von so einem Schicksal verschont bleibt, weil er von der mächtigen Häftlingsgruppe der deutschen Kommunisten »adoptiert« wurde.

Neben den jüdischen sind auch die homosexuellen Häftlinge von dem Massensterben der letzten Monate besonders betroffen. Ende Januar 1945 ist die Zahl der Homosexuellen durch die Transporte auf 194 angewachsen, so viele wie nie zuvor. Doch Ende Februar sind plötzlich nur noch 89 Rosa-Winkel-Häftlinge in Buchenwald. Was ist mit den restlichen Häftlingen geschehen? Am 8. Februar werden auf einen Schlag 40 Homosexuelle als tot registriert. Vom 8. bis zum 13. März werden weitere 96 Rosa-Winkel-Häftlinge als sogenannte »Abgänge« registriert, bis zum 7. April sind es insgesamt 119 Homosexuelle. »Abgang« kann den

Tod bedeuten, aber auch den Transport in ein anderes Lager. Tatsächlich gibt es am 14. und 25. Februar sowie am 28. März noch drei Transporte von 2.884 kranken und arbeitsunfähigen Häftlingen in das Konzentrationslager Bergen-Belsen. Wie viele der 119 homosexuellen »Abgänge« darunter sind, ist bislang nicht geklärt. Andererseits werden seit Januar kranke Häftlinge auch massenhaft »abgespritzt«, um Platz für die neu eintreffenden Häftlinge aus den Konzentrationslagern im Osten zu schaffen. Möglicherweise fallen die »Abgänge« auch dieser Tötungsaktion zum Opfer. Kurz vor der Befreiung, am 7. April 1945, sind schließlich noch 81 homosexuelle Häftlinge in Buchenwald.[196]

Als sich Ende März 1945 von Westen die amerikanische Armee nähert, ist die SS immer noch nicht bereit, aufzugeben. Im Gegenteil: Nun will man auch die Buchenwalder Häftlinge auf Todesmärsche schicken. Schnell verbreiten sich die wildesten Gerüchte. Rudolf erinnert sich: »Die Häftlinge sollten auf den Berghof kommen, als Geiseln, als Deckung. Wenn die Amerikaner kommen, die den Berghof einnehmen wollen, sollten sie erst einmal die Häftlinge töten.«[197]

So phantastisch dieses Gerücht auch klingt, völlig aus der Luft gegriffen war es nicht. Tatsächlich plante die SS noch in den letzten Kriegstagen die Errichtung einer »Alpenfestung«. Die KZ-Häftlinge aus Buchenwald, Flossenbürg und Dachau sollten Richtung Süden getrieben werden, um eine gigantische Burganlage zu bauen: unterirdische Produktionsanlagen, Waffen- und Lebensmitteldepots sowie Unterkünfte für Tausende von Soldaten. Die Alpenfestung war eine Idee von Franz Hofer, dem Gauleiter von Tirol-Vorarlberg. Sie sollte einen riesigen Alpenraum zwischen Bayern und Oberitalien, Österreich und der Schweiz umfassen. Hofer hatte seine Idee im November 1944 entwickelt, doch erst am 12. April 1945 konnte er sie Hitler vorstellen. Dieser stimmte den Plänen einen Tag vor seinem Selbstmord zu und ernannte Hofer zum »Reichsverteidigungskommissar« der Alpenfestung.[198]

Auch wenn selbst Heinrich Himmler nicht mehr an die Alpenfestung geglaubt haben wird: Die Häftlinge werden schon deshalb auf Todesmärsche geschickt, weil man hofft, so den in den Konzentrationslagern begangenen Massenmord vertuschen und die eigene Haut retten zu können. Möglichst viele Zeugen und Beweise sollen in letzter Minute beseitigt werden.

Anfang April werden zunächst einige Außenlager evakuiert. Am 2. April befiehlt Himmler, das 60 Kilometer westlich von Buchenwald liegende Zwangsarbeiterlager Ohrdruf zu räumen, dem Kommandanten stellt er anheim, Berufsverbrecher und »für besonders gefährlich erachtete Politische« zu liquidieren.[199] Den jüdischen Häftlingen, so die Anweisung, soll dagegen kein Haar gekrümmt werden. Wahrscheinlich hofft Himmler, sie als »Verhandlungsmasse« mit den Alliierten einsetzen zu können. 12.000 Häftlinge werden schließlich von Ohrdruf nach Buchenwald getrieben, Tausende werden auf dem Weg erschossen.

Die Häftlinge aus Ohrdruf sind noch nicht eingetroffen, da gibt Lagerkommandant Hermann Pister am 4. April den Befehl, die Evakuierung Buchenwalds vorzubereiten. Nachmittags werden alle Juden des Lagers auf den Appellplatz befohlen. Doch die illegale Lagerleitung ist entschlossen, Todesmärsche zu verhindern. Und so erscheint niemand auf dem Appellplatz. Erstmals verweigern sich die Häftlinge einem Befehl der SS. Um Verwirrung zu stiften, werden die Nummern und Markierungen der Häftlinge getauscht.

Die SS ist vollkommen überrumpelt. Am nächsten Morgen lässt sie alle Insassen blockweise antreten und versucht, die jüdischen Häftlinge nach Augenschein herauszusuchen. Schließlich werden von 6.000 Juden etwa 1.500 identifiziert und ausgesondert. Am 6. April gibt Himmler den Befehl zur »Evakuierung« von Buchenwald. Zu diesem Zeitpunkt befinden sich 48.000 Menschen im Stammlager. Der Geschützdonner der amerikanischen Armee, die inzwischen westlich von Erfurt steht, ist bereits zu hören. Gemeinsam mit gerade eingetroffenen ungarischen Juden werden nun insgesamt 3.000 Juden auf den ersten Todesmarsch von Buchenwald geschickt.

Rudolf ist klar, dass er sich der »Evakuierung« entziehen muss. Am 7. April sollen weitere 14.000 Männer auf Todesmärsche geschickt werden. Die illegale Lagerleitung stellt der SS »unter dauernden Verzögerungen« schließlich 1.500 Häftlinge zur Verfügung, nach einem massiven Aufmarsch der SS dann weitere 4.500. Dafür werden laut Kogon vor allem »BVer, Asoziale und andere, die den Kämpfenden in den Rücken fallen oder sie behindern konnten«, ausgesucht.[200] Es ist klar, dass auch die Homosexuellen nicht zu den Häftlingen gehören, die die illegale Lagerleitung vor den Transporten bewahrt. Im Gegenteil: Rudolf erinnert, dass alle homosexuellen Häftlinge aufgerufen wurden, um sie auf die Märsche zu schicken. In dieser Situation entscheidet er sich unterzutauchen:

»Die Leute wurden dann aus den Blöcken geholt und aufgestellt, in den Straßen, zum Abmarsch, hat es geheißen. Ich hab gedacht, was mach ich. Ich hatte eine gute Verbindung mit einem Kapo, der den Viehstall, den Schweinestall benutzte. Der hat gesagt: ›Komm doch zu mir, zu mir werden die zuletzt kommen, wenn sie etwas wollen. Da kann ich dich verstecken, in dem Schweinestall.‹ Und ich habe natürlich nicht Nein gesagt.«[201]

Emil, der Kapo des Schweinestalls, ist ein politischer Häftling. Mit seinem Angebot, Rudolf zu verstecken, rettet er ihm wohl das Leben. Denn die beiden Transporte, die Buchenwald am 7. April verlassen, überleben nur wenige. Der erste geht in das Konzentrationslager Flossenbürg, das nur 170 Häftlinge lebend erreichen. Die 4.500 Häftlinge des zweiten Transports werden in 40 Bahnwaggons gepfercht; auf einer Irrfahrt durch die Tschechoslowakei und Bayern, über Passau bis nach Dachau verhungern und ersticken die meisten von ihnen.

Rudolf entgeht diesem Schicksal. Wie versprochen, versteckt ihn Emil vor dem Zugriff von SS und Lagerschutz, die die Transporte zusammenstellen: »Er hat mich versteckt, bei den Schweinen, da war ein Käfig drin gebaut worden, mit sauberem Stroh, dort habe ich dann in dem Stroh gelegen.« In dem Verschlag ist es dunkel, Rudolf verliert jedes Gefühl für Raum und Zeit. Sind es Stunden oder Tage, die er hier ausharrt? Emil versorgt ihn regelmäßig mit Essen, nur daran merkt Rudolf, wie die Zeit vergeht. Draußen im Lager werden unterdessen neue Transporte zusammengestellt: Am 9. April verlassen weitere 4.800 Häftlinge, am 10. April sogar 9.280 Männer das Lager. Insgesamt sind schließlich 28.000 Häftlinge des Stammlagers und weitere 10.000 aus den Außenlagern auf Todesmärschen unterwegs. Auf etwa 60 Routen, größtenteils zu Fuß, marschieren die Häftlinge in Richtung Dachau und Theresienstadt.

Rudolf kann sein Versteck erst nach mehreren Tagen verlassen: »Ich musste ein paar Tage warten, bis die Amerikaner gekommen sind. Die haben die SS vertrieben.«[202] Am 11. April morgens um 9 Uhr sind die amerikanischen Verbände so nahe herangerückt, dass Lagerkommandant Hermann Pister dem kommunistischen Lagerältesten Hans Eiden mitteilt, die SS werde abziehen und die Kontrolle an die Häftlinge übergeben. An diesem Tag sind in Buchenwald noch immer 21.000 Menschen eingesperrt. Die Häftlinge befürchten, die SS könnte das Lager noch in letzter Minute bombardieren lassen. Die Unsicherheit ist groß, als um 10 Uhr die Sirenen heulen. Die SS gibt »Feindalarm«, über Lautsprecher wird verkündet: »Sämtliche SS-Angehörige sofort aus dem Lager!« Kurz darauf beginnt die SS abzuziehen. Zurück bleiben zunächst noch die Posten auf den Wachtürmen. Gegen Mittag verschwinden auch die Angehörigen der Kommandantur, kurz darauf flüchten die letzten Wachposten in die Wälder des Etterberges.

Gegen 13 Uhr erreichen die ersten amerikanischen Panzer den Steinbruch, eine Stunde später kommt es zu heftigen Gefechten nördlich und westlich des Lagerbereichs, wo Teile der SS noch Widerstand leisten. Wenig später rollen amerikanische Panzer an den SS-Kasernen und der Kommandantur vorbei, die SS ist endgültig besiegt. Nun endlich können die Häftlinge das Konzentrationslager übernehmen. Um 15 Uhr stürmt der Lagerschutz die Wachtürme, der Stacheldraht des Elektrozauns wird zerschnitten, das Haupttor geöffnet. Hans Eiden hisst auf dem Turm eine weiße Fahne, in einer kurzen Ansprache über die Lautsprecheranlage erklärt er, dass das Lager befreit sei und das Internationale Lagerkomitee die Kontrolle übernehme. Bis 16 Uhr haben die Häftlinge alle wichtigen Positionen besetzt und 76 Gefangene gemacht. Die Tore des Kleinen Lagers jedoch bleiben zunächst noch geschlossen.

Gegen 16.45 Uhr hält Hans Eiden eine weitere Ansprache. Um 17 Uhr hält ein Jeep der Amerikaner vor dem Lagertor. Leutnant Emmanuel Desard und Sergeant Paul Bodot – beide Franzosen – von der 4. Panzerdivision sind die ersten Soldaten, die das befreite Konzentrationslager betreten. Zehn Minuten später trifft am Nordtor ein Aufklärungstrupp der Amerikaner ein, der mit großem Jubel empfangen wird. Nun wagt sich auch Rudolf aus seinem Versteck. Gebannt hat er dem immer näher rückenden Geschützdonner gelauscht, von Eidens Ansprachen hat er dagegen nichts verstanden. Zunächst ist er noch unsicher, was er machen soll. Schließlich überwindet er sich und kriecht aus dem Schweinestall. Die Erleichterung und die Freude, endlich wieder Tageslicht zu sehen, sind unbeschreiblich. Dass er nun frei ist, kann er anfangs gar nicht begreifen. Erst als er die amerikanischen Soldaten sieht, wird ihm klar, dass das Ganze kein Traum ist: »Ah, war das eine Überraschung, die Amerikaner zu sehen. Die haben sich sogar den Schweinestall angeschaut. Aber ich war schon draußen, ich war dort dann nicht mehr eingesperrt, in dem Käfig, den wir gebaut hatten aus Holz. Die Amerikaner haben den

Schweinestall gesehen und haben gedacht, aha, jetzt haben wir ein gutes Essen mit den Schweinen. Die haben sie schlachten lassen und davon gegessen.«²⁰³

Mit viel Glück hat Rudolf fast drei Jahre des Terrors in Buchenwald überlebt. Dreimal haben ihm Kapos das Leben gerettet, im Steinbruch, im Bauhof und zum Schluss im Schweinestall. Für viele andere jedoch kommt die Befreiung zu spät. Als eine der ersten Maßnahmen bringt das 120. Evacuation Hospital der US-Armee 4.700 halb verhungerte Häftlinge aus dem Kleinen Lager und dem Krankenbau in die SS-Kasernen. Doch in den folgenden Tagen und Wochen sterben noch Hunderte an Entkräftung und Krankheiten. Ebenso wie die im Lager zurückgebliebenen Leichen werden sie in den folgenden Wochen am Südhang des Ettersberges bestattet.

Rudolf dagegen ist gesund und kräftig genug, um seine neue Freiheit zu genießen. Noch größer ist seine Freude, als er am nächsten Tag, morgens beim Appell, der nun freiwillig und unter der Leitung der Häftlinge stattfindet, Fernand wiedertrifft. Wie die meisten politischen Häftlinge hat auch er es verhindern können, auf einen der Todesmärsche geschickt zu werden.

Im Chaos nach der Befreiung sichern sich Rudolf und Fernand nun eine kleine Entschädigung für die erlittenen Qualen. In den verlassenen Häusern der SS-Führersiedlung machen sie sich auf die Suche nach Wertgegenständen, die man gegen Geld oder Lebensmittel eintauschen kann:

»Wir sind in die Häuser rein und haben alles rausgenommen, was uns gefallen hat. Kameraden von mir haben eine Frau angehalten und haben der vier Brote gegeben. Und die hat denen einen großen Leiterwagen gegeben. Den haben sie dann vollgepackt mit den ganzen gestohlenen Sachen, Lebensmittel, Grammophone, Geigen. Alles Sachen, wo sie gedacht haben, das könnten sie jetzt gut verkaufen als ›Andenken‹ aus Buchenwald, damit sie ein bisschen Geld zum Unterhalt haben.«²⁰⁴

Auch Rudolf nimmt sich ein solches »Andenken« mit. Es ist ein Tranchiermesser, das er in einem der luxuriös ausgestatteten Führerhäuser findet. Während er die anderen Gegenstände, die er aus den Häusern mitnimmt, schon bald verkauft oder getauscht hat, hebt er das Messer auf. Heute liegt es in seiner Küchenschublade. Noch immer benutzt er es, um Speck oder Zwiebeln zu schneiden.

Für Rudolf und Fernand ist klar, dass sie Buchenwald so schnell wie möglich verlassen wollen. Fernand möchte zurück in seine Heimat, nach

Mülhausen im Elsass. Rudolf jedoch weiß nicht, wohin er gehen soll. Deutschland sieht er weiterhin als seine Heimat, doch seine Gefühle sind ambivalent. Nach Meuselwitz will er definitiv nicht zurück. Zum einen wegen all der Nazis und Mitläufer, die ihn ins Gefängnis gebracht haben. Zum anderen, weil sich herumgesprochen hat, dass nach den Amerikanern die Rote Armee kommt. Die Gefahr, dass nach der braunen Diktatur nun eine rote errichtet wird, ist ihm zu groß. Bei allem Schutz, den ihm die Kommunisten in Buchenwald geboten haben, spürt Rudolf doch, dass er als Homosexueller auch unter kommunistischer Herrschaft nicht willkommen wäre: »Es war doch bekannt, dass nach den Amerikanern die Russen kommen und das halbe Deutschland besetzen. Ich sagte: ›Ja, und jetzt bleibe ich doch nicht noch einmal bei den Russen. Ich habe genug von den Nazis und jetzt soll ich noch einmal bei den Russen anfangen?‹ Ich sagte Nein.«[205]

Fernand macht Rudolf schließlich einen bestechenden Vorschlag: »Mein Arbeitskollege sagte zu mir, komm doch mit zu mir, ich wohne im Elsass in Frankreich, du kannst ja bei mir wohnen und arbeiten, dann brauchst du doch nicht nach Hause zu gehen. Es wird sowieso nicht interessant sein, dort wo die Russen sind, da wird es auch nicht viel Lebensmittel geben.«[206] Rudolf zögert nicht lange. Schließlich ist Fernand ja auch fast so etwas wie sein Liebhaber. Wie könnte er diese Einladung ausschlagen?

Es ist also schon bald beschlossene Sache, dass Fernand und Rudolf gemeinsam nach Frankreich gehen. Zunächst jedoch ist an eine Abreise nicht zu denken. Noch wird unterhalb des Ettersberges gekämpft. Am 12. April nehmen die Amerikaner Weimar ein. Am 13. April übernehmen sie dann auch in Buchenwald die Kontrolle. Lt. Colonel Edmund A. Ball von der 80. Infanterie-Division wird der neue Leiter des Lagers, eine Kompanie des 317. Infanterieregiments übernimmt den Schutz. Als eine seiner ersten Amtshandlungen hält Edmund A. Ball eine Ansprache, mit der er die gebrochenen und entkräfteten Häftlinge aufbauen und motivieren möchte.[207] Und das gelingt ihm. Rudolf zumindest ist zutiefst beeindruckt: »Der amerikanische General, der uns eingenommen hat, sagte: ›Ihr seid jetzt die besten Bürger im Lande, die ihr so viel unter den Nazis gelitten habt.‹« Die psychologische Wirkung dieser Worte ist groß. Nach Jahren der Erniedrigung nun plötzlich als wichtig und wertvoll betrachtet zu werden, ist für viele unfassbar. Und natürlich fühlen sich weder Rudolf noch die anderen Häftlinge nach der Rede als etwas Besseres: »Nicht als Beste. Aber ich war stolz. Es war schön, dass jemand vorbeigekommen ist und gesehen hat, was die Nazis vollbracht haben. Das war ja alles nicht so schlimm wie in Auschwitz, in Polen, wo sie Millionen Menschen vergast haben. Aber immerhin.«[208]

Rudolf versteht die Worte des Kommandanten als eine persönliche Rehabilitierung, als Anerkennung all des Unrechts, das ihm widerfahren ist. Und es ist ihm wichtig, dass auch seine Mutter und seine Geschwister davon erfahren. Er notiert die Worte auf einen kleinen Zettel, zusammen mit einer Nachricht, dass es ihm gut geht: »Meine herzige Mutter, ich bin gesund. Komme bald nach Hause. Euer lieber Rudl. Der amerikanische Kommandant hat gesagt, Ihr zählt jetzt zu den besten Menschen der Welt.« Die Nachricht gibt Rudolf einem Häftling aus Altenburg, Reinhard Bauer, der sie Anna Brazda übergeben soll. Und tatsächlich erreicht die Nachricht schließlich die Mutter. Reinhard Bauer schickt sie ihr mit der Notiz: »Ich habe mit ihrem Sohn gesprochen.«[209]

Die Amerikaner sorgen schnell dafür, dass Zeichen gesetzt werden, um das Grauen und das Unrecht von Buchenwald zu brandmarken. Am 16. April werden auf Befehl General George S. Pattons, der Buchenwald am Vortag inspiziert hat, 1.000 Weimarer Bürger auf den Ettersberg gebracht, um das Konzentrationslager und die Leichenberge zu besichtigen. Margaret Bourke-White, Korrespondentin der Illustrierten *Life*, ist dabei, als sie durch den Hof des Krematoriums geführt werden:

»Die eben befreiten Insassen des Lagers in ihren blauweiß-gestreiften Häftlingsanzügen kletterten auf die Zäune um den Hof. Dort warteten die Zwangsarbeiter und politischen Gefangenen darauf, mitanzusehn, wie die Deutschen gezwungen wurden, den Haufen ihrer toten Kameraden anzuschaun. Frauen fielen in Ohnmacht oder weinten. Männer bedeckten ihr Gesicht und drehten die Köpfe weg. Als die Zivilisten immer wieder riefen: ›Wir haben nichts gewusst! Wir haben nichts gewusst!‹ gerieten die Ex-Häftlinge außer sich vor Wut. ›Ihr habt es gewusst‹, schrien sie. ›Wir haben neben euch in den Fabriken gearbeitet. Wir haben es euch gesagt und dabei unser Leben riskiert. Aber Ihr habt nichts getan.‹«[210]

Am 19. April findet schließlich eine große Gedenkfeier statt. Alle Häftlinge, die kräftig genug sind, versammeln sich noch einmal auf dem Appellplatz, um die geschundenen und ermordeten »Kameraden« zu ehren. Auch Rudolf und Fernand sind mit dabei. In einer feierlichen Zeremonie gedenken sie der 56.000 Menschen, die in Buchenwald, den Außenlagern und auf den Todesmärschen ums Leben gekommen sind. Unter ihnen sind auch 412 schwule Männer, mehr die Hälfte der wahrscheinlich 797 homosexuellen Häftlinge, die zwischen 1938 und 1945 in Buchenwald inhaftiert waren.[211]

Bei der Gedenkfeier geht es aber nicht nur um das Leiden in der Vergangenheit, sondern auch um die Zukunft Deutschlands. So stellt das Volksfrontkomitee unter Hermann Brill seine Entschließung zur Errichtung einer »deutschen Volksrepublik« vor. Im Anschluss kommt es zum berühmten Schwur von Buchenwald:

»Wir schwören deshalb vor aller Welt auf diesem Appellplatz, an dieser Stätte des faschistischen Grauens: Wir stellen den Kampf erst ein, wenn auch der letzte Schuldige vor den Richtern der Völker steht! Die Vernichtung des Nazismus mit seinen Wurzeln ist unsere Losung. Der Aufbau einer neuen Welt des Friedens und der Freiheit ist unser Ziel. Das sind wir unseren gemordeten Kameraden, ihren Angehörigen schuldig. Zum Zeichen Eurer Bereitschaft für diesen Kampf erhebt die Hand zum Schwur und sprecht mir nach: WIR SCHWOEREN !«[212]

Das Gelöbnis wird in verschiedenen Sprachen verlesen. Und auch Rudolf hebt an diesem Tag die Hand zum Schwur von Buchenwald. Doch er hat kein gutes Gefühl dabei. Dass statt der Nazis nun bald die Kommunisten die Macht übernehmen könnten, erfüllt ihn mit Sorge. Denn auch mit dem linken Fanatismus hat er in den vergangenen Jahren hinreichend Bekanntschaft gemacht.

Nach der Gedenkfeier werden die ersten Häftlinge entlassen. Auch Rudolf und Fernand drängt es jetzt, den Ort des Schreckens hinter sich zu lassen. Dafür jedoch benötigen sie die Genehmigung der Amerikaner und natürlich ihre Papiere: »Als erstes habe ich gedacht, jetzt muss ich erst mal einen Ausweis haben und habe mir einen ausstellen lassen, von Buchenwald, dass ich vier Jahre eingesperrt war.« Am 23. April 1945 bekommt Rudolf seinen Ausweis ausgehändigt. Am folgenden Tag bekommt er vom Internationalen Lagerkomitee eine Bescheinigung über seine KZ-Haft ausgestellt, eine »vorläufige Identitätskarte für Buchenwalder Zivilinternierte«. Darin wird ihm eine Haftzeit vom 30. März 1941 bis 24. April 1945 bescheinigt. Das ist ein bemerkenswertes historisches Zeugnis, denn damit wird auch Rudolfs zweite Haftstrafe in Eger und Zwickau als nationalsozialistisches Unrecht anerkannt – ein Umstand, den die deutschen Behörden später vollkommen anders bewerten werden. Auf der Identitätskarte wird auch Rudolfs neue Adresse eingetragen: »Rue de Punis, Mulhouse«. Dort wohnt Fernands Bruder Charles. Und dort wollen die beiden nun so schnell wie möglich hin.[213]

Voll beladen mit den Dingen, die sie in den SS-Führerhäusern ergattert haben, machen sich Rudolf und Fernand am folgenden Tag auf den Weg: »Und da sind wir mit dem Leiterwagen, mit verschiedenen Sachen sind wir losgezogen bis nach Weimar. In Weimar haben wir uns, so viel wie wir schleppen konnten, in Pakete geladen, haben das eingepackt und sind in den Zug eingestiegen. Die ganzen Franzosen auch, die im Konzentrationslager waren. Das war ein großer Zug voller Menschen.«[214]

Auf der Bahnfahrt gewinnt Rudolf langsam Abstand von Buchenwald. Nach vier Jahren Gefangenschaft ist er nun endlich frei. Ein schreckliches Kapitel seines Lebens findet seinen Abschluss. Wie nur hat Rudolf all das durchgestanden? Warum hat er überlebt, im Gegensatz zu so vielen anderen? Wie konnte er all das Grauen verarbeiten, das er Tag für Tag vor Augen hatte? Wie hat er es geschafft, so lange durchzuhalten, trotz der ständigen Drohung, aufs Revier bestellt oder auf Transport geschickt zu werden? Fragt man ihn heute danach, so bekommt man eine erstaunliche Antwort: »Ich habe das Gefangensein in Buchenwald gar nicht so stark empfunden, ich weiß nicht warum. Vielleicht auch, weil ich homosexuell war und der Sex unter den Männern in Buchenwald so stark gewesen ist.« Sicherlich wird die Sexualität eine wichtige Rolle gespielt haben, um Rudolf psychisch zu stabilisieren – und, nicht weniger bedeutsam, um sich die materiellen Vorteile zu verschaffen, die für das nackte Überleben im Konzentrationslager notwendig waren. Vor allem aber war es seine Fähigkeit, sich einen seelischen Schutzpanzer aufzubauen, einen Abwehrpanzer gegenüber Schmerz, Mitleid, Trauer, Entsetzen und Grauen, die ihm das Überleben ermöglichte. Es war das, was Eugen Kogon die »seelische Primitivierung« nannte, die notwendige Voraussetzung für das Überleben im Konzentrationslager.[215]

Rudolf war fähig, Terror und Grauen zu verdrängen und stattdessen um sein Überleben zu kämpfen. Er war dazu in der Lage zu erkennen, was »andere an Bösartigkeit in sich tragen«, und doch darüber hinwegzusehen.[216] Selbst im Konzentrationslager konnte er immer das Positive sehen, frei nach dem Motto: »Immer nur lächeln, und immer vergnügt.« Es war Rudolfs Talent, Situationen schnell zu erfassen, seine Flexibilität, sich auch den widrigsten Umständen anzupassen, die ihn dazu prädestinierte. Seine Offenheit, mit der er auf Menschen zugehen kann, und sein

Fernand und Rudolf nach der Befreiung 1945 in Buchenwald

Charme, mit dem er sie gewinnt. Es war das, was man gemeinhin eine hohe soziale Kompetenz nennt. Diese hat Rudolf von früh auf trainiert, von Kindheit an, als er als jüngstes von acht Geschwistern in denkbar bescheidenen Verhältnissen aufwuchs. Durch seine jugendlichen Geschlechtsrollenwechsel lernte er, mit menschlichen Sehnsüchten und gesellschaftlichen Konventionen kreativ und spielerisch umzugehen. Sein Tanz lehrte ihn, sich auch vor einem größeren Publikum zu inszenieren und dieses für sich zu gewinnen. Und als Homosexueller machte er früh die Erfahrung gesellschaftlicher Ächtung. Im Gefängnis und nach seiner Ausweisung lernte er, sich schnell auf vollkommen neue Umstände einzustellen, immer wieder von vorne anzufangen und vor allem: Chancen zu erkennen und zu ergreifen. All dies gelang ihm auch mithilfe seiner großen Gelassenheit, Bescheidenheit und Zuversicht, Charaktereigenschaften, die ihm in die Wiege gelegt wurden. Kaum etwas anderes verdeutlicht das besser als Rudolfs Motto: »Was kommt, kommt. Was kommt, wird gefressen.«[217]

Während andere schon kurz nach der Einlieferung ins KZ an der entwürdigenden Aufnahmeprozedur und dem Verlust ihres einstigen gesellschaftlichen Ansehens zerbrachen, war Rudolf klar, dass er nichts zu verlieren hatte als sein nacktes Leben. Und im Gegensatz zu vielen anderen hatte er die Kraft, dafür zu kämpfen. Natürlich gab es noch andere Faktoren, die Rudolfs Überleben ermöglicht haben, dazu zählen insbesondere seine kommunistische Vergangenheit und seine Ausbildung als Dachdecker. Auch gehörte immer wieder eine gehörige Portion Glück dazu, das Glück, die richtigen Menschen zur richtigen Zeit zu treffen und für sich zu gewinnen. Doch Glück ist eben »auch eine Komponente der Tüchtigkeit«, wie Eugen Kogon in Bezug auf das Überleben im Konzentrationslager konstatierte.[218] Oder, was es vielleicht noch besser trifft: eine Komponente der Persönlichkeit. Das sollte man bedenken, wenn Rudolf Brazda sagt: »Das Glück kam immer zu mir.«

Anmerkungen

1 Zinn: *Brazda 5. Dezember 2008.* S. 4–5.
2 Ein regulärer Transport ist auch deswegen unwahrscheinlich, weil Rudolf an einem Samstag in Buchenwald eingeliefert wird, der reguläre Gefangenentransport 21c der Reichsbahn in Weimar aber donnerstags ankommt. Vgl. Deutsche Reichsbahn: *Kursbuch vom 4. Mai 1942.* S. 72.
3 Zinn: *Brazda 4. Dezember 2008.* S. 27.
4 Zinn: *Brazda 4. Dezember 2008.* S. 47.
5 Die Identität des Deserteurs und sein weiteres Schicksal bleiben unklar. Bekannt ist, dass 1944/45 Deserteure zur Zwangsarbeit aus Wehrmachtsgefängnissen unter der Bezeichnung »Politische Zwischenhaft II« nach Buchenwald deportiert wurden. Stein: *Buchenwald – Stammlager.* S. 313.
6 Zinn: *Brazda 5. Dezember 2008.* S. 4–5.
7 Zinn: *Brazda 4. Dezember 2008.* S. 27.
8 Seit Juli 1941 sonderte die Gestapo sowjetische Kriegsgefangene zur Deportation und Erschießung in den Konzentrationslagern aus, insbesondere leitende Funktionäre aus Staat und Wirtschaft, Angehörige der Intelligenz und Juden. Bis Mitte 1943 wurden etwa 8.000 Kriegsgefangene erschossen. Aber auch viele sowjetische Zwangsarbeiter kamen ins Konzentrationslager, wenn sie gegen die rigiden Regeln an den Arbeitsstellen verstoßen hatten. Vgl. Gedenkstätte: *Konzentrationslager.* S. 121–124 und 156–157.

9 Nachtrag zur Veränderungsmeldung vom 8. August 1942. Namentliche Aufstellung der 50 Neuzugänge. BwA.

10 Zinn: *Brazda 4. Dezember 2008.* S. 46. Brazda wird später auch gemeinsam mit Hilbert, Preiß und Schmidt in Block 2 eingewiesen. Doc. No. 5291278#1. ITS.

11 Zinn: *Brazda 5. Dezember 2008.* S. 4–5.

12 Zinn: *Brazda 4. Dezember 2008.* S. 27.

13 Brief des Führers der SS-Totenkopfverbände an den Reichsführer SS vom 24. Juli 1937. Faksimile in: Gedenkstätte: *Konzentrationslager.* S. 29.

14 Vgl. Gedenkstätte: *Konzentrationslager.* S. 30–31. Sowie Stein: Buchenwald – Stammlager. S. 307–311.

15 Zinn: *Brazda 5. Dezember 2008.* S. 4–5.

16 Zinn: *Brazda 5. Dezember 2008.* S. 4–5.

17 Vgl. Bericht von Gerhard Harig, Kapo der Politischen Abteilung. BwA 45–3-4.

18 Das Gebäude der Desinfektion wurde 1942 errichtet und laut »Desinfektor« Fritz Müller in der zweiten Jahreshälfte 1942 in Betrieb genommen. Zuvor wurden die Häftlinge im Freien »desinfiziert«. Rudolf Brazda spricht von einem »großen Raum«, in dem er desinfiziert worden sei. Wahrscheinlich war das neue Gebäude der Desinfektion also im August 1942 bereits in Betrieb. Vgl. BwA 31/519.

19 Doc. No. 5607287#1. ITS.

20 Zinn: *Brazda 4. Dezember 2008.* S. 28.

21 Zinn: *Brazda 4. Dezember 2008.* S. 28.

22 Orth: *System.* S. 58.

23 Bericht von Walter Poller über seine Einlieferung 1938. Zitiert nach: Gedenkstätte: *Konzentrationslager.* S. 63.

24 Orth: *System.* S. 61.

25 Broszat: *Kommandant.* S. 104–105.

26 Karteikarte der Geräte- und Wäschekammer. Doc. No. 5607280#1. ITS. Sowie: Zinn: *Brazda 10. Januar 2011.* S. 1.

27 Zinn: *Brazda 4. Dezember 2008.* S. 28.

28 Nach Auskunft des Buchenwaldarchivs war Nummer 7952 zunächst an einen politischen Häftling vergeben, der dann eine neue, niedrigere Nummer erhielt. Danach bekamen die Nummer zwei polnische Häftlinge, die schließlich in andere Lager deportiert wurden. 1942 hatte die Nummer dann zunächst ein Häftling der Aktion »Arbeitsscheu Reich«, der am 13. Februar ums Leben kam, danach ein Krimineller, der am 3. April 1942 starb. Auskunft BwA vom 11. November 2010.

29 Der rosa Winkel wurde wie die anderen Winkel im Winter 1937/38 in allen Konzentrationslagern eingeführt. Zuvor waren Homosexuelle unter anderem mit einem großen A gekennzeichnet worden, das wohl für »Arschficker« stand. Vgl. Sternweiler: Chronologischer Versuch. S. 34. Zitat Brazda: Zinn: *Brazda 4. Dezember 2008.* S. 28.

30 Über Brazdas Staatsangehörigkeit herrscht in der KZ-Verwaltung Verwirrung. Offiziell sind Protektoratsangehörige »keine deutschen Staatsangehörigen«. Das ist der KZ-Verwaltung aber offenbar nicht bekannt. Denn auf Brazdas Karteikarte wird bei seiner Einlieferung unter »Staat« zunächst »D.R.« vermerkt – vielleicht, weil man das Protektorat dem Deutschen Reich zurechnet. Die Eintragung wird dann durch

»Tscheche« korrigiert. Auf der später angelegten Häftlings-Personal-Karte wird Brazda aber erneut als deutscher Staatsangehöriger registriert. 1992 erklärt er in einem Antrag auf Entschädigung, er sei im Konzentrationslager »deutsch gemacht« worden. Darauf gibt es aber keine weiteren Hinweise. Brazdas Ausweis geht am 28. August 1943 per Post in Buchenwald ein und wird ihm nach der Befreiung durch die Amerikaner am 23. April 1945 wieder ausgehändigt. Vgl. Globke: Protektoratsangehörigkeit. S. 456. Sowie: Doc. No. 5607285#1, Doc. No. 5607289#1 und Doc. No. 5607287#2. ITS. Sowie: Antrag auf Entschädigung vom 31. April 1992. VV 5027 – H1840-BV465. OFD Köln.

31 Gedenkstätte: *Konzentrationslager.* S. 159–160.

32 Erlass des Reichsführers-SS v. 11.3.1942 über die Verfolgung von Abtreibungs- und Sittlichkeitsdelikten unter Polen. Grau: *Homosexualität.* S. 268.

33 Auskunft des Archivs der Gedenkstätte Buchenwald vom 3. Juli 2008. Anfangs ist Brazda demnach in Block 2 untergebracht, später in Block 30, 32 und zum Schluss in Block 3.

34 Zinn: *Brazda 4. Dezember 2008.* S. 28.

35 Stein: Buchenwald – Stammlager. S. 314. Zur sozialen Stellung der homosexuellen Häftlinge in den nationalsozialistischen Konzentrationslagern vgl. auch Lautmann: *Seminar.* S. 352–365.

36 Am 20. Juni 1942 sind laut Schutzhaftlagerrapport 107 Homosexuelle in Buchenwald. Am 30. Dezember 1942 sind es noch 74. Vgl. Tabelle 3 im Anhang und Röll 2000: Homosexuelle Häftlinge. S. 99. Die Gesamtzahl der Häftlinge stammt aus der Veränderungsmeldung vom 8. August 1942. BwA.

37 Zinn: *Brazda 4. Dezember 2008.* S. 47.

38 Zur Isolierung der Homosexuellen in Sachsenhausen vgl. Joachim Müller: »Wohl dem der hier nur eine Nummer ist«. Zur Konzentrierung der Homosexuellen im Block der Strafkompanie von Buchenwald siehe: Röll 2007: *Homosexuelle Häftlinge.* S. 30 und 60.

39 Römhild: Die Situation der Homosexuellen. S. 207–208.

40 Zinn: *Brazda 4. Dezember 2008.* S. 28.

41 Zinn: *Brazda 5. Dezember 2008.* S. 8–9.

42 Karl Otto Koch ist seit Juli 1937 Lagerkommandant. Unter seiner Leitung geht es besonders brutal zu. Im Dezember 1941 wird Koch nach Lublin versetzt, wo er das Vernichtungslager Majdanek errichtet. Kommandant von Buchenwald ist seither Hermann Pister. Zum Zoo vgl. Kogon: *SS-Staat.* S. 295.

43 Die Zuteilung von Rudolf Brazda, Josef Hilbert, Arthur Preiß und Arthur Schmidt zum »Kommando Steinbruch (53)« ist auf Blatt II einer Veränderungsmeldung vom 15. August 1942 dokumentiert. Doc. No. 5323968#1. ITS.

44 Zinn: *Brazda 4. Dezember 2008.* S. 12.

45 Karteikarte des Krankenreviers. Rudolf Brazda. Doc No. 5607283#2. ITS.

46 Vgl. Anmerkungen 352 und 353.

47 Zinn: *Brazda 5. Dezember 2008.* S. 10.

48 Zinn: *Brazda 5. Dezember 2008.* S. 8–9.

49 Zinn: *Brazda 4. Dezember 2008.* S. 28.

50 Alfred Müller, geb. am 31. Januar 1902, ist seit 26. September 1939 in Buchenwald. Seit 1931 KPD-Mitglied, war er bereits 1933–34 im KZ Heuberg inhaftiert. In Buchenwald bekommt er die Häftlingsnummer 6662. Am 17. April 1941 wird er von der Fuhrkolonne zur Waldkontrolle versetzt, daher wohl sein Spitzname »Waldmüller«. Am 27. Mai 1942 kommt er als Kapo in den Steinbruch. Vgl. Doc. No. 6672653#1 und Doc. No. 6672654#1.

51 Kogon: *SS-Staat*. S. 100.

52 Römhild: Die Situation der Homosexuellen. S. 210.

53 Bericht des Internationalen Lagerkomitees. Zitiert nach: Gedenkstätte: *Konzentrationslager*. S. 120.

54 Zinn: *Brazda 5. Dezember 2008*. S. 8.

55 Broszat: *Kommandant*. S. 81.

56 Zinn: *Brazda 5. Dezember 2008*. S. 9.

57 Zinn: *Brazda 5. Dezember 2008*. S. 9.

58 Internationales Lagerkomitee: *Buchenwald*. S. 136.

59 Vgl. Kogon: *SS-Staat*. S. 99–100. Sowie Römhild: Die Situation der Homosexuellen. S. 210.

60 Auskunft BwA vom 11. November 2010.

61 Brazda spricht in dem Zitat von einem »Legionär«, weil er irrtümlich davon ausgeht, bei dem Kapo des Steinbruchs habe es sich um den Fremdenlegionär Johann Herzog gehandelt. Dieser war 1941 der Kapo, wurde jedoch schon Ende 1941 aus Buchenwald entlassen. Als Brazda in den Steinbruch kam, war Alfred Müller der Kapo. Vgl. auch Anmerkungen 50 und 76. Zitat: Zinn: *Brazda 5. Dezember 2008*. S. 10.

62 Zinn: *Brazda 5. Dezember 2008*. S. 10.

63 Zinn: *Brazda 5. Dezember 2008*. S. 10.

64 Zinn: *Brazda 4. Dezember 2008*. S. 29.

65 Internationales Lagerkomitee: *Buchenwald*. S. 136.

66 Zinn: *Brazda 4. Dezember 2008*. S. 29.

67 Für das Lagerbordell werden am 16. Juli 1943 zunächst 16 weibliche Häftlinge aus dem Konzentrationslager Ravensbrück nach Buchenwald gebracht. Der Besuch des Bordells muss beim Blockältesten angemeldet und durch die SS genehmigt werden. Er kostet zunächst 2 RM, ab Februar 1944 nur noch 1 RM. Gedenkstätte: *Konzentrationslager*. S. 145.

68 Fritz Lettow: Zäune rings um uns. 10 Jahre Gestapohaft und Konzentrationslager. S. 52 f. BwA 31/587 I. Zitiert nach Röll 2007: *Homosexuelle Häftlinge*. S. 32.

69 »Die Säuberungsaktion«. *Volksstimme* vom 29. Dezember 1934. 26. Jg., Nr. 295. S. 3.

70 Maxim Gorki: Proletarischer Humanismus. Zum Propagandaklischee vom »schwulen Nazi« vgl. auch Zinn: *Die soziale Konstruktion*.

71 Internationales Lagerkomitee: *Buchenwald*. S. 151.

72 Zinn: *Brazda 4. Dezember 2008*. S. 29.

73 Internationales Lagerkomitee: *Buchenwald*. S. 150.

74 Erlass des Führers zur Reinhaltung von SS und Polizei vom 15. November 1941. Grau: *Homosexualität*. S. 244.

75 So wurden der SS-Blockführer Heinz Beerbaum und drei weitere SS-Angehörige des Konzentrationslagers Sachsenhausen im April/Mai 1939 wegen »widernatürlicher

Unzucht« festgenommen, Beerbaum wurde zu fünf Jahren und zwei Monaten Zuchthaus verurteilt. Nach Verbüßung der Zuchthausstrafe wurde er am 27. Mai 1944 selbst in die Strafkompanie von Sachsenhausen eingewiesen. Vgl. Brade:»Was einmaliges im Lager«.

76 Johann Herzog, geb. am 1. März 1901, hatte als französischer Fremdenlegionär gedient. Bei seiner Rückkehr nach Deutschland wurde er am 10. Juli 1938 verhaftet und am 8. Oktober 1938 als politischer Häftling ins KZ Buchenwald eingeliefert. Dort diente er sich vom Einkäufer der Kantine zum Kapo des Steinbruchs hoch. Diesen Posten hatte er bis zu seiner Entlassung am 23. Dezember 1941 inne. Herzog ist nicht zu verwechseln mit Alfred Müller, der im Sommer 1942 Kapo war, als Brazda in den Steinbruch eingewiesen wurde. Die Angabe im Ausstellungskatalog der Gedenkstätte Buchenwald, Herzog sei 1941/42 Kapo gewesen und erst Ende 1942 aus dem Konzentrationslager entlassen worden, ist nicht korrekt. Vgl. Doc. No. 12203116#2, Doc. No. 6093909#2 und Doc. No. 6093911#1. ITS. Sowie: Gedenkstätte: *Konzentrationslager.* S. 118–119.

77 Römhild: Die Situation der Homosexuellen. S. 209.

78 Die Ähnlichkeit von Kogons Beschreibung des Kapos Vogel mit der des Kapos Herzog durch Römhild ist frappierend und zeigt, wie schematisch die Darstellung missliebiger Kapos als Homosexuelle war. Vgl. Kogon: *SS-Staat.* S. 99.

79 Zur Absetzung Ohles vgl. Gedenkstätte: *Konzentrationslager.* S. 146. Röll 2007: *Homosexuelle Häftlinge.* S. 51, Anmerkung 253. Sowie Kogon: *SS-Staat.* S. 312–313.

80 Kogon: *SS-Staat.* S. 198.

81 Auskunft BwA vom 11. November 2010.

82 Zu den Fememorden und den »Säuberungen« unter kommunistischen Häftlingen vgl. Gedenkstätte: *Konzentrationslager.* S. 146f.

83 Kogon: *SS-Staat.* S. 313 f.

84 Waldemar Hoven, geb. am 10. Februar 1903, ist seit Oktober 1939 Lager- und Truppenarzt im KZ Buchenwald. Im Juli 1943 promoviert er mit einer weitgehend von Häftlingen verfassten Dissertation zum Dr. med. Im Sommer 1942 ist er maßgeblich beteiligt an einer Mordaktion an homosexuellen Häftlingen (vgl. dazu Kapitel 6.6). Im Herbst 1943 wird er im Zusammenhang mit Korruptionsuntersuchungen der SS verhaftet, im März 1945 wird das Verfahren ausgesetzt, Hoven wird aus der Haft entlassen. Nach erneuter Tätigkeit in Buchenwald flüchtet er im April 1945, im Sommer 1945 wird er von den Amerikanern festgenommen. 1947 wird Hoven vom US-Militärgerichtshof I in Nürnberg zum Tode verurteilt, am 2. Juni 1948 in Landsberg/Lech hingerichtet. Vgl. Gedenkstätte: *Konzentrationslager.* S. 308.

85 Röll 2007: *Homosexuelle Häftlinge.* S. 50–52.

86 Kogon: *SS-Staat.* S. 314.

87 Zur Absetzung Wolffs vgl. Gedenkstätte: *Konzentrationslager.* S. 146. Röll 2007: *Homosexuelle Häftlinge.* S. 50–53. Sowie Kogon: *SS-Staat.* S. 313–314.

88 Zum Lagerschutz vgl. Gedenkstätte: *Konzentrationslager.* S. 147f.

89 Römhild: Die Situation der Homosexuellen. S. 207.

90 Kogon: *SS-Staat.* S. 50.

91 Kogon: *SS-Staat.* S. 263.

92 Kogon: *SS-Staat.* S. 50.

93 Zinn: *Brazda 5. Dezember 2008.* S. 23.
94 Neben der zitierten sind aus Buchenwald auch andere Strafmeldungen und Verhöre wegen »homosexueller Verfehlungen« überliefert. Vgl. Grau: *Homosexualität.* S. 334–338.
95 Erinnerungen des tschechischen Häftlings Jaroslav Bartl. Zitiert nach Gedenkstätte: *Konzentrationslager.* S. 96.
96 Zinn: *Brazda 5. Dezember 2008.* S. 23.
97 Zinn: *Brazda 5. Dezember 2008.* S. 15.
98 Karteikarte des Krankenreviers. Rudolf Brazda. Doc No. 5607283#1. ITS.
99 Müller steht auf einer Transportliste vom 18. September 1942. Vgl. Doc. No. 5315753#1. ITS.
100 Zitiert nach Gedenkstätte: *Konzentrationslager.* S. 176.
101 Rauschenbach bleibt nur drei Monate bei der Baubrigade. Am 5. Januar 1943 wird er in das Konzentrationslager Neuengamme deportiert. Dort verlieren sich seine Spuren zunächst. Vgl. Doc. No. 5288425#1. ITS.
102 Tatsächlich kommt Müller am 7. Dezember 1942 ums Leben, in den Unterlagen des Konzentrationslagers Buchenwald wird als Todesursache registriert: »Freitod durch erhängen«. Vgl. Doc. No. 6672658#1. ITS. Sowie: Kogon: *SS-Staat.* S. 99.
103 1943 wird die Strafkompanie Steinbruch aufgelöst. Heinrich Himmler hat Anweisung gegeben, die Arbeitsbedingungen zu verbessern, damit die Arbeitskraft der Häftlinge effektiver genutzt werden kann. Es ist aber eher unwahrscheinlich, dass Rudolf bis zur Auflösung des Strafkommandos im Steinbruch arbeitet. Stein: Buchenwald – Stammlager. S. 336.
104 Zinn: *Brazda 5. Dezember 2008.* S. 13.
105 Gustav Wilms wird am 3. September 1905 in Essen geboren. Wegen »Vorbereitung zum Hochverrat« ist der Dachdecker bereits seit 21. Januar 1931 und, nach einer kurzen Entlassung, erneut seit in 4. April 1933 in Haft. Am 24. Mai 1938 wird er nach Buchenwald verschleppt. Als Kommunist erarbeitet er sich in der Lagerhierarchie schließlich eine sichere Position. Seit 21. Februar 1941 ist er im Arbeitskommando Dachdecker. Spätestens 1943 wird er dann Kapo dieses Kommandos. Denn am 20. Mai 1943 beantragt er die Aushändigung seiner Taschenuhr, weil er als Kapo »zu bestimmten Zeiten auf Dienststellen erscheinen muss«. Auf Anordnung des RSHA bekommt Wilms am 29. März 1944 auch sogenannte »Hafterleichterungen« genehmigt. Vgl. Doc. No. 7420554#2 und Doc. No. 5345227#2. ITS.
106 Stein: Buchenwald – Stammlager. S. 328.
107 Nach der Befreiung gibt Gustav Wilms gegenüber den Amerikanern zwei Frauen aus Meuselwitz als »vertrauenswürdige Personen an, die in dem Ort wohnen, wohin Sie gehen wollen«. Die eine ist Rudolfs Schwester Anna Powaska. Die andere, Anna Prasela, kennt Rudolf dagegen nicht, jedenfalls kann er sich an den Namen heute nicht mehr erinnern. Doc. No. 7420559#2. ITS. Sowie: Zinn: *Brazda 10. Januar 2011.* S. 1.
108 Vgl. Kogon: *SS-Staat.* S. 89–90.
109 Am 22. April 1943 wird Brazda vom Kommando Bauhof als Abgang, am 23. April dann wieder als Zugang an die Arbeitsstatistik gemeldet. Doc. No. 5330948#1. ITS.

110 Zinn: *Brazda 5. Dezember 2008.* S. 13–15.

111 Zinn: *Brazda 5. Dezember 2008.* S. 13–15.

112 Dagegen bekommt Rudolfs Kapo Gustav Wilms am 29. März 1944 Hafterleichterungen genehmigt. Vgl. Anmerkung 105. Sowie: Stein: Buchenwald – Stammlager. S. 335.

113 Zinn: *Brazda 5. Dezember 2008.* S. 14.

114 Kogon: *SS-Staat.* S. 126.

115 Liste der am 19. September 1942 laut Postliste eingegangenen Häftlingsgelder. Doc. No. 5307176#1 ITS.

116 Kogon: *SS-Staat.* S. 124.

117 Die 1935 eingeführte »deutsche Volksschrift«, eine Variante der spitzen Sütterlinschrift, wurde 1941 verboten. Stattdessen durfte ab dem Schuljahr 1941/42 nur noch eine lateinische Schreibschrift, die neue »deutsche Normalschrift«, unterrichtet werden. Vgl. Hartmann: *Fraktur oder Antiqua.* Zitate: Zinn: *Brazda 5. Dezember 2008.* S. 14.

118 Zinn: *Brazda 5. Dezember 2008.* S. 17–20.

119 Ferdinand Beinert, geb. am 10. August 1912, ist seit 10. Januar 1941 in Buchenwald. In Schutzhaft kam er bereits am 29. Juli 1940, kurz nach dem Einmarsch der Deutschen. Vgl. Doc. No. 5503058#1 und Doc. No. 5503064#2. ITS.

120 Zinn: *Brazda 5. Dezember 2008.* S. 17–20.

121 Zinn: *Brazda 5. Dezember 2008.* S. 14.

122 Zinn: *Brazda 5. Dezember 2008.* S. 13.

123 Zinn: *Brazda 5. Dezember 2008.* S. 13.

124 Vgl. Gedenkstätte: *Konzentrationslager.* S. 125 und 129.

125 Kogon: *SS-Staat.* S. 95.

126 Erinnerungen des niederländischen Häftlings Leo Kok. Zitiert nach Gedenkstätte: *Konzentrationslager.* S. 150–151.

127 Zinn: *Brazda 5. Dezember 2008.* S. 17.

128 Zinn: *Brazda 5. Dezember 2008.* S. 17.

129 Römhild: Die Situation der Homosexuellen. S. 208.

130 Zu den Transporten vgl. Grau: *Homosexualität.* S. 339. Zur Gesamtstärke der Rosa-Winkel-Häftlinge vgl. Tabelle 3 im Anhang.

131 Lautmann hat für Dora 839 Rosa-Winkel-Häftlinge ermittelt, wobei es allerdings »aus technischen Gründen« zu Doppelzählungen kam. Demnach muss die tatsächliche Zahl der homosexuellen Häftlinge in Dora bei mindestens der Hälfte der von Lautmann ermittelten Zahl, also bei mindestens 419 gelegen haben. Vgl. Lautmann: *Seminar.* S. 340.

132 Dora war wohl das einzige Konzentrationslager, in dem Rosa-Winkel-Häftlinge (neben den Kriminellen) einen privilegierten Status in der Lagerhierarchie erobern konnten. Die Beherrschung der deutschen Sprache war dafür eine wichtige Voraussetzung, ebenso wie die insgesamt schwache Repräsentation der üblicherweise um die Macht konkurrierenden Häftlingsgruppen der Politischen und Kriminellen. Vgl. Mußmann: Häftlinge mit rosa Winkel. S. 136–137.

133 Mußmann: Häftlinge mit rosa Winkel. S. 135.

134 Stein: Buchenwald – Außenlager – Dora. S. 413.

135 Doc. No. 5340366#1, Doc. No. 5316987#1 und Doc. No. 6379005#1. ITS.
136 Zinn: *Brazda 5. Dezember 2008*. S. 17.
137 Zinn: *Brazda 5. Dezember 2008*. S. 20.
138 Zinn: *Brazda 5. Dezember 2008*. S. 12.
139 Zinn: *Brazda 5. Dezember 2008*. S. 12.
140 Röll 2007: *Homosexuelle Häftlinge*. S. 35 und S. 77–81.
141 Eitel-Fritz Daehnke, geb. am 21. März 1894 in Dirschauerfeld, wurde am 20. Juli 1942 ermordet. Vgl. Röll 2007: *Homosexuelle Häftlinge*. S. 77.
142 Römhild: Die Situation der Homosexuellen. S. 208–209.
143 Bericht Jaroslaw Bartl: Als Schreiber im Revier. 31/66, S. 3 f. BwA. Der Bericht ist eine Übersetzung aus der tschechischen Publikation »Buchenwald varuje« (Buchenwald mahnt), Prag 1962, S.162 ff. Zitiert nach Röll 2007: *Homosexuelle Häftlinge*. S. 36–37.
144 Friedrich Wilhelm wird am 6. März 1890 in Friedrichswalde geboren. Seit 1939 ist er im Konzentrationslager Buchenwald als höchster SS-Sanitätsdienstgrad beschäftigt und trägt in Abwesenheit der SS-Ärzte die Verantwortung im Häftlingskrankenbau. Wilhelm ist direkt beteiligt am Häftlingsmord. Im April 1945 flüchtet er, im Sommer wird er durch die Amerikaner festgenommen und interniert. 1947 wird er im Dachauer Buchenwaldprozess zum Tode verurteilt und am 26. November 1948 in Landsberg/Lech hingerichtet. Vgl. Röll 2007: *Homosexuelle Häftlinge*. S. 37.
145 Doc. No. 6196954#1. ITS.
146 Karteikarte des Krankenreviers. Rudolf Brazda. Doc No. 5607283#2. ITS.
147 Zinn: *Brazda 5. Dezember 2008*. S. 20.
148 Heinrich Robert Richardt wurde am 13. August 1909 in Erfurt geboren. Am 29. März 1938 war er durch die Kripo Erfurt verhaftet und später nach Paragraph 175 verurteilt worden. Am 29. März 1942 wurde durch die Kripo Erfurt Schutzhaft verhängt. Zu Richardts angeblicher Todesursache vgl. Doc. No. 6924202#1. ITS.
149 Bericht Gustav Wegerers vom 23. April 1945. 31/90, S. 3. BwA. Zitiert nach Röll 2007: Homosexuelle Häftlinge. S. 37.
150 In Sachsenhausen waren insgesamt deutlich mehr Homosexuelle inhaftiert als in Buchenwald. Schätzungen belaufen sich auf etwa 1.200 Häftlinge. Über 600 Rosa-Winkel-Häftlinge kamen in Sachsenhausen ums Leben. Zur Mordaktion vom Sommer 1942 vgl. Joachim Müller: »Unnatürliche Todesfälle«.
151 Vgl. Strebel: Die »Rosa-Winkel-Häftlinge«. S. 106–108.
152 Befehl Reichsführer SS und Chef der Deutschen Polizei vom 7. März 1942. Grau: *Homosexualität*. S. 248–25.
153 Dass es Anweisungen der Lagerkommandanten zum Umgang mit homosexuellen Häftlingen gab, zeigt der Fall des Konzentrationslagers Mittelbau-Dora, wo der Lagerkommandant den SS-Männern offenbar den Befehl erteilt hatte, »minderwertige Subjekte, die Homosexualität begangen hätten«, zu verprügeln. Vgl. Mußmann: Häftlinge mit rosa Winkel. S. 135.
154 Die von Himmler befürchteten »Missdeutungen« beziehen sich auf das antifaschistische Propagandaklischee vom »schwulen Nazi«, das natürlich auch der NS-Führung bekannt ist. Offenbar will man vermeiden, dem Klischee durch die Bekanntgabe der Einführung der Todesstrafe neue Nahrung zu geben. Der Zusammenhang ist

deutlich, denn im folgenden Satz betont Himmler, dass »Verfehlungen gleichgeschlechtlicher Art« in den »Reihen der SS und Polizei nur *ganz selten*« vorkämen. Vgl. Grau: *Homosexualität*. S. 250.

155 Kogon: *SS-Staat*. S. 359–360.

156 Nur ein Todesfall vom 2. März 1942 liegt vor Verkündung des Himmler-Befehls. Zu den Todesfällen in Buchenwald vgl. auch Tabelle 3 im Anhang.

157 Übersicht über Transporte homosexueller Häftlinge von Buchenwald in andere Konzentrationslager. Grau: *Homosexualität*. S. 339.

158 Vgl. Arthur Schmidts Sterbeurkunde des Konzentrationslagers. Doc. No. 137047#1. ITS. Josef Hilbert überlebt das Lager Groß Rosen dagegen, er kommt am 15. Februar 1945 mit einem Evakuierungstransport in das KZ Flossenbürg, von dort wird er dann ins KZ Dachau verschleppt, wo er schließlich von den Amerikanern befreit wird. Doc. No. 10797502#2 und Doc. No. 9935081#1. ITS. Arthur Preiß, der dritte zusammen mit Rudolf eingelieferte Rosa-Winkel-Häftling, wird am 2. März 1943 in das KZ Dachau transportiert. Auch er überlebt dort bis zur Befreiung 1945. Doc. No. 82094019#1 und Doc. No. 9935666#1. ITS.

159 Schutzhaftlagerrapport vom 20. Juni 1942. Zitiert nach Röll 2000: Homosexuelle Häftlinge. S. 99.

160 Vgl. Tabelle 3 im Anhang.

161 Vgl. Hockerts: *Sittlichkeitsprozesse*.

162 Zinn: *Brazda 5. Dezember 2008*. S. 12.

163 Bericht Gustav Wegerers vom 23. April 1945. 31/90, S. 3. BwA. Zitiert nach Röll 2007: Homosexuelle Häftlinge. S. 37.

164 Zinn: *Brazda 5. Dezember 2008*. S. 20.

165 Franz Parth wird am 4. Februar 1944 in Buchenwald eingeliefert und bekommt die Häftlingsnummer 6169. Am 27. Oktober 1944 wird er für die Hormonversuche Værnets vorgemerkt. Vgl. Doc. No. 6777529#1 und Doc. No. 82226788#1. ITS.

166 Vgl. Grau: *Homosexualität*. S. 312–323.

167 Bericht Carl Værnets vom 10. Februar 1945. S. 55. NS3/21, Bl. 70. BArch.

168 Aktenvermerk vom 3. Dezember 1943 über Befehl Himmlers an Reichsarzt-SS Dr. Grawitz. NS3/21, Bl. 291. BArch.

169 Der Name wurde vom Autor aus Rücksicht auf die Privatsphäre geändert. Auch in Zitaten wurde der richtige Name durch das Pseudonym ersetzt. Sonntags Aussage wurde zitiert nach Davidsen-Nielsen: *Carl Værnet*. S. 252.

170 Bericht des SS-Sturmbannführers Dr. med. Carl Værnet vom 30. Oktober 1944 an Reichsführer-SS Heinrich Himmler. NS3/21, Bl. 193. BArch.

171 Brief des Standortarztes der Waffen-SS vom 3. Januar 1945 an SS-Sturmbannführer Dr. med. Værnet. NS4/50, Bl. 44. BArch.

172 Zu Parth vgl. Doc. No. 5333297#2. Zu Sonntag Doc. No. 5333305#2. ITS.

173 Gerhard Sonntag war seit 22. März 1944 in Buchenwald. Nach den Experimenten wurde er 1945 noch ins Konzentrationslager Flossenbürg deportiert und schließlich auf einem Todesmarsch von den Amerikanern befreit. Später lebte er in Berlin. Sonntag ging den Weg vieler verfolgter Homosexueller: Er heiratete und wurde Vater von zwei Kindern. Vgl. Doc. No. 7040111#1. ITS. Sowie: Davidsen-Nielsen: *Carl Værnet*. S. 252–255.

174 Nach Mitteilung des Bürgermeisters von Cham vom 21. April 1947 verstirbt Franz Parth 1947 in der bayerischen Stadt und wird dort auch beerdigt. Vgl. Doc. No. 6777535#1. ITS.

175 Der Name wurde vom Autor aus Rücksicht auf die Privatsphäre geändert. Auch in Zitaten wurde der richtige Name durch das Pseudonym ersetzt. Zur Geschichte Dollingers vgl. Römhild: Die Situation der Homosexuellen. S. 210.

176 Röll 2007: *Homosexuelle Häftlinge*. S. 76.

177 Gedenkstätte: *Konzentrationslager*. S. 200.

178 Der am 4. April 1914 geborene Karl Willy Angermann war viermal wegen widernatürlicher Unzucht verurteilt worden, bevor er am 10. Juni 1943 nach Buchenwald deportiert wurde. Seine Frau hatte er erst kurz vor seiner letzten Verurteilung geheiratet. Vgl. Grau: *Homosexualität*. S. 340–343.

179 So schreibt Rudolf Brazda am 26. und 27. Februar 1945 die Karten mit den Zu- und Abgängen des Kommandos Dachdecker. Am 26. Februar unterzeichnet er die von Hand geschriebene Karteikarte mit: »i.V. 7952 Brazda«. Doc. No. 5331413#1. ITS.

180 Verlegungen von Block 30 nach Block 32 vom 24. Januar 1944. Doc. No. 5335161#1. ITS.

181 Karteikarte des Krankenreviers von Rudolf Brazda. I.T.S. Foto No. 672. ITS. Die Häftlinge wurden regelmäßig gewogen, weil die SS-Führung die Lagerärzte Ende 1942 angewiesen hatte, die »Ernährung der Häftlinge zu überwachen [...] und regelmäßig nachzukontrollieren«. Die Zahlen wurden aber mit Sicherheit geschönt, um den auch von der SS diagnostizierten »chronischen Hungerzustand« der Häftlinge zu verschleiern. Vgl. Kogon: *SS-Staat*. S. 120–121.

182 Eine derartige Selbstversorgung durch heimliches Kochen ist insbesondere unter den privilegierten Häftlingen, die in Baracken Dienst tun oder sonstigen Zugang zu Feuerstellen haben, verbreitet. Vgl. Kogon: *SS-Staat*. S. 102. Zu den Sonderzuteilungen der Kantinenverwaltung vgl. S. 125.

183 Gedenkstätte: *Konzentrationslager*. S. 168–169.

184 Kurt Lautenschläger, geb. am 19. August 1899, wohnt mit Rudolf Brazdas Schwester Emma in Meuselwitz. Am 23. August 1944 wird er im Rahmen der »Aktion Gitter« von der Stapo Weimar unter der Häftlingsnummer 81923 nach Buchenwald eingewiesen. Doc. No. 6451160#1. ITS.

185 Hackett: *Buchenwald-Report*. S. 345 f.

186 Aufstellung über die Häftlinge, die am 30.8.44 mit Kdo. Bauhof ausgerückt sind. Doc. No. 5331029#1 ITS.

187 Kogon: *SS-Staat*. S. 280.

188 Kautsky: *Teufel und Verdammte*. S. 156 f.

189 Vgl. Kogon: *SS-Staat*. S. 333 f. Sowie: Gedenkstätte: *Konzentrationslager*. S. 214.

190 Zinn: *Brazda 5. Dezember 2008*. S. 11.

191 Vgl. Gedenkstätte: *Konzentrationslager*. S. 192.

192 Zinn: *Brazda 5. Dezember 2008*. S. 17.

193 Auskunft BwA vom 18. November 2010.

194 Gedenkstätte: *Konzentrationslager*. S. 151.

195 Odd Nansen: Von Tag zu Tag. Zitiert nach Orth: *System*. S. 52.

196 Vgl. Röll 2000: Homosexuelle Häftlinge. S. 102.

197 Zinn: *Brazda 5. Dezember 2008.* S. 18.
198 Orth: *System.* S. 328–329.
199 Kogon: *SS-Staat.* S. 335–336.
200 Kogon: *SS-Staat.* S. 340.
201 Zinn: *Brazda 5. Dezember 2008.* S. 18.
202 Zinn: *Brazda 5. Dezember 2008.* S. 18.
203 Zinn: *Brazda 5. Dezember 2008.* S. 18.
204 Zinn: *Brazda 5. Dezember 2008.* S. 19.
205 Zinn: *Brazda 5. Dezember 2008.* S. 19.
206 Zinn: *Brazda 5. Dezember 2008.* S. 19.
207 Möglicherweise wird die zitierte Ansprache auch von General George S. Pattons gehalten, der das Lager am 15. April 1945 besichtigt. In einer Nachricht an seine Mutter spricht Rudolf 1945 allerdings vom »amerikanischen Kommandanten«. Vgl. *http://www.buchenwald.de/index.php?p=138*
208 Zinn: *Brazda 5. Dezember 2008.* S. 18.
209 Die Nachricht ist an Anna Brazda in Mumsdorf und an die Schwester Anny Powaska in Zipsendorf adressiert. Rudolf bekommt den Zettel später zurück. Für ihn ist er ein wichtiges Dokument, das er gemeinsam mit seinen Urkunden und Ausweisen aufbewahrt.
210 Bourke-White: *Deutschland April 1945.* S. 90ff.
211 Rainer Hoffschildt hat für Buchenwald und Außenlager im ITS insgesamt 797 homosexuelle Häftlinge ermittelt. 412 dieser Häftlinge kamen entweder in Buchenwald oder in anderen Lagern, in die sie verlegt wurden, ums Leben. In Buchenwald selbst kamen 233 Homosexuelle ums Leben. Auskunft Rainer Hoffschildts vom 2. Januar 2011. Vgl. auch Tabelle 3 im Anhang.
212 Sign. NZ 488. BwA. Online unter: *http://www.buchenwald.de/files/downloads/Schwur-D. pdf*
213 Provisional identification card for civilian internee of Buchenwald Nr. 14032.
214 Zinn: *Brazda 5. Dezember 2008.* S. 19.
215 Kogon: *SS-Staat.* S. 369
216 Zinn: *Brazda 4. Dezember 2008.* S. 39.
217 Zinn: *Brazda 5. Dezember 2008.* S. 6.
218 Kogon: *SS-Staat.* S. 367.

7. Leben nach der Befreiung

7.1 Neubeginn in Frankreich

In den letzten Kriegstagen treten Rudolf und Fernand ihre abenteuerliche Reise nach Frankreich an. Fast zwei Wochen sind sie unterwegs, zwischen tausenden Flüchtlingen aus den deutschen Ostgebieten und versprengten »Displaced Persons«, wie man die aus aller Herren Länder in deutsche Konzentrations- und Zwangsarbeiterlager verschleppten Menschen nennt. Was für ein seltsames Gefühl muss es gewesen sein, plötzlich in Freiheit zwischen all den ehemaligen Nazis und Mitläufern gen Westen zu ziehen. Der öffentliche Verkehr ist zusammengebrochen, viele Brücken sind gesprengt, doch irgendwie kommen die beiden mit dem Zug, zu Fuß und auf Armeelastern bis zum Rhein. Rudolf erinnert sich, in einem Lager am Rhein unter freiem Himmel geschlafen zu haben, doch wo genau sie den Fluss überquert haben, weiß er nicht mehr. Sehr wahrscheinlich ist es bei Remagen, wo die Amerikaner anstelle der zerstörten Ludendorff-Brücke insgesamt fünf Pontonbrücken errichtet haben. Dann geht die Odyssee weiter Richtung Südwesten, wahrscheinlich über Luxemburg nach Frankreich. Hier hat man den beiden eine Anlaufstelle genannt, bei der sie sich melden sollen. Ein Lager für »Displaced Persons«, die nach Frankreich zurückkehren. Das Lager Nr. 8 in Thionville ist eines von etwa 50 solcher Lager, die allein in Frankreich errichtet werden, um die Deportierten bei ihrer Rückkehr zu unterstützen. Insgesamt werden nach dem Krieg zwischen 6,5 und zwölf Millionen »Displaced Persons« in ihre Heimatländer zurückgeführt – wenn Sie damit einverstanden sind. Denn viele jüdische Überlebende wollen nicht in ihre Heimatländer zurückkehren. Und auch viele Osteuropäer wollen nicht in die von der Sowjetunion besetzten Länder »repatriiert« werden. Mit gutem Grund: Denn die russischen Zwangsarbeiter werden von der

Sowjetunion als Vaterlandsverräter betrachtet und zum Teil in NKWD-Lager deportiert.

Rudolf und Fernand erreichen das Lager in Thionville Anfang Mai 1945. Dort erklärt Rudolf, dass er Fernand zu dessen Bruder nach Mülhausen begleite. Was er den französischen Beamten zu seinen weiteren Plänen erzählt, weiß er heute nicht mehr. Wahrscheinlich ist ihm damals gar nicht klar, was aus ihm werden soll. Nur eines weiß er sicher: Dass er weder zurück nach Deutschland noch in die Tschechoslowakei will.

Am 7. Mai 1945 wird Rudolf eine »Carte de Rapatrié« ausgestellt. Damit wird er als Flüchtling anerkannt, der sich vorläufig in Frankreich aufhalten darf. Allerdings ist sein weiteres Schicksal ungewiss. Denn die »Carte de Rapatrié« verliert am 31. Juli 1945 ihre Gültigkeit. Fürs Erste kann Rudolf nun aber mit Fernand weiterreisen. Zunächst fahren sie nach Metz, wo sie sich in einem weiteren Lager melden sollen. Hier erleben sie den Tag der deutschen Kapitulation: In ganz Frankreich heulen die Sirenen und auch die Glocken der Kirchen läuten lange an diesem Tag. Auch für Rudolf und Fernand ist es das Zeichen, dass eine schreckliche Periode ihres Lebens nun endgültig abgeschlossen ist.

Das Ende des Krieges, vor allem aber ihre Befreiung feiern die beiden in einem kleinen Restaurant. Lautstark unterhalten sie sich über die Zeit in Buchenwald – und über ihre Zukunft. Doch Rudolf ahnt bereits, dass es keine gemeinsame sein wird. Denn Fernand ist mehr an den Frauen am Nachbartisch interessiert, als ihm lieb ist … Eine unerwartete Wendung nimmt die Siegesfeier, als plötzlich zwei Polizisten vor ihnen stehen. Man will die Ausweise der beiden so ausgelassen und lautstark feiernden Deutschen sehen. Deutsche? Nun ja, die beiden haben sich auf Deutsch unterhalten, was an diesem Tag wohl nicht allen Gästen gefällt. Die Polizisten wollen Rudolf verhaften und in die Tschechoslowakei abschieben. Fernand probt den Aufstand – er beschimpft die Beamten, bricht sogar eine Schlägerei vom Zaun. Noch am selben Abend machen sich Rudolf und Fernand aus dem Staub, nach Mülhausen.

Dort bereitet Fernands Bruder Charles den beiden einen herzlichen Empfang. Die ersten Tage wohnen Rudolf und Fernand bei Charles, gemeinsam schlafen sie auf dem Fußboden. Doch schon bald zeigt sich, dass die Freundschaft, die sie im Lager verband, in der Freiheit auf eine harte Probe gestellt wird: »Ich bin aufgenommen worden von seinem Bruder und der Schwägerin. Im ersten Moment habe ich auch geschlafen mit dem Fernand, in einem Zimmer, aber dann ist es nicht mehr gegangen.«[1] Denn Fernand wirft nicht mehr nur ein Auge auf die elsässischen Frauen, nach den langen Jahren der Gefangenschaft sucht er bei ihnen nun auch nach Sex und Liebe.

Rudolf ist schrecklich eifersüchtig. Obwohl er weiß, dass Fernand eigentlich heterosexuell ist, kann er es nicht ertragen, dass sich der Freund zum Schürzenjäger entwickelt. Einmal verfolgt er Fernand sogar bis zur Wohnung einer jungen Frau, klingelt und stürmt wutschnaubend in das Liebesnest. Fernand ist so perplex, dass er sich vor Schreck unter dem Bett versteckt.

Fernand geht schließlich weg, er übernimmt die Leitung eines Kriegsgefangenenlagers im Schwarzwald.[2] Lange bleibt auch Rudolf nicht bei Fernands Bruder: »Unterdessen habe ich dann wieder Arbeit gefunden und da war ein Arbeitskollege, der hat mich mitgenommen. Der hat gesagt: ›Du kannst bei mir wohnen, ich habe ein Zimmer frei.‹ Dort habe ich ganz allein gewohnt.«[3]

Rudolf ist nun wieder ganz auf sich alleine gestellt. Mehr durch Zufall hat es ihn ins Elsass verschlagen. Doch eine Alternative sieht er nicht. Wohin sollte er gehen? In seine alte Heimat will er schon wegen der Russen nicht zurück. In der Tschechoslowakei ist die Situation nicht anders. Und das Sudetenland, wie er es kennt, gibt es auch nicht mehr. Denn die deutschen Bewohner werden nun vertrieben. Die tschechoslowakische Staatsangehörigkeit wird den Bürgern deutscher und magyarischer Nationalität mit dem Verfassungsdekret vom 2. August 1945 aberkannt.[4] Das müsste Rudolf als Tschechen zwar nicht betreffen. Doch er bemüht sich nicht darum, seine tschechoslowakische Staatsangehörigkeit wiederzuerlangen. Vielmehr stellt er einen Antrag, als »Displaced Person« in Frankreich bleiben zu können. Offiziell gilt er nun als staatenlos.

Wie schon einmal, 1937 in Karlsbad, beginnt Rudolf nun ein komplett neues Leben. Und wieder ist es in einem Land, dessen Sprache er nicht versteht. Mit dem deutschen Dialekt, den die älteren Elsässer sprechen, kommt er zwar ganz gut zurecht. Doch Französisch ist und bleibt für ihn eine Fremdsprache. Mit einem Kurs eignet er sich die wichtigsten Begriffe an, um durchs tägliche Leben zu kommen. Das reicht ihm.

Natürlich sucht Rudolf sich auch neue Freunde. Schon bald hat er ausgekundschaftet, wo sich die Homosexuellen von Mülhausen treffen. Am Steinbach, einer kleinen Parkanlage am Rande der Altstadt, nimmt man dezent Kontakt auf. Rudolf trifft hier einige junge Männer, mit denen er stürmische Nächte verbringt. Doch die große Liebe ist nicht dabei: »Ab und zu bin ich spazieren gegangen und habe jemand getroffen, aber das war alles nichts für mich.«[5] Eine seiner neuen Bekanntschaften ist Fotograf. Am Morgen nach einer wilden Nacht schießt er ein paar Fotos von Rudolf, halbnackt posierend an einem Fenster. Eine Fotostrecke wie aus einer Zeitschrift.

Rudolf lebt sich schnell ein in Mülhausen. Und er fühlt sich so frei wie noch nie in seinem Leben. Ganz im Gegensatz zu den Schwulen, die er am Steinbach trifft. Viele sind verängstigt – und dafür gibt es einen

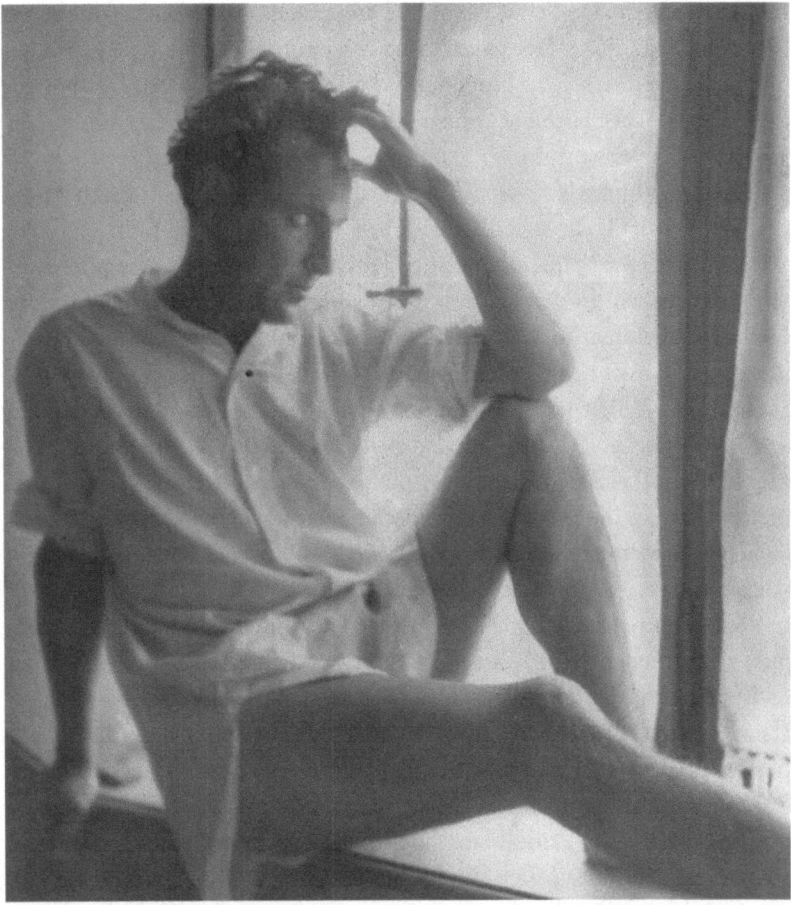

Rudolf am Fenster, Ende der 40er Jahre

Grund. Denn obwohl die Naziherrschaft beendet ist, gibt es in Frankreich noch immer ein Sondergesetz für Homosexuelle. Das ist durchaus bemerkenswert, denn Homosexualität war seit der Französischen Revolution straffrei.[6] Nachdem die Nationalsozialisten Elsass-Lothringen 1940 dem Deutschen Reich einverleibt hatten, galt dort zunächst wieder der Paragraph 175 – mit all seinen Konsequenzen.[7] Homosexuelle Männer wurden verfolgt, zum Teil wurden sie in Straf- und Konzentrationslager verschleppt. So wie der 17-jährige Mülhausener Pierre Seel, der im Mai 1941 ins Sicherungslager Schirmeck-Vorbruck deportiert wurde.[8] Ziel war es, »diese unerwünschten Elemente aus dem Elsass zu entfernen«. Die meisten kamen aber vergleichsweise glimpflich davon, denn sie wurden in das unbesetzte Frankreich »evakuiert«. Bis 1942 wurden auf diese Weise mindestens 95 Homosexuelle und 19 Familienangehörige abgeschoben.[9]

In Frankreich selbst führte die Vichy-Regierung unter Marshall Petain 1942 dann erstmals seit 150 Jahren ein Strafgesetz ein, das Homosexuelle benachteiligte. So wurde das Schutzalter für homosexuelle Kontakte auf 21 Jahre heraufgesetzt, bei heterosexuellen Kontakten lag es dagegen weiterhin bei 15 Jahren.[10] Dieses Gesetz ist nicht vergleichbar mit dem deutschen Paragraphen 175, denn die einvernehmliche Homosexualität Erwachsener blieb in Frankreich straffrei. Doch es ist ein klarer Bruch mit der langen französischen Tradition der Gleichberechtigung. Und dieser Bruch wirkt nach, denn das Gesetz wird auch nach der Befreiung von 1945 nicht aufgehoben. Homosexuelle müssen also weiterhin damit rechnen, von der Polizei observiert und verbotener Kontakte zu Jugendlichen verdächtigt zu werden. Rudolf kann das nicht schrecken. Nach allem, was er durchgemacht hat, erscheint ihm das französische Strafgesetz sehr liberal. Doch ein Teil der Mülhausener Homosexuellen lässt sich dadurch einschüchtern.

All das erscheint harmlos im Vergleich zur Situation in Deutschland. Hier kommt man nicht auf die Idee, die Verfolgungspolitik der Nazidiktatur in Frage zu stellen. Auch die Tatsache, dass Homosexuelle wie Juden und Zigeuner in Konzentrationslager verschleppt wurden, löst keinen Prozess der Besinnung aus. Geradezu absurd erscheint es den meisten, dass man die homosexuellen KZ-Überlebenden als »die besten Bürger im Lande« behandeln könnte, wie es der amerikanische Kommandant von Buchenwald gefordert hatte. Im Gegenteil: In den Augen von Politik und

Gesellschaft gelten schwule Männer weiterhin als Kriminelle. Die Urteile der NS-Justiz gegen Homosexuelle werden als rechtmäßig bewertet – ebenso wie die erlittene KZ-Haft. In einigen Fällen werden homosexuelle KZ-Häftlinge nach ihrer Befreiung sogar in Gefängnisse überstellt, um dort ihre »Reststrafe« abzusitzen.[11]

Schlimmer noch: Der Paragraph 175 bleibt in der von den Nationalsozialisten verschärften Fassung bestehen. Das heißt, dass die extensive Verfolgungspolitik des »Dritten Reiches« nahezu ungebrochen fortgesetzt wird. In einigen deutschen Ländern, so in Thüringen und Sachsen-Anhalt, wird der Paragraph zwar in der vor 1935 gültigen, milderen Fassung angewendet. In den meisten Ländern besteht jedoch die Nazi-Fassung unverändert fort. Die Zahl der Verurteilungen geht zunächst zurück, so werden 1946 nur 1.152 Urteile gefällt. In den folgenden Jahren steigen die Verurteilungen aber wieder kontinuierlich an bis auf 1.728 im Jahr 1949. Kurz: »Für die Homosexuellen ist das Dritte Reich noch nicht zu Ende«, wie Hans Joachim Schoeps 1963 zuspitzend feststellt.[12]

Während des Buchenwald-Prozesses, der seit 11. April 1947 in Dachau stattfindet, kommen die Morde an Homosexuellen immerhin zur Sprache. Es ist vor allem ein Bericht von Ferdinand Römhild, dem ehemaligen Häftlingssekretär im Krankenbau, der dafür sorgt, dass die erbärmliche Situation der Rosa-Winkel-Häftlinge nach 1945 nicht ganz in Vergessenheit gerät.[13] Der SS-Arzt Dr. Hoven und der SS-Sanitätsdienstgrad Friedrich Wilhelm, die beide maßgeblich an der Tötungsaktion vom Sommer 1942 beteiligt waren, werden schließlich zum Tode verurteilt und 1948 hingerichtet.[14] Der SS-Standortarzt Dr. Gerhard Schiedlausky, der für die Menschenversuche verantwortlich war, wird im Ravensbrück-Prozess zum Tode verurteilt und 1947 hingerichtet. Der dänische SS-Arzt Dr. Værnet kann sich hingegen einer Verurteilung entziehen. 1946 ermittelt die dänische Justiz zwar wegen »Landesverrats und anderer staatsgefährdender Tätigkeiten«, in seinen Vernehmungen bestreitet Værnet aber immer wieder, an Menschenversuchen in Buchenwald beteiligt gewesen zu sein. Ende 1946 kann er sich über Schweden nach Argentinien absetzen, wo er am Physiologischen Institut in Buenos Aires arbeitet und bis zu seinem Tod 1965 unbehelligt lebt.[15]

Dass sich neben Værnet auch viele andere SS-Leute nach Südamerika absetzen können, sorgt bei den ehemaligen Häftlingen für Verbitterung. Ebenso wie die Tatsache, dass die Entnazifizierung in Deutschland nicht wirklich gelingt. Im Gegenteil: Nach und nach werden ranghohe Beamte der NS-Diktatur rehabilitiert. Prominentestes Beispiel ist sicherlich Hans Globke, der 1935 für die Ausführungsverordnungen der Nürnberger Rassengesetze verantwortlich zeichnete und 1953 zum Staatssekretär im Bundeskanzleramt berufen wird. Für weniger Aufregung sorgt hingegen, dass die sowjetische Besatzungsmacht in Buchenwald inzwischen ein eigenes »Speziallager Nr. 2« eingerichtet hat, in dem nicht nur ehemalige Nazis inhaftiert sind, sondern auch zahlreiche Kritiker der neuen kommunistischen Ordnung. Viele ehemalige Häftlinge sehen darüber hinweg. Nur wenige sind so hellsichtig wie Eugen Kogon, der in seinem Buch über den SS-Staat 1949 auch die NKWD-Lager anprangert, aber vergeblich fordert: »Die politisch, religiös und rassisch Verfolgten des Naziregimes als die berufenen Kämpfer gegen Rechtlosigkeit und Barbarei müssen ihre Stimme erheben, müssen gegen die neuen schreienden Ungerechtigkeiten angehen.« Doch die einst in Buchenwald inhaftierten Kommunisten wollen davon nichts hören. Viele von ihnen rechtfertigen die neuen Lager – sie meinen, »gefährliche politische Gegner müsse man eben einsperren«.[16]

Rudolf bekommt diese Auseinandersetzungen nur am Rande mit. Von Frankreich aus hat er einen distanzierten Blick auf die Geschehnisse in Deutschland. Doch von seiner Mutter und seinen Geschwistern hört auch er, was es heißt, unter sowjetischer Besatzung zu leben – seine Befürchtungen sieht er bestätigt. Nach und nach bekommt Rudolf auch wieder Kontakt zu seinen schwulen Freunden aus Meuselwitz und Karlsbad. Und auch sie berichten ihm, was in Deutschland vorgeht und dass von einer Rehabilitierung der Homosexuellen nichts zu spüren ist. Irgendwann meldet sich Anton Hartl bei ihm, wahrscheinlich hat er seine neue Adresse von Rudolfs Mutter. Anton hat den Krieg als Friseur für deutsche Offiziere ganz gut überstanden, zum Schluss geriet er in sowjetische Kriegsgefangenschaft. Dort frisierte er erneut, nun waren es russische Offiziere. Seit seiner Entlassung lebt er in Essen, zurück ins Sudetenland konnte er natürlich nicht. Schon bald kommt es zu einem Wiedersehen. Rudolf besucht Anton in seiner neuen Heimat. Dieser ist Feuer und Flamme, ganz wie in alten Zeiten, zu gerne würde er ihre alte Freundschaft wieder aufwärmen. Doch Rudolf hat kein Interesse, diese halbherzige Liaison wiederaufleben zu lassen.

7.2 Edi – ein Mann fürs Leben

Rudolf knüpft seine Kontakte lieber in seiner neuen Heimat. Denn hier kann er Männer ganz unbeschwert kennenlernen. Nur das Sprachproblem macht ihm manchmal zu schaffen, denn sein Französisch ist auch nach vier Jahren Elsass rudimentär. Viele Elsässer können zwar Deutsch, aber eben nicht alle. Und viele wollen nach dem Krieg auch nichts mehr mit Deutschland zu tun haben. Um so aufmerksamer registriert Rudolf, dass Ende der 40er Jahre eine Gruppe Banater Schwaben im Elsass angesiedelt wird: »Weil die Deutsch gesprochen haben, das hat mir gefallen und da bin ich mit denen zusammengekommen.«[17] Die Flüchtlinge stammen aus Rumänien und Serbien. Gegen Ende des Krieges sind sie vor der Roten Armee und den serbischen Partisanen geflüchtet und in Österreich gestrandet. Nun kann sich ein Teil von ihnen in Frankreich niederlassen.

Als die Banater Schwaben im Februar 1950 zu einer Karnevalsfeier laden, ist Rudolf sofort dabei: Wie in den guten alten Zeiten schmeißt er sich in Frauenkleider, zu Karneval ein ungefährliches Unterfangen. Rudolf ist ohnehin Profi und seine Maskerade ist mal wieder so gut, dass sie niemandem als solche auffällt. »Madame Brazda« amüsiert sich an diesem Abend wirklich königlich. Noch größer wird das Vergnügen, als Rudolf einen entzückenden jungen Mann erblickt:

»Eines Tages hatten die eine Festlichkeit gemacht und haben sich verkleidet, einen Maskenball veranstaltet. Ich hatte mich als Frau verkleidet und bin mitgegangen. Bei den vielen Leuten war so ein kleiner schöner Junge gewesen, der war höchstens 18 Jahre alt, der stierte und lachte mich die ganze Zeit an. Da habe ich gedacht, den werde ich mal zum Tanzen holen. Ich habe ihn zum Tanzen geholt, aber er konnte nicht gut tanzen. Ich habe ihn geführt und wie wir uns so berührt haben, also ich zum Beispiel, das tat mir gut, mit ihm zusammenzukommen. Nach dem Tanzen sind wir etwas raus, es war Nacht gewesen, wir sind spazieren gegangen und da habe ich ihm einen Kuss gegeben. Und er hat ihn direkt erwidert. Ich habe ihn gefragt: ›Gefalle ich dir?‹ Er sagte zu mir: ›Und wenn du 90 Jahre alt wirst, werde ich dich lieben.‹ Ich habe gedacht, oh, das ist ein schönes Verhältnis mit ihm.«[18]

Eduard Mayer heißt der junge Mann, kurz: Edi. Und Edi weiß, an wen er bei »Madame Brazda« geraten ist. Beim engumschlungenen Tanz ist ihm nicht verborgen geblieben, dass er es mit einem Damenimitator zu tun hat. Doch das stört ihn nicht. Wie einst mit Werner ist es auch mit Edi: Liebe auf den ersten Blick.

Rudolf und Edi sehen sich nun fast täglich. Schnell entwickelt sich ein intensives Verhältnis, und das, obwohl Edi nicht wirklich schwul ist. Doch er liebt Rudolf über alles. Und er braucht jemanden, der ihm Halt gibt. Das kann Rudolf. Mit seinen 36 Jahren ist er doppelt so alt wie Edi. Ganz zu schweigen vom Vorsprung bei der Lebenserfahrung. Doch genau das braucht Eduard, einen erfahrenen Freund, der sich seiner annimmt: »Der Edi, der war 18 Jahre alt. Ich hab mich gewundert, dass er

»Madame Brazda« beim Maskenball

sich in mich verlieben konnte. Aber ich habe gedacht, ich bin so mütter-
lich, wahrscheinlich hat er mich wegen dem genommen. Da hatte er eine
bessere Heimat als Zuhause, sein Vater war ein Suftili [Trinker], sagt man
auf Elsässisch.«[19]

Edi, das ist schnell klar, ist nach Werner die zweite große Liebe in
Rudolfs Leben. Doch auch diese Liebe ist vom Gesetz bedroht. Erneut
steht Rudolf mit einem Bein im Gefängnis. Denn eine homosexuelle
Beziehung mit einem Minderjährigen ist nach dem nach wie vor gültigen
Vichy-Artikel 331 strafbar. Das Gesetz jedoch kümmert beide nicht. Und
auch die französische Polizei kümmert sich um die beiden nicht.

Als erstes sorgt Rudolf dafür, dass Edi eine Arbeit bekommt: »Ich
habe ihn mit zu meiner Arbeit genommen, denn er hatte keine Arbeit
und da haben wir miteinander, er als Gehilfe und ich als Dachdecker,
zusammengearbeitet. Unser Besitzer vom Geschäft war sehr zufrieden
mit uns gewesen. Im Gegenteil, er hat uns immer verteidigt, wenn mal
die Kollegen gespottet haben. Er sagte: ›Es ist doch ein Liebesverhältnis
zwischen den beiden, lasst die in Ruhe.‹«[20]

Die beiden genießen das Leben, die Freiheit und den zunehmenden
Wohlstand. Von seinen Ersparnissen kauft Rudolf für Edi einen Roller.
Gemeinsam touren sie damit durch die Lande, erkunden Frankreich, hi-
nunter bis ans Mittelmeer. Und auch nach Deutschland fahren sie oft.
Auf die andere Rheinseite, um Spargel zu essen, Rudolfs Lieblingsgericht.
Nach Essen, um Toni zu besuchen. Und eines Tages geht es schließlich
sogar in die DDR, zu Rudolfs Mutter und Geschwistern. Im Mai 1957
fahren die beiden los. Rudolf ist noch immer staatenlos, doch er hat eine
Einreisegenehmigung bekommen, die »zur Fahrt nach – Brossen Kreis
Altenburg – auf dem kürzesten Wege« berechtigt.[21]

Am 19. Mai 1957 reisen sie über Wartha in die DDR ein. Auf dem
Roller geht es über Hitlers Reichsautobahn gen Osten. Rudolf ist sehr
aufgeregt, seine Mutter und die Geschwister wiederzusehen. Und auch
Anna Brazda freut sich auf die Rückkehr des verlorenen Sohnes. Der
Empfang in Brossen, wo die Mutter inzwischen wieder wohnt, ist herz-
lich. Den neuen Schwiegersohn Edi schließt Anna sofort ins Herz und
behandelt ihn, als sei er ihr eigenes Kind. Doch das Thema Homosexua-
lität bleibt ein Tabu zwischen Rudolf und seiner Mutter. Und auch über
Rudolfs KZ-Haft wird in der Familie lange nicht gesprochen. Eine seiner
Schwestern erzählt ihren Kindern, der Onkel sei ein Zigeuner, ein hei-

matloser Gesell, der lieber durch die Weltgeschichte ziehe, als sich eine ordentliche Arbeit zu suchen. Warum Rudolf Deutschland verlassen musste, fällt einfach unter den Tisch.

Natürlich erkundigt sich Rudolf auch nach seinen alten Freunden. Und tatsächlich: Ein paar sind noch vor Ort. Zum Beispiel Ernst Koffmane, er lebt inzwischen in Altenburg. Ria und Helmut leben weiterhin in Limbach und sind inzwischen ein glückliches Paar. Und dann ist da auch noch Elfriede Weißgerber, sie ist jetzt Kinovorführerin und zieht mit einem mobilen Vorführgerät über die Dörfer der sozialistischen Republik, um Unterhaltung und Propaganda darzubieten.[22] Rudolf trifft Elfriede in Meuselwitz wieder:

Edi und Rudolf auf dem Roller, Anfang der 50er Jahre

»Die hat während der DDR-Zeit Klubs gegründet, Lesbenklubs hat sie gegründet. Und obwohl das niemand wusste, dass der Paragraph 175 abgeschafft war, hat sie es gewusst. Der war doch in der DDR abgeschafft. Siehst du, da haben sie auch was Gutes machen wollen, weil alle eingesperrt waren, die Homos von den Nazis, und da haben sie gesagt, jetzt gehen wir voraus, jetzt schaffen wir den Paragraphen 175 ab, ehe der Westen den Paragraphen streicht. Und dabei war es doch gar keine Freiheit gewesen, mit den Homosexuellen in der DDR.«[23]

Tatsächlich wird der Paragraph 175 in der DDR schon früh entschärft. Die Nazi-Fassung wird 1949 vom Ost-Berliner Kammergericht aufgehoben, seitdem gilt nur noch die Weimarer Fassung des Paragraphen. Und seit 1950 wird dabei »weitherzig von § 153 (Einstellung wegen Geringfügigkeit) Gebrauch gemacht«.[24] In der Presse wird über diese Lockerungen allerdings nicht berichtet, so dass kaum jemand davon erfährt. Ohnehin bleibt das schwule Leben auch in der DDR riskant. Als Rudolf und Edi in Brossen zu Besuch sind, wird gerade ein Strafrechtsergänzungsgesetz vorbereitet, demzufolge Straftaten künftig nicht mehr verfolgt werden, wenn sie »wegen ihrer Geringfügigkeit und mangels schädigender Folgen für die DDR, den sozialistischen Aufbau, die Interessen des werktätigen Volkes sowie des einzelnen Bürgers nicht gefährlich« sind.[25] Das gilt auch für Straftaten nach Paragraph 175, soweit ihnen eben keine politische oder staatsgefährdende Bedeutung beigemessen wird. Politisch unliebsame Homosexuelle können von der DDR-Justiz aber weiterhin verfolgt werden. Und auch im alltäglichen Leben werden Homosexuelle sehr eingeschränkt. Einschlägige Treffpunkte wie Kneipen gibt es offiziell nicht. Entwickeln sich einzelne Gaststätten über Mundpropaganda dazu, werden sie oft geschlossen. Viele Schwule gehen deswegen lieber in den Westen, wo die Strafverfolgung zwar schärfer ist, aber die schwule Subkultur dennoch mehr Möglichkeiten bietet. So zum Beispiel Johannes Schreiber, den Rudolf durch Zufall im Elsass wiedertrifft. Dort ist er als Kriegsgefangener interniert. Nach seiner Entlassung bleibt er im Westen und baut sich in Essen ein neues Leben auf.[26]

Eine deprimierende Erkenntnis ist es für Rudolf, wie viele der Altenburger Homosexuellen nicht mehr am Leben sind. Helmut John, Paul Höfner und Leopold Kretzschmar sind in Buchenwald ums Leben gekommen, Fritz Dieg in Sachsenhausen.[27] Karl Rauschenbach hat seine achtjährige Odyssee durch die Straf- und Konzentrationslager des »Dritten Reiches« zwar überlebt, zuletzt war er wohl in Neuengamme inhaf-

tiert. Doch nach der Befreiung ist
er so geschwächt, dass er im Februar 1946 an einer Gehirnhautent-
zündung stirbt.[28] Auch Reini Winter ist nicht mehr am Leben, er ist
1949 in Altenburg gestorben. Wilhelm Wähnert ist 1941 an der Ostfront gefallen, Arthur Sachs 1943.[29]
Außer Rudolf ist aus dem Altenburger Homosexuellenkreis nur
noch ein ehemaliger KZ-Häftling
am Leben: Otto Helmut Freiherr
zu Wangenheim, der vier Jahre in
Konzentrationslagern überlebte,
zunächst in Buchenwald, später in
Dachau, wo er von den Amerikanern befreit wurde. Doch dass Rudolf damals von seinem Schicksal

Rudolf elegant mit Sonnenbrille und Hut

erfährt, ist eher unwahrscheinlich, denn Wangenheim ist nach der Befreiung in Dachau geblieben.[30]

Am meisten schmerzt Rudolf jedoch das Schicksal von Werner Bilz:
»Den haben sie zum Militär gegeben, in die feindliche Linie, dort ist er
dann in Südfrankreich an der Kanalküste kaputtgegangen. Das hatten sie
mit allen gemacht, wo sie gewusst haben, dass sie homosexuell sind. Alle
haben sie zum Militär geschickt, da haben sie sie in die größten und gefährlichsten Gefechte eingestellt. Zur Vernichtung.«[31] Tatsächlich ist
Werner Bilz im Krieg verschollen. Zuletzt war er allerdings in Rumänien
eingesetzt, wo er wohl 1943 ums Leben kam. Ob er tatsächlich einem
Strafbataillon der Wehrmacht zugeteilt war, lässt sich nicht mehr klären.[32]

Auf dem Rückweg aus seiner alten Heimat machen Rudolf und Edi
noch einen unerlaubten Abstecher – nach Buchenwald. Denn von der
Autobahn sieht man die Baustelle des Mahnmals, das am Ettersberg errichtet wird. Rudolf ist zu neugierig, er will sehen, was dort entsteht. Und
er will Edi zeigen, wo er fast drei Jahre inhaftiert war. Schon seit 1954
wird an der »Nationalen Mahn- und Gedenkstätte« gebaut. Der Südhang
des Ettersberges wird dafür komplett umgestaltet. Gekrönt werden soll

das Mahnmal von einem 50 Meter hohen Glockenturm. Rudolf und Edi fahren gemeinsam nach oben, über den von Häftlingen gebauten »Blutweg« bis zur Baustelle. Es ist das erste Mal seit seiner Befreiung, dass Rudolf wieder hier ist. Das laue Maiwetter, das frische Grün der Buchen, die gigantische Baustelle, all das hat so wenig zu tun mit seinen Erinnerungen. Nach der Baustelle besichtigen die beiden das eigentliche Lagergelände. Das Haupttor steht noch, doch einen Großteil der Baracken hat man abgerissen, nachdem das sowjetische Speziallager 1950 aufgelöst wurde. Am Krematorium hängt nun eine Gedenktafel für den »Führer der deutschen Arbeiterklasse« Ernst Thälmann, der hier 1944 ermordet wurde. An die homosexuellen Opfer erinnert nichts.

Rudolf ärgert sich über diese einseitige Form des Gedenkens. Er erzählt Edi von seinen Erlebnissen, von den Todesspritzen und den Leichenbergen vor dem Krematorium. Und von Fritz, den er auf einem dieser Haufen erkannte. Doch Edi hält nichts davon, die Vergangenheit aufzuwühlen: »Wofür ist das jetzt noch wichtig? Wir sind zusammen, das ist das einzige, was zählt«, ist sein Kommentar.[33] Edis Reaktion klingt vielleicht etwas ignorant. Doch für Rudolf ist sie eine wichtige Hilfe, mit dem Thema abzuschließen. In seinen Augen hat Edi Recht: Alles, was zählt, ist die Gegenwart – und ihre große Liebe.

Edis Bemerkung wird für Rudolf zur Leitlinie seines Umgangs mit der Zeit in Buchenwald. Er verdrängt das Thema, fast nie spricht er darüber. Und er fährt gut damit. Albträume, so sagt er, haben ihn nie gequält. Doch tief in ihm bleibt etwas – es ist der Wunsch nach Anerkennung, nach irgendeiner Form der Genugtuung für das Unrecht, das ihm angetan wurde.

Diese Anerkennung bleibt den Homosexuellen jedoch verwehrt, von einer Entschädigung ganz zu schweigen. Im Bundesgesetz zur Entschädigung für Opfer der NS-Verfolgung von 1956 werden die Männer mit dem rosa Winkel »vergessen«. Einen Anspruch auf Entschädigung hat demnach nur, »wer aus Gründen politischer Gegnerschaft gegen den Nationalsozialismus oder aus Gründen der Rasse, des Glaubens oder der Weltanschauung durch nationalsozialistische Gewaltmaßnahmen verfolgt worden ist und hierdurch Schaden an Leben, Körper, Gesundheit, Freiheit, Eigentum, Vermögen, in seinem beruflichen oder in seinem wirtschaftlichen Fortkommen erlitten hat«.[34] Homosexuelle Männer werden hingegen als Kriminelle betrachtet und bleiben wie die sogenannten »Berufsverbrecher« und »Asozialen« von Entschädigungszahlungen ausgeschlossen. Auch in der DDR verweigert man Rosa-Winkel-Häftlingen die Anerkennung als »Opfer des Faschismus«. In der Bundesrepublik ist eine Entschädigung allenfalls nach dem allgemeinen Kriegsfolgengesetz von 1958 möglich. Ein Antrag hierfür muss bis zum 31. Dezember 1959 gestellt werden. Dass Rudolf von dieser Möglichkeit der Entschädigung erfährt, ist unwahrscheinlich. Einen Antrag stellt er damals jedenfalls nicht.

Es sind überhaupt nur 14 Homosexuelle, die schließlich einen solchen Antrag stellen, wie viele davon positiv beschieden werden, ist nicht bekannt.[35] Aufgrund der fortgesetzten Stigmatisierung und Strafverfolgung wagen es die meisten nicht, sich durch einen Antrag bei den für die Ent-

In einem Boot: Rudolf und Edi

schädigung zuständigen Oberfinanzdirektionen erneut als Homosexuelle aktenkundig zu machen. Völlig ausgeschlossen erscheint es damals, sich öffentlich zu seinem Schicksal zu bekennen und über seine Erfahrungen zu berichten. Nur ein Bericht eines ehemaligen Rosa-Winkel-Häftlings wird in den 50er Jahren veröffentlicht – unter dem Pseudonym L.D. Classen von Neudegg in der Homosexuellenzeitschrift *Humanitas*.[36]

Doch wie sollte es auch anders sein? In Westdeutschland gewinnt die Homosexuellenverfolgung wieder richtig an Fahrt. Versuche, den Paragraphen 175 als NS-Unrecht und grundgesetzwidrig zu Fall zu bringen, sind gescheitert. Schon 1951 hat der Bundesgerichtshof entschieden, der Paragraph sei 1935 »in ordnungsgemäßer Form zustande gekommen«. Auch einen Verstoß gegen das Grundgesetz kann der BGH nicht erkennen, denn die »Unzucht zwischen Männern verstößt gegen das Sittengesetz und wird deshalb keineswegs durch das Recht auf freie Entfaltung der Persönlichkeit gerechtfertigt«.[37] Eine Verfassungsbeschwerde zweier schwuler Männer aus dem Jahre 1955 bleibt ebenfalls erfolglos. Das Bundesverfassungsgericht weist die Beschwerde 1957 zurück. In seinem Urteil bezieht sich das Verfassungsgericht sogar ausdrücklich auf die Begründung des Strafrechtsentwurfs von 1925, derzufolge »der deutschen Auffassung die geschlechtliche Beziehung von Mann zu Mann als eine Verirrung« erscheine, die letztendlich »zur Entartung des Volkes und zum Verfall seiner Kraft« führe. In diesem Punkt unterscheidet sich die Argumentation der Verfassungsrichter nicht von der der NS-Juristen und ihrer Wegbereiter.[38]

In Frankfurt am Main kommt es 1950/51 zu einer Verfolgungswelle, in deren Zuge hundert schwule Männer festgenommen und gegen 75 Anklage erhoben wird. Einige versuchen sich der Verfolgung durch Flucht ins Ausland zu entziehen. Sechs Beschuldigte sehen keinen anderen Ausweg als den Freitod.[39] Rudolf erinnert all das an seinen Prozess in Altenburg, als sich Johannes Schreibers Freund Willi Heinke vor den Zug warf. Insgesamt kommt es in der Bundesrepublik zwischen 1950 und 1969 zu mehr als 100.000 Ermittlungsverfahren und über 50.000 rechtskräftigen Verurteilungen. Das sind mehr Urteile, als während der zwölf Jahre des NS-Terrors gefällt wurden.

In dieser Situation entscheidet Rudolf sich schließlich dafür, französischer Staatsbürger zu werden. 1960 beendet er seine ungesicherte Existenz als Staatenloser. Der neue Bürger der »Grande Nation« bekommt auch einen neuen Namen: Fortan steht in Rudolfs Pass Rudolphe Brazda. Was Rudolf daran besonders stolz macht: Er ist nun Landsmann von Josephine Baker, die die französische Staatsbürgerschaft schon 1937 angenommen hat.

Doch das Jahr 1960 bringt auch eine Zäsur, die weniger erfreulich ist. Am 13. August, exakt ein Jahr vor dem Bau der Berliner Mauer, stirbt Rudolfs Mutter. Zur Beerdigung fährt Rudolf nicht. Abschied nimmt er lieber für sich allein, fern der Heimat, die ihm inzwischen fremd geworden ist.

7.3 Aufbruch zu neuen Ufern

Die 60er Jahre werden für Rudolf und Edi zu einem Jahrzehnt des Aufbruchs. Mit den Ersparnissen, die er in den letzten zehn Jahren angesammelt hat, kauft Rudolf ein kleines Grundstück am Rande von Mülhausen. Es ist eine gottverlassene Gegend, das Gelände einer aufgegebenen Kali-Mine, auf dem bislang Zigeuner kampieren. Zu allem Überfluss ist das Grundstück auch abschüssig. Doch für Rudolf und Edi ist es das richtige. Hier wollen sie sich ihr eigenes Heim schaffen, ein Haus bauen, in dem sie ihr restliches Leben verbringen können.

Bislang haben die beiden noch nicht zusammen gewohnt, aus Rücksicht auf Edis konservative Familie. Doch nun ist es an der Zeit für einen neuen Lebensabschnitt. Mehrere Jahre bauen die beiden an dem Haus. Jeder Stein wird selbst herangeschafft und gemauert: »Wir waren gute Handwerker und konnten Steine legen, da haben wir die Mauer gezogen, den Boden haben wir uns betonieren lassen, weil wir keinen Betonmischer hatten, haben wir uns den Kellerboden machen lassen und dann über den Kellerboden haben wir dann die Mauern gezogen, dass Dach aufgestellt, ordentlich Ziegel drauf und fertig. Wir hatten eine Heimat gehabt.« Rudolfs Chef ist voller Anerkennung. Den Kollegen, die manchmal immer noch Witze reißen, empfiehlt er das schwule Paar als Vorbild: »Der Rudi und der Edi, die sind schon richtig. Die zeigen euch etwas, die fangen schon an, ein Haus zusammen zu bauen. Die wollen sich ein Heim gründen. Und das war auch so, wir haben dann das Haus gebaut.«[40]

Rudolf tanzend in den 6oern

Es ist ein kleines, schlichtes Haus, einfach gebaut, doch ganz modern und nach ihren eigenen Vorstellungen entworfen. Das Schlafzimmer streicht Rudolf lindgrün, so wie damals, in Meuselwitz. Als das neue Heim nach drei Jahren schließlich fertig ist, wird erst einmal so richtig gefeiert. Wie in seinen Meuselwitzer Zeiten lädt Rudolf Freunde aus nah und fern ein – zu einem ausgelassenen Tuntenball. Er selbst kostümiert sich aufreizend mit knappem Bikini-Oberteil. Und wieder einmal tanzt er so wild wie Josephine Baker in ihren besten Zeiten. Grund zum Feiern gibt es in den 60er Jahren tatsächlich genug. Endlich beginnen sich die Zeiten zu ändern. Gesellschaftliche Konventionen werden in Frage gestellt, auch über einen toleranteren Umgang mit Homosexuellen wird nun diskutiert. Einen Tag vor Rudolfs 56. Geburtstag, am 25. Juni 1969, wird der Paragraph 175 schließlich ganz erheblich entschärft. Erstmals seit hundert Jahren sind homosexuelle Handlungen erwachsener Männer in Deutschland straffrei. Bestehen bleibt ein Rumpfparagraph, mit dem »qualifizierte Fälle«, also Sex mit Minderjährigen, Prostitution und die Ausnutzung eines Abhängigkeitsverhältnisses weiterhin strenger verfolgt werden als bei Heterosexuellen. In der DDR ist der Paragraph 175 bereits 1968 gefallen und durch den neuen Paragraphen 151 ersetzt worden. Dieser stellt sexuelle Handlungen mit Jugendlichen des gleichen Geschlechts unter Strafe, erstmals wird damit auch Sex zwischen erwachsenen Frauen und weiblichen Jugendlichen kriminalisiert.

Dass der »Schandparagraph« gefallen ist, ist für Rudolf eine große Genugtuung. Eine wirkliche Anerkennung des Unrechts, das ihm geschehen ist, ist es aber nicht. Dennoch ist die Reform des Paragraphen 175 ist eine Zäsur. Und nicht nur in Deutschland tut sich etwas. Im Zuge der 68er-Revolte begehren Schwule und Lesben an vielen Orten auf.

Einen Tag nach Rudolfs 56. Geburtstag, in der Nacht vom 27. auf den 28. Juni 1969, kommt es in der New Yorker Christopher Street zu einem Aufstand gegen eine Razzia in der Schwulenkneipe »Stonewall Inn«. 2.000 Menschen liefern sich mit der Polizei eine Straßenschlacht. Der Aufstand wird zur Initialzündung einer neuen Schwulen- und Lesbenbewegung, die in den meisten westlichen Ländern schließlich einen massiven Abbau der staatlichen Diskriminierung Homosexueller erkämpfen kann.

Rudolf und Edi genießen die Freiheiten, die der Aufbruch der neuen Homosexuellenbewegung mit sich bringt. Auch zu einer Demonstration in Paris fahren sie. Doch Rudolf bleibt lieber in sicherer Distanz zu der neuen Bewegung. Denn bei dem Pariser Protestmarsch, das ist zumindest sein Eindruck, wimmelt es von Geheimpolizei. Und unerwünschte Kontakte mit der Polizei hatte Rudolf in seinem Leben schon genug.

Die siebziger Jahre bringen für Rudolf und Edi schließlich einen großen Schicksalsschlag. Nachdem Rudolf bereits 1968 bei der Arbeit vom Dach gestürzt war, passiert das gleiche nun auch Edi. Rudolf hatte wieder einmal das Glück auf seiner Seite, er war in einen Busch gefallen und

Rudolf bei einem privaten Tuntenball in den 60er Jahren

hatte sich nur den Kiefer gebrochen. Doch Edi kommt weniger glimpflich davon:

»Eines Tages kommt er zu mir und sagt: ›Du, ich wär beinahe abgerutscht, auf dem
Dach war es so glatt vom Frost‹. Ich sagte: ›Nimm dich ja in Acht.‹ Aber er hatte sich
schon das Bein verletzt und darum konnte er sich nicht richtig bewegen. Den nächsten Tag ist er doch arbeiten gegangen. Und was war? Ich konnte ihn im Spital besuchen, er war wieder abgerutscht. Er hatte keinen Halt gehabt, weil sein Bein kaputt
war. Und da sagt er zu mir: ›Der Doktor hat gesagt, dass ich nie mehr laufen könnte,
es ist fertig mit dem Laufen.‹ Ich sagte zu ihm: ›Hauptsache du kommst wieder raus
und bist noch lebendig.‹«[41]

Edi bricht sich bei seinem Sturz das Rückgrat und bleibt für den Rest
seines Lebens querschnittsgelähmt. Rudolf besucht Edi täglich, er versucht ihn zu trösten, ihn mit seinem Optimismus und Humor aufzurich-
ten. Und tatsächlich gelingt es ihm, Edi wieder den nötigen Lebensmut
zu geben. Die beiden beschließen, dass Edi, sobald er aus der Klinik entlassen ist, wieder Autofahren lernen soll. Ihr Auto wollen sie behinder-
tengerecht umrüsten und gemeinsam durch Europa reisen. Und tatsächlich: Edi gelingt es, das Autofahren wieder zu erlernen – und ein neuer
Lebensabschnitt beginnt.

Rudolf ist bereits Rentner, auch Edi bekommt nun eine stolze Invali-
denrente. Geld haben die beiden genug, um sich ein schönes Leben zu
machen. Soweit das eben möglich ist. Das Haus lässt Rudolf umbauen,
damit Edi darin auch im Rollstuhl zurechtkommt. Das Auto wird umge-
rüstet. Und los geht es. Gemeinsam touren sie durch die Lande, nach
Italien, Jugoslawien – immer öfter geht es jetzt auch in Rudolfs alte Heimat Meuselwitz: »Ich habe ihn immer mit dem Rollstuhl ans Auto gefahren und reingesetzt, dass er steuern konnte. Und so haben wir ein schönes
Leben miteinander gehabt. Und überhaupt, macht nichts, ich sage es, wir
hatten ja Geld genug.«[42]

Als Rudolf im Sommer 1979 davon hört, dass in Frankfurt ein Schwu-
len-Festival geplant ist, ist er sofort entschlossen, auch dorthin zu fahren.
Die beiden machen sich auf, um die neue westdeutsche Schwulenbewegung zu inspirieren. »Homolulu« heißt das Treffen, ein Phantasie-
name, der den Traum von einer diskriminierungsfreien Welt, einer »auto-
nomen Insel mit Schwulen für Schwule« symbolisieren soll.[43] Und es ist
wirklich überwältigend: Hunderte schwuler Männer sind gekommen,
küssen sich in aller Öffentlichkeit, zelebrieren ihre neue Freiheit und for-

dern weitere Rechte ein. Besonders die Forderung Nr. 8 der verabschiedeten Resolution beeindruckt Rudolf: »Wir fordern Wiedergutmachung an den schwulen KZ-Opfern und völlige Rehabilitierung der Überlebenden.«

Tatsächlich hat sich in den Jahren davor etwas getan. 1972 erscheint Heinz Hegers autobiographischer Bericht *Die Männer mit dem rosa Winkel.*[44] Es ist der erste wirklich umfassende Augenzeugenbericht zu dem Thema. Und das Buch findet zumindest unter Schwulen und Lesben weite Verbreitung – auch Rudolf kauft sich ein Exemplar. Die neue Schwulenbewegung beginnt, sich ihrer Wurzeln zu besinnen und der Geschichte der Verfolgung anzunehmen.

Langsam rücken die nach 1945 vergessenen Opfergruppen, zu denen auch die Sinti und Roma gehören, ins Bewusstsein einer größeren Öffentlichkeit. Die Entschädigung homosexueller KZ-Häftlinge steht seither auf der Tagesordnung. Doch auf der politischen Ebene tut sich nur wenig. Immerhin: Als es 1981 zur Einrichtung von sogenannten »Härtefonds« kommt, werden Homosexuelle erstmals einbezogen. Doch das heißt nicht viel: Die Opfer können sich die erlittene KZ-Haft nur als Ausfallzeit bei der Rentenversicherung anrechnen lassen. Und für Gefängnisstrafen, unter denen die meisten homosexuellen NS-Opfer zu leiden hatten, gilt diese Regelung nicht. Neun Homosexuelle, deren Anträge auf Entschädigung nach dem Allgemeinen Kriegsfolgengesetz erst nach dem Stichtag Ende Dezember 1959 eingegangen waren, versuchen nun, in den Genuss dieser großherzigen Regelung zu kommen. Bewilligt werden allerdings nur die Anträge von vier Opfern, die eine »rechtsstaatswidrige KZ-Haft« erlitten hatten.[45]

1988 werden die Härtefallregelungen nach dem Allgemeinen Kriegsfolgengesetz (AKG) noch einmal ausgeweitet. Seither können Homosexuelle, die in einem Konzentrationslager inhaftiert waren, eine einmalige Beihilfe bis zu 2.556,46 Euro beantragen. In »besonderen Ausnahmefällen« sind sogar laufende Leistungen möglich.[46] Als Rudolf davon hört, stellt er sofort einen Antrag.

Doch das Regierungspräsidium Köln lehnt den Antrag nach neun Monaten Bearbeitungszeit ab, weil Rudolfs »Inhaftierung nicht auf die im BEG aufgeführten Gründe zurückzuführen« sei. Rudolf wird damit amtlich bescheinigt, dass die Verfolgung Homosexueller immer noch nicht als NS-Unrecht betrachtet wird. Laut Regierungspräsidium Köln ist in seinem Fall auch eine Entschädigung nach dem AKG-Härtefonds nicht möglich, weil »Sie die französische Staatsangehörigkeit besitzen« und »der Antragsteller die deutsche Staatsangehörigkeit haben muss«.[47] Kaum zu glauben, aber die einmalige Beihilfe nach dem AKG-Härtefonds wird tatsächlich nur deutschen Staatsbürgern oder »Volkszugehörigen« gewährt. Außerdem muss man sich in einer wirtschaftlichen Notlage befinden. Beides trifft auf Rudolf nicht zu. Er fällt also auch durch das Raster dieser Entschädigung zweiter Klasse.

Rudolf jedoch ist die Sache wichtig. 1992 stellt er einen weiteren Antrag auf Entschädigung. Rudolf will Anerkennung und Gerechtigkeit: Er beantragt eine »einmalige Wiedergutmachung«, denn es geht ihm »allein um die gewisse noch nicht bekommene Entschädigung, dass ich die Genugtuung habe«, für das, »was ich durchgemacht hatte«. Er »möchte nur die Wiedergutmachung, die auch alle, die in Frage kommen, bekommen haben«.[48]

Die mangelnde Anerkennung wurmt Rudolf. Je älter er wird, desto mehr beschäftigt ihn die Zeit seiner Jugend, die schönen Jahre in Meuselwitz, aber auch die langen Jahre der Verfolgung. Edi, der einst gedacht hatte, man könne die Vergangenheit begraben, zeigt Verständnis. Gemeinsam füllen sie die Antragsformulare aus. Edi übersetzt die französischen Atteste von Rudolfs Hausarzt.

Doch es nützt alles nichts. Da sich an der Rechtslage seit 1988 nichts Grundlegendes geändert hat, kommt der Kölner Regierungspräsident erneut zu dem Ergebnis, dass Rudolfs Verhaftung »keine NS-Verfolgungsmaßnahme aus einem der in § 1 BEG genannten Gründe« gewesen sei. Die Oberfinanzdirektion Freiburg betont in einem Schreiben an Rudolf zwar ihr Verständnis für sein »schweres Schicksal«, um ihm dann jedoch die aussichtslose Rechtslage zu erläutern. Dieser reagiert darauf nicht mehr, was als Rücknahme seines Antrages gewertet wird.[49] Eines kann Rudolf aber doch erreichen: »Die Zeit im KZ ist mir angerechnet worden zu meiner Rente.«[50] Das freilich ist nicht die »Genugtuung«, die er sich wünscht.

Eine kleine Genugtuung ist es für Rudolf, dass der Deutsche Bundestag 1994 beschließt, den Paragraphen 175 nun ganz aus dem Strafgesetzbuch zu streichen. Seither gibt es in Deutschland kein Strafgesetz mehr gegen homosexuelle Männer. Und im Jahr 2002 gibt es noch einen weiteren Fortschritt: Sämtliche zwischen 1935 und 1945 nach Paragraph 175 gesprochenen Urteile werden als »nationalsozialistische Unrechtsurteile« aufgehoben.[51] Damit werden auch Rudolfs Verurteilungen für ungültig erklärt. Einen Entschädigungsanspruch kann er aber auch daraus nicht ableiten.

Doch das Leben geht weiter und Rudolf und Edi genießen die schönen Dinge, die es zu bieten hat. Tag für Tag kocht Rudolf für sich und Edi, so wie er es bei seiner Mutter gelernt hat. Auch mit 80 sind seine Hände beim Zwiebelschneiden noch so flink, dass so manche Hausfrau vor Neid erblasst. Rudolf liebt die böhmische Küche, aber nichts geht über frischen Spargel und danach: Erdbeeren mit Sahne. Zum guten Leben gehört aber auch ihr Haus, dass sich die beiden im Laufe der Jahrzehnte liebevoll einrichten. Mit den Jahren hat es sich mit den Andenken ihrer Urlaubsreisen gefüllt, mit Papageien aus Porzellan, Putten, Madonnen und geschnitzten Jägersmännern. Rudolf liebt diesen Kitsch, ebenso wie er das Reisen liebt. So weit es geht, fahren die beiden auch in den 90er Jahren noch durch die Lande. Doch die Gesundheit spielt immer seltener mit. Edi leidet zunehmend unter den Folgeerkrankungen seiner Lähmung. Und auch Rudolf ist inzwischen angeschlagen, einen Herzinfarkt hat er schon hinter sich. Das alles ist für ihn aber kein Grund, den Kopf hängen zu lassen. Immer wieder werden neue Reiseziele ausgesucht. Seit der Maueröffnung geht es noch öfter gen Osten. Und es kommt nun auch mehr Besuch nach Mülhausen: Rudolfs zahlreiche Nichten und Neffen dürfen nun auch in den Westen.

Im Februar des Jahres 2000 feiern Rudolf und Edi schließlich ihre Goldene Hochzeit. Verheiratet sind sie natürlich nicht, auch nicht »verpaxt«, wie es in Frankreich seit kurzem möglich ist.[52] Doch was hat das schon für eine Bedeutung? Ewige Liebe hatten sie sich schließlich schon in ihrer ersten Nacht geschworen. »Wir wollen niemals auseinandergehen«, Heidi Brühls Schlager von 1960, das ist ihr Lied. Auf einer Reise hatte Edi für Rudolf einmal eine Spieluhr gekauft, wenn man den Deckel der kleinen Dose öffnet, hört man die Melodie des alten Schlagers.

Auch drei Jahre später, zu Rudolfs 90. Geburtstag, wird noch einmal groß gefeiert. Edi hat sein Versprechen gehalten, Rudolf zu lieben, auch wenn er neunzig Jahre alt wird. Doch viele Gratulanten gibt es nicht an diesem Tag. Von immer weniger Freunden kommen noch Briefe, nach und nach sind die meisten gestorben. Toni, Hans und Ernst haben schon lange kein Lebenszeichen mehr von sich gegeben.[53] Und auch von den

Limbachern Helmut und Ria kommt keine Post mehr an: »Der Helmut und die Ria, ich denke mal, die waren Kameraden fürs Leben, die sind dann zusammen ins Altenheim gegangen. Die haben die Wohnung aufgegeben und sind wie richtige Freunde gemeinsam ins Altenheim. Irgendwann hab ich dann nichts mehr von ihnen gehört.«[54] Das Jahr 2003 bringt für Rudolf schließlich einen noch viel schmerzvolleren Abschied. Denn am 25. November stirbt Edi.

7.4 Das Leben ohne Edi

Für Rudolf ist dieser Abschied sehr schwer. Edi, das war schließlich die große Liebe seines Lebens. Der Mann, bei dem er das Glück gefunden hat, nach dem er immer gesucht hatte. Doch Rudolf gelingt es, auch diesen Verlust zu verwinden. Wie immer versucht er, einfach das Positive zu sehen: »Zum Glück ist er dann doch noch 73 Jahre alt geworden. Und dann ist er gestorben, der arme Kerl, im Spital, er hatte irgendetwas mit dem Herz, daran ist er gestorben. Das ist jetzt schon sieben Jahre her und ich lebe immer noch, mit 95 Jahren, mich dauert das, sehr. Aber was kann der Mensch. Muss leben, wenn er geboren wird, und wenn er sterben muss, dann kommt die Zeit, dann muss er eben sterben.«[55]

Edis Beerdigung auf dem Mülhausener Friedhof wird zu einer großen Herausforderung für Rudolf. Während er allein kommt, erscheint Edis Familie mit Kind und Kegel. In Rudolfs Augen ist das verlogen. Denn zu Edis Lebzeiten hatte die Familie Distanz gehalten. Edis Neffen warnte man sogar: »Wehe, du gehst zu so einem Schwulen.‹ Mir war das egal, meinetwegen konnten sie mich ruhig ›Schwuler‹ nennen. Ihr seid mir viel zu klein, dass ich etwas annehme von euch.« Nun jedoch sind alle da. Und Rudolf spürt, dass er etwas tun muss, dass er ein Zeichen setzen muss gegen diese Bigotterie:

»Es war eine große Beerdigung, mit Verwandten, Anverwandten, Nachbarn von mir, ich will mal sagen, es waren so um die fünfzig Personen. Ich saß vorne in der ersten Reihe und der Sarg stand vor mir. Ich habe vor ihm gesessen und ich habe gedacht, jetzt zeige ich euch mal, was Schwule können, besser wie Ihr! Ich bin dann aufgestanden und habe meine Hand auf den Sarg gelegt und habe meinen Kopf ein paar Mal drauf geschlagen und habe geschrien, ›Chérie‹ habe ich geschrien. Auf einmal war in der Kirche hinter mir Totenstille. Die Verwandten sind vielleicht blöd geworden vom Schauen und haben wahrscheinlich gedacht, schau, die zwei Schwulen, wie die gelebt haben.«[56]

Es ist Rudolfs Art, Abschied zu nehmen. Und sie transportiert eine Botschaft, die jeder der Trauergäste versteht: Dass auch Schwule gemeinsam leben, sich lieben und leiden und dass es auch für sie schmerzvoll ist, wenn der Partner stirbt.

Schmerzvoll ist es anfangs wirklich, das Leben ohne Edi. Rudolf ist nun allein in dem kleinen Haus, das er mit Edi gebaut hat. Immerhin kann er behalten, was sie sich gemeinsam aufgebaut haben, das Haus und die Ersparnisse. Selbstverständlich ist das nicht, auch wenn er mit Edi wie Mann und Frau gelebt hat, für mehr als 50 Jahre. Doch mit Hilfe eines Rechtsanwaltes wird die langjährige Beziehung schließlich nachträglich als »PACS« anerkannt, als Ehe zweiter Klasse, die Rudolf das Erbe sichert: »Die Kumpels, die Menschen, Männer oder Frauen, die jahrelang zusammenleben oder gelebt haben, werden angesehen wie verheiratete Leute und haben dasselbe Recht wie auch verheiratete Menschen. Darum habe ich das gesparte Vermögen von meinen Freund geerbt und ich bin dankbar, dass es so gekommen ist.«[57]

Die Zeiten haben sich geändert. Auch in Deutschland gibt es seit 2001 eine Lebenspartnerschaft, die schwulen und lesbischen Paaren essentielle Rechte sichert. Zwar noch nicht dieselben Rechte, die heterosexuelle Ehepaare haben, aber immerhin. Für Rudolf sind das goldene Zeiten. Nach allem, was er erlebt hat, erscheint ihm die heutige Rechtslage geradezu paradiesisch. Und er bleibt weiter optimistisch. Einen Rückfall in die barbarischen Zeiten des »Dritten Reiches« fürchtet er nicht. Nein, er glaubt, dass die Menschen dazugelernt haben: »Wegen den schwulen Leuten, mein ich es so: Die Demokratie, die EWG, die haben so humane Gesetze gemacht, die haben den Paragraphen 175 reduziert für die Homos und haben ihn dann sogar weggemacht, den Paragraphen 175. Und nun meine ich, ist das Volk endlich gescheit geworden. Die sagen: Das sind Menschen, wenn sie auch in der Sexualität behindert sind, sollen sie leben wie die anderen.«[58]

Dass Schwule und Lesben in ihrer Sexualität »behindert« seien, das sieht Rudolf noch immer so. Heute fällt es schwer, eine solche Sichtweise zu akzeptieren. Wissen wir nicht schon seit Kinsey, dass homosexuelle Kontakte eine weit verbreitete Spielart der menschlichen Sexualität sind?

Doch Rudolf ist in einer anderen Zeit aufgewachsen. Und letztlich kommt es auch nicht darauf an, wie man sich die Welt und die Spielarten der Sexualität erklärt. Entscheidend ist, dass man sich nicht verbiegt, dass man sich die elementaren Bedürfnisse nach Liebe, Zärtlichkeit und Sexualität nicht verbieten lässt, egal welche Theorien und Ideologien die öffentliche Meinung gerade beherrschen. Das hat Rudolf nie getan. Er ist seinen eigenen Weg gegangen, einen oftmals schmerzvollen Weg, doch er ist sich dabei treu geblieben.

Rudolf musste in seinem Leben viele Widerstände überwinden. Doch er ist ein Stehaufmännchen, immer wieder schafft er einen neuen Anfang. Das zeigt sich auch 2004, als er eine Hirnblutung hat. Alle denken, nun sei es auch um ihn geschehen. Seine Nichte Petra nimmt ihn zu sich, pflegt ihn ein halbes Jahr. Danach soll er in ein Altenheim. Doch Rudolf weigert sich. Er möchte selbständig bleiben, in seinen eigenen vier Wänden, wo ihm niemand Vorschriften machen kann. Und er schafft es. Anfangs hilft ihm ein mobiler Pflegedienst bei der Hausarbeit. Doch die Putzhilfe setzt er schon bald vor die Tür. Beim Saubermachen lässt sich Rudolf von keinem etwas vormachen, ebenso wenig wie beim Kochen.

Tag für Tag steht er in der kleinen Küche und bereitet sich die einfachen böhmischen Gerichte zu, die er noch aus Kindestagen kennt. Nachmittags macht er Ausflüge nach Mülhausen, setzt sich in ein kleines Restaurant am alten Marktplatz und bestellt einen Tee. Oder er geht zum Konditor und isst ein schönes Stück Streuselkuchen. Auch die Abende verbringt er nun alleine, vor einem riesigen Fernseher, den man bis auf die Straße hört. Denn Rudolf ist inzwischen so schwerhörig, dass man ihm direkt ins rechte Ohr brüllen muss, damit er etwas versteht. Sein Hörgerät anzulegen, dafür ist er zu eitel. »Das funktioniert doch alles nicht«, meint er. Und wozu auch, was wichtig ist, das versteht er auch so.

In der Tat: Was wichtig ist, das versteht er auch so. Als er Anfang Mai 2008 vorm Fernseher sitzt, bringen sie plötzlich einen Bericht über das Berliner Denkmal für die im Nationalsozialismus verfolgten Homosexuellen. Rudolf ist wie elektrisiert. Sofort ruft er seine Berliner Nichte Elvira an. Bei der Einweihung dieses Denkmals möchte er unbedingt dabei sein.

Elvira telefoniert sich durch Berlin, ruft Museen und Gedenkstätten an. Und irgendwann landet sie beim Berliner Lesben- und Schwulenverband. Ein Praktikant ist am Apparat, er versteht nicht, worum es geht.

Doch Elvira gibt nicht auf. Zwei Wochen später versucht sie es noch einmal. Und dieses Mal ist Alexander Zinn am Telefon. »Buchenwald, rosa Winkel, Denkmal?« Ist das möglich? Es ist möglich!

Die Einweihung des Denkmals findet bereits am folgenden Tag statt, leider ohne Rudolf. Doch vier Wochen später kommt er nach Berlin, zum »Christopher Street Day«, zu der Demonstration, mit der inzwischen alljährlich an den New Yorker Aufstand von 1969 erinnert wird. Zu Rudolfs Ehren hat man mehrere Veranstaltungen organisiert. Eine Ge-

Rudolf Brazda und Klaus Wowereit besichtigen das
Berliner Homosexuellen-Denkmal

burtstagsfeier, denn am 26. Juni wird er 95 Jahre alt. Eine Gedenkfeier und eine Podiumsdiskussion, um an die Männer mit dem rosa Winkel zu erinnern. Und einen Besuch im Roten Rathaus. Klaus Wowereit hat Rudolf eingeladen, und das ist für ihn das Größte. Denn Wowereit ist sein Held. An Rudolfs Küchenregal hängt sogar ein Foto des schwulen Bürgermeisters. Ein schwuler Bürgermeister, dass so etwas möglich ist!

Gemeinsam mit Wowereit fährt Rudolf in den Tiergarten, wo das Denkmal für die verfolgten Homosexuellen steht. Es ist eine schlichte Betonstele, denen des Holocaust-Denkmals nachempfunden. Doch im Inneren dieser Stele wird ein Film gezeigt: Zwei junge Männer, die sich tief in die Augen blicken, sich liebkosen und küssen. Rudolf schaut lange durch das kleine Fenster, durch das man den Film sehen kann. Hinter ihm steht ein Dutzend Fotografen: »Herr Brazda, schauen Sie doch mal hierher, Herr Wowereit, bitte mehr nach links.« Mit der schwarzen Hose, dem violetten Hemd und seinem Bernsteinring sieht Rudolf so elegant aus wie einst in Karlsbad. Verunsichert zupft er an der Rose, die ihm ein schwuler Mann in die Hand gedrückt hat. Der Medienrummel, das Denkmal, der Bürgermeister, all das ist ein bisschen viel für den alten Mann. Wowereit streicht ihm über das zerzauste Haar – und nun, das Lächeln, das eingangs beschriebene Bild. Rudolf taut auf, die Kameras klicken, die Fotografen rufen ihre Anweisungen. Rudolf winkt mit der Rose, flirtet mit Wowereit, lächelt verschmitzt. Ja, es ist sein Tag, die ganze Welt ist sein Publikum. Und, ja, das ist eine gewisse Genugtuung:

»Wie ich dort angekommen bin, das war ja eine helle Freude, ich habe sie gesehen, wie sie mich abgeholt haben von der Bahn, das waren alles nette Burschen. Sie haben mich dann bekannt gemacht mit dem Bürgermeister Wowereit und der hat mich, das soll man nicht glauben, der hat mich in den Arm genommen und ist mit mir in den Straßen rumgelaufen. Die Leute haben mich angeglotzt und da habe ich gedacht: Das ist eine Freiheit, auch eine Freiheit für die Homosexuellen.«[59]

Das Denkmal, so erzählt er später, gefällt ihm nicht. Es ist ihm zu modern und den Film, den findet er einfach zu provokativ:

»Da haben sich zwei Männer geküsst. Mir war das irgendwie, ich habe das gesehen, mir war das irgendwie so … Das ist doch nichts Gescheites! Wenn da normale Menschen schauen, die das hassen, das Homosexuelle, und sehen, wie sich zwei Männer küssen, da habe ich gedacht, die müssen ja Wut bekommen. Und es war so, sie haben die Fensterscheibe eingeschlagen. Ich habe gesagt, ihr hättet lieber etwas anderes zeigen können. Zum Beispiel, wie sie die Homosexuellen immer gequält haben und aufgehängt haben, mit den Händen auf dem Rücken zusammengebunden und hochgezogen. So etwas hättet ihr zeigen sollen. Dann wär das gruselig gewesen. Dann wären sie davongegangen.«[60]

Tatsächlich wird das Denkmal innerhalb eines Jahres dreimal beschädigt. Ein schwuler Kuss war nicht nur für die Nazis strafwürdig. Zwei küssende Männer werden auch heute noch als so provokativ empfunden, dass einige am liebsten zuschlagen würden.

Anmerkungen

1 Zinn: *Brazda 5. Dezember 2008.* S. 21.
2 Bei dem Lager für deutsche Kriegsgefangene könnte es sich um das Dépôt de transit Nr. 3 in Malschbach oder um das Dépôt principaux Nr. 231 in Waldkirch gehandelt haben.
3 Zinn: *Brazda 5. Dezember 2008.* S. 21.
4 Das sogenannte Beneš-Dekret vom 2. August 1945 galt für alle »tschechoslowakischen Staatsbürger deutscher und magyarischer Nationalität, die nach den Vorschriften einer fremden Besatzungsmacht die deutsche oder magyarische Staatsangehörigkeit erworben haben«. Rudolf wurde in den Karteikarten des KZ-Buchenwald zwar meist als Staatsangehöriger des Deutschen Reiches geführt, blieb wahrscheinlich aber »Protektoratsangehöriger« und hätte als Verfolgter des NS-Regimes vermutlich seine tschechoslowakische Staatsangehörigkeit anerkannt bekommen, wenn er sich darum bemüht hätte. Vgl. Coudenhove-Kalergi/Rathkolb: *Beneš-Dekrete.*
5 Zinn: *Brazda 5. Dezember 2008.* S. 21.
6 Nach der Französischen Revolution wurden die Strafgesetze gegen Homosexualität im Oktober 1791 abgeschafft. Einvernehmliche homosexuelle Handlungen Erwachsener waren fortan nicht mehr strafbar. In dem 1810 eingeführten Code Pénal gab es für homosexuelle Kontakte keinen Straftatbestand mehr. Artikel 331 kriminalisierte Vergewaltigung und sexuelle Nötigung unabhängig vom Geschlecht des Partners. Artikel 332 legte ein einheitliches Schutzalter von 15 Jahren fest.
7 Der Paragraph 175 hatte im Elsass bereits zwischen 1871 und 1918 gegolten, als das Gebiet Teil des Deutschen Reiches war.
8 Pierre Seel bleibt sechs Monate inhaftiert, wird im November 1941 entlassen und im März 1942 zur Wehrmacht einberufen. Vgl. Seel: *Ich, Pierre Seel.* S. 51 und 61. Vgl. auch Kapitel 2, Anmerkung 75.
9 Verfügung des Befehlshabers der Sicherheitspolizei Straßburg vom 18. November 1940. Sowie: Statistik über die polizeiliche vorbeugende Tätigkeit im Oberelsaß vom 27. April 1942. Grau: *Homosexualität.* S. 271–274.
10 Die Sonderbehandlung Homosexueller beim Schutzalter wurde in dem neuen Artikel 331-1 geregelt.
11 Zu belegen sind laut Rainer Hoffschildt drei Fälle aus dem Konzentrationslager Bergen-Belsen. Die Häftlinge wurden von den Alliierten in das Zuchthaus Celle

überstellt und erst 1946 entlassen. Telefonische Auskunft von Rainer Hoffschildt vom 23. Juli 2009. Hoffschildt bereitet eine Publikation dazu vor.

12 Schoeps: Überlegungen zum Problem der Homosexualität. S. 86.

13 Römhild: Die Situation der Homosexuellen.

14 Vgl. Gedenkstätte: *Konzentrationslager*. S. 308. Sowie: Röll 2007: *Homosexuelle Häftlinge*. S. 37.

15 Vgl. Davidsen-Nielsen: *Carl Værnet*. S. 206–217.

16 Kogon: *SS-Staat*. S. 407–408.

17 Zinn: *Brazda 5. Dezember 2008*. S. 21.

18 Zinn: *Brazda 5. Dezember 2008*. S. 21.

19 Zinn: *Brazda 5. Dezember 2008*. S. 22.

20 Zinn: *Brazda 5. Dezember 2008*. S. 22.

21 Bescheinigung Nr. B 01656 zur vorübergehenden Einreise in die Deutsche Demokratische Republik. Das Dokument befindet sich bei Rudolf Brazdas privaten Unterlagen.

22 Elfriede Weißgerber stirbt am 8. Juni 1977 in Neinstedt, Kreis Quedlinburg. Auskunft des Standesamtes Meuselwitz vom 24. November 2010.

23 Zinn: *Brazda 4. Dezember 2008*. S. 17.

24 Wörterbuch der Sexuologie. Zitiert nach Thinius: Verwandlung und Fall des Paragraphen 175. S. 161.

25 Paragraph 8 des Strafrechtsergänzungsgesetzes von 1957. Zitiert nach: Bert Thinius: Verwandlung und Fall des Paragraphen 175. S. 149.

26 Auch Schreiber stirbt laut Auskunft des Standesamtes Meuselwitz 1975 in Essen. Engelhardt geht später in den Westen, er stirbt 2007 in einer bayerischen Kleinstadt.

27 Dieg stirbt am 28. Mai 1941 in Sachsenhausen (vgl. Kapitel 3, Anmerkung 132), John am 14. August 1942 in Buchenwald (vgl. Kapitel 6, Anmerkung 145) und Kretzschmar am 25. Dezember 1943 im Buchenwald-Außenlager Dora (vgl. Kapitel 6, Anmerkung 135). Höfner kommt am 25. November 1943 in Buchenwald ums Leben. Auskunft Rainer Hoffschildts vom 30. November 2010.

28 Vgl. Kapitel 6, Anmerkung 101 und Auskunft Standesamt Altenburg vom 30. Juli 2010.

29 Reinhold Winter stirbt am 31. Juli 1949 in Altenburg. Wilhem Wähnert fällt am 23. August 1941 bei Triploje. Auskunft der Standesamtes Altenburg vom 23. Juli 2010. Friedrich Arthur Sachs fällt am 5. März 1943 an der Ostfront. Auskunft der Standesamtes Gera vom 20. August 2010.

30 Otto Helmut Freiherr zu Wangenheim wurde wohl im Gefolge der Altenburger Homosexuellenprozesse von 1937 an seinem Wohnort in Dresden verurteilt. Am 30. Dezember 1941 wurde er im Konzentrationslager Buchenwald unter der Häftlingsnummer 467 registriert. Am 6. Juli 1942 ging er auf Transport ins KZ Dachau, wo er 1945 die Befreiung erlebte. Wangenheim starb am 23. April 1968 in einem Altersheim in Dachau. Auskunft Rainer Hoffschildts vom 30. November 2010.

31 Zinn: *Brazda 4. Dezember 2008*. S. 23.

32 Auskunft des Staatsarchivs Chemnitz vom 18. Oktober 2010. Demnach wurde Fritz Werner Bilz vom Kreisgericht Karl-Marx Stadt zum 31. Dezember 1949 für tot er-

klärt, nachdem seit 1943 keine Nachrichten mehr über ihn bekannt geworden waren. Akte (L) D 63/58. SStAC. Eine Anfrage beim Militärarchiv Freiburg blieb dagegen ohne Ergebnis. Vgl. auch Kapitel 3, Anmerkung 126.

33 Zinn: *Brazda 5. Dezember 2008.* S. 23.

34 Paragraph 1 des Bundesgesetzes zur Entschädigung für Opfer der NS-Verfolgung (BEG) vom 29. Juni 1956. BGB1. I S. 599 f. Das BEG trat rückwirkend zum 1. Oktober 1953 in Kraft.

35 Stümke: Wiedergutmachung. S. 331.

36 L.D. Classen von Neudegg: Versuchsobjekt Mensch.

37 Entscheidungen des Bundesgerichtshofes zitiert nach: Dose: Der § 175. S. 123–125.

38 1 BvR 550/52. Urteil des Ersten Senats des Bundesverfassungsgerichtes vom 10. Mai 1957.

39 Vgl. Kraushaar: Unzucht vor Gericht.

40 Zinn: *Brazda 5. Dezember 2008.* S. 22.

41 Zinn: *Brazda 5. Dezember 2008.* S. 22.

42 Zinn: *Brazda 5. Dezember 2008.* S. 22.

43 Aufruf zu Homolulu Frankfurt, 23.–30.Juli 1979. *http://www.joerg-hutter.de/images/Schwul/Homolulu3.JPG*

44 Der Name Heinz Heger ist ebenfalls ein Pseudonym. Vgl. Heger: *Die Männer mit dem Rosa Winkel.*

45 Stümke: Wiedergutmachung. S. 331–332.

46 Richtlinie der Bundesregierung über Härteleistungen an Opfer von nationalsozialistischen Unrechtsmaßnahmen im Rahmen des Allgemeinen Kriegsfolgengesetzes (AKG) vom 7. März 1988.

47 Schreiben des Regierungspräsidiums Köln an Rudolf Brazda vom 5. Januar 1989. Bl. 30–31 in: Antragsunterlagen Rudolf Brazdas. OFD Köln. VV 5027-H1840-BV465.

48 Antrag Rudolf Brazdas vom 31. April 1992. Bl. 7–20 in: OFD Köln. VV 5027-H1840-BV465.

49 Schreiben des Regierungspräsidiums Köln an die OFD Köln vom 8. April 1992. Sowie: Schreiben der OFD Freiburg an Rudolf Brazda vom 14. September 1992. Bl. 59–59R und Bl. 4–5 in: Antragsunterlagen Rudolf Brazdas. OFD Köln. VV 5027-H1840-BV465.

50 Zinn: *Brazda 4. Dezember 2008.* S. 39.

51 Änderungsgesetz vom 23. Juli 2002 zum Gesetz zur Aufhebung nationalsozialistischer Unrechtsurteile in der Strafrechtspflege. Aufgehoben wurden auch die Urteile nach Paragraph 175a Nr. 4, also Urteile aufgrund von »gewerbsmäßiger Unzucht«, die gegen männliche Prostituierte oder ihre Freier ergangen waren.

52 Mit Gesetz vom 15. November 1999 wurde in Frankreich der zivile Solidaritätspakt PACS begründet, der allen unverheirateten Paaren, die ihn eingehen, egal ob heterosexuell oder homosexuell, einen Rechtsstatus verleiht. Besonders im Erbrecht bringt der PACS wichtige Rechte. Aber auch im Steuerrecht wurde der PACS inzwischen den mit der Ehe verbundenen Rechten angenähert.

53 Heinz Johannes Schreiber stirbt am 23. September 1975 im Alter von 57 Jahren in Essen. Ernst Koffmane wird nur 53 Jahre alt, er stirbt bereits am 17. Mai 1965. Vgl. Personenstandsregister Standesamt Meuselwitz.

54 Zinn: *Brazda 4. Dezember 2008.* S. 35.
55 Zinn: *Brazda 5. Dezember 2008.* S. 23.
56 Zinn: *Brazda 5. Dezember 2008.* S. 23.
57 Zinn: *Brazda 5. Dezember 2008.* S. 24.
58 Zinn: *Brazda 5. Dezember 2008.* S. 24.
59 Zinn: *Brazda 5. Dezember 2008.* S. 25.
60 Zinn: *Brazda 5. Dezember 2008.* S. 25.

Hinter den Kulissen

Die Aufregung ist groß, als wir im Juni 2008 durch die Vororte von Mülhausen irren. Als Fahrer und seelische Stütze ist mein Freund Lukas dabei. Denn ich habe Großes vor: Heute bin ich mit Rudolf Brazda verabredet, dem letzten Rosa-Winkel-Häftling – zumindest dem letzten, von dem wir wissen. Das Treffen beschäftigt mich seit Tagen: Was für eine Person wird er sein? Ängstlich, gebrochen, traumatisiert? Wie wird er auf uns reagieren? Wird er etwas erzählen von seiner Zeit im KZ? Kann er sich noch erinnern? Ist er überhaupt bereit, über seine Vergangenheit zu sprechen?

Erstmal müssen wir jedoch sein Haus finden. Und das ist nicht einfach, in dieser Gegend, die so zersiedelt wirkt wie amerikanische Vorstädte, gesichtslose Einfamilienhäuser so weit das Auge reicht. Sich hier ohne Navi durchzulavieren, grenzt an ein Kunststück. Doch plötzlich, gleich neben einem Shoppingcenter, finden wir die Rue Josephine, Nummer 11. Hinter einem schwarzen Gartentor begrüßen uns Rehe und Zwerge aus Plastik, große Büsche verdecken einen Flachbau, schon etwas in die Jahre gekommen, aber teilweise frisch gestrichen, leuchtend rot. Das muss es sein.

Wir klingeln, nichts tut sich. Noch einmal klingeln, rufen. Schließlich öffnen wir das Tor und spazieren in den Vorgarten. Und dort kommt uns ein kleiner Mann entgegengestolpert, strahlend übers ganze Gesicht: »Da seid Ihr ja endlich, Menschenskinder, ich warte schon seit Stunden.« Mit großem Hallo werden wir begrüßt und in Rudolfs Reich geführt. Im Wohnzimmer, Eiche rustikal, ist bereits der Tisch gedeckt. Rudolf flitzt in die Küche, holt Streusel- und Marmorkuchen, den er schwungvoll auf die Teller befördert. Danach noch der Kaffee, schöner Blümchenkaffee, was anderes verträgt er nicht. Beim Eingießen zittern Rudolfs Hände. Er ist aufgeregter als ich.

Seit Jahren hat Rudolf keinen Kontakt mehr zu anderen Homosexuellen gehabt. Seit dem Tod von Edi, seinem Freund. Schnell ist klar, dass
sich der 94-Jährige über unser Zusammentreffen wahrscheinlich mehr
Gedanken gemacht hat als ich. Rudolf trägt sein Herz auf der Zunge.
Freimütig erzählt er, wie nervös er ist, dass er sich seit Wochen auf unseren Besuch vorbereitet hat, ja, sogar das Haus hat er frisch gestrichen.

Vorsichtig lenke ich das Gespräch auf das »Dritte Reich« – soweit
denn von einem Gespräch die Rede sein kann. Denn Rudolf ist extrem
schwerhörig. Man muss ihm direkt ins Ohr brüllen, damit er etwas versteht. Hinzu kommen landsmannschaftlich bedingte Verständigungspro-
bleme. Rudolf spricht eine Mischung aus sächsisch und elsässisch, für
einen Hessen ist das nicht immer auf Anhieb zu verstehen. Ich brülle ihm
also ins Ohr: »Herr Brazda, würden Sie mir erzählen, was Sie im Dritten
Reich erlebt haben?«

Ein kurzer Moment der Anspannung. Was wird er sagen? Doch bei
Rudolf renne ich offene Türen ein. »Nu klar!« Gerne werde er seine Geschichte erzählen. Das sei doch »selbstverständlich«! Jeder solle das erfahren. Damit so etwas nie wieder passiert. Ehe ich mich versehe, legt Rudolf los mit einer Tirade gegen die Nazibande und Hitler, »den
Dreckhund«. Ich habe Mühe, die neue Videokamera in Stellung zu bringen, um all das für die Nachwelt festzuhalten.

Später fahren wir nach Deutschland, in Rudolfs Lieblingsrestaurant,
zum Spargelessen. Während der Fahrt erzählt er die wildesten Geschichten, von seiner Verhaftung, Zeitungsberichten über den Prozess, einer
Ausweisung nach Karlsbad, von Josephine Baker und einer jüdischen
Theatertruppe. Manchmal beschleicht mich ein wenig Zweifel, ob ich
das alles glauben soll. Doch die Akten, die ich später finde, bestätigen
jede seiner Geschichten.

Im Restaurant sitzen wir draußen auf der Terrasse, es ist ein herrlicher
Junitag. Doch ich habe Sorge, dass ich Rudolfs Geschichte nicht komplett auf Video bekomme. Wieder baue ich meine Kamera auf und frage,
das heißt brülle ihm ins Ohr: »Herr Brazda, wie war das denn damals, als
Sie wegen Ihrer Homosexualität nach Buchenwald kamen?« An den
Nachbartischen verstummen die Gespräche. Neugierig schauen die anderen Gäste, überwiegend Rentner, zu uns herüber. Rudolf kümmert das
nicht. Er beginnt zu erzählen, wie man ihn »zur Begrüßung« in einen
Bottich getaucht und der SS-Mann ihm seine Kette mit dem Kreuz vom

Hals gerissen hat. Die Leute an den anderen Tischen hören ungläubig zu.

Abenteuerliche Erlebnisse wie dieses habe ich mit Rudolf in den folgenden zwei Jahren immer wieder. Schon bei seinem ersten Berlinbesuch gesteht er mir, er habe sich in mich verliebt. Rudolf ist ein Schatz, ohne Frage. Doch ich habe schon Lukas. Und so einigen wir uns darauf, es in den Gefilden des Platonischen zu belassen. Schließlich geht die gemeinsame Arbeit ja jetzt erst richtig los – und sie gestaltet sich turbulent. Im Juli finde ich im Thüringischen Staatsarchiv Rudolfs erste Strafakte, einige Monate später in einem tschechischen Archiv eine weitere über Rudolfs zweite Verhaftung. Im Dezember besuche ich ihn dann erstmals mit einem professionellen Filmteam. Denn neben dem Buch soll ein Dokumentarfilm entstehen. Rudolfs Haus wird auf den Kopf gestellt, er wird von oben bis unten verkabelt. Das alles lässt er mit einer Engelsgeduld über sich ergehen. Ihm ist es wichtig, dass seine Geschichte für die Nachwelt dokumentiert wird.

Daran arbeitet inzwischen allerdings auch noch eine andere Person. Jean-Luc Schwab, ein französischer Schwulen-Aktivist, ist durch das weltweite Medienecho, das Rudolfs Berlinbesuch ausgelöst hat, aufmerksam geworden. Er besucht Rudolf nun regelmäßig, hilft ihm im Haushalt – und recherchiert seine Geschichte auf eigene Faust. Das wird mir klar, als wir bei den Dreharbeiten nach Rudolfs Buchenwald-Ausweis suchen. Er ist wie vom Erdboden verschluckt. Nach mehreren Telefonaten findet sich der Ausweis dann wie durch ein Wunder in Schwabs Wohnung. Jean-Luc, der über mein Buchprojekt informiert ist, versichert, er recherchiere aus rein privatem Interesse. Rudolf erklärt, es bleibe dabei: Das Buch über sein Leben solle ich schreiben. Und so bleiben auch wir dran, die Recherchen, Interviews und Dreharbeiten werden fortgesetzt. Im April sind wir wieder in Mülhausen, filmen Rudolf beim Einkaufen, Rudolf beim Kochen, den kleinen, so zerbrechlich wirkenden und doch noch so drahtigen Mann, der die Kartoffeln, auch wenn er sich am Finger verletzt hat, so flott schält, als ob er eine ganze Kompanie versorgen müsste – für das Filmteam reicht es allemal. Auf dem Marktplatz von Mülhausen schließlich eine Tanzeinlage: Rudolf gibt für uns die Josephine, schwingt die Hüften, einfach göttlich! Doch er schämt sich, meint, er sei zu alt. Nach drei Hüftschwüngen ist Schluss. Die Josephine, so sagt er, sei tot.

Im Anschluss fahren wir gemeinsam nach Buchenwald, zum Jahrestag der Befreiung. Wir haben angeregt, Rudolfs Besuch zum Anlass zu nehmen, bei der offiziellen Gedenkfeier an die so lange ignorierten homosexuellen Opfer zu erinnern. Doch die Gedenkrituale sind seit Jahren eingespielt, Veränderungen offenbar schwierig. Was dem Historiker als Sensation erscheint, ein ehemaliger Rosa-Winkel-Häftling, der plötzlich aus der Versenkung der Geschichte auftaucht, stößt hier, angesichts vieler anderer Überlebender und Haftgruppen, nur auf verhaltenes Interesse. Rudolf, der während seiner Gefangenschaft dank seines kommunikativen Talents nie isoliert war, steht bei der Gedenkveranstaltung ganz alleine und abgesondert am Rand. Später beschwert er sich, dass, während ehemalige jüdische und politische Häftlinge mit eigenen Fahnen erschienen, nirgendwo ein rosa Winkel zu sehen war. Die Isolation der homosexuellen Häftlinge in den Konzentrationslagern scheint bis in die heutige Gedenkkultur fortzuwirken.

Im Juni 2009 kommt Rudolf zum zweiten Mal nach Berlin. Wieder zum Christopher Street Day, wieder zu einer Feier am Homosexuellen-Denkmal. Gemeinsam lauschen wir den Ansprachen der Politiker – dank Lautsprecheranlage versteht Rudolf sogar alles. Als ein Chor singen soll, wird es ihm aber zu still. Rudolf kommt auf die Idee, jetzt selbst zu reden. Er stürmt zur Bühne, versucht das Podest zu erklimmen, bleibt mit einem Fuß hängen, stürzt, reißt das Rednerpult mit sich und schlägt mit der Stirn auf das Podest. Leblos liegt er am Boden. Die Teilnehmer sind wie erstarrt. Nein, das ist nicht möglich! Rudolf, stirb mir jetzt nicht, ausgerechnet hier am Denkmal.

Rudolf stirbt nicht. Nach wenigen Minuten ist er wieder bei sich, doch er erinnert sich an nichts. Ein Rettungswagen bringt uns in die Charité, wo Rudolf mehrere Stunden durchgecheckt wird. Am Nachmittag steht fest: keine Verletzungen außer ein paar Platz- und Schürfwunden. Und der Patient ist schon wieder unternehmungslustig. Wir fahren zur Siegessäule, wo die Abschlusskundgebung des Christopher Street Days stattfindet. Im VIP-Bereich plaudert Rudolf, inzwischen wieder putzmunter, mit der Bundesjustizministerin über die Erlebnisse des Tages.

Im Herbst 2009 dann noch eine Reise, diesmal geht es nach Meuselwitz, Altenburg und Karlsbad. Rudolf nimmt viele Strapazen auf sich, lange Auto- und Bahnfahrten, unbekannte Hotels, Cafés und Restaurants. Und immer wieder das lange Warten, bis Kamera, Ton und Regie startklar sind. Doch was soll's, es geht schließlich um die Sache. Rudolf schäkert mit Kameramann Paul, Tonmann Peter und Regisseur Holger, macht sich einen Spaß daraus, die drei in täglich neuen Konstellationen miteinander zu verkuppeln: »Mensch, du, der Paul und der Peter, die haben doch was miteinander. Das sieht man doch sofort, dass die schwul sind. Richtige Tunten sind das!« Wen interessiert's, dass Peter und Paul eher für Frauen schwärmen? Rudolf jedenfalls nicht.

Natürlich läuft die Zusammenarbeit nicht immer konfliktfrei. Der alte Herr kann sehr fordernd sein. Und manchmal hat Rudolf seine Launen, die durchaus ins Divenhafte abdriften können. Vor allem die Trennung von seiner vertrauten Umgebung sorgt immer wieder für Unmut. Hinzu kommen die der Schwerhörigkeit geschuldeten Kommunikationsprobleme, die zu großen Missverständnissen führen. Unsere Versuche, Rudolf mit einem Hörgerät anzufreunden, bleiben erfolglos. Er meint, die Geräte funktionierten einfach nicht – und tatsächlich geben sie in erster Linie ein unangenehmes Fiepen von sich. Schließlich bastelt Tonmann Peter ein Spezial-Hörgerät, bestehend aus einem Ohrstöpsel, der an die Verstärkeranlage der Filmausrüstung angeschlossen wird. Wenn wir abends im Altenburger Theaterrestaurant »Kulisse« sitzen, haben wir ein großes Mikrofon dabei, über das wir mit Rudolf kommunizieren. Und tatsächlich: Nun versteht er uns bestens. Und wenn er selbst etwas erzählt, verstehen es auch alle anderen. Denn Rudolf spricht sehr laut. Selbst dann, wenn er einem etwas Vertrauliches erzählt, senkt er die Stimme kaum: »Du, darf ich dir mal etwas sagen? Ich liebe dich noch immer! Ja, da kann man nichts machen. C'est la vie.« Rudolf ist eben ein Charmeur. Und er ist ein Spieler. Schon bald hat er die Mitglieder unseres Filmteams um den Finger gewickelt. Und nicht nur die. Im Mai 2010 erscheint in Frankreich plötzlich ein Buch über Rudolfs Leben.[1] Jean-Luc Schwab hatte also doch mehr als nur private Interessen. Rudolf zuckt mit den Schultern: »C'est la vie«. Ja, so ist das Leben. Und, ja, bei aller Eitelkeit: Besser es gibt zwei Bücher über Rudolfs Leben als keines.

Ohne Frage: Die Zusammenarbeit mit Rudolf hatte ihre Höhen und Tiefen. Über manches habe ich mich geärgert und auch er war nicht von allem begeistert. Dennoch ist eine wunderbare Freundschaft entstanden, die ich nicht missen möchte. Rudolf ist wirklich ein großer Schatz. Trotz des grauenhaften Themas, das im Mittelpunkt unserer Zusammenarbeit stand, haben wir oft herumgealbert und gelacht. Rudolfs sonniges Gemüt hat uns vieles erleichtert.

Es gibt so einiges, was man von Rudolf lernen kann – wenn man denn so ohne weiteres von anderen Menschen lernen könnte. Ich jedenfalls versuche, mir etwas von seiner Gelassenheit und von seinem Optimismus abzuschauen. Von der Gelassenheit und dem Optimismus, die ihm die Kraft gaben, Verfolgung, Gefängnis und sogar den Terror des Konzentrationslagers, aber auch viele private Schicksalsschläge zu überstehen und immer wieder einen Ausweg, eine Lösung, einen Neubeginn zu finden.

Anmerkung

1 Schwab, *Itinéraire*.

Literatur

Irving M. Abella/Harold Martin Troper: *None Is Too Many: Canada and the Jews of Europe, 1933–1948.* Toronto 1982: Lester and Orpen Dennys.

Adreßbuch Meuselwitz-Lucka 1938: Meuselwitzer Verlagsdruckerei Gebr. Böttger.

Josephine Baker/Marcel Sauvage: *Ich tue, was mir paßt. Vom Mississippi zu den Folies Bergere.* Frankfurt 1983: Fischer.

Manfred Baumgardt: Das Institut für Sexualwissenschaft und die Homosexuellenbewegung in der Weimarer Republik. S. 31–43 in: Verein der Freunde eines Schwulen Museums in Berlin (Hrsg.): *Eldorado.*

Johannes Beck (Hrsg.): *Terror und Hoffnung in Deutschland 1933–1945. Leben im Faschismus.* Reinbeck 1980: Rowohlt.

Wolfgang Benz und Barbara Distel: *Der Ort des Terrors. Geschichte der nationalsozialistischen Konzentrationslager. Band 3. Sachsenhausen. Buchenwald.* München 2006: C.H. Beck.

Margaret Bourke-White: *Deutschland April 1945 (Dear Fatherland, Rest Quietly).* Geschrieben und fotografiert von Margaret Bourke-White. München 1979: Schirmer/Mosel.

Fred Brade: »Was einmaliges im Lager, dass ein Homo solche Machtbefugnisse besaß«. Die SS-Leute Karl Schwerbel und Heinz Beerbaum. S. 331–337 in: Müller und Sternweiler: *Homosexuelle Männer im KZ Sachsenhausen.*

Martin Broszat (Hrsg.): *Kommandant in Auschwitz. Autobiographische Aufzeichnungen des Rudolf Höss.* München 1963: dtv dokumente.

Barbara Coudenhove-Kalergi/Oliver Rathkolb: *Die Beneš-Dekrete.* Wien 2002: Czernin.

Hans Davidsen-Nielsen et. al: *Carl Værnet. Der dänische SS-Arzt im KZ Buchenwald.* Wien 2004: Edition Regenbogen.

Deutsche Reichsbahn: *Kursbuch für die Gefangenenwagen vom 6. Oktober 1941.* Herausgegeben von der Generalbetriebsleitung Ost.

Deutsche Reichsbahn: *Kursbuch für die Gefangenenwagen vom 4. Mai 1942.* Im Auftrage des RFSSuChDtPol. im RMdI. u. d. RMdJ. herausgegeben von der Deutschen Reichsbahn (Generalbetriebsleitung Ost).

Rudolf Diels: *Lucifer ante Portas.* Stuttgart 1950: Deutsche Verlags-Anstalt.

Jens Dobler: *Von anderen Ufern. Geschichte der Berliner Lesben und Schwulen in Kreuzberg und Friedrichshain.* Berlin 2003: Bruno Gmünder Verlag.

Jens Dobler: *Zwischen Duldungspolitik und Verbrechensbekämpfung. Homosexuellenverfolgung durch die Berliner Polizei von 1848 bis 1933.* Frankfurt 2008: Verlag für Polizeiwissenschaft.

Karl Doerner: Das Strafrecht der Tschechoslowakischen Republik. S. 291–325 in: *Zeitschrift für die gesamte Strafrechtswissenschaft.* Band 52, 1932, Heft 1.

Günter Dörner: Hormonabhängige Gehirnentwicklung und Homosexualität. S. 179–185 in Werner: *Homosexualität.*

Max Domarus: *Hitler. Reden und Proklamationen 1932–1945.* Bd. 1. Erster Halbband 1932–1934. München: Süddeutscher Verlag.

Ralf Dose: Der § 175 in der Bundesrepublik Deutschland (1949 bis heute). S. 123–143 in: Freunde eines Schwulen Museums in Berlin e. V. (Hrsg.): *Die Geschichte des § 175.*

Fachverband Homosexualität und Geschichte e.V. (Hrsg.): *Denunziert, verfolgt, ermordet: Homosexuelle Männer und Frauen in der NS-Zeit.* Invertito. Jahrbuch für die Geschichte der Homosexualitäten. 4. Jahrgang. Hamburg 2002: MännerschwarmSkript.

Freunde eines Schwulen Museums in Berlin e. V. (Hrsg.): *Die Geschichte des § 175.* Berlin 1990: Rosa Winkel.

Marjorie Garber: *Verhüllte Interessen. Transvestismus und kulturelle Angst.* Frankfurt/Main 1993: Fischer.

Ralf Gebel: *»Heim ins Reich!« Konrad Henlein und der Reichsgau Sudetenland (1938–1945).* München 2000: Oldenbourg.

Gedenkstätte Buchenwald (Hrsg.): *Konzentrationslager Buchenwald 1937–1945. Begleitband zur ständigen historischen Ausstellung.* Göttingen 1999: Wallstein.

Hans Globke: Die Protektoratsangehörigkeit. S. 447–457 in: *Zeitschrift für osteuropäisches Recht.* Jg. 6, 1939/40.

Maxim Gorki: Proletarischer Humanismus. S. 1297–1299 in: *Rundschau über Politik, Wirtschaft und Arbeiterbewegung 34.* Mai 1934.

Dieter Gosewinkel: *Einbürgern und Ausschließen. Die Nationalisierung der Staatsangehörigkeit vom Deutschen Bund bis zur Bundesrepublik Deutschland.* Göttingen 2001: Vandenhoeck und Ruprecht.

Günter Grau: Verfolgung und Vernichtung 1933–1945. Der § 175 als Instrument faschistischer Bevölkerungspolitik. S. 105–121 in: Freunde eines Schwulen Museums in Berlin e. V. (Hrsg.): *Die Geschichte des § 175.*

Günter Grau: *Homosexualität in der NS-Zeit. Dokumente einer Diskriminierung und Verfolgung.* Frankfurt/Main 1993: Fischer Taschenbuch Verlag.

Günter Grau: Leipzigs Drittes Geschlecht. S. 27–47 in: *Capri. Zeitschrift für schwule Geschichte.* Berlin 1998: Heft 25.

Thomas Grossmann: *Prähomosexuelle Kindheiten. Eine empirische Untersuchung über Geschlechtsrollenkonformität und -nonkonformität bei homosexuellen Männern in Kindheit, Jugend und Erwachsenenalter.* Dissertation zur Erlangung der Würde des Doktors der Philosophie der Universität Hamburg. Hamburg 2000.

Lothar Gruchmann: *Justiz im Dritten Reich 1933–1940. Anpassung und Unterwerfung in der Ära Gürtner.* München 1990: Oldenbourg.

Herwine Grün (Pseud.): *Zur Situation der Homosexuellen in der Weimarer Republik und im Deutschen Faschismus.* O.O. 1981: Frühlings Erwachen. Beiträge zur sozialen und sexuellen Befreiung 2.

David A. Hackett: *Der Buchenwald-Report. Bericht über das Konzentrationslager Buchenwald bei Weimar.* München 2002: C. H. Beck.

Silvia Hartmann: *Fraktur oder Antiqua. Der Schriftstreit von 1881 bis 1941.* Frankfurt/Main 1999: Peter Lang.

Heinz Heger alias Josef Kohout: *Die Männer mit dem Rosa Winkel. Der Bericht eines Homosexuellen über seine KZ-Haft von 1939–1945.* Hamburg 1972: Merlin.

Bernd-Ulrich Hergemöller: *Einführung in die Historiographie der Homosexualitäten.* Tübingen 1999: edition diskord.

Manfred Herzer: Deutsches Schwulenstrafrecht vor der Gründung des zweiten Kaiserreichs (1795–1870). S. 30–41 in: Freunde eines Schwulen Museums in Berlin e. V. (Hrsg.): *Die Geschichte des § 175.*

Manfred Herzer: *Magnus Hirschfeld. Leben und Werk eines jüdischen, schwulen und sozialistischen Sexologen.* Frankfurt/Main 1992: Campus.

Manfred Herzer: Die Zerschlagung der Schwulenbewegung. S. 159 in: Schwules Museum Berlin: *Goodbye to Berlin?*

Manfred Herzer: Plünderung und Raub des Instituts für Sexualwissenschaft. S. 151–162 in: *Zeitschrift für Sexualforschung 2009.* Nr. 22.

Hans Hesse (Hrsg.): *»Am mutigsten waren immer wieder die Zeugen Jehovas«. Verfolgung und Widerstand der Zeugen Jehovas im Nationalsozialismus.* Bremen 1998: Edition Temmen.

Kurt Hiller: Schutzhäftling 231. Folge I–V in: Die Neue Weltbühne, 30. Jg. (1934), Heft 48–52. Folge VI–XII in: *Die Neue Weltbühne,* 31. Jg. (1935), Heft 1–7.

Kurt Hiller: *Leben gegen die Zeit.* [Logos]. Autobiografie. Reinbek bei Hamburg 1969: Rowohlt.

Kurt Hiller: *Leben gegen die Zeit.* [Eros]. Autobiografie. Reinbek bei Hamburg 1973: Rowohlt.

Heinrich Himmler: Geheimrede vom 18.2.1937 vor SS-Offizieren in Bad Tölz. S. 93–104 in: Bradley F. Smith und Agnes F. Peterson (Hg.): *Heinrich Himmler.*

Magnus Hirschfeld: *Von einst bis jetzt. Geschichte einer homosexuellen Bewegung 1897–1922.* Berlin 1986: Rosa Winkel.

Magnus Hirschfeld: *Die Homosexualität des Mannes und des Weibes.* Berlin 1914: Louis Marcus Verlagsbuchhandlung.

Hans Günter Hockerts: *Die Sittlichkeitsprozesse gegen katholische Ordensangehörige und Priester 1936–1937.* Mainz 1971: Grünewald.

Rainer Hoffschildt: 140.000 Verurteilungen nach »§ 175«. S. 140–149 in: Fachverband Homosexualität und Geschichte e.V. (Hrsg.): *Denunziert, verfolgt, ermordet.*

Rainer Hoffschildt: *Die Verfolgung der Homosexuellen in der NS-Zeit. Zahlen und Schicksale aus Norddeutschland.* Berlin 1999: Rosa Winkel.

Heinz Höhne: *Der Orden unter dem Totenkopf. Die Geschichte der SS.* Augsburg 1992: Weltbild.

Internationales Lagerkomitee: *Konzentrationslager Buchenwald. Bericht des Internationalen Lagerkomitees.* Bd. I. Weimar 1949: Thüringer Volksverlag.

Eberhard Jäckel/Axel Kuhn (Hrsg.): *Adolf Hitler: Sämtliche Aufzeichnungen 1905–1924.* Stuttgart 1980: Deutsche Verlags-Anstalt.

Ignaz Jastrow: *Der angeklagte Staatsanwalt.* Berlin-Grunewald 1930: Rothschild.

Burkhard Jellonnek: *Homosexuelle unter dem Hakenkreuz. Die Verfolgung von Homosexuellen im Dritten Reich.* Paderborn 1990: Schöningh.

Burkhard Jellonnek/Rüdiger Lautmann (Hrsg.): *Nationalsozialistischer Terror gegen Homosexuelle. Verdrängt und ungesühnt.* Paderborn 2002: Schöningh.

Hermann Kaienburg: Sachsenhausen – Stammlager. S. 17–72 in: Benz/Distel: *Der Ort des Terrors.*

Kalender für Reichsjustizbeamte für das Jahr 1937. Berlin 1937: R. v. Decker's Verlag.

Benedikt Kautsky: *Teufel und Verdammte. Erfahrungen und Erkenntnisse aus sieben Jahren in deutschen Konzentrationslagern.* Wien 1948: Büchergilde Gutenberg.

Rudolf Klare: *Homosexualität und Strafrecht.* Hamburg 1937: Hanseatische Verlagsanstalt.

Albert Knoll: Homosexuelle Häftlinge im KZ Dachau. S. 68–91 in: Fachverband Homosexualität und Geschichte e.V. (Hrsg.): *Denunziert, verfolgt, ermordet.*

Eugen Kogon: *Der SS-Staat. Das System der deutschen Konzentrationslager.* Frankfurt/Main 1946: Europäische Verlagsanstalt.

Elmar Kraushaar: Unzucht vor Gericht. Die »Frankfurter Prozesse« und die Kontinuität des Paragraphen 175 in den fünfziger Jahren. S. 60–69 in: Kraushaar (Hrsg.): *Hundert Jahre schwul.*

Elmar Kraushaar (Hrsg.): *Hundert Jahre schwul. Ein Revue.* Berlin 1997: Rowohlt.

Ina Kuckuc (Pseud.): Der Kampf gegen Unterdrückung. München 1975.

Rüdiger Lautmann (Hrsg.): *Seminar: Gesellschaft und Homosexualität.* Frankfurt/Main 1977: Suhrkamp.

Rüdiger Lautmann: »Hauptdevise: bloß nicht anecken.« Das Leben homosexueller Männer unter dem Nationalsozialismus. S. 366–390 in: Beck (Hrsg.): *Terror und Hoffnung in Deutschland 1933–1945.*

Rüdiger Lautmann: *Der Homosexuelle und sein Publikum. Ein Spagat zwischen Wissenschaft und Subkultur.* Hamburg 1997: MännerschwarmSkript.

Rüdiger Lautmann/Winfried Grikschat/Egbert Schmidt: Der rosa Winkel in den nationalsozialistischen Konzentrationslagern. S. 325–365 in: Lautmann (Hrsg.): *Seminar: Gesellschaft und Homosexualität.*

Franz Zwetschi Marischka: *Immer nur lächeln. Geschichten und Anekdoten von Theater und Film.* Wien, München 2001: Amalthea Verlag.

Stefan Micheler/Moritz Terfloth: Aus den Mühlen der Justiz in den Reißwolf des Archivs. Der Umgang des Hamburger Staatsarchivs mit Strafverfolgungsakten von NS-Opfern. S. 379–388 in: Jellonnek/Lautmann (Hrsg.): *Nationalsozialistischer Terror gegen Homosexuelle.*

Stefan Micheler/Moritz Terfloth: *Homosexuelle Männer als Opfer des Nationalsozialismus in Hamburg. Materialien zur Geschichte gleichgeschlechtlichen Lebens in Hamburg.* Bd. 1. Hamburg 2002: Verein Freundschaften.

Ministerial-Blatt für die Preußische innere Verwaltung. Berlin 1933: Heymanns.

Joachim Müller/Andreas Sternweiler: *Homosexuelle Männer im KZ Sachsenhausen.* Berlin 2000: Rosa Winkel.

Joachim Müller: »Wohl dem der hier nur eine Nummer ist«. Die Isolierung der Homosexuellen. S. 89–108 in: Müller/Sternweiler: *Homosexuelle Männer im KZ Sachsenhausen.*

Joachim Müller: »Unnatürliche Todesfälle«. Vorfälle in den Außenbereichen Klinkerwerk, Schießplatz und Tongrube. S. 216–263 in: Müller/Sternweiler: *Homosexuelle Männer im KZ Sachsenhausen.*

Joachim Müller: *Zum Mahnmalsstreit in Berlin 2006/2007 um Kuss-Symbole – Widmung – Zielsetzung. Versuch einer Materialsammlung – Vergleichbarkeit der Lebenssituation lesbischer Frauen mit der Lebenssituation schwuler Männer im Nationalsozialismus (und nach 1945). Ergebnisse der Faktensuche in einer Auswahl verfügbarer Quellen. Unveröffentlichtes Manuskript.* Berlin 2007.

Jürgen Müller: *Ausgrenzung der Homosexuellen aus der »Volksgemeinschaft«. Die Verfolgung von Homosexuellen in Köln 1933–1945.* Köln 2003: Emons.

Wolfgang Mühl-Benninghaus: Reinhard Mumm – der »Vater« des Lichtspiel- und des Schmutz- und Schundgesetzes in der Weimarer Republik. S. 207–220 in: Beiträge zur Film- und Fernsehwissenschaft. Schriftenreihe der Hochschule für Film und Fernsehen der DDR »Konrad Wolf«. Heft 34. Bd. 29. Potsdam 1988.

Olaf Mußmann: Häftlinge mit rosa Winkel im KZ Mittelbau-Dora. S. 133–138 in: Mußmann (Hrsg.): *Wissenschaftliche Tagung*.

Olaf Mußmann (Hrsg.): *Wissenschaftliche Tagung. Homosexuelle in Konzentrationslagern. Vorträge.* Bad Münstereifel 2000: Westkreuz.

Thomas Nabert: *Aus der Geschichte des 850-jährigen Meuselwitz.* 1989: Rat der Stadt Meuselwitz.

L.D. Classen von Neudegg alias Leo Clasen: »Versuchsobjekt Mensch«. In: *Humanitas.* 1954, Hefte 2–12.

Karin Orth: *Das System der nationalsozialistischen Konzentrationslager. Eine politische Organisationsgeschichte.* Zürich 2002: Pendo.

Jörg Osterloh: *Nationalsozialistische Judenverfolgung im Reichsgau Sudetenland 1938–1945.* München 2006: Oldenbourg

Gerhard Paul/Klaus-Michael Mallmann (Hrsg.): *Die Gestapo. Mythos und Realität.* Darmstadt 2003: Primus.

Alexandra Przyrembel: *»Rassenschande« – Reinheitsmythos und Vernichtungslegitimation im Nationalsozialismus.* Göttingen 2003: Vandenhoeck & Ruprecht.

Michael Rademacher: *Deutsche Verwaltungsgeschichte von der Reichseinigung 1871 bis zur Wiedervereinigung.* Osnabrück 1990: http://www.verwaltungsgeschichte.de/altenburg.html

Curt Riess: *Gustaf Gründgens. Eine Biographie.* Hamburg 1965: Hoffmann und Campe.

Wolfgang Röll: Homosexuelle Häftlinge im Konzentrationslager Buchenwald 1937–1945. S. 94–104 in: Mußmann (Hrsg.): *Wissenschaftliche Tagung*.

Wolfgang Röll: *Homosexuelle Häftlinge im Konzentrationslager Buchenwald 1937–1945.* Unveröffentlichtes, überarbeitetes und erweitertes Manuskript. Weimar 2007.

Ferdinand Römhild: Die Situation der Homosexuellen im Konzentrationslager Buchenwald. Bericht aus dem Jahr 1945. S. 206–212 in: David A. Hackett: *Der Buchenwald-Report.*

Kurt von Ruffin: Als schwuler Häftling in den KZs Columbiahaus und Lichtenburg 1935/36. *Capri. Zeitschrift für schwule Geschichte.* Berlin 1992. Nr. 3.

Klaus Sator: Die Sexualdenunziation als Kampfmittel der Propaganda der organisierten Arbeiterbewegung gegen den Nationalsozialismus. Der »Fall Rutha« in der sudetendeutschen marxistischen Presse. S. 404–413 in: *Internationale wissenschaftliche Korrespondenz zur Geschichte der deutschen Arbeiterbewegung.* 30. Jg. Heft 3/94. Berlin 1994.

Kurt Schilde/Johannes Tuchel: *Columbia-Haus. Berliner Konzentrationslager 1933–1936.* Berlin 1990: Hentrich.

Hans-Dieter Schmid: *Gestapo Leipzig. Politische Abteilung des Polizeipräsidiums und Staatspolizeistelle Leipzig 1933–1945.* Beucha 1997: Sax Verlag.

Hans Joachim Schoeps: Überlegungen zum Problem der Homosexualität. S. 74–114 in: *Der homosexuelle Nächste. Symposionband in der Reihe der Stundenbücher.* Hamburg 1963: Furche.

Claudia Schoppmann: *Nationalsozialistische Sexualpolitik und weibliche Homosexualität.* Pfaffenweiler 1991: Centaurus.

Jean-Luc Schwab, *Itinéraire d'un Triangle rose*, Paris 2010: Editions Florent Massot.

Günther Schwarberg: *Dein ist mein ganzes Herz.* Göttingen 2000: Steidl-Verlag

Schwules Museum Berlin und der Akademie der Künste: *Goodbye to Berlin? 100 Jahre Schwulenbewegung.* Eine Ausstellung des Schwulen Museums und der Akademie der Künste. Berlin 1997: Rosa Winkel.

Pierre Seel: *Ich, Pierre Seel, deportiert und vergessen.* Köln 1996: Jackwerth.

Bradley F. Smith/Agnes F. Peterson (Hrsg.): *Heinrich Himmler: Geheimreden 1933–1945 und andere Ansprachen.* Frankfurt am Main 1974: Propyläen.

Wolfgang Sofsky: *Die Ordnung des Terrors. Das Konzentrationslager.* Frankfurt am Main 1993: S. Fischer.

Frank Sparing: »*Wegen Vergehen nach § 175 verhaftet*«. *Die Verfolgung der Düsseldorfer Homosexuellen während des Nationalsozialismus.* Düsseldorf 1997: Grupello.

Harry Stein: Buchenwald – Stammlager. S. 301–356 in: Benz/Distel: *Der Ort des Terrors.*

Harry Stein: Buchenwald – Außenlager – Dora. S. 412–415 in: Benz/Distel: *Der Ort des Terrors.*

Andreas Sternweiler: Chronologischer Versuch zur Situation der homosexuellen im KZ Sachsenhausen. S. 29–55 in: Müller/Sternweiler: *Homosexuelle Männer im KZ Sachsenhausen.*

Ingolf Strassmann: *Altenburg in Thüringen. Stadt und Land unterm Hakenkreuz.* Altenburg 2003: S. Sell Heimat-Verlag.

Bernhard Strebel: Die »Rosa-Winkel-Häftlinge« im Männerlager des KZ Ravensbrück. S. 105–114 in: Mußmann (Hrsg.): *Wissenschaftliche Tagung.*

Hans-Georg Stümke: *Homosexuelle in Deutschland. Eine politische Geschichte.* München 1989: C. H. Beck.

Hans-Georg Stümke und Rudi Finkler: *Rosa Winkel, Rosa Listen. Homosexuelle und* »*Gesundes Volksempfinden*« *von Auschwitz bis heute.* Reinbek bei Hamburg 1981: Rowohlt.

Hans-Georg Stümke: Wiedergutmachung an homosexuellen NS-Opfern von 1945 bis heute. S. 329–338 in: Jellonnek und Lautmann (Hrsg.): *Nationalsozialistischer Terror gegen Homosexuelle.*

Bert Thinius: Verwandlung und Fall des Paragraphen 175 in der Deutschen Demokratischen Republik. S. 145–162 in: Freunde eines Schwulen Museums in Berlin e. V. (Hrsg.): *Die Geschichte des § 175.*

Karl Heinrich Ulrichs: *Forschungen über das Räthsel der mann-männlichen Liebe*. Band I bis XII. Berlin 1994: Rosa Winkel.

Verein der Freunde eines Schwulen Museums in Berlin (Hrsg.): *Eldorado. Homosexuelle Frauen und Männer in Berlin 1850–1950. Geschichte, Alltag, Kultur*. Berlin 1992: Verlag Rosa Winkel. Edition Hentrich.

Weltliga für Sexualreform: Resolution zur Reform des deutschen Sexualstrafrechts vom 4. Juli 1928. http://www2.hu-berlin.de/sexology/BIB/DE/resolution.htm.

Reiner Werner: *Homosexualität. Herausforderung an Wissen und Toleranz*. Berlin 1988: Volk und Gesundheit.

Harry Wilde: *Das Schicksal der Verfemten. Die Verfolgung der Homosexuellen im »Dritten Reich« und ihre Stellung in der heutigen Gesellschaft*. Tübingen 1969: Katzmann.

Wissenschaftlich-humanitäres Komitee: *Mitteilungen des Wissenschaftlich-humanitären Komitees 1926–1933*. Faksimile-Nachdruck. Hamburg 1985: Bell.

Alexander Zinn: *Die soziale Konstruktion des homosexuellen Nationalsozialisten. Zu Genese und Etablierung eines Stereotyps*. Frankfurt/Main 1997: Peter Lang.

Alexander Zinn: *Interview mit Rudolf Brazda vom 4. Dezember 2008*. Mitschrift S. 1–47.

Alexander Zinn: *Interview mit Rudolf Brazda vom 5. Dezember 2008*. Mitschrift S. 1–25.

Alexander Zinn: *Interview mit Rudolf Brazda vom 10. Oktober 2009*. Mitschrift S. 1–5.

Alexander Zinn: *Interview mit Rudolf Brazda vom 10. Januar 2011*. Mitschrift S. 1–3.

Abkürzungen

AKG	Allgemeines Kriegsfolgengesetz
BArch	Bundesarchiv
BayHStA	Bayerisches Hauptstaatsarchiv
BEG	Bundesgesetz zur Entschädigung für Opfer der nationalsozialistischen Verfolgung
BfM	Bund für Menschenrecht
BGH	Bundesgerichtshof
BV	Berufsverbrecher
BwA	Archiv der Gedenkstätte Buchenwald
DDP	Deutsche Demokratische Partei
DNVP	Deutschnationale Volkspartei
DVP	Deutsche Volkspartei
ITS	International Tracing Service Bad Arolsen
Gend.	Gendarmerie
Gestapa	Geheimes Staatspolizeiamt
Gestapo/GStapo	Geheime Staatspolizei
GSTA	Geheime Staatsarchiv Preußischer Kulturbesitz
JDC	Americain Jewish Joint Distribution Committee New York
KL	Konzentrationslager
KP	Kommunistische Partei
KPD	Kommunistische Partei Deutschlands
Kripo	Kriminalpolizei
KZ	Konzentrationslager
LAB	Landesarchiv Berlin

LHASA	Landeshauptarchiv Sachsen-Anhalt
MRD	Musée de la Résistance et de la Déportation Besancon
NACR	Nationalarchiv Prag/Národní archiv Praha
NS	Nationalsozialistisch/Nationalsozialismus
NSDAP	Nationalsozialistische Deutsche Arbeiterpartei
OFD	Oberfinanzdirektion
OLG	Oberlandesgericht
Pg.	Parteigenosse
RM	Reichsmark
RMdI	Reichsminister (Reichsministerium) des Innern
RMdJ	Reichsminister (Reichsministerium) der Justiz
RSHA	Reichsicherheitshauptamt
RStGB	Reichstrafgesetzbuch
SA	Sturmabteilung der NSDAP
SD	Sicherheitsdienst des Reichsführers-SS
SdP	Sudetendeutsche Partei
SoavP	Staatliches Regionalarchiv in Pilsen/Státní oblastní archiv v Plzni
Sopade/SoPaDe	Sozialdemokratische Partei Deutschlands im Exil nach 1933
SPD	Sozialdemokratische Partei Deutschlands
SS	Schutzstaffel der NSDAP
SStAC	Sächsisches Staatsarchiv Chemnitz
StA.	Staatsanwalt
StaHH	Staatsarchiv Hamburg
StAL	Sächsisches Staatsarchiv Leipzig
StAM	Staatsarchiv München
StAMeu	Stadtarchiv Meuselwitz
Stapo	Staatspolizei
StGB	Strafgesetzbuch
ThStAA	Thüringisches Staatsarchiv Altenburg

VUA	Militärisches Zentralarchiv Prag/Vojenský ústřední archiv Praha
WhK	Wissenschaftlich-humanitäres Komitee

Anhang

Tabelle 1: Verurteilungen nach §§ 175, 175a von 1933 bis 1969

Verurteilungen homosexueller Handlungen nach §§ 175 und 175a (R)StGB
ohne Urteile von DDR- und Militärgerichten

Jahr	Verurteilungen	Jahr	Verurteilungen	Jahr	Verurteilungen
1933	674	1946	*1152*	1959	*3804*
1934	766	1947	*1344*	1960	*3406*
1935	1887	1948	*1536*	1961	3196
1936	5060	1949	*1728*	1962	3098
1937	*7898*	1950	2158	1963	2803
1938	*8177*	1951	2359	1964	2907
1939	*7271*	1952	2656	1965	2538
1940	*3603*	1953	2592	1966	2261
1941	*3567*	1954	2801	1967	1783
1942	*2557*	1955	2904	1968	1727
1943	*1918*	1956	2993	1969	894
1944	*1477*	1957	3403		
1945	*1181*	1958	-3486		

kursiv: (teil-)geschätzt
fett-kursiv: vollständig geschätzt

Quelle: Rainer Hoffschildt: 140.000 Verurteilungen nach »§ 175«. S. 149.

Tabelle 2: Anklagestatistik der Jahre 1937 und 1938 nach OLG-Bezirken
Zahl der nach § 175 und § 175a angeklagten Personen

OLG-Bezirk	1./37	2./37	3./37	4./37	1./38	2./38	3./38	4./38
OLG Jena	28	79	71	60	126	106	31	60
davon LG Altenburg	0	12	24	8	0	1	3	(?) 1
OLG Dresden	105	146	185	165	158	168	145	165
OLG Naumburg	65	193	195	134	107	154	211	134
Bamberg	33	21	48	63	18	15	27	63
Berlin	239	221	309	323	315	266	363	323
Braunschweig	14	30	14	9	15	8	14	9
Breslau	101	101	100	111	124	90	120	111
Celle	118	88	147	129	146	149	63	129
Darmstadt	64	75	42	28	31	42	55	28
Düsseldorf	135	124	222	222	166	205	299	222
Frankfurt	27	72	63	100	106	36	68	100
Hamburg	231	213	236	178	219	171	214	178
Hamm	257	212	211	204	142	162	192	204
Karlsruhe	88	59	105	85	62	48	44	85
Kassel	12	31	50	98	47	38	29	98
Kiel	81	126	199	84	90	56	53	84
Köln	176	167	175	160	141	110	272	160
Königsberg	123	30	24	54	82	42	81	54
Marienwerder	19	26	10	8	7	13	14	8
München	90	325	127	208	138	156	155	208
Nürnberg	50	42	74	48	49	35	51	48
Oldenburg	5	3	16	6	9	16	24	6
Rostock	19	18	54	32	47	29	31	32
Stettin	96	118	95	112	89	60	82	112
Stuttgart	96	61	80	99	98	79	87	99
Zweibrücken	29	9	19	130	19	11	14	130

Zusammengestellt auf der Basis der Vierteljahresberichte des Reichsjustizministeriums zur Anklagestatistik.
BArch, R 3001–21165.

Tabelle 3: Anzahl & Todesfälle Homosexueller im KZ Buchenwald

a) Anzahl & Todesfälle homosexueller Häftlinge in Buchenwald 1937–1945

Die Anzahl der Häftlinge bezieht sich auf die Stärkemeldungen des Konzentrationslagers Buchenwald und seiner Außenlager am 30. Dezember des jeweiligen Jahres, für 1945 jeweils auf das Monatsende. Bei den Todesfällen sind nur die namentlich ermittelten Fälle aus dem jeweiligen Kalenderjahr oder Monat erfasst. Alle Angaben in der Tabelle beruhen auf den Forschungsergebnissen von Wolfgang Röll.

Jahr	Gesamtzahl der Häftlinge	Homosexuelle Häftlinge	Namentlich bekannte Todesfälle
1937	2.561	0	0
1938	11.028	27	1
1939	11.807	46	3
1940	7.440	11	9
1941	7.911	51	13
1942	9.571	74	75
1943	37.319	169	31
1944	63.048	189	34
Jan. 1945	80.297	194	0
Feb. 1945	86.232	89	2[1]
März 1945	80.436	unbekannt	3[1]
11.4.45 (im Stammlager)	ca. 21.000	81	1 (6.4.45) + 1 (26.5.45)

[1] Vom 8. Februar bis 7. April 1945 werden 119 Rosa-Winkel-Häftlinge im Tagebuch und den Stärkemeldungen als »Abgänge« registriert, was zu diesem Zeitpunkt zumeist den Tod bedeutet. Namentlich sind diese Häftlinge bislang nicht bekannt.

b) Todesfälle homosexueller Häftlinge in Buchenwald im Jahr 1942

Januar	Februar	März	April	Mai	Juni
0	0	6	6	6	6

Juli	August	September	Oktober	November	Dezember
24	16	3	2	3	3

Die Forschungsergebnisse Rölls stammen aus dem Jahr 2007. Rainer Hoffschildt hat für Buchenwald inzwischen im ITS-Archiv die deutlich höhere Zahl von 797 homosexuellen Häftlingen und 412 Todesfällen ermittelt (vgl. Kapitel 6, Anmerkung 211).

Quellen:
Günter Grau: Homosexualität in der NS-Zeit. S. 333.
Wolfgang Röll: Homosexuelle Häftlinge im Konzentrationslager Buchenwald 1937–1945. Unveröffentlichtes, überarbeitetes und erweitertes Manuskript. Weimar 2007. S. 27 und 76–81.

Liste der Toten

Namentliche Liste der Männer, die infolge der Altenburger Homosexuellenprozesse von 1937 ums Leben kamen.

Willy Heinke,

geboren am 2. Mai 1905 in Windischleuba, begeht am 8. Mai 1937 in Haselbach Selbstmord,

Fritz Oswin Dieg,

geboren am 16. Januar 1913 in Meuselwitz, gestorben am 28. Mai 1941 in Sachsenhausen,

Helmut John,

geboren am 20. April 1907 in Altenburg, gestorben am 14. August 1942 in Buchenwald,

Hermann Wilhelm Paul Höfner,

geboren am 15. Juni 1895 in Altenburg, gestorben am 25. November 1943 in Buchenwald,

Leopold Kretzschmar,

geboren am 6. Januar 1910 in Altenburg, gestorben am 25. Dezember 1943 im Buchenwald-Außenlager Dora,

Erich Karl Rauschenbach,

geboren am 10. März 1912 in Hainichen, am 17. Februar 1946 in Altenburg an Meningitis verstorben, wahrscheinlich eine Spätfolge von 4 Jahren KZ-Haft in Buchenwald und Neuengamme.

Dank

Die Arbeit an diesem Buch haben zahlreiche Mitarbeiter von Archiven, Forschungszentren, Stiftungen und sonstigen Institutionen unterstützt. Ich kann nicht alle namentlich benennen, möchte mich aber bei allen herzlich bedanken, die mir bei den Recherchen mit Rat und Tat zur Seite standen. Mein besonderer Dank gilt Prof. Hans Joas und dem Max Weber Kolleg der Universität Erfurt, ohne deren Unterstützung diese Arbeit nicht möglich gewesen wäre. Darüber hinaus danke ich:

Prof. Dieter Gosewinkel, WZB – Wissenschaftszentrum Berlin für Sozialforschung,

Prof. Rüdiger Lautmann, Universität Bremen,

Joachim Emig und Doris Schilling, Thüringisches Staatsarchiv Altenburg,

Heike Müller, ITS-Archiv Bad Arolsen,

Barbara Golder, Bürgermeisterin der Stadt Meuselwitz,

Steffi Müller, Stadtarchiv Meuselwitz,

Wolfgang Röll, Sabine Stein und Philipp Neumann, Gedenkstätte Buchenwald,

Andreas Grunwald, Bundesarchiv Berlin,

Ivo Kadlec, Státní oblastní archiv v Plzni,

Christa Arnet, Jessika Wischmeier, Wolfgang Schyrocki, Dietrich Reupke, Hildegard Lorenz und Frank Ebbinghaus, Senatskanzlei Berlin,

Uwe Neumärker, Felizitas Borzym und Ulrich Baumann, Stiftung Denkmal für die ermordeten Juden Europas,

Dirk Siegfried, Knut Dierks und Peter van Laak für ihre juristische Unterstützung,

Rainer Hoffschildt, Verein zur Erforschung der Geschichte der Homosexuellen in Niedersachsen e.v. (VEHN),

Rudolf Brazdas Nichten Elvira Jamrath und Petra Brazda,

Günter Dworek, Bodo Mende, Jörg Fugmann, Ulrich Keßler, Thomas Norpoth, Wolf Plesmann, Anja Kofbinger, Axel Stelten und Jörg Steinert vom Lesben- und Schwulenverband in Deutschland (LSVD) e.v.,

Marzena Knaflewska, Sylvia Hinz, Ernst Schober, Namu Schröter und Eberhardt Werner, die mir beim Übersetzen, Transkribieren und Scannen geholfen haben,

Régine Provvedi, Sven Paul, Martin Langner, Pascal Capitolin und Friedhelm Böpple,

Holger Wittekindt, Peter Volmer, Paul Stutenbäumer und Jeannett-Maria Giza, den Mitgliedern der Filmteams,

den Mitarbeitern der Stadt-, Landes- und Staatsarchive Altenburg, Berlin, Chemnitz, Hamburg, Leipzig, Meerane, Merseburg und München, des Evangelischen Zentralarchivs Berlin, des Geheimen Staatsarchivs Preußischer Kulturbesitz, des National- und des Militärarchivs in Prag, des Staatlichen Regionalarchivs in Pilsen, der Gedenkstätten Sachsenhausen und Dachau sowie zahlreicher Standesämter.

Ich danke dem Beauftragten der Bundesregierung für Kultur und Medien, dem Regierenden Bürgermeister von Berlin, der Stiftung Erinnerung, Verantwortung, Zukunft und dem Verband der Stipendiaten und Altstipendiaten der Friedrich-Naumann-Stiftung für die Unterstützung von Reisen und Dreharbeiten.

Ganz besonderer Dank gilt meinem Freund Lukas A. Kliem und meinen Eltern Dorit und Hermann Zinn.